孙文全集

电报

第九册

黄彦 主编

SPM
南方出版传媒
广东人民出版社
·广州·

孙文全集编辑委员会

一九〇二年二月，孙文发动了广州新军起义。图为广州起义军所使用的电报密码。

一九〇七年，孙文发动的惠州七女湖起义，钦、廉、防起义，镇南关起义等时，《时报》所刊发的有关消息专电。

一九〇七年三月，孙文在新加坡晚晴园与黄冈起义人员合影。左起：孙文、张永福、萱野长知、陈涌波、林时爽、汤寿山。

一九〇七年五月，孙文发动广东潮州黄冈起义。图为起义军誓师出发时的情形。

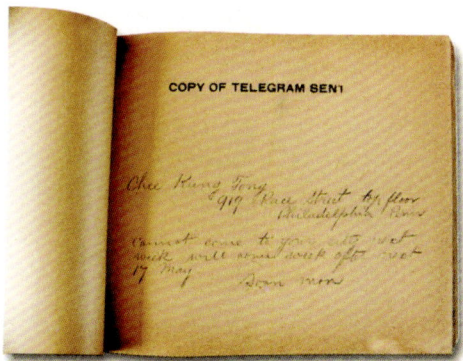

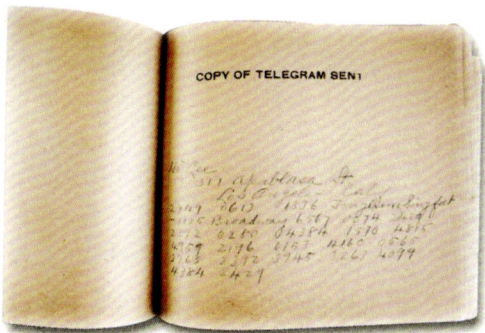

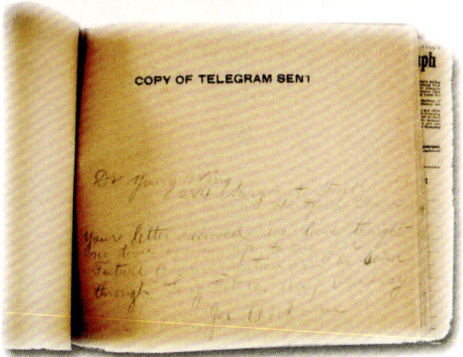

一九一一年六月至十月，孙文在美国与容闳、咸马里以及致公堂同志通讯的电报稿。

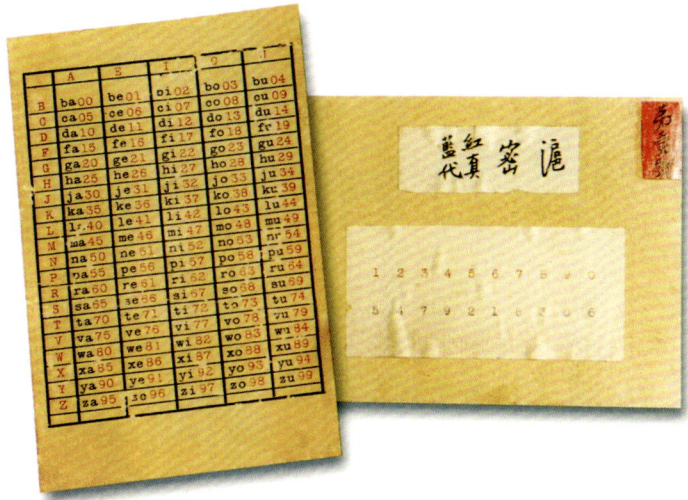

一九一一年，孙文在美国进行革命活动时使用的密电码。

一九一一年，革命军占领武昌后，逃离的清政府官员登车前的照片。

一九一一年，武昌革命军占领楚望台军需库情形。

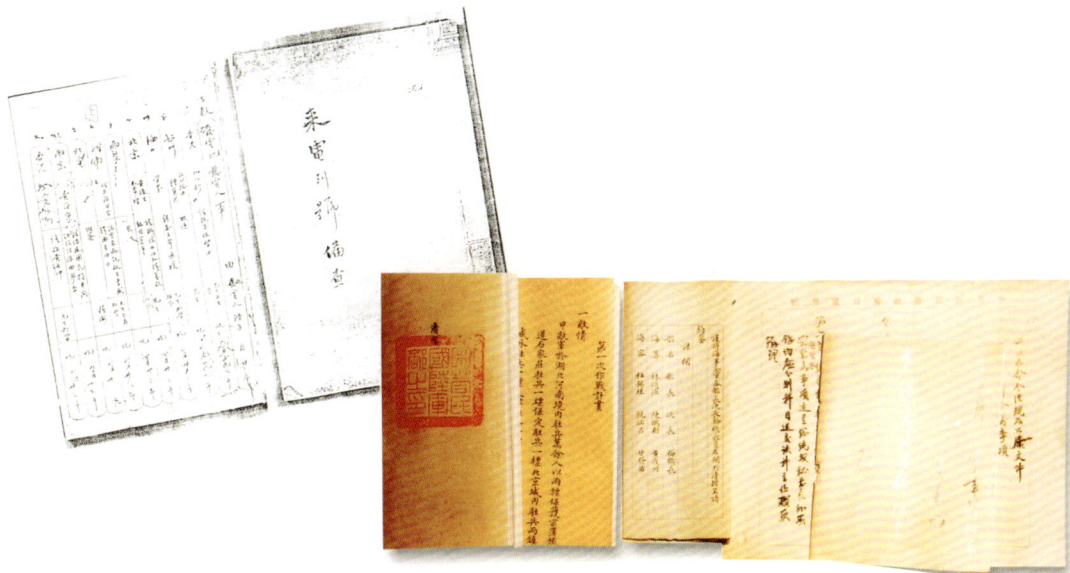

南京临时政府总统府接收电报登记册。

一九一二年，世界各地庆祝中华民国成立。

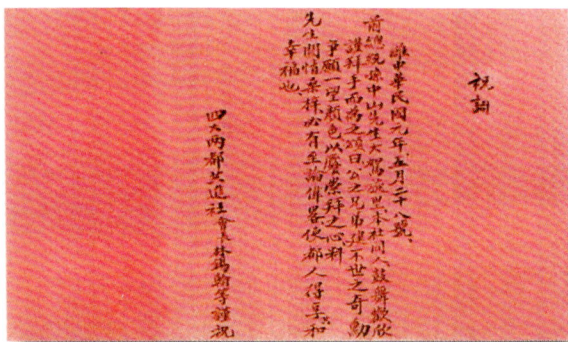

孙文回乡期间，受到家乡人民的热烈欢迎。图为部分欢迎词、颂词。

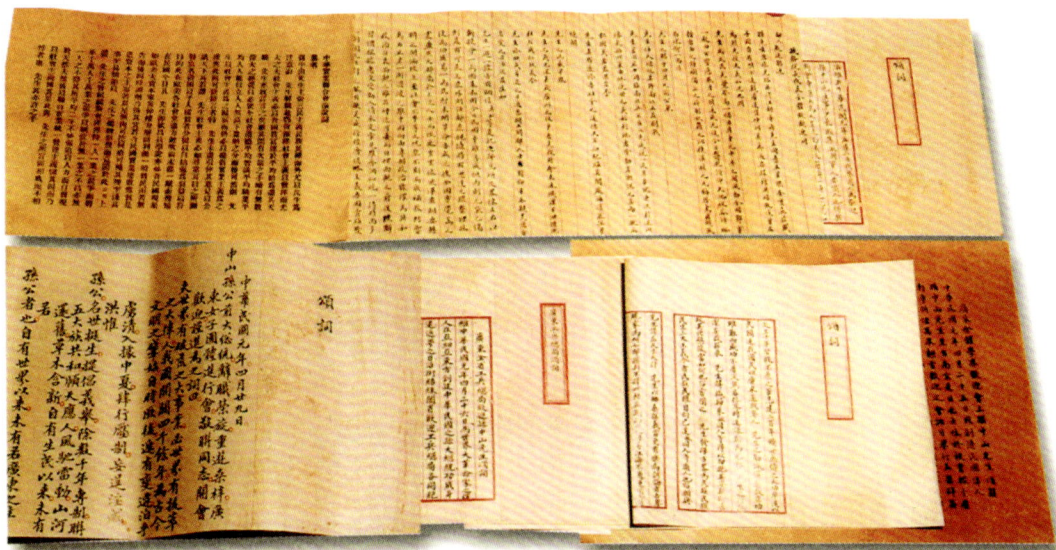

一九一二年，孙文视察各地，宣传民生主义，受到各地人民的热烈欢迎。图为部分欢迎词和颂词。

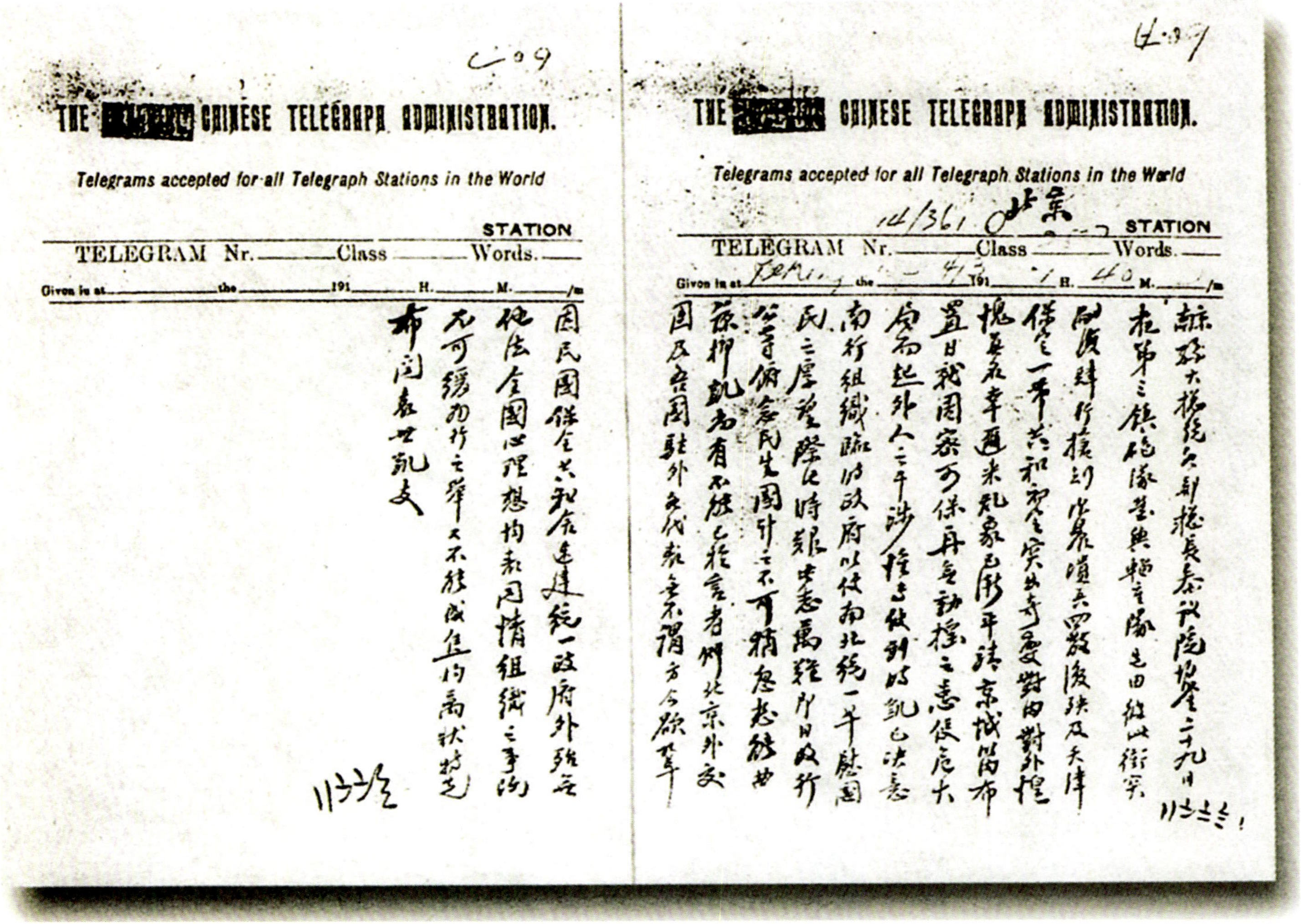

袁世凯致孙文的电报以及孙文致蔡元培等关于南京参议院同意袁世凯在北京就职的电报。

一九一八年三月，孙文与大元帅府职员合影。前排左起：周应时、蒋介石、宋庆龄、林森、黄大伟、邵元冲、胡汉民、廖仲恺。孙文、徐谦、冯自由、邹鲁、廖仲恺。

◎孫逸仙之懇阻借欵書

为镇压革命，袁世凯大肆向西方国家贷款，此为孙文反对善后大贷款的言论。

民國日報　第五期　星　舊曆辛酉年三月念九日　內外要聞

◎孫大總統就職宣言
▲對內督為民國除障礙
▲對外督創進步的政府

一九二一年五月五日，孙文发表就职宣言。图为上海《民国日报》五月十二日发表的《孙大总统就职宣言》。

一九二三年七月，孙文、宋庆龄试飞我国第一架组装的"洛士文"号飞机。图为孙文、宋庆龄试飞后在该机前合影。

一九二三年五月十二日, 孙文感谢五月一日苏联政府表示愿意给中国革命提供援助的复电。

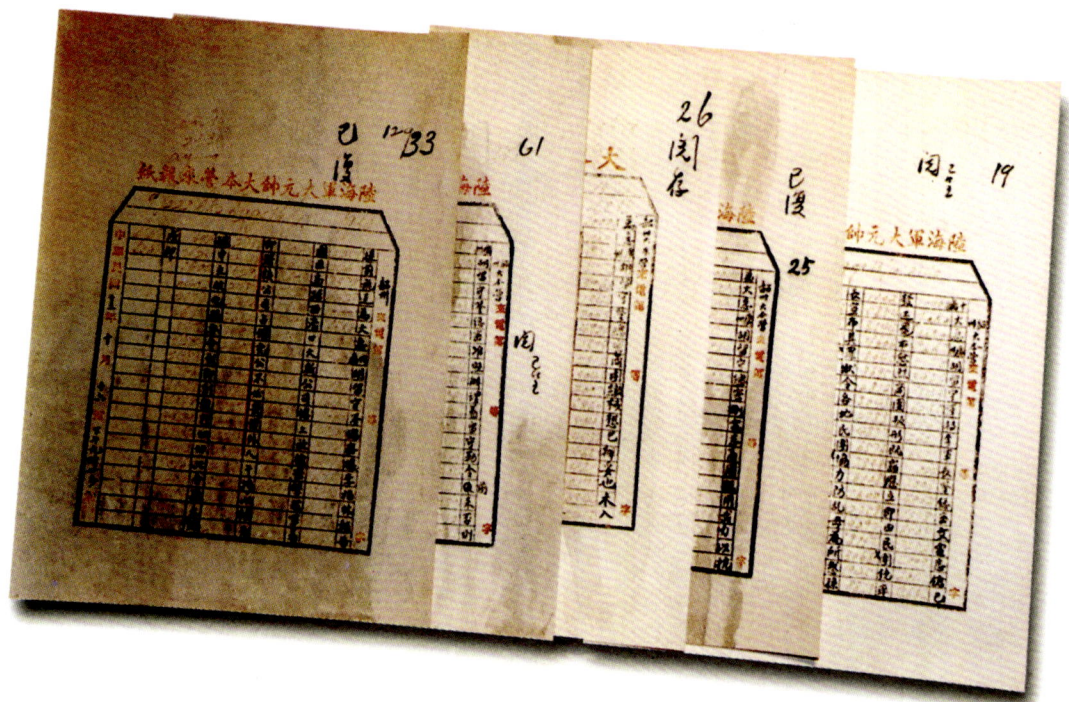

一九二四年十月十日, 广州的商团悍然发动叛乱。十五日, 广州军政府平定了叛乱。图为孙文下令平叛的急电。

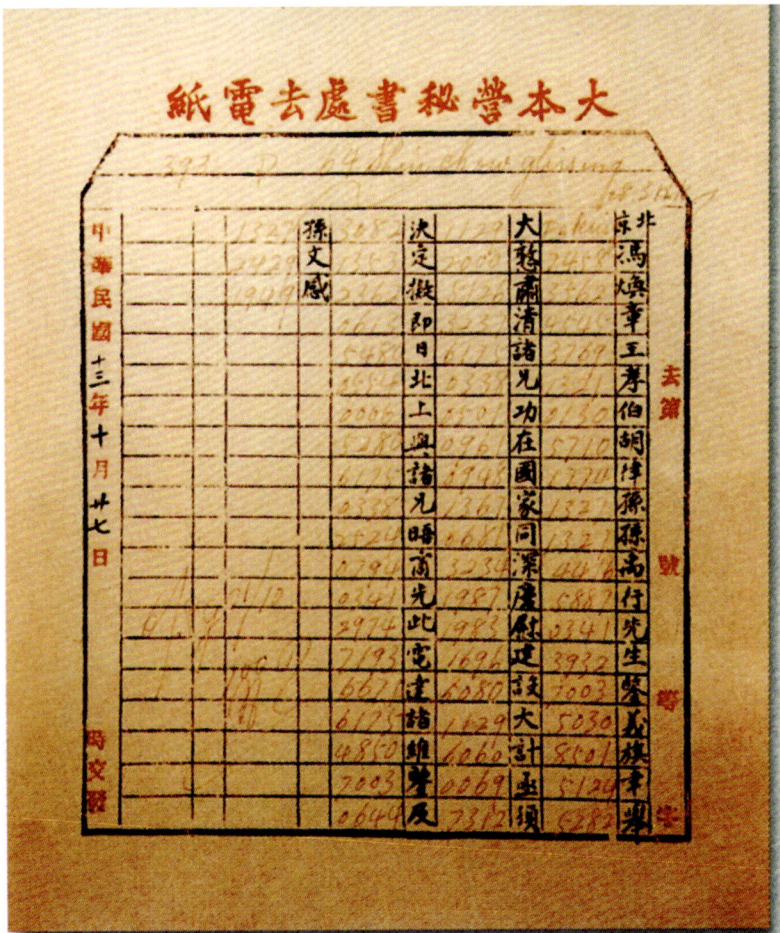

为尽早结束军阀混乱局面，实现国家统一，孙文决定北上。图为一九二四年十月二十七日孙文给冯玉祥的复电。

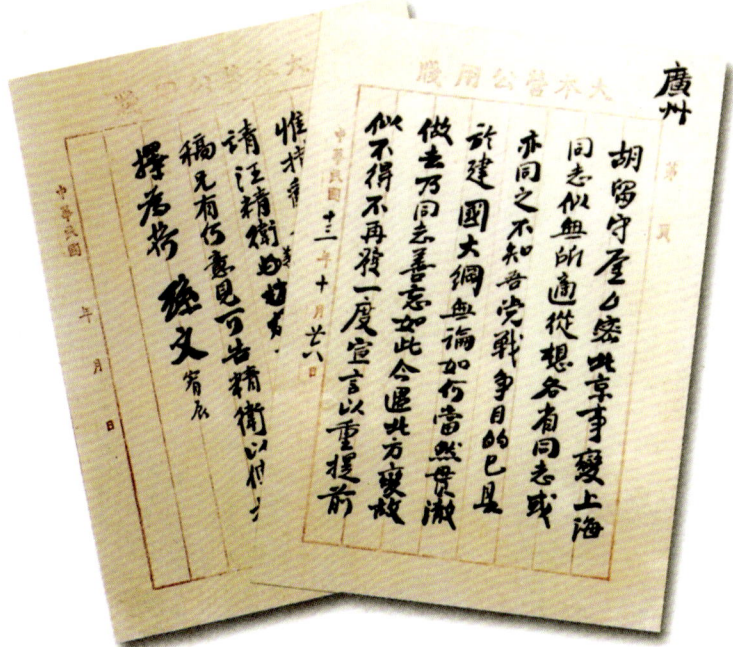

一九二四年十月二十六日，孙文致函留守广州的胡汉民，商议北京政变后对时局的意见。

一九二四年十二月二十五日，孙文在日本神户出席东京、神户、大孤各埠国民党支部联合举行的欢迎会时与与会者的合影。

一九二四年十一月二十五日，孙文在神户与头山满等合影。前排从左起：大久保高明、孙文、头山满；后排左起：山田纯三郎、戴季陶、李烈钧、藤本尚则。

一九二六年六月一日，在南京中山陵为孙文举行国葬。图为孙文灵柩移往中山陵情形。

一九二六年六月一日，在南京中山陵为孙文举行国葬。图为外宾在等候孙文灵柩经过。

孙中山诞辰九十周年，毛泽东在一九五六年十一月十二日《人民日报》发表题为《纪念孙中山先生》的文章。

本　册　目　录

电　报

电

报

韵目代日表

日期	韵目					日 期	韵目			
	上平	下平	上声	去声	入声		上声	去声	入声	替代
一日	东	先	董	送	屋	十六日	铣	谏	叶	
二日	冬	萧	肿	宋	沃	十七日	篠	霰	洽	
三日	江	肴	讲	绛	觉	十八日	巧	啸		
四日	支	豪	纸	寘	质	十九日	皓	效		
五日	微	歌	尾	未	物	二十日	哿	号		
六日	鱼	麻	语	御	月	二十一日	马	箇		
七日	虞	阳	麌	遇	曷	二十二日	养	祃		
八日	齐	庚	荠	霁	黠	二十三日	梗	漾		
九日	佳	青	蟹	泰	屑	二十四日	迥	敬		
十日	灰	蒸	贿	卦	药	二十五日	有	径		
十一日	真	尤	轸	队	陌	二十六日	寝	宥		
十二日	文	侵	吻	震	锡	二十七日	感	沁		
十三日	元	覃	阮	问	职	二十八日	俭	勘		
十四日	寒	盐	旱	愿	缉	二十九日	豏	艳		
十五日	删	咸	潸	翰	合	三十日		陷		卅
						三十一日				世、引

复杨衢云告货不要来以待命电①

（一八九五年十月二十六日）

货不要来，以待后命。

据陈少白：《兴中会革命史要》，载陈德芸、陈景农
编：《陈少白先生哀思录》，广州，一九三五年出版

复平山周告往新加坡会晤宫崎寅藏电

（一九〇〇年六月二十五日）

接电大喜。弟数日事完，当往星②会宫③。

据原件，载中国国民党中央委员会党史史料编
纂委员会编：《〈总理年谱长编初稿〉各方签
注汇编》第二册，南京，一九三三年五月油印

---

① 一八九五年广州起义，由于谋事不密，事先被清政府察觉，香港英国当局也将兴中会活动情况密告两广总督。杨衢云在香港运动会党三千人及运送军械赴广州受阻，于十月二十六日急电在广州的孙文谓"货不能来"，孙文当即回复了此电。

② 即星加坡（Singapore），今新加坡，当时是英属海峡殖民地的一个州。后文有星洲、星架坡、新加坡、石叻、实叻、叻埠等，均为星加坡的其他译名或别名。

③ 即宫崎寅藏。

致平山周询北方实情并告赴新加坡日期电

（一九〇〇年六月二十八日）

祈示北方最后实情。定六号往星。属陈①将弟信寄□来此。

据原件，载中国国民党中央委员会党史史料编
纂委员会编:《〈总理年谱长编初稿〉各方签
注汇编》第二册,南京,一九三三年五月油印

复内田良平告决心归国并望能在门司晤面电②

（日　译　中）

（一九〇〇年九月二十日）

本人归意已决，不再更改。本人所乘开往台湾基隆之"台南"号轮船，预定于二十五日通过门司海峡，希能在该地一晤，以叙离悰。

据邹念之译:《日本外交史料馆藏孙中山资料
选译》,载北京《历史档案》一九八六年第四期

致宫崎寅藏嘱将菲人存械取出运粤电

（一九〇〇年十月上旬）

使将菲人存械取出，准备雇船运粤。

据《孙总理庚子协助菲律宾独立及购械失
败始末》,载冯自由:《革命逸史》第四
集,重庆,商务印书馆一九四六年八月出版

---

① 即陈少白。
② 一九〇〇年九月,孙文决心归国组织起义,内田良平于十八日写信加以劝阻和慰留,孙接信的当日,便由东京动身,踏上归途,船抵神户时,孙即发了此电。

致陈少白嘱提防杨衢云电

（一九○○年十月中旬）

提防七指①。

据陈少白：《兴中会革命史要》，载陈德芸、陈景农
编：《陈少白先生哀思录》，广州，一九三五年出版

复许雪秋嘱起义须惠潮钦廉同时发动电

（一九○七年二月）

起事②时期须与惠州、钦廉相同，以便牵制清军。万勿孟浪从事，致伤元气。

据冯自由：《中华民国开国前革命史》中编，上海，
革命史编辑社一九三○年十一月初版（按本集有图版）

致平山周告两广义师已起盼资助饷械
并示汇款运械办法电

（一九○七年六月七日）

两广义师已分道并起，云南、四川皆可响应。现□资械为联合之需要，日本义士能否相助？若助资，可电寄河内，用 Longsang③ 名收；同时以电通告 Chan-

---

① 指杨衢云。杨幼时学机器出身，不慎右手中三指被机器轧去，两手仅剩七指。惠州起义爆发后，杨衢云在香港私与清政府收买的叛徒陈廷威谈判，并写了封长信力劝孙文接纳和议，孙因电香港陈少白严加防范。发电时间也据此酌定。
② 指潮州黄冈起义。
③ 中译文为隆生。即黄隆生，亦作黄龙生。

tung①。若助械，可托三上②船运来。得回电，当再定授受之地。孙文启。六月七日。河内。

据原件，载中国国民党中央委员会党史史料编纂委员会编:《〈总理年谱长编初稿〉各方签注汇编》第三册,南京,一九三三年五月油印

致平山周嘱订购械弹电

（一九〇七年六月十四日）

订购一万。先送铳二千，弹二百万。

据《致平山周订购械弹电》（录自国民党党史会藏抄件），载秦孝仪主编:《国父全集》第四册,台北,近代中国出版社一九八九年出版

致某君告革命党已在各处起事电

（一九〇七年六月十八日刊载）

革命党已在贵州等处起事③，且其数已逾于官兵。廉州、钦州之役，革命党大胜，官兵弃械而遁。今此党已向贵州进发。

据《革命党战胜报告》，载一九〇七年六月十八日上海《中外日报》第一张第三板

---

① 中译文为陈同，胡汉民化名，时在香港。

② 即三上丰夷。

③ 此处谓"革命党已在贵州等处起事"及下文"今此党已向贵州进发"之语，疑其中的地名"贵州"有误。按是年五六月间，孙文领导的同盟会在广东廉州府及钦州（直隶州）地区、潮州府黄冈镇、惠州府七女湖相继发动反清起义，同盟会会员刘思复也在广州谋炸清水师提督李准以图配合。当时孙文的革命重心在广东省，诚如六月五日他致函新加坡张永福所言："日来潮起于东，钦、廉应于西，全省风动。尚有数路次第俱发，当合广、韶、惠、潮、钦、廉诸军以联为一气，则粤事机局宏远，大有可为也。"

致汪精卫等望尽力维持《民报》电

（一九〇七年十一月十二日）

日本来函必欲派一人回东，以维报局①，而固人心。已与克、展②兄详议，电复公等勉支报事。精卫准西年底回东筹款，如何？电复。

据孙中山致萱野长知中文原函所引电文影印件，载〔日〕萱野长知：《中华民国革命秘笈》，东京，帝国地方行政学会一九四〇年七月发行

复汪精卫告可再商回东事及德事略滞待款急电

（一九〇七年十一月下旬）③

收。偕往及得款回，可再商回东事。近事复杂，无关运动，故未回忆。德事略滞，待款急。

据孙中山致萱野长知中文原函所引电文影印件，载〔日〕萱野长知：《中华民国革命秘笈》，东京，帝国地方行政学会一九四〇年七月发行

---

① 指民报社。

② 即克强（黄兴）、展堂（胡汉民）。

③ 此为十一月二十六日收到汪精卫来电后的复电。复电时间据此酌定。

致汪精卫告暹款及万当邀萱野长知邓子瑜同来电

（一九〇七年十一月下旬至十二月间）①

暹款及万，当邀萱、邓②同来。

据孙中山致萱野长知中文原函所引电文影印件，载〔日〕萱野长知：《中华民国革命秘笈》，东京，帝国地方行政学会一九四〇年七月发行

复内田良平询日本财团能否出资电③

（日　译　中）

（一九〇八年二月）

排日团之在新加坡、暹罗、西贡者，已为吾党所打破。广东之主动者为唐〔康〕徒徐勤、江孔殷，出财者为李准（提督）、张督。彼辈财雄势大，所在鼓动，吾党财难与敌，若得三十万，则立能尽数打破，不知日本财团能出否？

据〔日〕藤井昇三：《孙文の研究——とくに民族主義理論の發展を中心として》（《孙文研究——以民族主义理论发展为中心》），东京，劲草书房一九六六年四月发行（中译文见陈锡祺主编：《孙中山年谱长编》上册，北京，中华书局一九九一年八月出版）

---

①　据底本，此电发自上篇之后，十二月二十六日致函萱野长知之前，具体日期不详。

②　即萱野长知、邓子瑜。

③　此电发自新加坡。当时日本实业界因二辰丸事件引发中国抵制日货运动遭受损失，委托内田良平协助平息抵制运动，内田致电孙文，孙乃复电。

致池亨吉告云南起义军已攻占河口电

（日 译 中）

（一九〇八年五月一日）

前日二十九日夜，云南军取豫定行动而破河口。①

据〔日〕断水楼主人著，乐嗣炳译：《中国革命实
地见闻录》，上海，三民公司一九二七年十月出版

致池亨吉告我军按预定计划顺利进行电

（日 译 中）

（一九〇八年五月九日）

我军已击破临安、开化等十有余城，……今攻首府②，……一切都照豫定计划，进行颇顺。

据〔日〕断水楼主人著，乐嗣炳译：《中国革命实
地见闻录》，上海，三民公司一九二七年十月出版

---

① 河口起义发动时间，一般作四月二十九日夜，其实是在三十日凌晨二时。

② 指云南省省会昆明。

致西贡法国总督望对被羁的同志
应邀为第三国优待^①

（一九〇八年）

　　证明这许多被羁的同志，均属中国革命军人，为本人率领者，照战时公法，避敌之人应邀为第三国优待。

据张永福编：《南洋与创立民国》，上海，中华书局一九三三年十月出版

致河内法国总督电^②

（一九〇八年）

　　仍请其照前案办理。住越革命党人须稍加分别，凡安分营业者，不可以作军人一律出境相待。

据张永福编：《南洋与创立民国》，上海，中华书局一九三三年十月出版

---

①　镇南关之役后，越南人急图义举，乃以砒霜毒死该地驻军法国兵士，夺他们的枪械，法兵死六七十人。法官因此在地方上大搜平民，因而累及旅越革命同志，所拘近千人，并有送回中国交官厅处分消息。孙文获悉后，即去电越南东京法政府向其交涉多次，终难邀允。孙文乃以西文长电直拍西贡总督，法督乃回电允照办，唯须遣离法境往新加坡居留。

②　孙文又得河内来电，报告河内地方官再将同志等拘去二百余人，将来或有株连再捕亦未可定。孙得电后，即去电法督，婉辞劝告"仍请其照前案办理"。迨得越督电复允可照办，孙乃至新加坡与英督面商，得其同意照前手续交保。

致池亨吉请偕宫崎寅藏至船上晤面电

（英译中）

（一九一〇年六月九日）

明十日请偕宫崎同来横滨"蒙古"船上一晤。

据［日］宫崎滔天（宫崎寅藏）：《"财界搅乱"
の妄を辩ず》（为"搅乱财界"辩诬），载东京《日
本及日本人》一九一〇年九月号（禹昌夏译）

致黄兴告抵美电

（一九一一年一月二十三日）

文到美望佳。

据《黄克强函告十一件》（四），载邓
泽如：《中国国民党二十年史迹》，上
海，正中书局一九四八年六月出版

致何利告今晚赴纽约电[①]

（英译中）

（一九一一年四月十八日）

何利，加州洛杉矶317Apablass街，李复电云殊难，切望他图。多少即汇文，

---

① 此电收电人为 Ho Lee。据张蔼蕴《辛亥前美洲华侨革命运动纪事》，当时在洛杉矶的同
盟会会员有何利等，故从此译名。孙文曾两度致电此人，但两人的交往似未见诸各种史料。

今晚往纽约。Y S Sun.

据电文原件，中山、孙中山故居纪念馆藏

致 Mr. Allen Tong 告今晚往纽约电

（英 译 中）

（一九一一年四月十八日）①

Mr. Allen Tong，纽约百老汇街 1127 号生发号②，晚 7 点出发，明早 7 点到中心站。Y S Sun.

据电文原件，中山、孙中山故居纪念馆藏

致 Wory San-ark 告刚抵芝加哥电

（英 译 中）③

（一九一一年四月二十八日）

Wory San-ark，刚至芝加哥，下周离开此地去费城。

据电文原件，中山、孙中山故居纪念馆藏

---

① 原电未署日期。但据另一注明四月十八日电称"今晚往纽约"，故酌定两电为同一日发出。

② 纽约同盟会分会地址，是孙文在纽约时的住处和通信地址。

③ 原电未署日期。据陈锡祺主编《孙中山年谱长编》载，孙文于四月二十八日至芝加哥。

致胡汉民询广州起义善后情形电^①

（一九一一年四月二十八日）

抵芝加高，闻败，同志如何？何以善后？

据梅乔林、李绮庵：《开国前美洲华侨
革命史略》，载上海《建国月刊》一九
三二年四月第六卷第四、五期合刊

致布思告已见希尔但无结果
询能否设法筹款电

（英　译　中）

（一九一一年四月二十八日至五月一日间）^②

布思先生：加州洛杉矶南帕萨迪纳 Garfield 大街 1515 号。已见希尔，毫无希望，你能否设法？时间紧迫，速盼回复。中山，芝加哥南 clark 街 303 号太和号。

据电文原件，中山、孙中山故居纪念馆藏

---

① 孙文于是日由纽约抵芝加哥，从报上获悉广州起义于前一日发动并已失败，这是当晚发往香港的电文。胡汉民时任同盟会南方支部支部长。

② 原电未署日期。根据前后已注时间之电报，此电发出时间是在四月二十八日至五月一日之间。根据布思、咸马里与孙文的计划，他们应该为即将在中国举行的起义筹款。在各种希望破灭后，布思建议孙文去找他的私人朋友希尔，从孙文的电报来看，他应该见了此人，但仍未筹到款。

致咸马里请和布思协商筹款事宜电

（英 译 中）

（一九一一年四月二十八日至五月一日间）①

咸马里先生：加州长滩洛杉矶。请和布思协商，尽力而为，时间紧迫。（我已电告他）。中山，芝加哥南 clark 街 303 号太和号

据电文原件，中山、孙中山故居纪念馆藏

致 Sing Lee Co 望尽力筹款送至旧金山电

（英 译 中）

（一九一一年五月一日）

Sing Lee Co：内华达州委林墨。极具希望，但需钱，尽力筹款，送至旧金山。J chock man 南 Clark 街 303 号。

据电文原件，中山、孙中山故居纪念馆藏

致 Wing Wo Chong 请将款项送至多伦多电

（英 译 中）

（一九一一年五月一日至三日间）②

Wing Wo Chong：多伦多约克街 192 号。尽快将你所有的钱送至此地，而非纽

---

① 原电未署日期。根据前后已注时间之电报，此电发出时间是在四月二十八日至五月一日之间。长滩计划虽然失败，但孙文仍在做最后的争取。

② 原电未署日期。根据前后已注时间之电报，此电发出时间是在五月一日至三日之间。

约。芝加哥 clark 街 303 号太和号转。

据电文原件，中山、孙中山故居纪念馆藏

致容闳询能否协助筹款电

（英　译　中）

（一九一一年五月一日至三日间）

容闳博士：康涅狄格州哈特福特 Attorwood 街第 16 号。你未回复我去年从纽约捎给你的信。你能否在这紧要关头为中国做点什么？切盼回复。Y S Sun，芝加哥 clark 街 303 号太和行转。

据电文原件，中山、孙中山故居纪念馆藏

致费城致公堂告改期拜访电

（英　译　中）

（一九一一年五月四日）

致公堂：宾州费城 Race 街 919 号顶层。下周不能来你市，将于再下周之 5 月 17 日来。Soon Mon①。

据电文原件，中山、孙中山故居纪念馆藏

---

① 应系孙文之粤语谐音。

致旧金山致公堂请勿登报反对同盟会电①

（英 译 中）

（一九一一年五月二十日）

致公堂：加州三藩市 Stofford Alley 38 号。不要登报反对同盟会，等待我去替你们解决问题。孙逸仙。

据电文原件，中山、孙中山故居纪念馆藏

致咸马里告下周前往晤面电

（英 译 中）

（一九一一年五月三十一日）

咸马里：加州长滩 1911 年 5 月 31 日。刚回来。信收。下周去。是见你的时候了。

据电文原件，中山、孙中山故居纪念馆藏

---

① 当时同盟会会员崔通约等因致公堂筹款不力，乃向各地致公堂致函攻击旧金山致公总堂。致公总堂大为震怒，乃攻击同盟会会员，是为新旧革命党之交恶。孙文因故不能立即赴旧金山，故电请致公总堂克制行为，等他去解决问题。六月上旬，孙文自纽约西行，在洛杉矶长滩略作停留，于六月中旬到旧金山，解决组织问题。孙文与致公堂大佬黄三德、《大同日报》司理唐琼昌相商的结果，是同盟会会员一律加入致公堂，而致公堂则删除繁文缛礼，优待同盟会会员。六月十八日，旧金山致公总堂与同盟会实行组织联合，刊广告于《大同日报》及《少年中国晨报》。同盟会与致公堂的合并，壮大了革命力量。

致沙加免度致公堂告明天下午乘船抵达电①

（英译中）

（一九一一年五月三十一日至六月二十四日间）

致公堂：加州沙加免度第三大街第 909 1/2 号。明天下午乘三点三十分的轮船到。孙逸仙。

据电文原件，中山、孙中山故居纪念馆藏

与黄芸苏联名致旧金山致公堂
告明天中午赴博伊西电②

（英译中）

（一九一一年六月二十四日后）

致公堂：加州旧金山 Stofford Alley 38 号。我们刚至这里，明天中午去博伊西。Sun Wong。

据电文原件，中山、孙中山故居纪念馆藏

---

① 此电为五月三十一日至六月二十四日之间发出。沙加免度是加州首府。当地秉公堂与致公堂不睦，且声势颇大。受保皇党的影响，秉公堂曾扬言要轰杀革命党，而当地同盟会会员黄晋三，对其危险性认识不足，仍邀孙文等前往。孙文与张蔼蕴等到达后，始知履险。此时，进则冒险，退则必被保皇党耻笑。危急之中，孙文亲抵秉公堂总部言和，向其宣传革命救国的道理。孙文等面对"本堂手足不得加入同盟会"的牌子，侃侃而谈。后秉公堂与致公堂终于握手言和，各华侨团体也纷纷欢迎孙文。同盟会本决定某日开周年纪念并欢迎孙文到会，后因各团体轮流欢迎，争先恐后，甚至一日赴欢迎会数次，同盟会的欢迎会不得不数度延期。各团体还假座会宴楼欢迎孙文。孙文演说革命免瓜分问题、难易问题，指出革命流血少，而不革命遭清政府有形无形之杀戮流血之多，何止百数十倍。
② 此电为六月二十四日以后发。博伊西即 Boise，美国西北部城市，爱华达州州府。此电签名为 Sun Wong，应系指孙文与同行的黄芸苏。

致梅培告等候答复电

（英 译 中）

（一九一一年六月二十四日后）

梅培：密歇根州底特律 Monroe 道 4 号。等候答复，然后来 ⬚（以下为密码）。

据电文原件，中山、孙中山故居纪念馆藏

致 Mr. T. P. Ma 电

（英 译 中）

（一九一一年十月十五日）

Mr. T. P. Ma：纽约城西 118 街 414 号。请日内会美士以商办法去时再报文。太和号。

据电文原件，中山、孙中山故居纪念馆藏

致 Mr. T. P. Ma 请到华盛顿中区
大陆旅馆晤面电

（英 译 中）

（一九一一年十月十八日）①

Mr. T. P. Ma：纽约城西 118 街 414 号。今天下午没在车站见到你。到华盛顿

---

① 孙文于十月十八日到达华盛顿，发电时间应是此日。

中区大陆旅馆来找中山先生。

据电文原件，中山、孙中山故居纪念馆藏

致芝加哥太和号告在华盛顿地址电①

（英 译 中）

（一九一一年十月十八日）

芝加哥：clark 街 471 号太和号。我在此处的地址是：中山，华盛顿 DC 大陆旅馆。

据电文原件，中山、孙中山故居纪念馆藏

致 Dr R A Parker 询能否尽快设法筹款电

（英 译 中）

（一九一一年十月十九日）

Dr R A Parker：芝加哥 Drexel Anvenue 5815 号。希望如何？你能否尽快设法做点事？速回复，找生发。

据电文原件，中山、孙中山故居纪念馆藏

---

① 孙文于十月十八日至华盛顿，收电地址是芝加哥同盟会分会地址。孙文在往来电报中所注收发门牌号有所差异，有 471、473、437 号者。

致 Mr Frederic Poole 告到纽约见面地址电

（英 译 中）

（一九一一年十月二十日）①

Mr Frederic Poole：宾州费城 Race 街 918 号。来此地相见找生发行 Jockman。

据电文原件，中山、孙中山故居纪念馆藏

致芝加哥太和号告现在赴纽约电

（英 译 中）

（一九一一年十月二十日）②

Clark 街 473 号太和号。我们现在去纽约，邮件送往新发。中山。

据电文原件，中山、孙中山故居纪念馆藏

复容闳告今晚离开华盛顿无暇晤面电

（英 译 中）

（一九一一年十月二十日）

容闳博士：收到你的信。我们今晚离开，无时间去见你。以后有消息请送至百老汇街 1127 号。生发。Jee Chockman.

据电文原件，中山、孙中山故居纪念馆藏

---

① 此电应是孙文十月二十日到达纽约时发出。
② 孙文于十月二十日离华盛顿往纽约。

致芝加哥太和行告按原计划进行电

（英译中）

（一九一一年十月二十日）

芝加哥 clark 街 473 号太和行 1911 年 10 月 20 日。按原计划进行。

据电文原件，中山、孙中山故居纪念馆藏

致芝加哥太和行请速派黄芸苏赴纽约电

（英译中）

（一九一一年十月二十日）

芝加哥 clark 街 473 太和行 1911 年 10 月 20 日。这里的会员希望黄芸苏来帮忙，请尽快来。中山。

据电文原件，中山、孙中山故居纪念馆藏

致张鸣岐敦促其反正电

（一九一一年十月二十日）①

张督鉴：民国已成，列强公认，请速率所部反正，免祸生灵，两粤幸甚。裁复。孙文。

据美洲中国同盟会会员编：《最新中国革命史》下册，三藩市，一九一二年十月出版

---

① 原电未署日期。据孙文《建国方略》称，孙抵纽约时粤中同志图粤，城将下。予以欲免流血计，乃致电两广总督张鸣岐，劝之献城投降，而孙抵纽约时间为一九一一年十月二十日，可断此电当也发于是日。

致林礼斌等询能否筹助四万美金电

（英 译 中）

（一九一一年十月二十五日）

林邦维多利亚温哥华银行礼斌①并剀志公鉴：民国初成，百事待理，外交尤急，需款甚殷。请公等力筹囤（四）万金，多尤妙。即电汇纽约百老汇街 1125 新发号转交应急。能否并若干即复。孙文叩。

据电文原件，中山、孙中山故居纪念馆藏

致旧金山同盟会转述代拟之致法国和比利时政府呼吁书电

（英 译 中）

（一九一一年十月三十日）

加州旧金山 Stofford 街 36 号同盟会 1911 年 10 月 30 日。□□□□致巴黎法国政府、致布鲁塞尔比利时政府：我们强烈反对贵国国人提供军事贷款给满族政府来达到推动一个非人道和文明的战争的目的。我们公开承认确信此项贷款将被中华民国拒绝，请求他们警告你的国人停止如此不友好的行为。签名：旅美华人代表。

据电文原件，中山、孙中山故居纪念馆藏

---

① 加拿大华侨，时任维多利亚温哥华银行经理。

致咸马里托在英接洽贷款电

（英 译 中）

（一九一一年十月三十一日）

伦敦萨福伊饭店咸马里：黎元〈洪〉的宣言是难以解释的，突然成功可能助长其野心，但他缺乏将才，无法久持。各地组织情况甚好，都希望我加以领导。如得财力支持，我绝对能控制局势。在我们到达之前，不可能组成强有力的政府，因此贷款是必需的。一九一一年十月三十一日。

据《布思文书》（Charles B. Boothe Papers Tn. China）电文原件，美国加州、斯坦福大学胡佛研究中心（TheHoover Institution of Stanford University, California, U. S. A.）藏（陈斯骏译，金应熙校）

致 Mr. F. Poole 告将离开纽约毋须前来电

（英 译 中）

（一九一一年十月下旬）

Mr. F. Poole：宾州费城 Race 街 918 号。毋须来，我们要离开。Jee Chockman.

据电文原件，中山、孙中山故居纪念馆藏

致 Dr. R. A. Parker 告将离开纽约电

（英 译 中）

（一九一一年十月下旬）

Dr. R. A. Parker：芝加哥 Drexel Anvenue 5815 号。准备离开此地。如果周三不

来，将就此事再电你知。生发。

据电文原件，中山、孙中山故居纪念馆藏

致 Dr. R. A. Parker 告将离开纽约无暇商议电

（英 译 中）

（一九一一年十月下旬）

Dr. R. A. Parker：芝加哥 Drexel Anvenue 5815 号。速去，无时间在这里商议。生发。

据电文原件，中山、孙中山故居纪念馆藏

致何利告交寄捐款地址电

（英 译 中）

（一九一一年十月下旬）

何利：加州洛杉矶 317Apablasa 街。款即寄百老汇街 1125 号新发转交文收，债票已缴〔绝〕，续捐请直汇港发票。文。

据电文原件，中山、孙中山故居纪念馆藏

致咸马里告明日乘船赴英电

（英 译 中）

（一九一一年十一月一日）

伦敦萨福伊饭店咸马里：黄将军已安抵汉口。形势大有改善。明日可能乘

"毛里塔尼亚"号。中山。一九一一年十一月一日。

据《布思文书》（Charles B. Boothe Papers Tn. China）电文原件，美国加州、斯坦福大学胡佛研究中心（The Hoover Institution of Stanford University, California, U.S.A.）藏（陈斯骏译，金应熙校）

英文原文见本册第　　页

致民国军政府表明对民国总统人选态度电①

（一九一一年十一月十六日）

《民立报》转民国政府鉴：文已循途东归，自美徂欧，皆密晤其要人，中立之约甚固。维〔惟〕彼〈邦〉人半未深悉内情，各省次第独立，略致疑怪。今闻已有上海议会之组织，欣慰。总统自当推定黎君。闻黎有请推袁之说，合宜亦善。总之，随宜推定，但求早巩国基。满清时代权势利禄之争，吾人必久厌簿〔薄〕。此后社会当以工商实业为竞点，为新中国开一新局面。至于政权，皆以服务视之为要领。文临行叩发。

据《本馆接孙君逸仙自巴黎来电》，载一九一一年十一月十七日上海《民立报》第一页

附：另一英文版本②

请通知所有相关人员，我目前正在从美国经欧洲往东方的途中。我理解各国列强保持中立，但他们似乎没有完全理解我们的理念，尤其是关于各省独立的宣

---

① 据许师慎编《国父选任临时大总统实录》同一电文互校，文字略有增改。底本注明"二十六日得自法京巴黎发"，日期当指阴历九月二十六日，即阳历十一月十六日。但孙文当时尚在伦敦，故此电可能是托人在巴黎代发。

② 上海英文报纸《大陆报》（*The China Press*）于十一月十六日收到孙逸仙自巴黎来电，其电文内容与上篇大体相同，惜该日此报已佚失无存。本篇系稍后由美国《夏威夷报》（*Hawaiian Gazette*）转载自上海《大陆报》者。

告。我很高兴地听到，有关代表将在上海举行会议商谈组建一个临时中央政府的消息。我自然认为黎都督应该当选为大总统，我也知道黎都督宁愿让袁世凯坐上那个位置。我认为无论是黎都督还是袁世凯都符合当选条件。如果你们能为我们这个国家尽早安排此事，这是最好不过了。延误将带来无法估量的危害。我们未来的目标是振兴工商业。当选后的政府官员应该求真务实，为民服务。我们绝对不能重蹈满清王朝的覆辙。让所有人都记住：人并非生而为己。孙逸仙。十一月六日，巴黎。

据"Dr. Sun Backs Li for President"，*Hawaiian Gazette*（U. S. A.），Dec. 12, 1911, Page6.[《孙博士推荐黎元洪做大总统》，载一九一一年十二月十二日美国《夏威夷报》第六页]（廖思梅译，高文平校）

致宫崎寅藏告将抵香港电

（英 译 中）

（一九一一年十一月二十八日）①

乘"丹佛"轮归国，预定十二月二十二日抵香港，请偕池②到港接。中山。

据《宫崎滔天全集》第五卷附录近藤秀树编《宫崎滔天年谱稿》英文电文译出（禹昌夏译）

致上海《民立报》告归国行程电

（一九一一年十一月二十九日）

《民立报》鉴：文于今日（初九）到波特塞得（苏伊士河口之埠），明日

---

① 底本谓此电于是日自塞得港（又译波特塞得港）发往东京。但孙文次日始抵塞得港，疑发电日期或地点有误。

② 即池亨吉。

（初十）可离苏伊士入红海。三号（十三）可至亚丁。九号（十九）可至可仑波（锡兰岛南端），于抵曼给换船。十四号（二十四）可至槟榔屿。十六号（二十六）可至新加坡。二十二号（冬月初二）可至香港。孙文。

据《专电》，载一九一一年十一
月三十日上海《民立报》第二页

致邓泽如嘱到新加坡面商电

（一九一一年十二月十四日）

泽如兄鉴：今日下午"地湾夏"邮船出星加坡，乞兄明日到星，登船面商。秘勿扬。孙文。

据邓泽如：《中国国民党二十年史迹》，
上海，正中书局一九四八年六月出版

致横滨华侨感谢同情革命并告国内议和情形电

（一九一一年十二月二十一日）①

请传语余敬爱之横滨在留同胞诸君曰：诸君乡里自余统监之革命军旗飞扬以来，大寄热心与真率之同情，此吾党及余所深谢者也。余自动乱发生以来，至今未通告诸君吾之居处，罪甚罪甚，希诸君谅恕。顾吾党组织之革命军，今对于满朝已经休战，将移而至媾和谈判。吾党之希望虽素不在媾和，而亦并非全不欲和，战亦非吾目的。吾党素志之共和政体，近已谈和，谈判之结果，可见其成立矣。更望诸君大表同情，注视其成。余不日当可与诸君相见，谢至今所蒙恩谊，并亲与诸君协议吾国之将来一切。请自重自爱。

据《孙中山之联络情谊》，载一九一一
年十二月二十七日上海《申报》（四）

---

①　原电未署日期。据《孙中山归国始末记》（上海，景新书社一九一二年石印本）载，此电发自香港，孙文于一九一一年十二月二十一日早上抵香港，当晚赴沪。日期据此订定。

复南京各省代表告即赴宁勉任临时大总统电

（一九一一年十二月二十九日）①

南京各省代表诸公鉴：电悉。光复中华，皆我军民之力，文子身归国，毫发无功，竟承选举，何以克当？惟念北方未靖，民国初基，宏济艰难，凡我国民，具有责任。诸公不计功能，加文重大之服务，文敢不黾勉从国民之后？当刻日赴宁就职。先此敬复。孙文叩。

据《紧要电信》，载一九一二年
一月一日上海《民立报》第二页

致袁世凯告暂时承乏临时大总统电

（一九一一年十二月二十九日）

北京袁总理②鉴：文前日抵沪，诸同志皆以组织临时政府之责任相属。问其理由，盖以东南诸省久缺统一之机关，行动非常困难，故以组织临时政府为生存之必要条件。文既审艰虞，义不容辞，只得暂时担任。公方以旋转乾坤自任，即知亿兆属望，而目前之地位尚不能不引嫌自避，故文虽暂时承乏，而虚位以待之心，终可大白于将来。望早定大计，以慰四万万人之渴望。孙文。蒸。③

据《孙大总统致袁内阁电》，载一九一一
年十二月三十一日上海《民立报》第二页

---

① 原电未署日期。据许师慎编《国父选任临时大总统实录》载，是日上午，南京十七省代表会议选举孙文为中华民国临时大总统，并来电告知。孙接电后即复此电。
② 袁世凯时任清廷内阁总理大臣。
③ 蒸即阴历十一月初十日，公历十二月二十九日。

致黎元洪告勉任临时大总统电①

（一九一一年十二月二十九日）

武昌举义，四海云从，列国舆论歌诵民军无微不至，而尤钦佩公之艰苦卓绝。文于中国革命虽奔走有年，而此次实行并无寸力，谬蒙各省代表举为总统，且感且愧！惟有勉为其难，以副公之盛意。武汉为全国之枢纽，公之责任维艰，伏维珍重！

据易国干等辑：《黎副总统政书》卷三，
武昌，官纸印刷局一九一四年八月初版②

致各省都督军司令长告即赴宁勉任临时大总统电

（一九一一年十二月二十九日）③

各省都督军司令长鉴：以诸公力战经营，光复神壤，文得受赐归国，且感且惭。今日代表选举，乃认文为公仆，自顾材力，诚无以当！惟念北方未靖，民国初基，同济艰难，国民有责，文敢不黾勉从诸公之后？当刻日赴宁就职。先此奉闻。孙文叩。

据《紧要电信》，载一九一二年
一月一日上海《民立报》第二页

---

① 黎元洪时任湖北军政府都督。
② 此书印行时，黎元洪在袁世凯政府任副总统之职，而孙文则因反袁"二次革命"失败后流亡日本，故所收电文上下款皆略去称谓及孙文名字，来往电报标题以"南京临时政府"代替孙大总统。
③ 原电未署日期。据电文中"今日代表选举，乃认文为公仆"等语断定此电当写于一九一一年十二月二十九日。

致旧金山中华会馆为组织中央政府
委向当地华侨筹款电

（一九一一年十二月三十日刊载）

金山中华会馆鉴：现为组织中央政府，需款甚巨，委任公等向贵埠华侨征集大款。先由贵处给收据，国债票日间附上，祈电应用。同埠有大资望须特别委任者，即电示。孙文。早七点四十六分钟发。

据《孙文电中华筹款》原件照片，载一九一一年十二月三十日美国旧金山《世界日报》①

致邓泽如等为组织中央政府委向南洋侨商筹款电

（一九一一年十二月三十日对方收到）

邓泽如、陆弼臣、谭扬兄同鉴：现为组织中央政府，需款甚巨。委任阁下等向南洋侨商征集大款，国债票日间付上。孙文叩。

据邓泽如：《中国国民党二十年史迹》，上海，正中书局一九四八年六月出版

复陈席儒等告勉任临时大总统电

（一九一二年一月一日刊载）

陈席儒、虔虞先生②等鉴：真电③过誉，公仆任重，文惟有勉从国民之后，无

---

① 该报所标发行日期原作阴历"辛亥年十一月十一日"，即公历一九一一年十二月三十日。
② 陈席儒、陈虔虞两兄弟系香山人，檀香山华侨商界巨擘杨芳之子，时为香港、澳门实业界知名人士。
③ 真电即十一日电。疑日期有误，待考。

负知友所望。孙文谨复。（印）

据《孙中山复香山人士电》，载一九
一二年一月一日《香港华字日报》①

复旅港团体暨亲友告勉任临时大总统电

（一九一二年一月二日）

番禺公所、南邑侨商公所、新会商务公所、银业行暨各亲友同鉴：电贺过誉，当任为国民公仆，以无负诸公之望。孙文。冬②。

据《孙总统复港各团电》，载一九
一二年一月一日《香港华字日报》

致伍廷芳等嘱每日将议和事详告电

（一九一二年一月二日）

局译送外交学长伍秩庸、温钦甫③、王亮畴④、汪精卫诸公⑤鉴：请每日将议和事详细电知。切盼。孙文。冬。

据原件影印件，载中国第二历史档案馆编：
《南京临时政府遗存珍档》第一册，
南京，凤凰出版社二〇一一年六月出版

---

① 《香港华字日报》又名《华字日报》，当时出版不标版次。
② 此处删一衍字"阳"。
③ 温宗尧，字钦甫。
④ 王宠惠，字亮畴。
⑤ 在当时南北议和中，南方的全权代表是伍廷芳（号秩庸），另有参赞温宗尧、王宠惠、汪精卫、钮永建四人。

致吴稚晖石瑛告有要事奉商电

（一九一二年一月二日）

　　《民立报》转吴稚晖、石蘅青两先生鉴：要现有事〔现有要事〕奉商，即来复电，以便接车。孙。

据《南京电报》，载一九一二年
一月三日上海《民立报》第二页

致黎元洪贺当选副总统电

（一九一二年一月三日对方收到）

　　今日参议院选举副总统，经全数投票，举我公充任，共庆得人，谨为民国前途贺。

据易国干等辑：《黎副总统政书》卷四，
武昌，官纸印刷局一九一四年八月初版

复袁世凯重申对议和及让位态度电

（一九一二年一月四日）

　　袁慰亭君鉴：盐电悉。文不忍南北战争，生灵涂炭，故于议和之举，并不反对。虽民主、君主不待再计，而君之苦心，自有人谅之。倘由君之力，不劳战争，达国民之志愿，保民族之调和，清室亦得安乐，一举数善，推功让能，自是公论。文承各省推举，誓词具在，区区此心，天日鉴之。若以文为有诱致之意，则误会矣。孙文叩。〈支〉①。

据《紧要电报》，载一九一二年一月六日上海《民立报》第二页

---

　　① 据上海《申报》一九一二年一月六日第四版《孙总统与袁世凯来往要电》所载同一电报互校，增补韵目代日"支"字。

致伍廷芳询国民会议情况及退兵办法
并嘱将会议情形逐日电告电

（一九一二年一月四日）

议和总长伍廷芳鉴：国民会议地点、时期及退兵办法商有头绪否？祈电知。以后请将会议情形，逐日电告为盼。总统孙文。支。

据观渡庐（伍廷芳）编：《共和关键录》，上海，著易堂书局一九一二年十一月出版

致陈炯明促速出兵北伐电①

（一九一二年一月四日）

中央政府成立，士气百倍，和议无论如何，北伐断不可懈。广东民军勇敢素著，情愿北伐者甚多，宜速进发。总统孙文。支。（印）

据《粤东之北伐热》，载一九一二年一月十五日上海《天铎报》第三版

复上海广肇公所潮州会馆告伍廷芳温宗尧
仍为议和全权代表电

（一九一二年一月五日）

广肇公所、潮州会馆诸同乡先生鉴：支电悉。民国新立，司法重任非伍公②

---

① 陈炯明时任广东代理都督。
② 即伍廷芳。

不可。至议和事，伍、温①二公仍为议和全权代表。孙文。微。（印）

据《南京大总统电》，载一九一二年
一月六日上海《申报》第一张第三版

致王云华啥王锡均电

（一九一二年一月五日）

巡防沪军营王统带鉴：沪军王锡均管带，前光复上海时，力战殉国，勇烈可敬，谨电追悼。孙文。微。

据《大总统电啥勇士》，载一九一二
年一月七日上海《民立报》第六页

致伍廷芳转达孙毓筠报告倪嗣冲
并未遵约退出颍州电

（一九一二年一月六日）

议和总代表伍公廷芳鉴：今日接安庆电云："旧历十三日，有专员自颖〔颍〕来省，倪嗣冲兵并未遵约退出颖〔颍〕州。十三以后退否，尚未接到报告，容查明再行奉复。毓筠。"仅以奉闻。总统府。鱼。（印）

据观渡庐（伍廷芳）编：《共和关键录》，
上海，著易堂书局一九一二年十一月出版

复黎元洪指示北伐方略电

（一九一二年一月七日对方收到）

现在用兵方略，当以鄂、湘为第一军，由京汉铁道进；宁、皖为第二军，向

---

① 即伍廷芳、温宗尧。

河南进，与第一军会于开封、郑州之间；淮阳为第三军，烟台为第四军，向山东进，会于滦州、秦皇岛；合关外之兵为第五军，山、陕为第六军，向北京进。一、二、三、四军既达第一之目的后，与第五、六军直指敌。连日内据探报，敌假议和而集重兵，力图取江淮，系分三路，一由亳州，一由徐州，一由颖〔颍〕州等情。南京之兵，已陆续开赴前敌。尊处如探得敌以退兵为名，意图南下，务望紧逼敌军，以牵制其兵力。并一面电饬黄州及阳逻①各军，抄击其左侧，是为至要。

据易国干等辑：《黎副总统政书》卷四，
武昌，官纸印刷局，一九一四年八月初版

复广东省临时议会望倡劝粤省协力负担饷源电

（一九一二年一月七日）

省会公鉴：来电所陈，洞见彼虏肺腑。我民国士气方新，进行可恃。至饷源一节，各省宜协力负担。粤人素以好义急公闻于天下，舍家为国，正在此时。如何倡劝，实力奉行，则公等之责也。总统孙文。虞。叩。〔印〕

载一九一二年一月十二日《香港华字日报》

致袁世凯告暂时承乏而虚位以待电

（日 译 中）

（一九一二年一月九日）

前日抵沪，诸同志皆以组织临时政府之责相嘱。问其理由，盖以东南诸省久缺统一之机关，行动非常困难，故组织临时政府。文义不容辞，只得暂时担任。公方以旋转乾坤自任，既知亿兆属望。文今暂时承乏，而虚位以待公。

据《孙逸僊、袁世凯を招く》〔《孙逸
仙邀请袁世凯》〕，载一九一二年一月九
日《大阪每日新闻》（二）（关伟译）

---

① 镇名，位于湖北黄州西北。

致庄蕴宽望协力接济江北电

（一九一二年一月十日）

江苏都督庄鉴：顷江北财政部长陶思澄来宁告急，具述困难情形，月内非有兵饷八万金，江北大局必将糜烂，望协力统筹，以顾全局。保江北即所以保江南，惟执事筹之。总统。蒸。（印）

据《江北财政部长筹款记》，载一九一二年一月十二日上海《申报》第一张第五版

致陈其美李平书望协力接济江北电

（一九一二年一月十日）

沪军都督陈、民政司长李同鉴：（上略）① 据云执事前已允济三万元，望协力统筹，从速拨给。卫江北即所以卫江南，惟执事筹之。总统。蒸。（印）

据《江北财政部长筹款记》，载一九一二年一月十二日上海《申报》第一张第五版

致张謇望协力接济江北电

（一九一二年一月十日）

公素具热心，望协力统筹接济。再，江北拟将盐包运沪抵款，亦望执事筹议。总统。蒸。（印）

据《江北财政部长筹款记》，载一九一二年一月十二日上海《申报》第一张第五版

---

① 原文如此。

致坂谷芳郎请代筹建民国中央银行
并邀其访华电

（日　译　中）

（一九一二年一月十日）①

东京坂谷男爵：阁下对三上丰夷②、何天炯③所谈，设立银行一事，应迅速进行。若阁下方便，乞光临南京。"关于急需之武器，乞速关照。"南京。孙文。

据"胜田主计文书"日文来电原件，东京、日本大藏省财政史室藏（王魁喜译）

致广东军政府着速使参加北伐之民军进发电④

（一九一二年一月十二日刊载）

中央政府成立，士气百倍。议和无论如何，北伐万不可懈。广东民军以勇敢著，其志愿北伐者多，宜速使进发。

据《大总统有命民军当敬听》，载一九一二年一月十二日《香港华字日报》

---

① 此电原件无发电日期，上注："南京孙文来电。四十五年一月十一日。"十一日当为收电日期，四十五年为明治四十五年即一九一二年。发电日期据孙文一月十日致坂谷芳郎中文函"本日已由电信奉闻"，当为一月十日。坂谷芳郎是日本财界巨擘涩泽荣一之婿，曾任大藏大臣。

② 日本神户的实业家。

③ 一九一一年十二月下旬，何天炯作为南京临时政府及孙文派往日本的代表，就如何解决财政问题一事，请教坂谷芳郎等人。

④ 本篇及下篇底本均自广东军政府布告转录。

致广东军政府着速行编练民军以归划一电

（一九一二年一月十二日刊载）

传知各民军统领：粤省民军，章制各异，号令不齐，固须速行编练，其编制当暂照新军办法，以归划一。

据《大总统有命民军当敬听》，载一九一二年一月十二日《香港华字日报》

致李平书嘱速将前攻金陵机关稍损之
大炮修理解宁安置电

（一九一二年一月十二日）①

迅将前攻金陵机关稍损之各大炮，迅速修理解宁安置。

据《南京添设炮台之预备》，载一九一二年一月十三日上海《申报》第二张第三版

与黄兴联名致伍廷芳请便宜行事
并规定议和以十四日为期电

（一九一二年一月十四日对方收到）

千急。上海议各代表伍廷芳鉴：请公便宜行事，议定日数，约以十四日为期。孙文、黄兴。（印）

据观渡庐（伍廷芳）编：《共和关键录》，上海，著易堂书局一九一二年十一月出版

---

① 原电未署日期。据底本载"孙大总统现拟在南京择要添设炮台，故于昨日电致制造局……"酌定为一月十二日。

致黎元洪告对购运飞船意见电

（一九一二年一月十四日对方收到）

飞船据称适用，但运送及试验所费甚巨，不如由尊处派人来议，并可请沪上洋工师试验，较为便利。且尊处若无军粟，亦可就近借用沪军粟，如何？乞电复。

据易国干等辑：《黎副总统政书》卷四，
武昌，官纸印刷局一九一四年八月初版

复直豫谘议局答复其提出之请帝退位之三条件电

（一九一二年一月十四日）

直隶谘议局、河南谘议局鉴：由汪兆铭转来电称："贵局往复等商，谓非速定共和政体，早建统一政府，不足弭内忧而消外患。拟提出三条件：一、清帝退位后，能否举袁为大总统？二、共和成立后，接管清政府所有北方军队，能否不追既往，与南军一律待遇？三、优待皇室及旗民生计，能否先行议定？"云云。昨经电汪兆铭，以所开三条件，临时政府早已宣布此意，自属能行，令即转复贵局矣。临时政府惟一目的在速定共和，本总统受职誓言，即以专制倾覆、民国成立为解职之条件，所以示为民服务之本心也。清帝退位，共和既定，袁有大功，为众所属，第一条件自无不能。南北既成一致，转敌为友，彼此解释嫌疑，更无不一律待遇之理。至于皇室可崇以尊号，给以年金，保其所有财产；其旗民生计，则各省正在筹议中。须知民国以专制为敌，而权位非所争，南北既可调和，则生灵免于涂炭，不分畛域，自是平等之本怀。清廷以退让而释干戈，皇室报酬，应示优异。此次贵局所开条件，早经临时政府宣布，不必置疑。本总统所必除者，为人道之蟊贼；所最尚者，为真正之和平；凡所宣言，皆为全国之大计。若复拘牵小节，反复游移，抗亿兆国民之心，保一姓世袭之位，至必重诉解决于武力，其咎当有所归。贵议局深怀大局，力愿维持，谅必洞明此意也。总统孙文叩。盐。

据《孙总统复直豫谘议局原电》，载一九
一二年一月十九日上海《民立报》第二页

致孙毓筠请转饬皖北各军严守纪律电

（一九一二年一月十四日）

　　急。安庆孙都督鉴：顷得伍代表转来袁电称："据倪藩司①电称：皖北革军以革命为名，招集土匪，六安、凤阳所属及颍、霍两县，在城则苛捐勒派，在乡则掳掠奸淫"等语。查我军素称义师，中外共见，倪电所称，难保无诬蔑之处。请转饬皖北各军，务宜严守纪律，认真训练，以保义师之名誉，勿令敌军有所藉口，是为至要。总统。寒。

据《总统府电报》，载一九一二年
一月二十日上海《民立报》第三页

复扬州淮南运商劝勿因盐政改革而停运食盐电

（一九一二年一月十四日）

　　扬州淮南运商公鉴：电悉。盐为民生食用必需，非销耗品可比。美州〔洲〕各国不征税，欧西征税者，皆就场听商贩卖。满清秕政，以盐为少数商人之专卖品。若以革新政体而减轻同胞之负担，即应不征盐税，本总统曾有是言。惟饷需赔款指为大宗，一时既难另筹，不得不暂行照旧征取。将来实业发达，替代有资，定必删此前例。前者张总理②宣布之意见书，改征税法，正为划除苛政，听商集合公司，所谓使盐与万物同等，即使盐业与各项商业同等，旧业何至有废弃之虞？来电亦知与同胞共沾幸福，所谓同胞者，合全国国人而言也之〔之也〕。幸福与同胞共之，独盐业不可与同胞共之乎？况乎张总理改革盐法意见，尚待决于国会，并非目前办法，该商等尽可照章请运，并一面组织公司，何必自相惊疑！长此停运，饷源民食，在在攸关，如再观望不前，则无怪其另招新商贩运也。至每引缴

---

① 即倪嗣冲。
② 即江苏两淮盐政总理张謇。

银二十四五两之说，系赅括课厘、加价、杂捐、盐本在内，指收没清长芦运使战利品而言，非统商场存圩之盐而言也，其勿误会。此答。总统府。寒。

据《总统府电报》，载一九一二年
一月二十日上海《民立报》第三页

复张振武告川款已由中央政府
承借碍难改作别用电

（一九一二年一月十五日刊载）

川款已由中央政府承借，派黄复生、熊克武①赴沪接收，筹办蜀军北伐队，碍难改作别用。

据《总统府电报》，载一九一二年
一月十五日上海《民立报》第二页

复伍廷芳告如清帝退位可推袁世凯为总统电

（一九一二年一月十五日）

千急。上海议和代表伍廷芳君鉴：电悉。如清帝实行退位，宣布共和，则临时政府决不食言，文即可正式宣布解职，以功以能，首推袁氏。总统孙文。删。（印）

据观渡庐（伍廷芳）编：《共和关键录》，上
海，著易堂书局一九一二年十一月出版

致陈其美令严缉刺杀陶成章凶手电

（一九一二年一月十五日）

万急。沪军陈都督鉴：阅刊载光复军司令陶成章君，于元月十四号上午两点

---

① 黄复生时任临时参议院议员兼南京临时政府铸印局局长。熊克武时任蜀军总司令。

钟，在上海法租界广慈医院被人暗刺，枪中颈、腹部，凶手逃去。陶君遂于是日身死，不胜骇异。陶君抱革命宗旨十有余年，奔走运动，不遗余力，光复之际，陶君实有巨功，猝遭惨祸，可为我民国前①途痛悼。法界咫尺在沪，岂容不轨横行，贼我良士？即由沪督严速究缉，务令凶徒就获，明正其罪，以慰陶君之灵，泄天下之愤。切切。总统孙文。

据《总统唁电》，载一九一二年一
月十七日上海《民立报》第六页

复黎元洪告已派员洽购飞船及其他军需物品电

（一九一二年一月十六日对方收到）

飞船及尊电嘱购之各物，已嘱前途照办，但不知价值贵贱如何，故欲尊处派人到沪面议。既属需用甚急，谨当嘱其即运往鄂。其他各物不知能全办否？已电驻沪鄂军交通所总理张复汉君接洽。

据易国干等辑：《黎副总统政书》卷四，
武昌，官纸印刷局一九一四年八月初版

致浙江都督府令优恤陶成章家属
并具报其生平行谊电②

（一九一二年一月十六日）

万急。浙江都督府鉴：阅刊载光复军司令陶成章君，于元年十四日上午两点，在上海法界广慈医院被人暗刺，枪中颈部、腹部，凶手逃去。陶君遂于是日身殂，不胜骇悼。陶君抱革命之宗旨十余年，奔走运动，不遗余力，光复之际，尤有巨

---

① 此处删一衍字"前"。

② 民国成立后，同盟会与光复会、陈其美与陶成章之间存在不小的矛盾，这是时人怀疑陶被陈指使凶手暗杀的原因所在，但这种怀疑缺乏证据。

功，猝遭惨祸，可为我民国痛惜。已电令沪督①严速究缉，务令凶徒就获，以慰陶君之灵，泄天下之愤。至陶君原籍会稽，应由浙督查明其家属，优予抚恤，并将其生平之行谊及光复之芳勋，详细具报，备付将来民国国史。切切。总统孙文。

据《总统府电报》，载一九一二年
一月二十日上海《民立报》第三页

复伍廷芳嘱邀唐绍仪同来南京面商大计电

（一九一二年一月十八日对方收到）

伍秩庸先生鉴：篠电悉。请即入宁面商，并邀请唐②同来，以决大计。孙文。密。

据观渡庐（伍廷芳）编：《共和关键录》，上
海，著易堂书局一九一二年十一月出版

致伍廷芳转告唐绍仪以清帝退位五项条件电

（一九一二年一月十八日）

伍廷芳先生鉴：请告唐③，清帝退位，共和既定，既〔即〕推让出于诚意。至其手续，则须慎重，以为民国前途计。若两日为期④，不特贻外人讥笑，且南方各省或有违言，转不美。今以五条件要约如下：一、清帝退位，其一切政权同时消灭，不得私授于其臣。二、在北京不得更设临时政府。三、得北京实行退位电，即由民国政府以清帝退位之故电问各国，要求承认中华民国彼各国之回章。四、文即向参议院辞职，宣布定期解职。五、请参议院公举袁世凯为大总统。如此方于事实上完善。孙文。巧一。

据观渡庐（伍廷芳）编：《共和关键录》，
上海，著易堂书局一九一二年十一月出版

---

① 即陈其美。
② 即唐绍仪。
③ 即唐绍仪。
④ 此处删一衍字"草"。

致伍廷芳转告唐绍仪优待清室条件电

（一九一二年一月十八日）

　　伍廷芳先生鉴：请告唐①，皇室优待条件：一、名号定为宣统皇帝，删去"世世相承"四字。二、退居颐和园。三、经费由国会定之。四、如议。五、包括在经费内。六、如议。乙。满、蒙、回、藏五条如议。

据观渡庐（伍廷芳）编：《共和关键录》，
上海，著易堂书局一九一二年十一月出版

复陈作霖等告陈其美督苏应经省议会公举电

（一九一二年一月十八日）

　　上海商务总会陈作霖、沪南商会王震、商务总所朱佩珍、全国商团联合会沈懋照、国民总会叶增铭、市政厅长莫锡纶鉴：电悉。陈都督为民国起义首功之人，光复上海，战功劬劳，以之督苏，必能胜重任而慰众望。惟苏督一职，向由省议会选举，倘经苏议会正式公举之，本总统无不同意也。总统孙文。啸。

据《为陈其美督苏应经省议会公举复上海
商务总会等电》（录自国民党党史会藏抄
件），载秦孝仪主编：《国父全集》第四
册，台北，近代中国出版社一九八九年出版

---

　　①　即唐绍仪。

致伍廷芳转告唐绍仪修改清帝退位五项条件电

（一九一二年一月十九日）

伍秩庸先生鉴：密。请速告唐①，昨巧电第三、四、五条合并改为各国承认中华民国之后，临时总统即行辞职，请参议院公举袁为大总弘。孙汶〔文〕。（印）

据观渡庐（伍廷芳）编：《共和关键录》，
上海，著易堂书局一九一二年十一月出版

复伍廷芳转告唐绍仪优待清室条件
不交海牙存案理由电

（一九一二年一月十九日）

伍廷芳先生鉴：啸一电悉。"相传不废"当改为"终身不废"。至交海牙存案，民国内阁反对者多，其理由：一、国内之事件，交列国国际公会，大伤国体。二、不信国民，必须存案于外，即为丧失外国人信用，牵涉于国际。三、惟有用正式公文通告各国政府，即可为将来之保证。请告唐。孙文。皓三。

据观渡庐（伍廷芳）编：《共和关键录》，
上海，著易堂书局一九一二年十一月出版

---

① 即唐绍仪。

致伍廷芳转告唐绍仪申明清帝退位
五项条件之意电

（一九一二年一月二十日对方收到）

伍秩庸先生鉴：密。申明巧一电之意：一、清帝退位，系帝制消灭，非只虚名。二、袁须受民国推举，不得由清授权。三、袁可对中外发表政见，服从共和，以为被举之地。四、临时政府不容有两，以避竞争，今清帝退位后，民国政府当然统一。五、袁可被举为实任大总统，不必用临时字样。如此始得民国巩固，南北一致。请告唐。孙文。

据观渡庐（伍廷芳）编：《共和关键录》，
上海，著易堂书局一九一二年十一月出版

复袁世凯不允将议定优待清室条件
交海牙和平会立案电①

（一九一二年一月二十日刊载）

有伤国体，且与国际交涉无关。

据《南京电报》，载一九一二年一
月二十日上海《民立报》第二页

致陈炯明着促邓子瑜会同北伐电

（一九一二年一月二十日刊载）

十分急。广州陈炯明都督鉴：转邓子瑜，即将所部军械由保民来会同北伐，

---

① 袁世凯来电要求民国允将议定优待清室条件交海牙和平会立案，孙文复电斥驳。

以符汉民原约。孙文。

据《粤省新猷》，载一九一二年一
月二十日上海《天铎报》第四版

复伍廷芳再转告唐绍仪同意修改优待
清室条件及不交海牙存案电

（一九一二年一月二十日）

伍廷芳先生鉴：皓电悉。删去"让"字及改定"满、蒙、回、藏人一〈律〉与汉人平等"，可依议；惟"相传不废"改作"终身不废"。又，如条件由民国临时政府用正式公文通告各国政府作为保证，不交海牙存案。合再告唐申明。孙文。哿一。（印）

据观渡庐（伍廷芳）编：《共和关键录》，
上海，著易堂书局一九一二年十一月出版

复伍廷芳转告唐绍议申明袁世凯不得于民国
未举之先接受清廷统治权以自重电

（一九一二年一月二十日）

伍廷芳先生鉴：皓二电悉。昨改正巧一电：一、清帝退位，政权同时消灭，不得私授其臣民。二、在北京不得更立临时政府。三、各国承认中华民国之后，临时总统辞职，请参议院公举袁为大总统。此于民国安危最有关系，在所必争，请唐告前途当计及远大，毋生异议。盖袁不得于民国未举之先，接受满清统治权以自重。当清帝退位，民国临时政府当然统一南北，则外国必立时承认，此其期间甚短速。文之誓词以外国承认为条件，为民国践行此条件，立即退让，举袁为实任大总统，则文与袁俱不招天下之反对也。孙文。哿二。

据观渡庐（伍廷芳）编：《共和关键录》，
上海，著易堂书局一九一二年十一月出版

致黎元洪告南北议和近情并嘱照前备战电

（一九一二年一月二十日）①

和议成否，决于数日之内。清帝有意退位，现正商待遇之条件：一、清皇帝之名号，终身不废，以外国君主礼待之。二、暂居宫禁，日后退居颐和园。三、其年俸若干，由新政府提交国会议决，惟不得少于三百万之数。四、陵寝宗庙，永远奉祀。五、奉安等处工程，照实用数支出。六、满、蒙、回、藏之待遇，与汉人平等。

又，对于袁内阁之要约：一、清帝退位，一切政权同时消灭，不得私授其臣民。二、在北京不改设临时政府。三、各国承认中华民国之后，文即辞职，请参议院公举项城为大总统。以上以南北统一、民国巩固为主旨。现虽未列入正式谈判，而进行颇确。若清廷仍不肯就范，则再战有词，请仍照前电准备。现北方已有重兵至宿迁，窥淮、扬、闽、鄂、桂之兵须到南阳，宜一面扰围铁路，一面选派洛阳、山阳之民军以牵制之。

据易国干等辑：《黎副总统政书》卷五，
武昌，官纸印刷局一九一四年八月初版

致伍廷芳嘱转告北方议和应从速解决电

（一九一二年一月二十一日）

伍廷芳先生鉴：各省都督于施〔停〕战之〈期〉，亦俱极鼓噪。冰〔现〕时期过半，和议祥〔祗〕由唐辗转表其意见，非由正式。退位之言，日复一日，无以取信中外。谅〔请〕告北方，另派正式代表，或仍以全权并〔畀〕唐，以键〔从速〕解决。总统孙文。箇一。

据观渡庐（伍廷芳）编：《共和关键录》，
上海，著易堂书局一九一二年十一月出版

---

① 原电未署日期。据底本记载黎元洪对此电之复电称"哿电悉"，可知此电当发于二十日。

致伍廷芳告袁世凯须先将优待清室
条件切实答复电

（一九一二年一月二十一日）

伍廷芳先生鉴：和密。哿电謦候袁回电，再行通告各国及各都督。今日开会议定里，告袁须于二十日悉将优待条件切实答复，俩再议他项靶事宴①。总统孙文。马。（印）

据观渡庐（伍廷芳）编：《共和关键录》，
上海，著易堂书局一九一二年十一月出版

致邓泽如请即来南京商理要事电

（一九一二年一月二十一日）

泽如先生鉴：请兄即来南京一行，商理要事。已电家人来，能同行更妙。文叩。马。

据"中央改造委员会"党史史料编纂委员会编：《总理全书》之九《文电》，台北，一九五〇年至一九五二年出版

复伍廷芳暨各报馆转告袁世凯议和
最后解决办法电②

（一九一二年一月二十二日）

〈万急。上海〉伍廷芳先生暨各报馆鉴：昨电悉。前电言清帝退位，临时大

---

① 底本原注原电如此。

② 据观渡庐（伍廷芳）编《共和关键录》所载同一电文稿［《南京加急公电》，载一九一二年一月二十三日上海《时报》（一、二）］校补。

总统即日辞职，意以袁能与满洲政府断绝一切关系，变为民国国民，故决以即时举袁。嗣就后来各电观之，袁意不独欲去满政府，并须同时取消民国政府，自在北京另行组织一临时政府，此种临时政府将为君主立宪政府乎？抑民主政府乎？人谁知之？纵彼有谓为民主之政府，又谁为保证？故文昨电谓须俟各国承认后，始行解职，无非欲巩固民国之基础，并非前后意见有所冲突也。若袁能实行断绝满政府关系，变为民国国民之条件，则文当仍践前言也。至虑北方将士与地方无人维持，不知清帝退位后，北方将士即民国将士，北方秩序亦即应由民国担任。惟一转移间，不能无一接洽之法，文意拟请袁举一声望素著之人，暂镇北方。若驻使无人，交接一节，满祚已易，驻使当然与民国交涉，方为正当，其中断之时甚短，固无妨也。今确定办法如下：一、清帝退位，由袁同时知照驻京各国公使请转知民国政府，现在清帝已经退位；或转饬旅沪领事转达亦可。二、同时袁须宣布政见，绝对赞同共和主义。三、文接到外交团或领事团通知清帝退位布告后，即行辞职。四、由参议院举袁为临时总统。五、袁被举为临时总统后，誓守参议院所定之宪法，乃能接受事权。按一、二两条即为袁断绝满政府关系，变为民国国民之条件。此为最后解决办法。如袁并此而不能行，则是不愿赞同民国，不愿为和平解决，如此则所有优待皇室、八旗各条件，不能履行，战争复起，天下流血，其罪当有所归。请告袁。孙文。祃。

据《孙大总统致伍代表暨各报馆电》，载一九一二年一月二十三日上海《民立报》第二页

致伍廷芳着速电袁世凯交涉制止山东清军
叶长盛违约进攻登州黄县电

（一九一二年一月二十二日）

万急。上海议和代表伍公廷芳鉴：烟台蓝都督①、沪军刘司令②各急电称：

---

① 即蓝天蔚。
② 即刘基炎。

"山东清军叶长盛违约进攻登、黄①，焚杀奸掠，残虐已甚，烟台可危"等语。请速电袁，相与严重交涉，是为至要。总统孙文。祃。

据观渡庐（伍廷芳）编：《共和关键录》，
上海，著易堂书局一九一二年十一月出版

致伍廷芳汪精卫转告唐绍仪参议院
已同意五项条件电

（一九一二年一月二十二日）

万急。上海伍秩庸先生、汪精卫君鉴：今日复电五条，并由政府提出参议院，得其同意，盖尊重和平之极。前途若再不办到，则是有心反对，众怒实难犯。请告唐。总统府孙文。养三。

据观渡庐（伍廷芳）编：《共和关键录》，
上海，著易堂书局一九一二年十一月出版

复伍廷芳命将五项条件正式通告袁世凯
并申述让位条件理由电

（一九一二年一月二十三日）

万急。上海伍秩庸议和代表鉴：养电悉。昨午电要约五事：一、清帝退位，由袁同时知照驻京公使电知民国政府，言现在清帝已经退位；或由驻沪领事转达亦可。二、袁须宣布政见，绝对赞同共和主义。三、文接到外交团或领事团通清帝退位之电，即行辞职。四、由参议院袁为临时大总统。五、袁被举后，誓守参议院所定之宪法，接受事权。此五条时经参议院之同意，于马电所陈协商办法，并无窒碍，即可并为正式之通告于彼方。至此次来电云云，有所未达。盖推袁一

---

① 即登州、黄县。

事，始终出于文之意思，系为以和平解决而达共和之目的。及见袁转唐有取消民国临时政府之电，此事于理绝对不行，要求其一不能摇动民国前途之保证，故有巧电，只保〔系〕手续稍异，并无有变初衷。继见来马电以各国承认时期为不能待，有袁与南京临时政府协商组织临时政府之说，则袁要有赞同民国之表示，以离去满州〔洲〕政府之关系，彼此始有协商之地。昨电第一、二项，并不多费时日手续，第三、四、五项亦然。总之，个人名位非所愿争，而民国前途岂可轻视？前交贵代表之电，系转唐、袁磋商，并正式通告，且只保〔系〕手续之少异，亦因于事实而来，更无有失信于贵代表之事。和议解决既在数日之内，请始终其事。另派全权一节，可无置议，余详昨电。总统孙文。梗一。

据观渡庐（伍廷芳）编：《共和关键录》，
上海，著易堂书局一九一二年十一月出版

致伍廷芳命电清内阁派员赴晋陕战地宣令停战电

（一九一二年一月二十三日）

　　急。上海议和代表鉴：据陕西特派员李良材报告："阴历十一月十七日第六镇清军已由渑池西发，其汉阳退出之清军及武卫左军，均于二十一屯集恪〔洛〕阳，合谋政陕。至升允所带兵队，由甘东出，已抵乾州境界，两面受敌，势甚危急"各等语。查此次停战展期，本出于清政府之要求，而袁世凯任豫、甘清军两路攻陕，违约失信，究何居心？前与唐代表议决条件中，载有两方政府各派委员至山、陕一带向两方宣布实行停战一条，本总统为尊重人道起见，特暂止援陕军队，拟先实行此条，以昭大信。希即电清内阁，令其实践条约，特派得力专员星夜驰赴山、陕战地，宣令停战。至山、陕民军方面，早归中央节制，自由此间派员驰往宣布。其两方所派专员，应如何保护，以及日期地点彼此接洽之处，即径请速电商定，以臻妥协。总统孙文。漾。

据观渡庐（伍廷芳）编：《共和关键录》，
上海，著易堂书局一九一二年十一月出版

致庄蕴宽嘱补选江北参议员一名电

（一九一二年一月二十四日）

江苏庄都督鉴：顷接江北总参谋孙岳电称："选派参议员，系事前曾派商贵都督如何分额，迄未接复。维时已迫，故就该处选派三员前来。今经参议院均予取消，将来江北痛苦，无可代达，恳予拨额"等因。查江北地方广要，酌予参议员额一名，以便其关切陈议，亦是实情。合行电商贵都督，取消一名，即由江北选充，俾可均平，而裨政要为荷。总统孙文。敬。

据《电报》，载南京《临时政府公报》
第十七号，一九一二年一月二十九日

复黎元洪请制订湖北作战计划并告国军
行动应由中央规定电

（一九一二年一月二十六日对方收到）

有电悉。和议难恃，我军战斗准备，刻不可忽。凡关于湖北方面之作战计划，应请尊处相机制宜，不为牵制。惟敌人作战目标，移向南京，国军行动之总方略，应由中央规定，通告各处，然后能期统一。

据易国干等辑：《黎副总统政书》卷五，
武昌，官纸印刷局一九一四年八月初版

致陈炯明等望赞同粤议铁路借款电

（一九一二年一月二十六日）

万急。陈都督鉴并转省会暨铁路公司鉴：和议难恃，战端将开，胜负之机，操于借款。前文在外洋，本与数处有成议，乃各省代表必要临时政府，此"临时"字样，断难使各国立即承认，数处虽有成议，亦因之而阻迟，故现时借款必当以私人名义，尚不能用国家名义。今欲借各省之各种实业以为抵当，而借款以应中央政府目前之急需。其办法用中央担任偿解，订立合同，务期于不损公司利益。苏浙铁路已慨然借出，而广东铁路股东深明大义，想必不吝也。大局所关，千钧一发，务望赞同此举，俾款早有着，全局早定，是为至祷。盼切电复。孙文总统〔总统孙文〕。寝。（印）

据《粤路押款之会议》，载一九一二年二月四日上海《民立报》第四页

致伍廷芳等答谢广东同乡捐助军饷电

（一九一二年一月二十六日）

广肇公所董事伍秩庸、温钦甫、谭干臣、陈司良、陈辅臣、梁纶卿、钟子垣、郑陶斋、唐翘卿、杨易初、郑业臣、邓鸣谦暨桑梓诸公司鉴：此次各同乡热心借款，以助军饷，急公好义，实深感荷。总统孙文。宥。

据《公电》，载一九一二年一月三十日上海《民立报》第二页

复杜潜并烟台各界告即派胡瑛来烟电

（一九一二年一月二十六日）

烟台代理都督杜并转各界鉴：电悉。即令胡都督①先行来烟。总统文。宥。

据《电报》，载南京《临时政府公报》第一号，一九一二年一月二十九日

---

① 即胡瑛。

致蓝天蔚告已令胡瑛赴烟并嘱协同筹应一切电

（一九一二年一月二十六日）

烟台电局即送关外都督蓝天蔚鉴：选接山东来电，促胡都督瑛赴烟，已令其即行。尊处所属海陆军，希届时饬令协同筹应一切是要。总统文。宥。

据《电报》，载南京《临时政府公报》
第一号，一九一二年一月二十九日

致陈其美嘱即省释赵珊林电

（一九一二年一月二十六日）

上海陈都督其美鉴：赵珊林为吾党旧同志，去岁新军反正之役，颇为出力。今闻因事系狱，请念前功，即予省释。孙文。宥。

据《电报》，载南京《临时政府公报》
第一号，一九一二年一月二十九日

复四川资州军政分府希派人护送刘光汉来宁电

（一九一二年一月二十六日）

四川资州军政署鉴：刘光汉①被拘，希派人护送来宁，勿苛待。总统府。宥。

据《电报》，载南京《临时政府公报》
第一号，一九一二年一月二十九日

---

① 原名师培，一九一一年随端方入川镇压保路运动，端被起义新军杀死，刘则被拘。

复招商局告以局产抵借日债已有押主
并有相当之报酬电①

（一九一二年一月二十六日）

招商总局鉴：径电悉。中央政府借贵局抵押事，已觅有押主。至于利益，则贵局既能为国尽力，当有相当之报酬，自无待言。谨复。总统府。宥。（印）

据中国第二历史档案馆：《南京临时政府拟以招商局产抵借日债史料》，载北京《历史档案》一九八三年第三期

致伍廷芳嘱发表清室无诚意议和之真相电

（一九一二年一月二十七日）

万急。上海伍秩庸议和代表鉴：和局至此，万无展期之理，民国将士决意开战。今曾提交参议院，尤极愤激，誓以同心共去共和之障碍。贵代表宜将彼方撤销唐使、不认全权所已签约之国民会议选举法及提出清帝退位之议，已以正式公文通告优待条件及各种办法又复不认，再三反复，知清廷实无心于平和，此番开战，其曲在彼之真相，对于内外正式发表。总统孙文。沁。

据观渡庐（伍廷芳）编：《共和关键录》，上海，著易堂书局一九一二年十一月出版

---

① 一九一二年一月二十五日招商总局致电孙文，望"中央政府许有确定担保并相当利益"。次日，孙以总统府名义复电招商总局。南京临时政府成立后，财政困难，拟以招商局产抵借日债，押银一千万两，以充军用，由临时政府还本付息。但自一月二十日起至二月二十一日止，往返交涉达一月之久，终为招商局所拒绝。

致各国驻华公使揭露袁世凯独揽大权之诡计通电

（英译中）

（一九一二年一月二十七日）

本总统甚愿让位于袁，而袁已允照办，岂知袁忽欲令南京临时政府立即解散，此则为民国所万难照办者。盖民国之愿让步，为共和非为袁氏也。袁若愿尽力共和，则今日仍愿相让。当袁氏闻民国愿举为总统之消息后，即一变其保清之态度，而力主清帝退位，至前此所议之国民大会一节亦复尽行抹却。既而知民国必欲其实行赞成共和，而决不肯贸然相让，堕其诡计，则袁氏又复变态矣！盖袁氏之意，实欲使北京政府、民国政府并行解散，俾得以一人而独揽大权也。

据《孙大总统通告各国公使》，载一九一
二年一月二十九日上海《民立报》第三页

致黎元洪转告伍廷芳议和意见电

（一九一二年一月二十八日对方收到）

顷接伍代表①电云："沁电敬悉。停战之期，至明日上午八时为满，不再展期，已经决定。惟段祺瑞军统与北洋四十二将校联名电奏清廷，速行宣布共和。段现统第一、第二两军，处武汉前敌，如黎副总统与之接洽，则明日武汉方面可联为一致，不复有战争之事。至张勋一军，唐君绍仪屡电劝其赞同共和，张回电反对。唐君又电袁内阁，嘱其严饬张军勿得暴动，倘明日停战期满，张仍违约，则兵衅非自我开，更可令天下万国知曲直所在。此处得袁内阁来电，据唐见皆系表面文字，其实内容尚无他意。廷昨致袁内阁来电，谓若停战期满，尚未得清帝退位确报，则前此所订优待条件，即全行作废。来电嘱将和议无效之始末正式发

---

① 即伍廷芳。

表，与廷意甚合，惟须俟得复电。如仍持勿使清帝退位之意，以致兵衅再开，再行发表，如是则清廷以争一君位之故，不惜流全国之血，必为人道所不容。而我民国政府希望和平之意，更昭著于天下，对外可得友邦之同情，对内可激同胞之义愤，似尤为妥协。特此奉复"等语。特此奉闻。

据易国干等辑：《黎副总统政书》卷五，
武昌，官纸印刷局一九一四年八月初版

致伍廷芳指责袁世凯一再阻挠和谈
为民国之贼电①

（日　译　中）

（一九一二年一月二十八日收到）

　　本次屡延停战期限，原意是以和平手段达到共和目的，殊不料袁世凯先是取消唐绍仪的全权代表资格，后又不承认唐绍仪在正式会议上签署的以选举国民会议而议决国体之法。在清帝退位问题上，尽管已与彼电报往返商议多日，彼忽然回电称未与伍廷芳商议过此事等等。屡屡失信于全国军民，人所共愤。且民国既许以优待之礼，对待清帝及清皇室，却因袁一人阻止之故，既不能达到速成共和之目的，又不能使清帝享受逊让之美名。袁世凯不仅早已为民国之贼，亦实为清帝之仇。本次停战延期既满，民国不允再次延期。若由此而引起的重启兵火之责，唯袁世凯一人之咎，举国军民均以亡袁而后快。

据《孙逸仙、袁世凯を責む》［《孙逸仙指责
袁世凯》］，载一九一二年一月三十日《大阪
每日新闻》（二）（蒋海波译、安井三吉校）

---

①　此系一长电的大要，发自南京。

致伍廷芳宣布袁世凯破坏和议之罪状电

（一九一二年一月二十八日）①

此次议和，屡次展期。原欲以和平之手段，达到共和之目的。不意袁世凯始则取消唐绍怡〔仪〕之全权代表，继又不承认唐绍怡〔仪〕于正式会议时所签允之选举国民会议以议决国体之法。复于清帝退位问题，业经彼此往返电商多日，忽然电称并未与伍代表商及等语。似此种种失信，为全国军民所共愤。况民国既许以最优之礼对待清帝及清皇室，今以袁世凯一人阻力之故，致令共和之目的不能速达，又令清帝不能享逊让之美名，则袁世凯不特为民国之蠹，且实为清帝之仇。此次停战之期届满，民国万不允再行展期，若因而再启兵衅，全唯袁世凯是咎，举国军民，均欲灭袁氏而后朝食。

据《孙总统宣布袁世凯失信电》，载一九
一二年二月五日《香港华字日报》第三版

致陈炯明及中国同盟会嘱调和同盟会
与光复会关系电

（一九一二年一月二十八日）

广东陈竞存②都督及中国同盟会公鉴：近闻在岭东之同盟会、光复会不能调和，日生轧轹。按同盟、光复二会在昔同为革命党之团体。光复会初设实在上海，无过四五十人。其后同盟会举于东京，光复会亦渐涣散。二党宗旨，初无大异，

---

① 原电未署日期。据白蕉编著《袁世凯与中华民国》（转录一九一二年一月二十九日《时事新报》该电，上海，人文月刊社，一九三六年六月再版）载："孙总统自袁世凯于议和之事，始终失信，于昨日致电伍代表，略言……"时间据此酌定。

② 陈炯明，字竞存。

特民生主义之说稍殊耳。最后同盟会行及岭外①暨南洋，光复会亦继续前迹，以南部为根基，推东京为主干。当其初兴，入会者本无争竞。不意推行岭表，渐有差池。盖不图其实际，惟以名号为争端，则二会之公咎也。同盟会实行革命之历史，粤人知之较详，不待论述。光复会则有徐锡麟之杀恩铭，熊成基之袭安庆，近者攻上海，复浙江，下金陵，则光复会新旧部人皆与有力，其功表见于天下。两会欣戴宗国，同仇建虏，非只良友，有如弟昆。纵前兹一二首领政见稍殊，初无关于全体。今兹民国新立，建虏未平，正宜协力同心，以达共同之目的，岂有猜贰而生阋墙？为此驰电传知，应随时由贵都督解释调处。同盟、光复二会会员，尤宜共知此义。虽或有少数人之冲突，亦不可不慎其微渐，以免党见横生，而负一般社会之期许。切切。总统孙文。勘。

据《电报》，载南京《临时政府公报》第一号，一九一二年一月二十九日

复陆荣廷嘱遣精队北伐电

（一九一二年一月二十八日）

桂林陆都督荣廷鉴：北伐之军，要选精锐。执事勇敢无前，贵部亦早有名誉，若得为国前驱，满虏当不足平。惟西粤倚执事如长城，或不必亲行，只遣精队北伐，亦足以张我军旅。专复。孙文。勘。

据《电报》，载南京《临时政府公报》第四号，一九一二年二月一日

致姚雨平林震嘉许固镇之捷电

（一九一二年一月二十八日）

津浦路站电局速送广东北伐军司令姚雨平、协统林震鉴：闻我军昨夜得胜，

---

① 此处删一衍字"外"。

追敌数十里，足见士卒用命，深堪嘉许。总统孙文。勘。

据《电报》，载南京《临时政府公报》
第一号，一九一二年一月二十九日

致贡桑诺尔布等蒙古各王公望维持西北秩序并速举代表来宁电

（一九一二年一月二十八日）

北京。喀尔沁亲王①、喀尔喀扎萨克和硕亲王（名彦图）、那科尔沁辅国公（迪苏）博暨蒙古诸王公、各台吉均鉴：汉、蒙本属同种，人权原自天赋，自宜结合团体，共谋幸福。况世界潮流所趋，几于大同，若以芸芸众生长听安危于一人，既非人道之平，抑亦放弃天职。今全国同胞见及于此，群起解除专制，并非仇满，实欲合全国人民，无分汉、满、蒙、回、藏，相与共享人类之自由。究之政体虽更，国犹是国。故稍有知识之满人，亦莫不赞同恐后。谅诸公明达，必表同情。文以薄德，谬膺临时总统之举，上述各意，已一再宣布，蒙地辽远，或未尽悉。而俄人野心勃勃，乘机待发，蒙古情形，尤为艰险，非群策群力，奚以图存？凤仰贵王公等关怀时局，眷念桑梓，际兹国势阽危，浮言四煽，西北秩序，端赖维持。祈将区区之意，遍告蒙古同胞，戮力一心，共图大计，务坚忍以底成，勿误会而偾事。并请速举代表来宁，参议政要，不胜厚望。中华民国大总统孙文。勘。

据《电报》，载南京《临时政府公报》第四号，一九一二年二月一日

致黎元洪嘱派人与段祺瑞接洽促成共和电

（一九一二年一月二十九日对方收到）

连接伍代表电："段军统联合四十二将帅，电要清帝宣布共和。"又转来段电

---

① 名贡桑诺尔布。

云："祺瑞夙抱宗旨，不忍令地方再有糜烂，涂炭生灵。因两军所持太近，时有冲突，已拟稍退，民军不可再进，致生恶感。孙、黎两公同此，代为致意。"等语。彼方军队既承认共和，可由尊处派人与段接洽，我民国军队为共和主义而战，若果能南北联合一致进行，即不血刃而功可成也。急电俟复。

据易国干等辑：《黎副总统政书》卷六，
武昌，官纸印刷局一九一四年八月初版

致王占元等盼一致赞助共和电

（一九一二年一月二十九日）

信阳州统制王占元，济南统制张永成，大同府统制何宗莲，河南统领张士钰，南苑统制张殿儒，北京毅军姜桂题军门，天津张怀芝军门，颍州朱家宝、倪嗣冲，新民府潘统制公鉴：民国义军本为四万万人谋幸福，不得已而诉诸武力。近与袁内阁切商清帝退位办法，已有成言，而为满洲少数皇族所把持挟制，遂令内阁为难，陷于危困。南北本是一家，岂肯为彼少数人之私而流血？民国政府但图共和成立，救同胞于水火，他无所恋。天下之事，将与公等共之。今日段公芝泉亦联衔奏请共和，可见汉族同胞人人同此心理。所企一致进行，无复猜贰，转敌为友，实在今日，否亦在今日。请熟思而审处之，幸甚。中华民国临时大总统孙文叩。艳。

据《电报》，载南京《临时政府公
报》第四号，一九一二年二月一日

致马毓宝暨江西省各界务当化除畛域合谋统一电

（一九一二年一月二十九日）

南昌马都督暨各界公鉴：民军起义，赣省响应在先。数月以来，军政治安有条不紊，端赖各界一心一德，维持不懈，而军人镇慑有方，尤称得力，实堪嘉善。目下满虏未除，战事孔亟，正宜益加奋勉，共图进取。乃近闻省垣时有呼群聚啸扰害地方之事，倘不严申禁令，殊与本总统建立共和民国宗旨有违，即各界保民

起义，初心亦当不愿有此。建设之事较诸破坏尤难，务当化除畛域，合谋统一，所有朋比异同，易于误会之举，尤宜痛行戒绝，民国前途实有赖焉。其各勉励改良，毋负本总统所厚望也。总统文。艳。（印）

据《保治安之要电》，载一九一二年二月八日上海《时报》（四）

复方干周所询有关共和统一诸问题电①

（一九一二年一月三十一日刊载）

两宫以尧舜为心，不但民军爱戴，即全国人民及各友邦亦必同情爱戴，则皇室亲贵之永久尊荣，自能千古优待。至八旗生计，刻下民军政府已多方筹画，将来定有良好结果。南北军人同是同胞，共和统一时，不但地位照旧，至感情上亦须互相友爱，以为将来或有对外之地步。民军所不惜牺牲一切，欲成共和者，目的在改革政治，造福同胞，免受瓜分惨祸。若能早日成功，本总统自应即让贤者；倘有为君主家谋万世一系，民〈国〉政府万难承认，则兵连祸结，民〈国〉政府不任其咎。

据《汴直人渴望共和》，载一九一二年一月三十一日上海《申报》第六版

与黄兴联名致山县有朋请赞成民国政府电②

（一九一二年一月）

转呈山县公③鉴：欲保东亚和平，必得日本赞成民国。我公大力，可以主持，

---

① 其时方干周任河南省谘议局议长，前往天津走访直顺谘议局就时局交换意见，特致电孙文询问有关共和统一诸问题的解决办法。此为孙文复电。

② 原件未署日期。据内容当为南京临时政府成立之后的一九一二年一月。山县有朋是日本军界权威，掌握日本陆军实权，曾两次组阁任首相，一九〇〇年后作为日本政界的元老，左右日本政局。

③ 即山县有朋公爵。

无任盟梼〔祷〕。孙文、黄兴。

据"山县有朋文书"中文来电原件，
东京、日本国会图书馆宪政资料室藏

复张怀芝请速援助袁世凯立使清帝退位电

（一九一二年二月一日刊载）

帮办直东防务大臣张鉴：文电悉。初闻执事固执，今乃知其不然。南北一致赞同共和，则内忧外患无难消弭。执事所论，亦即文之所怀，然非立使清帝退位，宣布共和，更无解决之方法。袁内阁陷于危困，乃复犹豫，于理于势，俱万不可，切实进行，惟在公等之援助耳。至彼此协商办法，日前已电袁公，文但求达我共和之目的，无所私执。公既洞明大局，于间不容发之际，请速图之。孙文叩。

据《电报》，载南京《临时政府公
报》第四号，一九一二年二月一日

致黎元洪嘱于段祺瑞退兵时可勿相逼电

（一九一二年二月一日对方收到）

顷得唐代表电云："今日接到段复电云：'电悉。孙、黄所示各节，殆未详察。北军各路统兵人员联禀请定共和政体，明明宣布矣。即容禀请，万勿改易。武昌派代表来言明，北军既退，南军决不北进。迨孝感、三汉埠北军起行，南军即到，未免失信'"云云。据此，则北军赞同共和，似无疑义。段军既经贵处与之协商，彼军退时，可勿相逼，免以疑心，而生冲突。

据易国干等辑：《黎副总统政书》卷六，
武昌，官纸印刷局一九一四年八月初版

致伍廷芳嘱电北京阻止倪嗣冲进兵电

（一九一二年二月二日对方收到）

伍秩庸代表鉴：倪嗣冲竟从颖〔颍〕州进兵，南至颖〔颍〕上，前接段电，谓已约束勿进，今殊不然，实为有心破坏。请即电北京电阻。总统孙文。

据观渡庐（伍廷芳）编：《共和关键录》，
上海，著易堂书局一九一二年十一月出版

复伍廷芳嘱电告袁世凯令张勋等部退兵电

（一九一二年二月二日对方对收）

伍秩庸代表鉴：维密电悉。徐、颖〔颍〕两地实彼方先行进攻，民军迎击却之，张勋、朱震所称皆非事实。若彼方真有和平之意，宜饬张勋等更稍退却，方可取信协商。以张勋等屡次违约妄进，非段军之比也。请电告袁。孙文叩。

据观渡庐（伍廷芳）编：《共和关键录》，
上海，著易堂书局一九一二年十一月出版

致招商总局请派员来宁与政府接洽电

（一九一二年二月二日）

招商总局董事、股东公鉴：得沪都督陈其美电，知贵局昨在张园开设股东大会，各股东全体承认，无一反对者，洵属热心爱国，深明大义，钦佩之至。请贵局总董迅即派员来宁与政府接洽一切，事可速成。切盼。并致谢忱。总统孙文。冬。（印）

据中国第二历史档案馆编：《南京临时政府拟以招商局产
抵借日债史料》，载北京《历史档案》一九八三年第三期

复何宗莲重申五族共和电

（一九一二年二月三日）

　　大同府何都统鉴：寒电悉。卓识伟论，不胜钦佩。文始终主义，在救同胞于水火，毫无私意于其间。共和民国，系结合汉、满、蒙、回、藏五大种族，同谋幸福，安有自分南北之理？更安有苛遇满族之理？来电指摘各节，实无其事，想系反对共和民国者造谣诬蔑之语，万不可信。若赖公等之力，令共和国家早日成立，文当即避贤路。国家之事，由全国五族人共组织之，文何私焉？请释疑念，并希即图进行为祷。孙文。江。

据《电报》，载南京《临时政府公报》第九号，一九一二年二月六日

与王宠惠联名致烟台都督杜潜命迅饬
即墨民军照约暂行退出电

（一九一二年二月三日）

　　烟台都督鉴：顷据驻宁德领事面称："接驻北京德使电开，即墨县由民军占据，宣布独立。查即墨县离胶澳海面潮平附近一百里内，据光绪二十四年二月中德条约第一款内载：大清国允许离胶澳海面潮平周遍一百里内（系中国里），准德国官兵随时过调，惟自主之权仍归中国。如有中国饬令设法等事，应向德国商定。该地内应驻兵营，中国允与德国会商办理等语。是此款所订者，该处民军未尝遵照办理，饬〔请〕向贵部电饬该处民军，迅即照约退出"等语。即希贵都督迅饬该处民军照约暂行退出，候本部与德国商定再行办理。总统孙文、外交总长王宠惠。江。

据《大总统暨外交总长电烟台都督饬即墨民军照约暂行退出文》，载南京《临时政府公报》第十三号，一九一二年二月十日

致招商局促请即派员来宁接洽电

（一九一二年二月三日）

招商局诸公鉴：前日股东开会议决，具见同情。至远地未深明委曲者，当不难于疏通。无论如何，仍请即派员来宁热商一切。总统孙文。江。（印）

据中国第二历史档案馆编：《南京临时政府拟以招商局产抵借日债史料》，载北京《历史档案》一九八三年第三期

与黄兴联名致井上馨请指导
与日本关系事宜电①

（日　译　中）

（一九一二年二月三日）

井上侯阁下：由森恪君②处得闻尊意，感谢良意。万事当从阁下之劝导，今后与日本之关系均仰阁下之指导，以期统一办法。近日任命代表当置于阁下指挥之下。只以事急之故，特电恳请，切希援助。山县、桂两公③处请转达愚意。以上认可与否，敬乞回电。孙文、黄兴。

据"井上侯爵家交附书类"日文来电原件，东京、三井文库藏（王魁喜译）④

---

① 井上馨是日本政界元老，历任各内阁外务、大藏、农商务、内务等部大臣，又是三井财阀的政治代理人。

② 森恪时任三井物产株式会社上海驻在员，往返于中日两国间，担当情报联络人并与孙文等要人进行直接交涉。

③ 即山县有朋公爵、桂太郎公爵。

④ 另东京、日本国会图书馆宪政资料室藏有二月三日同一天孙文中文原函，内容同而文字稍有出入，较日文电略详。

致益田孝望借款一千万日元
以支持南京临时政府电①

（日　译　中）

（一九一二年二月三日）

　　因财政穷乏，在中国旧历年前若无一千五百万日元则不能作战，革命政府将陷于混乱。与汉冶萍公司五百万日元借款成立，故以招商局担保向日本邮船会社，与英、德、美国一千万元借款交涉正在进行中，若五日之内此借款无望，则万事皆休，孙、黄即与袁世凯缔结和议，将政权让袁。孙同意满洲租借。故日本为防止革命〈军〉解散，在汉冶萍公司五百万日元以外，如立即借一千万元，则与袁世凯中止和议。又，为满洲秘密契约，孙文或黄兴将赴日本。钱款不到手中恐军队解散，南京无法维持。孙文之答复。

据〔日〕藤井昇三：《辛亥革命時期の孫文關係資料——"滿州"問題をめぐる森恪書簡》（《辛亥革命时期孙文相关资料——围绕"满洲"问题的森恪书简》），东京，アジア（亚细亚）经济研究所一九六六年四月发行（李吉奎译）

与黄兴联名复伍廷芳嘱电达袁世凯制止
晋陕战事并联师北上电

（一九一二年二月五日对方收到）

　　上海伍代表鉴：觉电。现在南北各军同赞共和，原无再起战争之理，惟清帝尚未退位，袁内阁主张共和，为二三顽迷者所箝制，是以民军亟图北上，速定大

---

　　① 孙文与森恪谈话结束，由森恪起草约略谈了中文的大意，孙文与胡汉民进行删改，森恪译成密码，由孙具名发电。益田孝时任三井物产顾问。

局。清廷意欲停战，惟有早日退位，否则，迁延不决，徒滋祸害，恐惹起种种难题，民军岂能中止进行？顷已通电张勋、倪嗣冲、朱家宝、升允征求意见，如果赞成共和，彼此均系友军，自应联兵北上，共逼清帝退位，早图底定；若迁延顾虑，作无谓之抵抗，无论是否误会民军宗旨，而在民军方面，不能不视为反对共和之蟊贼，将与天下同诛之。质而言之，时局至此，已非停战问题，乃在南北合力一致，联师北上，以实力定大局。不合此宗旨者，即为阻抗共和之蟊贼，天下后世，自有公论。民军不能为此等顽迷所阻止，自当竭力进行，既非挑战，即无所谓停战也。段军统与黎副总统所订条件，最合此旨。袁内阁来电似合今日时局，停战一节，应毋庸议。至优礼条件，袁内阁既称有权商酌，可按照祃电所开条件，协商办理。其山西、陕西各军及升允等屡次违约进攻，应请袁内阁严饬该军立即停止战事，退出新占各地，共同联师北上，以彰大义。若东南言联合，西北主抵抗，则民军自当一致运动，宁可玉碎，决不能坐受人给，致贻①中外之笑也。希以此意电达袁内阁为祷。孙文、黄兴叩。

据观渡庐（伍廷芳）编：《共和关键录》，
上海，著易堂书局一九一二年十一月出版

复森恪告与袁世凯和议延期电②

（日 译 中）

（一九一二年二月六日）

与袁世凯和议之事延至九日为止，故此确复。

据"森恪书简"日文来电原件照片，东京、アジ
ア（亚细亚）经济研究所藏（李吉奎译、马宁校）

---

① 此处删一衍字"误"。

② 森恪于二月五日自上海致电孙文，告以东京来电称正在筹措资金，故与袁世凯议和之事请延期。此为孙文于次日复电。

复伍廷芳嘱告袁世凯金州事已电烟台
转知该处民军电

（一九一二年二月七日对方收到）

伍秩庸先生鉴：鱼电悉。金州事已电烟台转知该处民军矣，可复袁。孙文。

据观渡庐（伍廷芳）编：《共和关键录》，
上海，著易堂书局一九一二年十一月出版

复伍廷芳嘱与袁世凯交涉约束张勋及
倪嗣冲部并早定清帝退位事电

（一九一二年二月八日）

上海伍廷芳先生鉴：转北京电悉。张勋为民军击退，所报杀使等事，殊为子虚。现查张勋、倪嗣冲均增兵增械，势欲南下。倪军尤为狡诈，屡诱攻颍上民团，惨杀无状，应请彼方严行约束，勿使徒托函电空言。至退位之事，更宜催促早定，不堪久待也。总统孙文叩。庚。

据《电报》，载南京《临时政府公报》
第十三号，一九一二年二月十一日

复黎元洪告税关正在办理交涉电

（一九一二年二月九日对方收到）

阳电问税关事悉。此事正在注意办理交涉，惟必俟各国承认民国后方有结果。此复。

据易国干等辑：《黎副总统政书》卷六，
武昌，官纸印刷局一九一四年八月初版

复黎元洪告专卖非禁烟之良法电

（一九一二年二月九日）

武昌黎副总统鉴：虞电悉。禁烟事件，须俟得某国承认后始能协商。至转〔专〕卖一节，非禁烟之良法。现时南洋各埠办此，实于禁烟进步有阻，盖视为一种收入，必难收净绝之效，理势然也。故即将来官卖之法，亦恐无以取信内外而必其办到。此复。总统孙文。佳。

据《电报》，载南京《临时政府公报》
第十三号，一九一二年二月十一日

复陆荣廷嘱秉公执法电

（一九一二年二月九日）

桂林陆荣廷都督鉴：阳电悉。尊处委曲情形，已得陈司令详述。执事有维持公安之责，秉公执法，无所容其迁避。果真有抢掠劫杀之举动，自要严惩。即系民军，亦以守法与否为断，惟执事审察情形办理可也。总统孙文。佳。

据《电报》，载南京《临时政府公报》
第十三号，一九一二年二月十一日

致甘作培等解释以招商局产业抵押借款电

（一九一二年二月十一日刊载）

广东陈都督①转港澳招商局股东甘作培、邓荣基等及报界公鉴：民国政府以军需孔急，非得巨款，无以解当前之困难，故有以招商局产抵借之议。仍由政府

———————

① 即陈炯明。

担任偿还，于招商局权利无损。乃沪局开会通过，而港、澳股东反对。须知将士为民国不惜身命，商民亦同休戚。苏路、浙路俱属商业，今皆承认借押，并非强招商局独为其难。为此电告各股东勿生误解，贻粤人羞。切切。总统孙文。

据《电报》，载南京《临时政府公报》

第十三号，一九一二年二月十一日

复谭人凤望竭力维持为筹集军费所提之财政案电

（一九一二年二月十一日）

谭招讨人凤鉴：齐电悉。卓识伟论，鄙意极表赞同。优待条件，曾由参议院公决。目下，筹集军费是为第一要着，而所提出之财政案，参议院颇难通过，殊深焦灼。尚望诸君竭力维持，协同赞助，以匡大局。不胜祷切。总统孙文。真。

据《电报》，载南京《临时政府公报》

第十七号，一九一二年二月二十日

致伍廷芳嘱转告北京限期清帝退位电

（一九一二年二月十二日）

万急。上海伍秩庸代表鉴：今日经参议院同意，如十五日下午二点钟以前清帝不逊位，则收回优待条件。此布，即转北京。总统孙文。震。（印）

据观渡庐（伍廷芳）编：《共和关键录》，

上海，著易堂书局一九一二年十一月出版

致《大阪每日新闻》要求撤销所载
池亨吉演说中失实内容电

（日译中）

（一九一二年二月十二日）

在《大阪每日新闻》五日登载池亨吉氏的演说记录中，有关本人在返回上海途中的谈话及孙武氏一事，皆无事实根据，望予撤销。（据十二日孙逸仙氏自南京来电）

据《孙逸仙氏の取消》[《孙逸仙氏的撤销声明》]，载一九一二年二月十四日《大阪每日新闻》（七）（关伟译）

致黎元洪等望保护盐商维持税源电

（一九一二年二月十三日刊载）

湖北黎副总统、湖南谭都督、江西马都督、安徽孙都督①鉴：据盐政总理张謇电称："日来派员向淮南各盐商剀切晓谕，力任保护，令其暂照旧章先缴课厘，源源觫运，以济湘、鄂、西、皖四省民食。再四譬解，各商已承认即日开运，并先筹缴课厘银三十万两。此项收入内，除付各洋行运脚二十一万余两外，可以供陆军之支给。正在督促进行，忽西岸运商呈称：'接江西电，奉都督谕，每票派借三千两。'同时又拟〔据〕鄂岸〈盐〉运商呈称：'有鄂运〔军〕政府所派梅委员在扬州设立榷运淮盐公所，照会鄂岸盐商，凡启运之先，应在该公所报明花名及盐斤数目，并由该公所缮发护照'等情。又据财政部派员，以安徽某军队派员自运圩盐自卖，与沪军府所许太和公司争讧，事甫平解，商询如何贴补太和公

---

① 即黎元洪、谭延闿、马毓宝、孙毓筠。

司办法。两日以来，积案三端，关涉三省，以致商情惶惑，又生观望。元月三十日、二月一日，曾通电四省都督，将敝局规划办法详细声明，请其力任保护，迄今未得电复，商人更滋疑虑。可否吁恳总统，电属湘、鄂、西、皖四省都督，凡关于淮盐运赴各省：一、须切实保护。二、运盐暂仍旧章，免令各商认缴借款及报效银两。三、各省督销仍由敝局派委，将来所收课厘、加价、复价、杂捐等款，仍按旧章支配。其指抵洋债及赔款者，分别照向章拨交就近税务司，并将上开办法切实电复敝局，敝局即据以宣布"等语。按张总理上开办法，一以解释盐商疑虑，一以消除外人干涉，且办法既归统一，各省所得盐税源源有着，抵借亦可措词，而民食不致缺乏。若复政令歧出，使盐商裹足，各省将以求多反致见少，就大局计，固觉困难，为各省计，亦殊失算。民国成立，首在有统一能力，欲求统一，必各都督合顾大局，不分畛域，方有实效。所望各省共扶大局，不独盐政一端之幸也。即恳电复。总统孙文叩。

据《电报》，载南京《临时政府公报》
第十四号，一九一二年二月十三日

复谭人凤解释议和委曲电

（一九一二年二月十三日刊载）

《民立报》转谭人凤先生鉴：两电悉。未能即复者，以其详情非电所能尽也。前提条件，系委曲以求和平，若虚君之制犹存，则决不能承认。文虽愚昧，亦断不容以十数省流血构成之民国，变为伪共和之谬制。祈共鉴之。孙文。

据《孙大总统复谭君人凤电》，载一九一
二年二月十三日上海《民立报》第二页

致马毓宝询铁路借款事宜电

（一九一二年二月十三日刊载）

南昌马都督鉴：铁路借款事前途来商，可借二百五十万元，百万借赣省军政

府用，百五十万借中央政府用。将来增修铁路，尚可续借等语如何，乞速回复。总统孙文。（印）

据《赣议会反抗借路押款》，载一九一二年二月十三日上海《申报》第六版

复黎元洪告汉冶萍公司借款经过电

（一九一二年二月十三日对方收到）

汉冶萍款，原急不择荫，前途陆续交过款二百万，随到随尽。现订仅以此数变为虚抵，而废弃合办之约。一面以招商局借款成立，即可尽力济鄂。前此借款，因清廷与民国互相抵制破坏，故难成就，今既联合，后将易办也。敬复。

据易国干等辑：《黎副总统政书》卷六，武昌，官纸印刷局一九一四年八月初版

致伍廷芳嘱交涉撤退侵袭山西民军之清军电

（一九一二年二月十三日对方收到）

万急。上海伍秩庸代表鉴：顷据山西代表狄楼海等声称：接该省国民公会电称：清绥远将军电调毅军及第一镇兵已抵归绥，进攻包萨民军，河南所驻毅军及第二镇兵亦济自茅，拒河东民军后路，全省糜烂，即在旦夕。查山西前以袁借口保护教士，驻兵太原，已属违约，兹又进兵分攻南北两路民军，既系赞成共和，何得忽又违约进兵，侵袭民军？应请尊处均〔严〕重交涉，总以清军全数退出，以符原约，且免晋民涂炭，至为盼祷。总统孙文。（印）

据观渡庐（伍廷芳）编：《共和关键录》，上海，著易堂书局一九一二年十一月出版

致伍廷芳唐绍仪转告袁世凯撤回入晋清军办法电

（一九一二年二月十三日对方收到）

万急。上海伍秩庸代表、唐少川①先生鉴：转袁内阁如下：慰庭君鉴：迭据山西急电，清军于停战期中攻破山西，复又派混成协进据太原，随派第三镇一协巡防两营自太原南下攻赵城、霍州，又派毅军自河南北茅津包围攻击河东之民军北路，除毅军外，一镇已抵归绥，进攻包萨民军。其太原清军攻入以后，奸淫焚掠，白昼横行，今南北陷于垂危，一旦陷落，全局糜烂。以上情形，曾经伍代表迭告阻止，惟尊处并无实在办法。今据山西我军来电，确急益详。此间固认山西为同袍，执事有志平和，亦断不忍视为异类。况违约横行，惨无人道之举动，自是南北之所同愤。请照办法如下：一、清兵全体退出停战前驻在地点，即石家庄外。二、撤去清政府所派巡抚，空出省城，召回晋军都督。二事请于十五日前答复，并限日退出撤换。如认不〔不承〕认，则执事非仇视山西，即保〔系〕无心平和，我军无坐视晋省沉沦〔沦〕之理，即当派重兵赴援，曲在清军，勿谓违约。此布。孙文。（印）

据观渡庐（伍廷芳）编：《共和关键录》，
上海，著易堂书局一九一二年十一月出版

复袁世凯申明共和政府不能由清帝
委任组织并望速来宁电

（一九一二年二月十三日）②

万急。北京袁慰庭先生鉴：真电及唐③转来真电具悉。清帝辞位，执事宣言

---

①　唐绍仪，字少川。
②　原电未署日期。据文中"清帝辞位，……现即报告参议院，提出辞表，推荐执事"等语，此电当写于二月十三日。
③　即唐绍仪。

赞成共和，民国从此大定，不胜忭庆，盖全国人民之幸福也。现即报告参议院，提出辞表，推荐执事。至共和政府，不能由清帝委任组织，若果行之，恐生莫大枝节。执事明于理势，当必知此。请即速来宁，以副众望。如虑一时北方无人维持秩序，当可由执事举人，电知临时政府，畀以镇守北方全权。谨布，候复，并表欢迎之至意。孙文。

据《附录》，载南京《临时政府公报》
第十八号，一九一二年二月二十一日

复袁世凯表示虚位以待电[①]

（一九一二年二月十三日）

万急。北京袁慰亭先生鉴：电悉。文以菲材，辱膺国民推戴，受任以来，拮据张皇，力不副愿，尝恐覆𫗧赔羞，负国民委托之重。自惭受任无状，日夜希冀推贤让能，苟得如公者举而自代，其缔造国民幸福，当非意料所能预揣，文即引躬退在草野，为一共和国民，于愿已非尝〔常〕满足。无如时势未来，形格势禁，致公未得即遂共和进行之愿，文实尸位。至今幸清帝逊位，民国确立，维持北方各部，统一〈南〉北，实惟公一人是赖。语云：英雄造时势，盖谓是也。文徒何功，过蒙奖誉，曷胜娩汗。新旧交替，万机待举，遗大投艰，非公莫办。谨虚左位，以俟明哲，曷胜仁立翘望之至。孙文。元。〈印〉

据《电报》，载南京《临时政府公报》
第十五号，一九一二年二月十四日

---

① 据北京《临时公报》一九一二年正月初一日同一电报互校，文字略有增补。

复蒙古联合会蒙古王公推荐袁世凯
继任临时大总统电

（一九一二年二月十三日）①

万急。北京蒙古联合会蒙古王公鉴：电悉。帝制已除，合五大民族为中华民国，幸福无涯，中外同庆。来电荐举袁慰庭君，微执事等言，文岂忘其夙约？因今日始得接清帝逊位之详电，当即报告参议院，提出辞表，并推荐袁君之功能，众俱信服。文之推让，非只尚贤，亦以为国。区区此意，凡我国民当共鉴之。专复。孙文叩。

据《电报》，载南京《临时政府公报》
第十八号，一九一二年二月二十一日

致黎元洪嘱速派代表到沪会同唐绍仪赴北京
与袁世凯协商统一办法电

（一九一二年二月十四日）②

黎副总统鉴：今日文偕各部总长向参议院辞职，已得承诺，俟新总统接任，即行解职。同时文并推荐袁公慰亭，明日开选举会。日间拟委代表偕唐君少川前赴北京，与袁公慰亭协商统一办法。本拟到武昌面谒执事，再由汉口乘车赴京，因汉口以北火车不便，改由海道。祈执事迅即委派代表到沪，会同前往，以速为妙。盼切即复。总统孙文。

据《电报》，载南京《临时政府公报》
第十七号，一九一二年二月二十日

---

① 原电未署日期。据电文"今日始得接清帝逊位之详电，当即报告参议院，提出辞表"语，可断此电写于二月十三日。

② 原电未署日期。据电文"今日文偕各部总次长向参议院辞职"推断，此电当写于二月十四日。

致袁世凯告已向临时参议院辞职并推荐
其为临时大总统电

（一九一二年二月十四日）

万急。北京袁慰庭先生鉴：今日文偕各部总次长到参议院辞职，已得承诺。以新总统接事为解职期。同时文推荐执事为临时大总统，明日二时参议院开选举会。先此电闻。秩庸、少川已到宁。孙文叩。盐。

据《电报》，载南京《临时政府公报》
第十八号，一九一二年二月二十一日

致伍廷芳唐绍仪转促袁世凯南来电

（一九一二年二月十四日）

万急。上海伍秩庸先生、唐绍仪先生鉴：维密。昨十点得退位诏，即开阁议，逐夜爹凶〔即夜提出〕① 辞表于参议院，推项城。惟退位诏内权组织临时政府一语，众不乐闻。徇电告项城，请即南来，并举人电知，畀以镇守北方全权。照此办法，众当贴然。项城辛苦全〔备〕至，今日应将往来密电，证以事实，由沪发表，以明公论。弟解组至急，故促公等入宁，安〔妥〕商各事，请勿延。并告项城。孙文。叩。寒。

据观渡庐（伍廷芳）编：《共和关键录》，
上海，著易堂书局一九一二年十一月出版

① "即夜提出"，据《国父全集》（台北一九六五年版）校改。

复伍廷芳嘱告袁世凯已通知西安及
武昌停止战事电

（一九一二年二月十五日对方收到）

　　万急。上海伍秩庸代表鉴：覃电悉。已据项城电通知西安张凤翙处并电告武昌矣。请复项城。总统孙文。（印）

据观渡庐（伍廷芳）编：《共和关键录》，
上海，著易堂书局一九一二年十一月出版

致黎元洪望赞成招商局借款电

（一九一二年二月十五日对方收到）

　　为大局计，极力谋补救汉冶萍合办之失策。刻因彼方面不能如数交足借款，合办之约，尚可作废。招商局借款一节，务望贵处赞成，可稍纾贵处及中央政府财政之困难。

据易国干等辑：《黎副总统政书》卷六，
武昌，官纸印刷局一九一四年八月初版

致袁世凯告其当选临时大总统并请来宁接事电

（一九一二年二月十五日）①

　　袁大总统慰亭先生鉴：今日三点钟由参议院举公为临时大总统，临时政府地点定在南京。现派专使奉请我公来宁接事。民国大定，选举得人，敬贺。孙

---

　　①　原电未署日期。据电文"今日三点钟由参议院举公为临时大总统"语，此电当写于二月十五日。

文叩。（印）

据《南京孙逸仙致袁大总统电》，载北京
《临时公报》，一九一二年二月十八日

致袁世凯请严禁私卖奉天行宫器物与外人电

（一九一二年二月十五日）

万急。袁慰亭先生鉴：闻奉天行宫所藏器物，由私人订卖与外国，价值甚巨。按此种器物，实为民国公产，并非皇族私有，应行禁止私卖。特此奉告，请严饬禁阻。孙文。删。

据《电报》，载南京《临时政府公报》
第十七号，一九一二年二月二十日

致伍廷芳唐绍仪告临时参议院已选举袁世凯为临时大总统并派专使奉迎来宁受事电

（一九一二年二月十五日）①

万急。上海伍秩庸、唐少川先生鉴：今日三点钟由参议院一致举袁公慰庭为临时大总统，临时政府地点定在南京。此间已直电北京，使告知派专使奉迎来宁受事。孙文叩。（印）

据观渡庐（伍廷芳）编：《共和关键录》，
上海，著易堂书局一九一二年十一月出版

① 原电未署日期。据电文"今日三点钟由参议院一致举袁公慰庭为临时大总统"语，此电当写于二月十五日。

致张锡銮等贺南北统一共和成立电

（一九一二年二月十五日）

奉天张总营务处、广水陈统制、张家口何统制、北京冯军统、天津张军门、徐州张军门、颍州倪先生、北京姜军门①转各路将士鉴：清帝辞位，由专制变为共和，实项城维持之力，更诸将士赞助之功，四万万〈人〉受福无穷，深堪嘉佩！从此南北一家，同心协力，竟破坏之功，开建设之绪，巩我共和民国之前途，增我五族人民之乐利，所仰望于诸将士者，尤非浅鲜。专此电贺，并盼教言。孙文叩。删。

据《附录》，载南京《临时政府公报》
第十八号，一九一二年二十一日

复陈其美告临时政府仍设南京电②

（一九一二年二月十六日）

万急。上海陈都督其美鉴：粤督删电用意，专在反对临时政府设于北京。今参议院既决定仍在南京之议，则粤督疑虑可释矣。此复。总统府。铣。

据《附录》，载南京《临时政府公报》
第十八号，一九一二年二月二十一日

---

① 即张锡銮、陈□□、何宗莲、冯国璋、张怀芝、张勋、倪嗣冲、姜桂题。
② 二月十四日，临时参议院讨论临时政府设置地点问题时，以多数通过设置于北京的决议。次日，孙文要求临时参议院复议临时政府设置地点问题，经激烈争论后决定临时政府仍设南京。电文所告即指此事。

致招商总局嘱仍遵前约办理电

（一九一二年二月十六日）

招商总局鉴：清帝退位，其旧日之邮传部当然消灭。袁公虽被举，但未接事以前，亦无干涉民国政令之权力。请勿信谣言，仍遵前约办理，以免自误。总统孙文。铣。

据中国第二历史档案馆：《孙中山函电拾遗》，
载南京《民国档案》二〇〇六年第三期

复谭人凤及民立报馆告推让袁世凯
为临时大总统缘由电①

（一九一二年二月十七日刊载）

北面招讨使谭人凤先生、民立报馆鉴：电悉。文等所求者，倾覆满清专制政府，创立中华民国也。清帝退位，民国统一，继此建设之事，自宜让熟有政治经验之人。项城以和平手段达到目的，功绩如是，何不可推诚？且总统不过国民公仆，当守宪法、从舆论。文前兹所誓忠于国民者，项城亦不能改。若在吾党，不必身揽政权，亦自有其天职，更不以名位而为本党进退之征。先生在野，吃苦辞甘，宁不喻此？祈更广之。孙文。

据《电报》，载南京《临时政府公报》
第十七号，一九一二年二月二十日

---

① 据一九一二年二月十七日《民立报》第一页《大总统复谭君人凤电》参照互校，所标时间系《民立报》出版日期。

致黎元洪请减低飞行船价格电

（一九一二年二月十七日对方收到）

飞行船事，前已电告，不知价值贵贱，故请尊处派人至沪接洽。今阁下既知其价昂，即请要减为是，已转电神村矣。

据易国干等辑：《黎副总统政书》卷七，
武昌，官纸印刷局一九一四年八月初版

致袁世凯请速命赵尔巽撤兵电

（一九一二年二月十七日）

北京袁大总统鉴：据烟台蓝天蔚都督来电："奉天冯麟阁率步骑千三百余，炮十门，围攻庄河"等因。请速命赵督①撤兵，以息战端。至要。孙文。篠。

据《附录》，载南京《临时政府公报》
第十八号，一九一二年二月二十一日

复陆荣廷告袁世凯须到南京接任临时大总统电

（一九一二年二月十七日）

万急。广西陆都督荣廷鉴：电悉。十五日参议院于本总统及内阁总理解职后，即选定袁世凯为临时大总统，仍以南京为临时政府地点，须袁亲来接任，而旧政府始能解职。若将来之大总统及国都，则须俟民选议院成立，及举行全国大选举，乃可决定。今仍号以临时名义，于临时大纲未尝不合也。总统孙文。篠。

据《附录》，载南京《临时政府公报》
第十八号，一九一二年二月二十一日

---

① 即奉天省都督赵尔巽。

复袁世凯请派人维持北方秩序电①

（一九一二年二月十七日）

万急。袁大总统鉴：咸电敬悉。公之委曲求全，其义昭于日月。惟国民劳公以全局，德望所存，在北在南，无不可以全副精神相统摄。此间为难之处，亦非文字可尽达，已委托唐绍仪君等北赴，造〔述〕陈一切，公自鉴察。至公谓目前北方秩序，不能得措置各方面同〔合〕宜之人，自不待言。然若分别诸要端，多电知数人，俾各受所委，得资镇摄，此亦为将来政府偏于南北东西必当筹用〔划〕之一法，公应首肯。文实竭蹶于服务，日夜翘盼卸代。孙文。篠。

据《附录》，载南京《临时政府公报》
第十九号，一九一二年二月二十二日

复孙道仁告政局安定电

（一九一二年二月十七日）

万急。闽孙道仁②鉴：铣电悉。所陈之后，皆为巩固民国根本之策，洞中肯要，无任钦佩。至虑总统辞职、人心动摇等语，现在南北联合，民国统一，战事既息，人心自安。更由参议院编定宪法，使临时政府得以遵守，自不致有损害秩序之虞。总统孙文。篠。

据《附录》，载南京《临时政府公报》
第十九号，一九一二年二月二十二日

---

① 此与北京《临时公报》一九一二年二月二十二日同一电报互校，文字略有更改。
② 孙道仁时任福建都督。

致陈其美望勿怀退志电

（一九一二年二月十七日）

万急。上海陈都督其美鉴：现在清帝退位，民国统一。上海为江南要区，非有大将镇守，不能维持一切。据各地纷纷来电，咸以公为民国长城，关系全局，力请挽留。人心如此，公不可告退，尚望勉为其难，勿怀退志。总统孙文。篠。

据《附录》，载南京《临时政府公报》
第十八号，一九一二年二月二十一日

复陈其美告可即保释顾鳌电

（一九一二年二月十七日）

上海陈都督英士鉴：铣电悉。顾鳌案可即保释。总统孙文。篠。

据《附录》，载南京《临时政府公报》
第十九号，一九一二年二月二十二日

致吴绍璘等告苏督须由地方议会公举电

（一九一二年二月十七日）

沪军第一师长吴绍璘暨各军将领鉴：陈都督为民国首功之人，必不能听其告退，本总统已有电慰留。惟苏都督一职，须由地方议会公举，不能由中央派委，若经正式选举，本总统无不同意也。总统孙文。篠。（印）

据《将士爱戴陈都督》，载一九一二年
二月二十二日上海《民立报》第十页

致袁世凯请即电令赵尔巽释放柳大年等政治犯电

（一九一二年二月十八日）

北京袁大总统鉴：顷得安庆孙都督①来电称："有志士柳大年号曼清者，于阴历十月中旬同吴莲伯组织急进会，事泄，为赵尔巽派张作霖于宁远捕去，与张涵初等同禁模范监狱。今清帝退位，民国统一，应电袁君慰庭电赵，各政治犯立释"等情。据此，即电使赵督释放，是所切感。孙文。啸。

据《附录》，载南京《临时政府公报》
第二十号，一九一二年二月二十三日

复袁世凯告已严谕各军停战电

（一九一二年二月十九日）

北京袁大总统鉴：巧电谨悉。南军各队已电令停止进行。据尊电所言，则或有未接布告而生误会者，今已严谕各军切实遵行矣。此复。孙文。皓。

据《附录》，载南京《临时政府公报》
第二十号，一九一二年二月二十三日

致唐绍仪嘱转告袁世凯从速撤出入晋军队电

（一九一二年二月十九日）

万急。上海沧州别墅唐少川先生鉴：晋省电言旧政府攻破娘子关后，所派入军队尚有抢掠之事，晋人对于此项军队，感情甚恶，倘不从速悉数撤出，恐酿成事端。请酌转袁公办理。孙文。皓。

据《附录》，载南京《临时政府公报》
第二十号，一九一二年三月二十三日

---

① 即孙毓筠。

复伍廷芳准审讯姚荣泽案办法电

（一九一二年二月十九日）

上海伍廷芳先生鉴：巧一电悉。所陈姚荣泽案，审讯方法极善，即照来电办理可也。孙文。皓。

据《附录》，载南京《临时政府公报》
第二十号，一九一二年二月二十三日

复马毓宝准暂设参谋处和承政厅电

（一九一二年二月十九日）

江西马都督鉴：外官制尚未发表，尊电欲于各司之外立参谋处、承政厅，自可权宜暂行。此复。孙文。皓。

据《附录》，载南京《临时政府公报》
第二十号，一九一二年二月二十三日

复胡瑛准派代表与张广建接洽电

（一九一二年二月十九日）

万急。烟台转山东胡都督经武鉴：铣电悉。所陈派代表与鲁抚张广建接洽，事甚善，即照来电办理可也。总统孙文。皓。

据《附录》，载南京《临时政府公报》
第二十号，一九一二年二月二十三日

复陈锦涛嘱由财政部宣布维持财政信用电

（一九一二年二月二十一日刊载）

万急。上海汉口路财政部办事所陈锦涛君鉴：盐电悉。清帝退位，民国大定。新选总统系承受现在南京临时政府之事，凡民国现行财政事宜，如公债、外债、中国银行之创办及一切财政之已经施行者，当然继续有效，绝无疑问。可由财政部宣布。总统孙文。

据《附录》，载南京《临时政府公报》
第十八号，一九一二年二月二十一日

致张凤翙嘱相机防战电

（一九一二年二月二十一日刊载）

万急。西安陕西都督张凤翙鉴：清帝已经退位，南北一致。今日袁慰庭君来电云："请电知陕西，移军西向，专防升允。北军退出潼关，决不西进，谨〔仅〕留队伍防堵土匪，余均开回北方防堵。"奉闻，特此通知，宜相机防战为盼。总统孙文。

据《附录》，载南京《临时政府公报》
第十八号，一九一二年二月二十一日

复五大洲华侨解释让位于袁世凯之原因电①

（一九一二年二月二十一日）

旅居五洲同志、华侨诸君同鉴：因推举袁君为第二临时总统，纷接来电相争，

① 此与《临时政府公报》第二十号《大总统复五洲同志华侨询推举袁世凯为第二临时大总统函》同，参照互校。

其词颇多误会，恕不能缕缕见复，谨括举其要以相答曰：诸君尽其心力，与内地同志左右挈提，仆满清而建民国，今目的已达，以此完全民国归诸全体四百兆人之手，我辈之义务告尽，而权利则享自由人权而已，其他非所问也。至于服务之行政团，若总统类者，皆我自由国民所举用之公仆，当其才者则选焉。袁君之性情不苟于然诺，当其未以废君为可也，则持之；及其既以共和为当也，则坚之。其诺甚濡，其言弥信。彼之布告天下万世，有云：不使君主政体再发生于民国。大哉言矣！复何瑕疵？至彼之委曲求全，予亡清以优待，亦隐消同气〔忾〕之战争。功罪弗居，心迹自显。前日之袁君，为世界之一人；今日之袁君，为民国之分子。量才而选，彼独贤劳，正我国民所当慰勉道歉，责之以尽瘁，爱之以热诚者也。总统既非酬庸之具，袁君即为任劳之人。宜敬观其从容敷施，以行国民之意，使民国之根基，由临时尽力维持而完固焉。我同志其鉴文之微忱。

据《孙总统复各埠华侨电》，载一九一二
年二月二十三日上海《民立报》第五页

致陈炯明及广东各团体解释
让位于袁世凯之原因电

（一九一二年二月二十一日）

　　万急。广州都督、临时省会、军团协会、总商会、报界公会鉴：因推举袁君为第二临时总统，纷接来电相争，其词颇多误会，恕不能缕缕见复，谨括举其要以相答：诸君尽其心力，与各省同志左右挈提，覆满清而建民国，今目的已达，以此完全民国归诸全体四百兆人之手，我辈之义务告尽，而权利则享自由人权而已，其他非所问也。至于服务之行政团，若总统者，皆我自由国民所举用之公仆，当其才者则选焉。袁君之性情不苟于然诺，当其未以废君为可也，则持之；及其既以共和为当也，则坚之。简〔其〕诺甚濡，其言弥信。彼之布告天下万世，有云：不使君主政体再发生于民国，屡次来电，自承为民国一公民，不受亡清之委任，于既被选举之日，犹仅任维持北方秩序，亦可谓能知大义者矣。至彼知〔之〕委曲求全，予亡清以优待，亦隐消同国之战争。功罪弗居，心迹自显。前

日之袁君，为世界之一人；今日之袁君，为民国之份子。量才而选，彼独贤劳，正我国民所当慰勉道歉，责之以尽瘁，爱之以热诚者。总统既非酬庸之具，袁君即为任劳之人。宜敬观其从容敷施，以行国民之意，使民国之根基，由临时尽力维持而完固焉。公等其鉴文之微忱也。孙文。（印）

据《推荐袁世凯为总统之各电》，载胡汉民编：《总理全集》第三集，上海，民智书局一九三〇年二月出版

复孙道仁彭寿松论外官制并望勿引退电

（一九一二年二月二十二日）

福州孙都督、彭政务长公鉴：迭接来电，彭君经营光复之事，文所素知，即光复以后，亦赖襄赞，诚如孙都督所言。现时外官制未划一，各省权宜之办法，自可照行。尤有言者，吾辈对于国事有所谓役〔义〕务，无所谓权利，故责任未尽者，不能以引退为名高，此意尤望君等体之。总统孙文叩。祃。

据《附录》，载南京《临时政府公报》第二十一号，一九一二年二月二十四日

复江西省临时议会望以赣路借款助中央财政电

（一九一二年二月二十三日刊载）

南昌临时议会鉴：电悉。铁路借款前电马都督①即欲使通知省会等征求意见，现时中央财政困乏，各省协助，虽无一定之额，然如苏路则以百余万借于中央，浙路借款若成，亦允以大部分借用。对于赣路议借百五十万，以一百万归本省亦审度所能出。此议非马都督提起，至应否由股东会取决，可听主裁，惟望知大局之艰难，中央需款之急，一时财政收入无源，亟相扶助，则民国之幸也。盼速覆。

---

① 即马毓宝。

总统孙文。（印）

据《赣省抵借外债之电书》（续），载一九一
二年二月二十三日上海《申报》第六版

致袁世凯望速阻止东北三省官吏
反对共和惨杀民党电

（一九一二年二月二十三日）

北京袁大总统鉴：奉天、哈尔滨、黑龙江等处官吏反对共和，惨杀民党。当
此南北统一，拯救民生，维持秩序，最为要策，岂容东省官吏破坏全局？况北满
介于两大①，更不宜有阋墙之祸。祈速电阻妄杀，并将段军就近弹压，保护大局，
国民幸甚。孙文。梗。

据《电报》，载南京《临时政府公报》
第二十四号，一九一二年二月二十八日

复黎元洪告即令内务部准红十字会立案电

（一九一二年二月二十三日）

黎副总统鉴：箇电悉。查民国军兴以来，各战地将士赴义捐躯，伤亡不尠，
均赖红十字会救护、掩埋，善功所及，靡特鄂省一役而已，文实德之。兹接电示，
以该会前在武汉设立临时病院，救伤掩亡，厥功尤伟。复经日本有贺氏修改会章，
已得万国红十字会公认，嘱予立案等因。该会热心毅力，诚不可无表彰之处，应
即令由内务部准予立案，以昭奖劝。孙文。梗。

据《电报》，载南京《临时政府公报》
第二十二号，一九一二年二月二十五日

---

① 指日、俄帝国主义。

复王阁臣速告盛宣怀取消汉冶萍中日合办草约电[①]

（一九一二年二月二十三日）

　　该草约前虽批准，后以其交款濡滞，并不践期，已电告前途，汶〔文〕定取消，盛氏万不能以已由政府核准为借口。唐君[②]等前商办法系为盛氏计。今各省反对，舆论哗然，盛氏宜早设法废去此约。且证书有"须通过于公司股东会"一语，不为通过，此约即废，不患无以处此也，乞速电告盛。

据《盛宣怀致李维格密电》（一九一二年二月
二十四日神户），载陈旭麓等主编：《辛亥革
命前后（盛宣怀档案资料选辑之一）》，
上海，上海人民出版社一九七九年五月出版

致袁世凯望撤退入晋北军电

（一九一二年二月二十四日刊载）

　　北京袁大总统鉴：山西屡电请转知撤退太原兵，召还晋省都督。查前清兵在晋，确有野蛮举动，大拂舆情。现在中国一家，秦兵既肯退出潼关，何独薄于晋省？若晋督还晋，李盛铎仍为民政长，则一是安谧矣。谨布，候复。孙文。

据《附录》，载南京《临时政府公报》
第二十一号，一九一二年二月二十四日

---

　　① 一九一二年一月二十九日中日合办汉冶萍草约在日本神户签订，此举引起各方反对。孙文意识到借款和汉冶萍中日合办草约互为条件，损害主权，二次亲到参议院提出咨文，毅然废除中日合办草约，因发此电。王阁臣即王勋，阁臣其字，系王宠惠之兄，时任汉冶萍总公司大冶铁矿商务部长。

　　② 即唐绍仪。

致尹昌衡罗纶准川省召集临时省议会电

（一九一二年二月二十四日刊载）

　　成都都督尹昌衡、罗沦〔纶〕鉴：川省召集临时省〈议〉会，权宜办法，自属可行。至议决权限，各省亦未一致，惟在斟酌情势为之。总统孙文。

据《附录》，载南京《临时政府公报》
第二十一号，一九一二年二月二十四日

致张凤翙命可与袁世凯部合击升允电

（一九一二年二月二十四日刊载）

　　西安都督张凤翙鉴：南北统一，而升允反对共和，袁公亦主击之。如尊处兵力不足，可就近商袁部合兵。总统孙文。

据《附录》，载南京《临时政府公报》
第二十一号，一九一二年二月二十四日

复蔡锷告拟即派人前往四川筹划一切统一事宜电

（一九一二年二月二十四日）

　　云南蔡都督鉴：敬电悉。蜀省军府分立，势甚危险，诚如敬电所云。幸近日逐渐取消，办理略有端绪，可为告慰。此间拟即派一娴熟该省情形之人，前往筹划一切统一事宜。总统孙文。敬。（印）

据《本馆紧要电报》，载一九一二年
三月十三日昆明《滇南公报》第二页

致袁世凯请速援陕军合击升允电

（一九一二年二月二十六日）

北京袁大总统鉴：顷得陕都督廿二电，升允闻清帝辞位，仍反对共和，已破醴泉，现攻咸阳，省城危急万分，请电尊处速为救援。查升允实为国民公敌，前已承段军允借饷械助战，惟虑不足应急，更请从速设法为援。幸甚。孙文。宥。

据《电报》，载南京《临时政府公报》
第二十五号，一九一二年二月二十九日

复陈作霖告已令财政部总长转饬拨济电

（一九一二年二月二十八日刊载）

《民立报》、《天铎报》转江皖绅商陈作霖等公：电悉。已电令财政部总长速饬该行拨济矣。总统孙文。

据《南京电报》，载一九一二年二
月二十八日上海《民立报》第三页

复鄂省同志告已电谕张振武等排解
与孙武冲突望以和平为主电

（一九一二年二月二十八至二十九日间）①

昨夕接鄂省来电云：各同志与军务部长孙武大起冲突。其中理由虽不甚悉，

———————————

① 原电未署日期。一九一二年二月二十七日夜，湖北群英会以二次革命为名，围攻军务部，搜捕军务部长孙武。按电文"昨夕接鄂省来电"云云，当为鄂省于事变后即时发出的报告，据此推断此电当发于二月二十八至二十九日间。

惟我民国军宗旨不外厚爱同胞，保全大局。况该部长于起义之时，不为无功，请同志尤宜格外原谅。万一有不能容恕之处，亦宜宣明罪状，同议办法，不失为文明举动。文已电谕军务部长张振武、北伐军统杜锡钧、混成协协统王安澜、前先锋第一军统领王国栋等，就近极力排解，旋即派代表来鄂彻查。务望各同志和平为主，毋伤同胞同志之意，毋启外人干涉之端。是则文所厚望，诸同志三思为幸。

据《二次革命之尾声》，载一九一二年三月六日上海《时报》（三）

致陈炯明等请维持现状电

（一九一二年二月）

陈都督、省〈议〉会、商会、军团协会、报界公会鉴：大局已定，袁慰庭南来，文与精卫、汉民俱可返粤。并可筹借巨款，为粤经营布置。请公等维持现状，勿使目前有所动摇。切切。总统孙文。（印）

据《为粤事致广东各界电》（一），载胡汉民编：《总理全集》第三集，上海，民智书局一九三〇年二月出版

复张謇盼勿辞实业总长职电[①]

（一九一二年二月）

电悉。该件已具前函，现仍在设法中，比较利害，可改可改。直言文所深佩。时危拂衣，想非所忍，尚企为苍生挽留，不胜盼切。

据张孝若著：《南通张季直先生传记》，上海，中华书局一九三〇年出版

---

① 张謇反对汉冶萍抵押予日本，坚辞实业总长职，孙文再电挽留。

致陈炯明等慰留陈督粤电

（一九一二年二月底）①

　　陈都督、省议会、商会、军团协会、各报馆、各团体会鉴：连得军、商各界团体挽留陈都督之电数十通，足知舆情所向，公论所存，无以易也。王和顺之种种不法，各界具〔俱〕知之，该督为地方治安计，不惮为难而行，其苦心当为各界共谅。当此大局初定，内乱初平，陈督断无轻卸责任而去之理。惟君子难进而易退，陈都督志行高洁，本总统所素知，苟社会为少数人所簸弄，不复详其苦心，则宜有抑郁思去之志矣。本总统责备贤者，自不能听陈都督之轻辞。然徒托虚言慰藉，究非所以安陈督。所企吾粤父老兄弟，知任事者之苦衷，于是非所在，辨之至明，丝毫无惑，万众一心，交相维系，以图吾粤久安长治之局，则陈督将欲去而不忍去。各界能体此意，大局之幸也。孙文。（印）

据《为粤事致广东各界电（六）》，载胡汉民编：《总理全集》第三集，上海，民智书局一九三〇年二月初版

复唐绍仪赞成日俄加入借债并请电告兵变实情电

（一九一二年三月二日对方收到）

　　万急。北京唐绍仪先生鉴：维密。□□两电、东电均〈悉〉。日、俄加入借款，弟亦赞成。宁、鄂而外，粤亦需款，乞并注意。项城望速启程。兵变实情，乞电告。项城寄新密本纽〔？〕收到。孙文。□。（印）

据《孙中山致唐绍仪电》，载黄彦、李伯新编：《孙中山藏档选编》，北京，中华书局一九八六年九月出版

---

① 原电无日期。据此文内容，应在上篇二十六日电之后不久，酌为二月底。

复袁世凯对兵变中袁及专使平安表示欣慰电

（一九一二年三月二日）

万急。北京袁大总统鉴：电悉。公及专使各人无恙，慰甚。已转达各省矣。孙文。冬。（印）

据《孙中山致袁世凯电》，载黄彦、李伯新编：《孙中山藏档选编》，北京，中华书局一九八六年九月出版

致陈其美嘱即释放胡承诰电

（一九一二年三月三日刊载）

上海陈都督鉴：据驻沪通商交涉使来电云："本月二十四日，有胡承诰者为上海闸北光复军骗出租界，被拘营次，将责以报效军饷十万元。当以筹饷与捕犯系属两事：胡承诰既非有罪，认捐军饷自有私权，今乃逮捕无辜，勒令报效巨款，殊非情理之平。函致沪军都督陈、光复军统领李①饬令释放在案，乃迄未准放。现在驻沪领事团因此事有碍治安，深抱不平，应请电饬沪军都督陈、闸北光复军统领李即行释放，以免横生枝节。盼切。温宗尧。感"等语。应请饬查明，立予释放，总统孙文。

据《电报》，载南京《临时政府公报》第二十八号，一九一二年三月三日

致庄蕴宽令查镇江关食米弛禁事电

（一九一二年三月三日刊载）

苏州庄都督鉴：上海电云："据米业董事报告，镇江关食米弛禁，轮船纷纷往

———————
① 即李燮和。

运。沪市闻此风说，米价已腾。若任听轮运出口，不特价贵可虑，且恐来源缺乏。目下兵士云集，危险可虞，务恳迅饬镇军分府，禁止轮运出口，以顾民食而靖地方。上海总分商会。俭"等语。事关民食，亟应查复。总统孙文。

据《电报》，载南京《临时政府公报》
第二十八号，一九一二年三月三日

复蔡元培等告平乱为今日首要
任务并询袁世凯行踪电

（一九一二年三月三日）

万急。北京六国饭店蔡元培、唐绍仪、汪季新①鉴：电悉。今日之事，当以平乱为第一义。项城现在何处？即复。孙文。肴。（印）

据《孙中山致蔡元培等电》，载黄彦、
李伯新编：《孙中山藏档选编》，北
京，中华书局一九八六年九月出版

复蔡元培等反对于北京组织政府电

（一九一二年三月四日）

万急。北京六国饭店蔡元培、唐少川等鉴：维密。衷〔东〕、冬、江各电均悉。速谋统一，自是。惟京津乱象如此，秩序未复，组织政府于旋涡中，人皆以为危。项城主如何办法，可商请急示。南方情形，亦须顾及。孙文。支。（印）

据《孙中山致蔡元培唐绍仪等电》，载
黄彦、李伯新编：《孙中山藏档选编》，
北京，中华书局一九八六年九月出版

---

① 汪精卫，字季新。

致陈其美令即知照沪关准湘省
订购奉天余盐入关电

（一九一二年三月四日）

　　万急。上海陈都督鉴：顷据湘都督电称："湘岸各处缺盐，所在淡食。淮盐无多，转运迟滞，不能不另筹接济。前经派员订购奉天余盐百余票，以济眉急。仰恳知照沪关，验明湘省护照，准其入口，输运到湘。事关民食饷需，乞俯允转行，并恳赐复。湘都督谭延闿叩。艳"等语。仰即知照沪关照办。总统孙文。支。

据《电报》，载南京《临时政府公报》
第三十二号，一九一二年三月八日

复马毓宝告对前清显宦专祠应视
不同情形区别对待电

（一九一二年三月四日）

　　南昌马都督鉴：艳电称，请令行各省，前清显宦专祠，不能任意销毁。此以留作办公廨宇为前提尚确，若谓藉此以崇体统，保文明，殊为不合。查前清专祠崇祀之显宦，莫如曾、左。然曾、左之所以得馨香俎豆者，特以彼能献同胞之骨肉于满廷，而满廷乃亦以尘饭土羹酬酢之，且欲诱吾汉族子孙万禩，视曾、左为师法，而遂其煮豆燃〔萁〕之计。从古专制家之蔑视公理，自谋私利，大抵如是，不特满清为然也。夫崇德报功，应以国利民福为衡准，而后不论何期，皆能血食。盖果功德在民，斯民亦永矢勿谖，荣以崇祀，庶标矩矱。若功不过一姓之良，绩不过一时之著，此当时资其效用者，固宜图有以报称之，而于后世何与焉？况此中有道德标准之关系，更安能以人人目为自残手足之人？乃因满廷私意，建有专祠，遂永使吾民馨香之，向往之，模范之，以淆乱是非公论乎！本总统为世道人心起见，对于前清显宦，固不欲因敝制而率行崇祀，以惑是非；亦决不执偏

私而有意推求，以诬贤哲。惟前清诸显宦，倘人民对之已无敬爱之心，即政府视之应在淫祀之列。理应分别充公，改作正用，毋滥视典，致蛊来兹。是则崇体统、保文明之正当办法也。特复。孙文。支。

据《大总统复江西都督马毓宝毁淫祀电文》，载南京《临时政府公报》第三十一号，一九一二年三月七日

复黎元洪嘉慰布置周详电

（一九一二年三月五日对方收到）

冬电悉。军务司长孙武辞职，派曾广大接充，内务、教育两司亦均得人，商民不惊，市井无恙，极见苦筹硕画，布置周详，闻之极慰。

据易国干等辑：《黎副总统政书》卷八，武昌，官纸印刷局一九一四年八月初版

复蔡元培等告拟由黎元洪代表袁世凯在南京接事及同意唐绍仪任国务总理电

（一九一二年三月五日）

北京六国饭店蔡元培、唐绍仪、汪精卫诸君鉴：维密。长电悉。明日即付议①。今晨由汉民电拟以黎副总统代项城在南接事，一面以同意唐公②为总理，此即最完全调和之办法，且可迅速。如黎可能来，则濮经由榕间交代于武昌，盖断不敢以空言参涉，使南方先成忾政府状态也③。至统一组织成，任袁公便宜定奄

---

① 指临时参议院定于一九一二年三月六日开会讨论袁世凯应否到南京就职问题。

② 即唐绍仪。

③ 整句误字甚多，蔡元培等接电后感到无法理解，曾在誊清电文时试改作："黎不能来，则仆径由此间交代于武昌，盖断不敢以空言牵使南方先成无政府状态也"。两天后即三月七日，蔡元培等又发去专电说："误字太多，不能了解。"要求孙文"请速详示"，予以澄清。

〔夺〕。文原主北京不可建立政府，正因在外人势力范围之中。今日本等纷进兵，尤非桦〔昔〕比。公等亦持苟且之见，夫复何言！此时在北组强，直至〔自〕投罗网，甚〈恐〉将来为高丽、安南之缵〔续〕。惟文此时若再争之，必绵〔致〕强拂众论，而有所恋图。故文欲企〔于〕十日内办到解职，昭示天下。仍望项城远虑，不必觅北方之①见。今北方仅军队小动，南方似犹未统一，项城既不南下，临时政府又瞬息迁移，如何可杰〔使〕异日不致分离？人〔仍〕望见教。孙文。歌。

据电文影印件，中山、孙中山故居纪念馆藏

复章炳麟等否认核准汉冶萍公司章约电

（一九一二年三月五日）

〈上海《大共和日报》转章太炎诸先生鉴〉②：所谓取消，即取消合办草约十条之批许也。此草约以须通过股东会而后成立，股东会抗议即无效，不问前曾批许其可以立约否，况政府以后令取消之耶。两次电王转盛③，皆令取消合办之约。昨得王复电云："盛来电本嘱早开股东会，而董事会则以代表股东名义到东取消，如必须全体股东公决，俟复到，即约齐董事登报开股东会公决"等因。附告。孙文。歌。

据《孙总统复电》，载一九一二年
三月七日上海《民立报》第六页

致黎元洪转达蔡元培北上迎袁经过电

（一九一二年三月六日对方收到）

昨得北京蔡专使电如下："培等此次奉总统令而来，本止有欢迎被选大总统袁

---

① 此处删一衍字"贝"。

② 此句据《复章炳麟等电》增补，载陆达节编《孙中山先生外集》（上海中华书局，一九三二年十月出版）。

③ 王即王勋。盛即盛宣怀。

君赴南京就职之目的，顾自抵天津，而北京各团体代表之纷纷来见呈递说帖者、北方各军队首领之驰电相商者已数十通，佥以袁君不能离京为言，且无不并临时政府地点为一谈。元培等以职务所在，无稍事通融之理。且袁君面称：'极愿早日南行，惟徇于北方各种困难问题，须妥为布置'云云。是本与培等北来之目的决无差池。故培等一方面对于诸要求者撤去临时政府地点问题，而惟坚执袁公不可不赴宁受职之理论；一方面催促袁公布置北方各事，以便迅速启行。不意前月二十九日夜，北京军队忽起变乱，一般舆论以袁将南行为其主要之一原因。内变既起，外人干涉之象亦现，无政府之状态，其害不可终日。于是一方面袁君颇不能行南，而一方面则统一政府不可不即日成立，在事实上已有不可易之理由。培等会议数次，全体一致谓不能不牺牲我等此来之目的，以全垂危之大局。爰于初一、初二两日叠发公电、私电多次，提议改变临时政府地点，冀得尊处同意，以便改转交涉之方针。乃两日间未得一复，而保定、天津相继扰乱，大局之危，直如累卵。爰于今日午后开会议，准备于袁君为最后之交涉，于会提议准备之主旨两条：（一）消灭袁君南行之要求；（二）确定临时政府之地点为北京，共达此主旨之方法。又大略袁君在北京行就职式，而与南京、武昌商定内阁总理，由总理在南京组织统一政府，与南京前设之临时政府办交代，公遣外务总长或次长到北京任事。其参议院及内阁全部迁北京时，用重兵护卫，以巩固政府，弹压内乱，全体赞同。然此事虽为今日必要之举，而以培等职务所在，决不能为此案之提议者。追唐绍仪、汪兆铭与袁君最后熟商之结果，遂与培等准备会议所提出之两条相同。惟以何等手续行此两条，始无窒碍，则非在南京讨论不可。嗣定于欢迎团中推数人，袁君亦派亲信者数人，同赴南京。仪、铭回寓告之培等，培等皆赞同，遂推定教仁、永建、正廷、遗汉①四人回南。袁君所应派之人，属仪酌定，绍仪与同人商酌，指定唐在礼、范源濂二君，已商袁派定同行。将来一切详细办法，均由教仁等到南京后妥商，不先赘述。惟约计自启行以至商定，至早必要十日以外，而北地之人，以恐误大局者，函电纷至，外人亦啧有烦言，若不从速解决，以安人心，恐至败坏，不可收拾。敢请尊处迅开会议，如赞同袁君不必南行就职

———————

① 即宋教仁、钮永建、王正廷、魏宸组。

及临时统一政府设在北京之议，请即电复，并宣布中外，以拯危局。至培等放弃职务之罪，则敬请执法惩处。蔡元培。支"云云。特达。

据易国干等辑：《黎副总统政书》卷七，
武昌，官纸印刷局一九一四年八月初版

复报界俱进会及各报馆宣布内务部
所布《暂行报律》三章无效电

（一九一二年三月六日）

报界俱进会及各报馆鉴：民国一切法律，须经参议院议决发布，乃生效力。此次内务部所布暂行报律三章，未经参议院决议，应作无效。除令该部知照外，特此复闻。总统孙文。麻。

据《南京电报》，载一九一一年
二月八日上海《民立报》第三页

复袁世凯望依参议院规定正式受职
并派员来宁接收电[①]

（一九一二年三月七日）

北京袁大总统鉴：鱼电悉。支日因专使来电，知公不能刻日南行，故有商请黎副总统到宁代公受职之电。同日接各界来电，期望至殷，言之迫切。因恐黎副总统镇守武昌，不能遽来，仍稽时日，是以将专使要求各条提交参议院，当经院议决，〈允〉公在北京受职。其办法六条，除由参议院电知外，今日一再电专使转达尊处。请黎副总统代行一节，可以取消。尤望即依参议院所开手续，正式受

————————

① 据一九一二年三月十一日北京《临时公报》同一电报互校，文字略有增删。

职，速电国务①总理员名，俾参议院同意，刻日派遣来宁，接收交代，早定大局。无任切盼。孙文。阳。

据《电报》，载南京《临时政府公报》
第三十三号，一九一二年三月九日

致黎元洪望告戒各界勿伤害孙武电

（一九一二年三月七日）

　　武昌黎副总统鉴：闻军界各同志与军务部部长孙武起冲突，经副总统令孙武辞职，而论者依然不靖，且有购拏之说。按前武昌军务部长孙武，奔走光复之事累年，此次武昌起义，厥功甚著。纵使行事用人或有偏颇，而解职以去，用避贤路，副总统可谓持之平允矣。至谓孙武有何罪状，则当由副总统正式宣布，岂容蜚语四出，极其所之，致使望门投止，状类逋逃？文以为甚，非所以待有功者之道。敬请副总统为各界告戒，无伤同气，无害功能，天下幸甚。孙文叩。虞。

据《电报》，载南京《临时政府公报》
第三十三号，一九一二年三月九日

复蔡元培等允袁世凯在北京受职
并告举行仪式办法电

（一九一二年三月七日）

　　北京六国饭店蔡元培等鉴：鱼电悉。前提议袁大总统不必南行，委由副总统代赴南京，惟以内外属望至殷，副总统或不能遽来，仍恐有稽时日。昨提出参议院，经院决议，电允袁总统在北京受职。是黎副总统来宁代表一节，可以取消。惟袁总统得参议院电复认可之日，举行仪式，应由专使等代表民国接受誓词，赍

---

① 　此处删二衍字"总务"。

交参议院保存，以昭隆重。专复。并请达商袁大总统。孙文。虞。

据《电报》，载南京《临时政府公报》
第三十三号，一九一二年三月九日

致驻川滇军司令长命遵参谋部令援陕
并禁止任意索饷电

（一九一二年三月八日）

　　重庆张、夏①都督转滇军司令长鉴：据蜀军政府歌电："滇军抵渝，索饷四十万，并欲驻扎城内，恐滋惊扰，请示方略"各等语。查本总统前因川乱就平，曾电滇都督将驻川滇军撤回，慎固边圉。旋以陕西升允猖獗，由参谋部电命该军取道汉中，会师援陕。现闻该军东下，其意仍在北伐，不知自清帝退位后，北伐之事久已中止。该军当确遵参谋部电命，由郧阳或襄阳援陕为要。至各地甫经安集，易起惊扰，该军军行所至，尤以客主相安为第一要义。军饷一层，蜀军政府自当量力筹济，滇军亦不可任意要索，致伤邻谊。破坏之后，祸机丛伏，所恃以维系者，唯顾全大局之一念耳。切切望之。总统孙文。印。庚。

据《电报》，载南京《临时政府公报》
第三十四号，一九一二年三月十日

致蔡元培等力阻陆军部于前次
武汉敌保案仍给奖电

（一九一二年三月八日）

　　万急。北京六国饭店蔡元培、唐少川、汪兆铭鉴：维密。要汪报告，系参议〈院〉决议，仍请汪即返。刊载北京陆军部于前次武汉于敌保案仍旧给奖，此事

――――――――――

　　①　即张培爵、夏之时。

如确，无异反对共和，应力阻。孙文。庚。（印）

据《孙中山致蔡元培等电》，载黄彦、李伯新编：《孙中
山藏档选编》，北京，中华书局一九八六年九月出版

复袁世凯赞成唐绍仪任国务总理电

（一九一二年三月九日）

北京袁大总统鉴：顷得初八日电，悉国务总理拟任唐君绍仪，文极赞成，即
代咨送参议院矣。孙文。佳。

据《电报》，载南京《临时政府公报》
第三十六号，一九一二年三月十二日

复蔡元培等请代贺袁世凯就职并促国务总理
和国务员速来以便解职电

（一九一二年三月九日）

万急。北京六国饭店蔡元培等鉴：维密。庚电悉。袁公受职时，请为文致贺。
印可另铸。惟国务总理、国务员须速来，使文速交代、解职，符参议院议案。此
间之印，即可取消。孙文。佳。（印）

据《孙中山致蔡元培等电》，载黄彦、
李伯新编：《孙中山藏档选编》，北
京，中华书局一九八六年九月出版

复袁世凯告参议院已同意唐绍仪任国务总理电

（一九一二年三月十一日）

顷得参议院咨云："初九日准大总统咨称：'新举临时大总统袁电开：现国务

总理拟派唐君绍仪，请将此电送交参议院，求其同意云云。咨请本院议决咨复转复'等语。本日常会经将此案提出，已得多数同意。为此咨复，请转复新举临时大总统袁即行任命可也。"准咨，即此电闻。孙文。真。

据《南京孙大总统来电》，载北京《临时公报》，一九一二年三月十七日

致袁世凯告即行北上电

（一九一二年三月十一日）①

文拟于解职后即行北上，莅京参观一切，并调查北省情形，然后再行出详，施行国际上之种种运动。

据《孙中山来京之传闻异辞》，载一九一二年三月十二日天津《大公报》第一张（四）

复蔡元培告将赴各省游历所有政治
问题暂不干预电

（一九一二年三月十一日）②

解职后行将赴各省游历一周，调查各处应兴之实业，以便设法提倡，所有关于政治问题，暂不干预。北京一方面将来亦须游到，惟时期则尚难预定。

据《孙中山来京之传闻异辞》，载一九一二年三月十二日天津《大公报》第一张（四）

---

① 原电未署日期。据一九一二年三月十二日天津《大公报》第一张（四）刊载此电时称"袁大总统昨接孙中山来电……"酌定。

② 原电未署日期。据一九一二年三月十二日天津《大公报》第一张（四）刊载此电时称"昨闻蔡鹤卿已接有复电略称……"酌定。

致袁世凯告宜速纂拟宪法电

（一九一二年三月十一日）①

民国创主伊始，宜速纂拟宪法，以昭永守而固国基。

据《孙中山注意纂拟宪法》，载一九一二
年三月十二日天津《大公报》第一张（四）

致袁世凯希查办惨杀军民之易迺谦等电

（一九一二年三月十二日）

北京袁大总统鉴：据军商各界呈称："易迺谦、王遇甲、丁士源、徐孝刚等前在汉口惨杀军民，绝灭人道，乡里切齿，咸欲得而甘心。共和成立以后，又对于南方代表谩诋共和，故意挑起南方恶感，南方将士皆称应行宣布死刑。应请径电袁总统，先行停止委用"等语。自系实在情形，即希查核办理。孙文叩。侵。

据《电报》，载南京《临时政府公报》
第三十八号，一九一二年三月十四日

致王和顺令遵守约束共维大局电

（一九一二年三月十二日）

广东报界公会转惠军统领王和顺鉴：闻惠军在省与督部新军有冲突事。陈督设法安置民军，自为今日治粤必然之策。且分别留遣，并无一律解散之说。君等宜遵守约束，共维大局。须知世界民〔各〕国之军队，皆不能讲平等，而命令必

---

① 原电未署日期。据一九一二年三月十二日天津《大公报》第一张（四）刊载此电时称"日前孙中山致袁总统密电略谓……"酌定。

出于一是。倘以猜嫌之故，致启纷争，惊扰居民，谁任其咎？特此正告我爱国之民军知之。总统孙文。侵。

据《电报》，载南京《临时政府公报》
第三十八号，一九一二年三月十四日

致陈炯明令搜捕解散王和顺部民军电

（一九一二年三月十三日）

万急。广东陈都督炯明鉴：前以南北统一，民国大定，各省民军过多，亟宜分别遣留，由陆军部通行命令到粤。贵都督按切地方情形，酌量留遣，办理有方，各路民军亦遵约束。乃王和顺妄造谣言，率先狙击巡查军队，抗拒命令，并伤及派往弹压长官，开炮哄〔轰〕城，肆扰居民，自非蓄意破坏广东，何至有此暴乱行动？现闻王和顺经已在逃，除吴镜如一协遵命不动外，皆已分溃。仰贵都督迅即严行搜捕解散。其余各路民军，于起义之际，具有勤劳，北方既平，当以公安为重。慎终如始，方为善保勋名。将此通令知之，其勿负本总统之期望也。临时大总统孙文。元。

据《电报》，载南京《临时政府公报》
第三十九号，一九一二年三月十五日

致袁世凯告不再与闻政事电

（一九一二年三月十三日）①

文已退职，凡百要政，即请自行核夺办理，文此后不敢与闻。

据《孙中山不再与闻政事》，载一九一二
年三月十四日天津《大公报》第一张（四）

---

① 原电未署日期。据一九一二年三月十四日天津《大公报》第一张（四）刊载此电时称"孙中山日昨致袁大总统密电二件，一谓……"酌定。

复奉天谘议局告华俄草约已归无效电

（一九一二年三月十三日）

奉天谘议局：华俄草约并无抵押之说，前后经参议院多数决议通过。惟此约因少数议员宣布，已归无效。此复。孙文。元。

据《电报》，载南京《临时政府公报》
第三十九号，一九一二年三月十五日

致南昌临时议会请速选继任都督电①

（一九一二年三月十四日刊载）

据贵省马都督来呈辞职并请派员接管等因。查都督为今日地方行政长官，责任重大，应由省议会公举，而得中央同意，加给委任，方足以昭慎重。今马都督历陈办事艰难，力求隐退，即请贵会速行正式选举继任之人，电告以便核委。

据《赣省更举都督情形》，载一九一
二年三月十四日上海《申报》第六版

致唐绍仪催速来宁接收交代电②

（一九一二年三月十四日）

统一政府幸已就绪，赶须来宁接收交代，以期提前成立，不得再稍延缓。

据《孙中山电催唐总理》，载一九一二年
三月十八日天津《大公报》第一张（三）

---

①　据刊载，江西都督马毓宝于三月七日晚间"历叙办事困难"，电致孙文辞职。

②　一九一二年三月十三日，临时大总统袁世凯在征得南京临时参议院同意后，任命唐绍仪为国务总理。按照临时参议院三月六日决议，国务总理应在南京接收临时政府。时唐绍仪因事羁留北京，孙文乃自南京电催唐绍仪南下。三月二十四日，唐绍仪抵宁。

致袁世凯转张謇急请拨款救济江皖灾民电

（一九一二年三月十六日）

　　兹得张季直电云："江皖灾民待赈，死亡相属，各县函电呼吁不绝于道。前电商袁总统，复称允为借款，先拨三十万济急，迄今未到。而自三十万之说发表，灾区呼吁益迫，除再电商袁总统先行电令上海中华银行借垫银十五万以救眉急外，特更电公，请再转商袁总统迅照拨。沪。謇"等因。谨电闻。孙文。铣。

据许师慎编：《国父当选临时大总统实录》上册，台北，国史丛编社一九六七年六月出版

致袁世凯请即令帛黎停止发行有碍国体邮票电

（一九一二年三月十九日）

　　北京袁大总统鉴：邮政总办帛黎，前于邮票上盖印"临时中立"字样，经外交部、交通部令其抹去此四字，加印"中华民国"字样于上。惟伊现在仍不将"临时中立"四字抹去，遂成"中华民国临时中立"八字，实属有碍国体。闻已颁发数省，应请即令帛黎转电各处，必须无"临时中立"字样，方许发行。盼复。孙文。皓。

据《电报》，载南京《临时政府公报》第四十号，一九一二年三月二十一日

复陈炯明嘉慰处置王和顺所部民军电

（一九一二年三月十九日）

　　万急。广东陈都督炯明鉴：电悉。王和顺在粤举动，早有所闻，蓄意破坏，当非一日。此次公然作乱，目无法纪，幸除其一二私党之外，各民军皆知大义，

不受所煽惑。而贵都督坚强不挠，办理尤合机宜，民害之除，社会之幸也。自兹以后，我粤民军当以遵守军纪、维持治安为第一之天职，慎终如始，善保光复之成勋，是所厚望。临时大总统孙文。皓。

据《电报》，载南京《临时政府公报》
第四十五号，一九一二年三月十五日

复上海各报馆否认《广东七十二行商报》
所载同盟会广东分会歌电^①

（一九一二年三月十九日）

上海各报馆公鉴：电悉。经由同盟会本会监事查复，《广东七十二行商报》九日所载南京同盟会本部广东分会歌电一节，本部并未发过此项电文，在宁本部亦无各省分会之组织，该报所载，实与本会无涉，特此声明。至该报有无得过此项电文，及何人妄用本部分会名义，应再彻查。先此答复。孙文。皓。

据《电报》，载南京《临时政府公报》
第四十四号，一九一二年三月十五日

致袁世凯盼公举各省都督并照案委任
王芝祥为直督电

（一九一二年三月二十日）

万急。北京袁大总统鉴：兹得参议员吴景濂、谷钟秀、彭占元、李肇、刘星南函称：“前议决接收北方统治权案，当经咨由大总统照办。昨刊载，袁总统今

---

① 因天津《民意报》及《广东七十二行商报》刊载之"南京同盟会本部广东分会歌电"有"沪上政党报馆多被袁世凯收买"语，自由党等政党及报界集会后致电孙文质询，此为孙之复电。

已将原有督抚各省改为都督，是议决案之第一项已施行。惟都督必须由本省人民公举，其如何公举，如何委任，皆于该议决案内载明。请将该案电达袁总统，以免施行时与议案龃龉。再，公举都督，必须为一般所属望之人，始能胜任。昨接直隶谘议局来电，已公举驻宁第三军军长，即广西副都督王君芝祥为直隶都督，并径电袁大总统。即请电致袁大总统，照案加以委任。不胜祷盼之至"等情。特此电闻。孙文。哿。

据《电报》，载南京《临时政府公报》
第四十五号，一九一二年三月二十二日

复各政党否认《广东七十二行商报》
所载同盟会广东分会歌电

（一九一二年三月二十日）

民立报馆转各政党公鉴：皓电悉。前见各报来电，当即令同盟会本部干事调查。据复歌日并无发过此项电报到粤，在宁本部亦无广东分会之组织，该电与本会绝无关系。至究竟《广东七十二行商报》有无得过此电，及何人妄用此种名义，仍须彻查严究，昨已复各报馆矣。孙文。哿。

据《南京电报》，载一九一二年三
月二十一日上海《民立报》第三页

复夏之时解释公文程式署名电

（一九一二年三月二十一日刊载）

蜀军政府夏镇抚使之时鉴：艳电悉。公文程式必须盖印书名者，所以示负担责任、分晰权限之至意。行政阶级既有上下之分，即有命令服从之别，此公文格式所以有咨、呈、令等之区分。然负责任、分权限之精意，初不因行政之阶级而生歧异之点，亦不致以对于下级官署公文署名遂损上官之尊严也。总统

孙文。

据《大总统复蜀镇抚使解释公文程式署
名电文》，载南京《临时政府公报》第四
十四号，一九一二年三月二十一日

致袁世凯盼转饬北京邮电总局减轻报界邮费电

（一九一二年三月二十七日刊载）

北京袁大总统鉴：前据上海日报公会呈陈军兴以后困难情形，请减轻邮电费前来。查报纸代表舆论，监督社会，厥功甚巨。此次民国开创，南北统一，尤赖报界同心协力，竭诚赞助。所称困难情形，自属实况。若不设法维持，势将相继歇业。当将原呈发交交通部核办。兹据呈复："拟嗣后凡关于报界之电费，悉照现时价目减轻四分之一，邮费减轻二分之一，庶商困得以稍疏，而邮电两政亦不致大受影响。除电费一项，令行上海电报总局知照外，邮费一项，恳电袁大总统转饬北京邮电总局帛黎遵照"等情。相应电请查照，转饬遵办，并见复为盼。孙文。

据《大总统为减轻报界邮费致袁大总统
电文》，载南京《临时政府公报》第四
十九号，一九一二年三月二十七日

致黄兴告明晨来宁面商电

（一九一二年四月六日）

准明晨（七号）来宁，与黄镇守使面商要公。

据《专电》，载一九一二年四
月七日上海《申报》第二版

复袁世凯告缓日北行电①

（一九一二年四月十二日）

急于返粤，仍乘"联鲸"，取道沪上，缓日北行。

据《北京电报》，载一九一二年四
月十四日上海《民立报》第三页

致蒋尊簋嘱严究孙杰等诬控黄皆亲等案电

（一九一二年四月十七日）

杭州蒋都督鉴：前接绍兴公民孙杰等控诉黄皆亲等罪状，并在宁省遍发传单，始以所控未知虚实，三黄又不知为何许人，曾经电令查办在案。兹查悉黄竞白即黄宝箴，系同盟会会员，黄皆亲即介卿，系光复会会员，黄柏青即宝箴之父。此次杭州光复，该员等皆卓著勋劳。所控各节，语多影响，显系挟嫌者所为，希即将前电取消，并行知绍兴军政分府，查明孙杰等捏词诬控，系何人指使，按律严究，以销隐慝而雪冤诬为望。孙文。十七。

据《孙前总统致浙江都督电》，载一九一
二年四月十九日上海《民立报》第六页

致谢陈其美暨上海各界电

（一九一二年四月二十五日）

陈都督、各报馆、商学各界、各社团鉴：文于今午后抵粤，在沪荷公等渥厚

① 袁世凯派范源濂、唐在礼、张大昕、王赓持函至武汉邀请孙文北上，孙因急于反粤，一时不能北上，复电婉谢邀请。

之待遇，情犹如昨，感不能忘。谨此电谢，并闻。孙文（廿五）。

月二十七日上海《天铎报》第二版

附：另一版本①

（一九一二年四月二十五日）

陈都督暨〈各报馆〉商学各界、各社团鉴：文于今午后抵粤，在沪荷公等渥厚之待遇，情犹如咋，盛〔感〕不能忘。谨此电谢，并闻。文叩。

据《广东孙中山先生电》，载一九一
二年四月二十七日上海《申报》（二）

复朱芾煌辟《中国日报》散布
私攫比款谣言电②

（一九一二年四月下旬）③

自民国成立，由文经手借海外华侨□□百余万，其债□同盟会会员。今国内有同盟会改立政党之议，各债主多愿报效，此捐助同盟会三十万之所由来也。但政府尚未还款，而此三十万亦未交付。此外，尚有民国政府未立之前，屡次起兵□□外而声明属于借款，许以成功后几倍偿还者，亦在百数十万之数，有债券收

---

① 据《致陈其美电》（十），载黄季陆编《总理全集》（成都，近芬书屋一九四四年七月出版）补校。

② 一九一二年三月唐绍仪组阁后，与六国银行团商谈借款。因银行团坚持以监督中国财政为条件，经袁世凯批准，乃于三月向比利时华比银行借款。该款部分由唐绍仪交南京临时政府办理结束善后。随后，北京《中国日报》、《国民公报》刊载关于孙文"私攫比款五十万，以三十万饷同盟会"之谣言。朱芾煌乃于本月二十一日将上述情形致电中国同盟会本部及孙文。此为孙之复电。

③ 原电未署日期。但此电稿附有一九一二年四月二十一日《朱芾煌致中国同盟会本部电》，故酌定为四月下旬。

条发出，行将详核开列，呈请民国政府偿还。由此观之，政府尚负同盟会巨债，焉有同盟会受惠于政府之事，私攫比款①，尤为无稽。该报造谣，本不值辩。既承兄等垂询，谨此奉复。弟见近日人心卑劣，惟利是趋，厌世之心不禁大发。毁誉之来，早已度外置之矣。孙文。

据电稿原件，中山、孙中山故居纪念馆藏

复陈荣湘等谢邀请游邕电

（一九一二年五月上旬）

南宣〔宁〕粤东会馆陈荣湘、王家恩、林鹤廷诸君鉴：江电敬悉。承电相邀，无任感激。倘诸事稍妥，或赴邕游，以谢诸君盛意。

据《孙中山致旅邕粤东会馆电》，载黄彦、李伯新编：《孙中山藏档选编》，北京，中华书局一九八六年九月出版

复陆荣廷告有暇必到桂一行电

（一九一二年五月上旬）

陆荣廷大都督鉴：五号电悉。云南之游，尤未有期。倘粤各事稍就绪，有暇必到桂一行，藉以畅叙生平为快也。

据《孙中山致陆荣廷电》，载黄彦、李伯新编：《孙中山藏档选编》，北京，中华书局一九八六年九月出版

---

① 当时报纸诬孙文私受比款百万，孙文致电袁世凯、国务院、临时参议院、财政部、各省都督等，请财政部宣布百万比款用途，以昭大信。

致粤汉铁路股东望速收三期股款
联合湘鄂推广进行电

（一九一二年五月十七日）

粤汉干路，关系民国建设前途甚大，且大利所在，并为振兴实业之首务。弟顷到商办粤路公司，提倡速收三期股款，联合湘鄂，推广进行，国利民福，望速图之。孙文。篠。

据《孙中山劝交三期路股》，载一九一二年五月二十四日上海《申报》第七版

复袁世凯告因粤事目前实难北上电

（一九一二年五月中旬）

粤省大局，渐次平静，各处界限尚未甚融洽，须往各属一行，目前实难北上。并允于借款事极力调停。

据《本馆专电》，载一九一二年五月二十一日上海《天铎报》第一版

致北京国务院告滇桂铁路可由
滇黔桂三省自行筹办电

（一九一二年五月二十八日）①

滇桂铁路于军事、交通、实业均有大利，亟宜修筑，如中央政府力不暇及，

---

①　原电未署日期。据底本"昨日孙中山先生电国务院谓……北京特派员念九日午后三时发"，此电当写于二十八日。

请由滇、黔、桂三督自行筹办。

据《北京电报》，载一九一二年五
月三十日上海《民立报》第三页

致黄兴约同赴京提倡国民捐电

（一九一二年五月二十九日）

约同赴京，以调和党派，提倡国民捐为目的。

据《广州五月廿九日电》，载一九一二
年五月三十日南昌《江西民报》第一版

复国民捐总会允任该会总理电①

（一九一二年六月一日）

万急。南京六十团体公鉴：号电悉。民国危急，确以现刻为至甚。国民捐为救死之良剂，公等热心提倡，至为钦佩！举弟为总理，义不敢辞，望速以弟名分电各省，使四方闻风响应。粤中自接黄留守电，认捐者甚为踊跃。民国存亡，胥视此举，望公等勉之。孙文复。东。

据《孙中山复国民捐总会承认总理电》，载一
九一二年六月二十日上海《民立报》第十二页

---

① 为抵制袁世凯擅借丧权辱国的外债，解决南京临时政府财政危机，黄兴在孙文支持下，倡议发起国民捐。一九一二年五月由南京六十个新团组成国民捐会，举黄兴、孙文、王人文、沈秉堃主持会务。五月十六日在南京成立国民捐总会，举孙为总理、黄为协理。此为孙之复电。

致袁世凯等请就国民捐颁行一定
章程以急力提倡电

（一九一二年六月三日）

北京袁大总统、唐总理、参议院、各部总次长，鄂黎副总统、各省都督、各军师旅长及各议会、各团体公鉴：民国存亡，千钧一发，前经黄留守发起国民捐，实为救亡要策。南京已由六十团体组织国民捐总会，举文为总理，义不容辞。现在各省闻风响应，认捐踊跃。惟此举须由参议院采累进法，颁行一定章程，方能有效。务祈诸公极力提倡，庶使共和基础得以巩固，民国幸甚。孙文叩。江。留守府代印。

据《公电·孙中山先生电》，载一九
一二年六月五日上海《申报》第二版

致唐绍仪望毋遽辞职电[①]

（一九一二年六月三日）

顾全大局，毋遽辞职。

据《广东六月三日电》，载一九一二
年六月四日南昌《江西民报》第一版

---

① 国务总理唐绍仪因与袁世凯难以合作，遽萌去志，孙文特电挽留。但唐绍仪因直隶谘议局公举王芝祥为直督，袁世凯以军界反对为辞，另委他人，唐拒绝副署，争之不得，遂于一九一二年六月十六日出京，留呈辞职。

致梧州总商会及各界申明并未派杨祝山到梧州电

（一九一二年六月十四日）

梧州总商会及各界公鉴：今日省城《民生日报》载"梧州通信"，称弟派代表杨某①到梧，现寓九坊街人和商店等语。惟弟并无其事，请勿轻信。孙文。盐。

据《冒认代表之无耻》，载一九一二年
六月十五日广州《民生日报》第四页

致天津德泰铁厂望速收三期股款
联合湘鄂推广进行电

（一九一二年六月十八日）

德泰铁厂鉴：粤汉干路，关系民国建设前途甚大，且大利所在，并为振兴实业之首务。弟昨到商办铁路公司，提倡速收三期股，联合湘鄂，推广进行，国利民福，望速图之。孙文。巧。

据《粤汉铁路催收第三期股广告》，载一九一
二年七月一日天津《大公报》第三张（二）

致国务院澄清接受唐绍仪赠款电②

（一九一二年六月中旬）

近阅京沪某报揭载，唐总理在宁曾与中山银一百万两，更有谓系比款者，全属

---

①　即杨祝山。

②　该电中唐总理即唐绍仪。一九一二年四月孙文让位后，报端时现不利于孙文的文字，北京《中国日报》等报竟称孙文曾私自受款，为了不使谬言流传，孙文于六月中旬致电国务院，要求澄清事实，揭明真相。国务院接电后即于该月二十一日函致各报予以更正。

子虚，请即由院查明，以释群疑。

据《孙中山辩诬之要电》，载一九一二年六
月二十四日天津《大公报》第二张（一）

致袁世凯请从速筹办云贵广西交通电

（一九一二年六月二十四日）①

云贵、广西僻处边陲，交通不便，以致商务实业诸多壅滞。近日外人窥伺益
急，如果不得已而至于调动兵队，于军事上尤为不利。宜请中央政府从速筹办，
如中央之力实有不逮，则速饬该三省合力修筑，藉以振实业、巩边疆，关系匪鲜。

据《孙中山关心边陲》，载一九一二年
六月二十六日广州《民生日报》第六页

致袁世凯等告财政部应宣布
比款用途以澄清谣传电

（一九一二年六月二十九日）

北京袁大总统、国务员〔院〕、参议院、财政部、各省都督暨唐少川、陈锦
涛二先生钧鉴：报纸喧传文私受比款百万。比款用途，财政部有底帐可查，请详
细宣布，以昭大信。此事为国家名誉、政府信用、国民道德所关，政府应有明白
宣布之责。如文受贿之事果确，国法具在，甘受不辞。倘实为少数私人平空捏造，
更岂能任其逍遥法外？而南北报纸喧传殆遍，政府诸公坐视不理，文一人之信用
不足惜，宁不为国家信用计乎？文毁家奔走国事迄数十年，共和告成，虽不敢自
居有功，亦自信未有大过。而以党见纷争之故，少数私人竟不惜以毁文一人之名
誉者牺牲中华民国，该辈造谣毁谤之徒，清夜扪心，宁毋汗背？要之，比款用途
既为国家经费，政府应有宣示于国民之责。请财政部将前后用途，正式通告全国，

---

① 原电未署日期。据底本"前日孙中山电致袁总统，谓……"酌定。

以全国家信用，不胜翘盼之至。孙文叩。〈艳。印〉。

据《孙前总统请宣布比款用途电》，载一九一二年六月三十日上海《民立报》第六页①

复袁世凯告蔡元培辞职纯系个人意见电

（一九一二年七月十二日刊载）

蔡等此次辞职，纯系个人意见，并无党见存乎其间。

据《大总统迭电孙中山》，载一九一二年七月十二日天津《大公报》第一张（四）

与黄兴联名致袁世凯告拟缓数日即同北上电

（一九一二年八月二日）

国基新创，缔造维艰，我公雄略伟划，夙深景仰。久欲一亲謦欬，以慰私衷，拟缓数日，即同北上。承过爱派员及轮，愧不敢当，谨此布谢。孙文、黄兴叩。冬。

据《欢迎孙黄北上之前提》，载一九一二年八月十三日上海《申报》第三版

致袁世凯告此行到京不可大行欢迎电

（一九一二年八月八日刊载）

此行到，瞻仰丰裁，原属私人行动，既非国务，又非外宾，不可大行欢迎，致縻国款。

据《再纪孙黄北上消息种种》，载一九一二年八月八日天津《大公报》第一张（五）

---

① 据一九一二年七月四日天津《大公报》第六页所载同一电文校补。

致黄兴告有人诬捏电

（一九一二年八月二十四日）

顷见一总统府秘书云：张振武被执时，在张处搜得一书系与黄兴者，内容有云托杀黎元洪事，已布置周妥等语。

据《黄克强先生致袁大总统电》载一九一
二年八月二十八日上海《民立报》第三页

致黄兴促其速来北京并为袁世凯解释电

（一九一二年八月二十九日）①

上海黄克强先生鉴：到京以后，项城接谈两次。关于实业各节，彼亦向有计划，大致不甚相远。至国防、外交，所见亦略相同。以弟所见，项城实陷于可悲之境遇，绝无可疑之余地。张振武一案，实迫于黎之急电，不能不照办，中央处于危疑之境，非将顺无以副黎之望，则南北更难统一，致一时不察，竟以至此。自弟到此以来，大消北方之意见。兄当速到，则南方风潮亦止息，统一当有圆满之结果。千万先来此一行，然后赴湘。幸甚。孙文。

据《孙中山致黄克强电》，载一九一
二年九月六日上海《民立报》第三页

---

　　① 原电未署日期。据一九一二年八月三十一日上海《时报》刊载该电稿时称"昨（二十八日）黄兴电袁世凯责问，孙自津去电。袁今（二十九日）特派人问孙文……本日孙文又电黄兴，大致谓……"可断此电当写于八月二十九日。

复阎锡山告事竣即赴晋电

（一九一二年九月一日刊载）

此次来京，本拟游晋，以领诸同志大教。乃先辱蒙电招，感激无似。一俟事竣，即当奉命。

据《晋人欢迎孙中山先生之热忱》，载
一九一二年九月一日北京《民主报》

复赵尔巽告因有张家口太原之行不能赴东北电

（一九一二年九月五日）

文此行本欲到东，与诸先生握手欢谈。惟刻有张家口及太原之行，归尚无日，容订期再复，谨此电闻。

据《孙中山京华游》（九），载一九一
二年九月十日上海《天铎报》第三版

复汪精卫嘱与法美资本家商议筑路借款电[①]

（一九一二年九月十五日刊载）

铁路计划已有端倪，蜀、滇、粤、桂、黔五省已由公认，即可着手先办。借政府之力，扶助成功，六十年内中国二十万[②]里铁路，全归国有。乘此时机，祈先与法国资本家商议借款，如有头绪，再往纽约、旧金山等处与美国资本家筹议办法。如摩根君者，当必赞成此举。

据《北京电报》，载一九一二年九
月十五日上海《民立报》第五页

---

① 时汪精卫赴欧留学，电告孙文已抵巴黎。

② 此处删去衍文"方"字。

致李烈钧谈萍矿归赣自办电①

（一九一二年九月十六日刊载）

以中国实业生机，仅此一线，不可任意摧残，违悖民生主义。

据《萍乡煤矿之大轇轕》，载一九一
二年九月十六日上海《时报》（四）

复天津广东会馆谢欢迎电

（一九一二年九月十九日）

广东会馆公鉴：效电悉，甚感。过津时，无暇逗留，欢迎至意，心领可也。
谨辞谢。孙文。皓。（印）

据葛培林：《一九一二年孙中山第二次到津的情况》
（下），载一九八八年五月十七日北京《团结报》第二版

致袁世凯请饬农林部酌派精晓矿学者随同考察电

（一九一二年九月二十一日）

文此次游历中外，纯从铁道政策上着眼，惟筹备之先，应将煤炭预为计划。
我国产煤区域几遍全国，往年产额在一万万吨之上，近更增加，设再整顿，定能
生色。请饬农林部酌派精晓矿学者数人，随同文沿途考察一切。

据一九一二年九月二十二日北京《民主报》

---

① 赣督李烈钧为坚持萍矿归赣自办，袁世凯去电令其不可违反商律。孙文在京闻知此事，
致电李烈钧。

致山东省临时议会告日内南旋当赴鲁欢聚电

（一九一二年九月二十五日刊载）

省议会暨各界团体公鉴：兴言游鲁，极为欢忭。兹承电邀，曷胜感谢。日内南旋，当取道鲁省与诸父老握手欢聚也。孙文叩。

据《天津孙中山先生来电》，载济南《山东公报》
第一四四册，一九一二年九月二十五日出版

致北京政府请速将办路条件拟定
交临时参议院通过电

（一九一二年九月二十九日）

请速将借款办路条件拟定交参议院通过，以便进行。

据《孙黄实业进行史》，载一九一二
年九月三十日上海《天铎报》第三版

致袁世凯请饬将从前路债及有关
势力范围条约寄沪电

（一九一二年九月三十日刊载）

请饬将从前路债及有关势力范围条约一并寄沪，将从此研究条约。

据《专电》，载一九一二年
十月一日上海《时报》（二）

致北京交通部告调查路政办法电

（一九一二年十月三日）

详述调查路政一切办法，请该部将全国干路图表照绘一份，派员来取，以资参考。

据《本报专电》，载一九一二年
十月四日上海《天铎报》第一版

致胡汉民并广州各界嘱开殉国烈士追悼会
并捐款追恤烈士后人电

（一九一二年十月十日）①

广州胡都督并转各界公鉴：九月初九②，为乙未岁第一次倡共和革命失事之辰。烈士陆皓东殉，然附同赴义者，有临时招募之朱贵全、邱使〔丘四〕二人，并波累程曜臣〔耀宸〕、程奎光狱死，故当日有朱、邱、陆、程之称。此役之日，陆君主动，同谋者除生存人外，则有郑弼臣、杨衢云二人。第二次惠州起义，郑君身临前敌转战，积劳而殁。杨君在港运筹，被刺而死。又有烈士史坚如殉义于羊城，日本义士山田良介〔政〕阵亡于惠州。今逢武昌起义之辰，全国庆祝，以贺成功，追思木本水源，皆胚胎于乙未、庚子二役。而上述之人皆已亡殁，自民国成立以来，曾未一为之表彰，文实悼之。敢请我粤同胞于九月九日大开追悼会，以表彰幽烈，并捐款分别追恤各烈士之后人。文先捐千元，请都督垫支，续当寄璧。孙文叩。

据《纪念日之余谈》，载一九一二年
十月十九日上海《民立报》第七页

---

① 原电未署日期。据内文"今逢武昌起义之辰，全国庆祝"等句，可断此电当写于十月十日。

② 九月初九，当为阴历。

致袁世凯辞大勋位电

（一九一二年十月十三日）

　　北京袁大总统鉴：奉真电，特授文大勋位，无任惭惶。去岁民军起义，东南十余省已次第光复，文甫归自海外，其时因国内同胞感情尚有隔阂，须急谋统一，组织临时政府，勉从众议，承乏南都。后赖我公以救国决心，力全大局，几经艰苦，乃有今日。文始终因依其间，实无功可述。今承大命，特授殊位，中夜扪心，适以滋愧。且文十余年来，持平民主义，不欲于社会上独占特别阶级。若滥膺勋位，殊与素心相违，务乞鉴兹微忱，收回成命，实深感荷。孙文叩。

据《革命伟人之平民主义》，载一九一二年十月十四日上海《民立报》第五页

致袁世凯请速令孙道仁维持闽局
并促岑春煊早日离闽电①

（一九一二年十月十四日）

　　北京袁大总统鉴：近闻闽省人心惶惶，秩序甚乱。加以军界与岑使大生恶感，并闻有更动都督一说，军民惊惶尤甚。素闻闽省自光复后，秩序优于他省，兹忽有此现象，心殊恻然。兼之闽省近接强邻，深恐一有风潮，乘机干涉。望公迅速电令孙都督②，竭力维持，并令岑使早日离闽，以安人心而维大局。无任感盼。寒。

据《致袁世凯促岑春煊早日离闽电》（录自国民党党史会所藏原稿），载秦孝仪主编：《国父全集》第四册，台北，近代中国出版社一九八九年出版

―――――――――

　　①　时福建各界反对警备总监彭寿松，因此，袁世凯任岑春煊为福建镇抚使。一九一二年十月十六日，岑乘军舰率师抵闽，迫彭离闽赴香港。

　　②　即福建都督孙道仁。

复袁世凯告拟赴日一行再定对策电

（一九一二年十月十六日刊载）

拟赴日一行，作种种之观察，再定对待之策。

据《汪代表密电纪略》，载一九一二年
十月十六日天津《大公报》第二张（一）

致袁世凯请颁给朱尔典勋章电

（一九一二年十月十九日）

民军起议〔义〕达到完全目的，列强从未干预，实驻京英使朱尔典调停之力，请给勋章酬劳。

据《北京电报》，载一九一二年十
月二十一日上海《民立报》第三页

致新加坡商务总会及各港商会盼
协助招募侨商股份电

（一九一二年十月二十三日刊载）

新加坡商务总会转各港商会各团体公鉴：顷派王奕友乘英公司船南下筹备招股事，到时务乞鼎力提倡，以救祖国经济之危困，大局幸甚。中华银行孙文。

据《中华银行招募侨商股份》，载一九一
二年十月二十三日上海《申报》（七）

致北京政府转述西北铁路规划事宜电

（一九一二年十月二十四日刊载）

接甘肃赵都督①来电，于西北路线规划详晰。据称拟自张绥接轨，取道宁夏凉州而达嘉峪关，无高山大河为之阻隔，较之由豫经关中达兰州者线直而地平，工程较易。所陈五利亦具有见地。谨此电闻，原电随寄。

据《铁路谈》，载一九一二年十月
二十四日上海《天铎报》第三版

致芜湖各界告允定二十九日莅芜演说电②

（一九一二年十月二十七日）

允定二十九日莅芜演说，并道谢各界前次欢迎盛意。

据《孙中山由浔来电》，载一九一二年
十月二十九日上海《天铎报》第三版

致袁世凯请电令各省都督委派人员
测量各省铁路电

（一九一二年十月二十九日）③

建设铁道，首重测量。现在各省路线庞杂，文一人精力有限，恐难亲至各省

---

① 即赵维熙。

② 十月十八日孙文由上海乘"联鲸"军舰赴江西视察，途经安徽芜湖，本拟上岸，因在南京起程时，忽接萍乡煤矿急电催请速往，故十月二十二日过芜未停轮，使芜湖各界伫候欢迎群众，大为扫兴。因电告仍将来芜演说。

③ 原电未署日期。据一九一二年十月三十日天津《大公报》第一张（五）载该电时称"孙中山日昨有电致总统府内云……"酌定。

调查，刻拟在每省派一路线测量员，期可同时测勘，并能一致进行。大总统如予俯准此项人员，即请电令各省都督酌保委用。

据《孙中山请设路线测量员》，载一九一二年十月三十日天津《大公报》第一张（五）

致袁世凯告拟设铁路专门学校电

（一九一二年十一月三日刊载）

拟设铁路专门学校，校中拟分管理、器械、制造各料〔科〕。

据《铁路进行》，一九一二年十一月三日上海《天铎报》第三版

致袁世凯告拟先开办钢铁工厂电

（一九一二年十一月三日刊载）

拟先开办钢铁工厂，其所举利益分四大纲：一、容纳贫民。二、以图漏卮。三、吸收外利。四、便利实业。

据《致袁世凯电》，载陈旭麓、郝盛潮主编，王耿雄等编：《孙中山集外集》，上海，上海人民出版社一九九〇年七月出版

致袁世凯周学熙请仍将源丰润等
户押产拨充中国公学经费电

（一九一二年十一月四日）

袁大总统、周财政总长鉴：前清沪道存款，日内由比领交出。所有源丰润等户各押产，文在宁时已批准拨充中国公学经费，财政部亦续行批准在案。兹闻此

款忽提作别用，果尔，则前案已虚。伏望公等电饬交涉使陈贻范，仍依前案办理，俾公学得以维持，不胜感盼。文虽不愿越俎，惟该校近以董事推许，用敢一言，并希亮察。孙文。支。

据《北洋政府财政部档案》原件，
南京、中国第二历史档案馆藏

致北京政府告拟设立铁道院电

（一九一二年十一月六日刊载）

以铁路事业入手兴办之事极繁，拟仿照日本制度，设立铁道院，以专责成。

据《铁路院制尚须变通》，载一九一二年
十一月六日天津《大公报》第二张（一）

致袁世凯谈赴日联交及拟设
中西合股银行等事电

（一九一二年十一月九日）①

北京大总统鉴：新密。一、今日弭患要图，非速行迁都则急宜联日，二者必行其一，方能转危为安。迁都既属困难，则联日不容或缓。文深维此事，速欲亲行一试。如有意外好果，其联交之度当至若何，请先示程式，以便文于月底一往东洋，游说彼邦执政，想不致虚行也。二、前议设立中西合股银行，近已蒙法国政府允许，将来可在巴黎市面发行种种债票。顷巴黎业东已决议实行，不日派代表来华，商订合约。惟此方股本尚无着落，倘到时不能交头批二百五十万元，或尚须政府设法也，幸为注意。三、铁路筹画刻须开始，所许由政府垫拨之费，请

---

① 原电稿无年月，其旁则注"佳电"二字。按"佳"即九日，而文中言及拟于月底往日本，当指一九一二年十一月，后延至翌年二月十一日始成行，且所叙联络法国议设中西合股银行之事亦发生于当时，故酌定该电系一九一二年十一月九日所发。

从速汇来应需为荷。孙文。

据亲笔电稿原件，台北、中国国
民党文化传播委员会党史馆藏

致东亚同文会告展期访日电

（日　译　中）

（一九一二年十一月十日）

因健康不佳，来游展期一个月，有违厚意，深表遗憾。

据《孙逸仙の電報》，载一九一二年十一月
十一日《大阪每日新闻》（二）（关伟译）

致袁世凯告于上海设立中国铁路总公司电

（一九一二年十一月十四日）

大总统钧鉴：筹划全国铁路机关，急待成立。兹遵照前令，暂于上海设立中国铁路总公司，即日开办，议〔谨〕此电闻。公司章程及其他规定条件，容续呈。孙文。寒。

据《致袁世凯电》（二十四），载黄季陆编：《总理
全集》下册,成都,近芬书屋一九四四年七月出版

致袁世凯请补定黄大伟等四人职衔电

（一九一二年十一月十五日）

北京大总统鉴：新密。黄大伟、陈宽沅、喻毓西、唐豸四员，皆法比陆军学校毕业生，长于学术胆略。前在南京充总统府参谋，甚资得力。今其同辈多获陆军中将、少将名位，而此四君因名不在陆军部，遂致遗漏。此皆国家有用之材，

不宜弃置，乞加钧察，定其职衔，遇多事之秋，充干城之选，非惟四君之幸也。孙文。删。

据《致袁世凯请定黄大伟等四人职衔电》（录自国民党党史会藏《总理来去电文底簿》），载秦孝仪主编：《国父全集》第四册，台北，近代中国出版社一九八九年出版

致袁世凯望万勿承认俄蒙之约电

（一九一二年十一月十六日）

北京大总统鉴：新密。华日联盟，大有可望，假以半年至一年之时，当可办到。故俄蒙之约万不可承认①，当出以最强硬之抗议，使此问题延长时日，则必有良善之结果。目下尽可以不理理之，以观俄政府之行动。再，俄蒙之举，不过一二好大喜功之徒，欲乘我之不备，以博功勋，实非俄政府之本意。故对此事，以牵延为第一办法。孙文。铣。

据《致袁世凯劝不可承认俄蒙之约》（录自国民党党史会藏《总理来去电文底薄》），载秦孝仪主编：《国父全集》第四册，台北，近代中国出版社一九八九年出版

致临时参议院望协助政府否认俄蒙协约电

（一九一二年十一月十六日）

俄蒙事件，据文所得确信，乃俄国一二野心家主动，非俄政府多数主张。若我坚持，生死力争，必可转圜。倘稍退让，新疆、藏、满必继去，本部亦难保全。望诸公协助政府否认"俄蒙协约"，坚持到底，此事关系民国存亡，务望留意。

---

① 十一月三日，俄国密使廓索维慈与哲希尊丹马在库伦签订《俄蒙密约》及《商务专条》。七日，中国政府向俄国提出抗议，声明中国政府不承认俄国与外蒙签订之一切条约。

孙文。铣。叩。

据《孙中山救蒙策》，载一九一二年十一月二十四日上海《天铎报》第三版

致北京政府告暂勿与俄国交涉电

（一九一二年十一月十八日）

俄事仅其国内少数野心家所主张，其政府并未拿定主义。我国须以不理理之，目前万不可与之交涉，须联络某某等国，俟有成约后乃有办法，即延至一年半年亦无害。

据《专电》，载一九一二年十一月二十日上海《时报》（二）

致梁士诒请转恳袁世凯知照豫督保护
刘马氏运金银出境电

（一九一二年十一月十九日）

北京总统府梁燕荪先生鉴：新密。兹有河南尉氏县刘马氏青霞认缴本处股银二十万元。据称：家藏金一千三百两，银九万两，欲设法运出，但路途危险，族人眈视，愿得汴督饬地方官护送。可否由公转恳总统知照豫督，准予保护？此人现在上海，专候复示。

又，如北京有河南银两，则此款可就由汴督接而按数由京汇寄敝处，尤为方便。统候示覆。孙文。皓。

据《致梁士诒告中国铁路总公司收到股款情形电》（录自国民党党会藏《总理来去电文底薄》），载秦孝仪主编：《国父全集》第四册，台北，近代中国出版社一九八九年出版

复孙道仁告对分治意见电

（一九一二年十一月二十七日）

　　福建都督鉴：为密。电悉。分治之事，若万难施行，延缓之法，惟在公毅然持之耳。若将窒碍理由详达中央，想中央必不以为难也。孙文。

据《复孙道仁告对分治意见电》（录自国民党党史会藏孙中山亲笔原件），载秦孝仪主编:《国父全集》第四册,台北,近代中国出版社一九八九年出版

致宫崎寅藏告因病暂延期访日电

（一九一二年十一月）

　　因病暂时延期。

据 [日] 宫崎龙介、小野川秀美编:《宫崎滔天全集》第五卷,东京,平凡社一九一七年七月发行

复袁世凯申明外交及对库伦和外蒙主张电

（一九一二年十二月一日刊载）

　　外交宜强硬，对库伦宜取进行主义，待归顺各蒙，宜加慰劳。

据《北京专电》,载广州《广东中西星期报》一九一二年十二月一日第六期

致梁士诒询托设法保护河南人运金出境事电

（一九一二年十二月四日）

北京总统府梁燕荪先生鉴：新密。前电托设法保护河南人运金出境事，能否办到？祈早赐示。

又，昨电救亡策一道，望竭力提倡，以速进行。幸甚。孙文。支。

据《致梁士诒询托设法保护河南人运金出境事电》（录自国民党党史会藏《总理来去电文底簿》），载秦孝仪主编：《国父全集》第四册，台北，近代中国出版社一九八九年出版

致袁世凯告应付六国银行团办法电

（一九一二年十二月五日）

北京大总统鉴：新密。兹得确实消息，法国银行家决意，若六国团借款月内尚无成，则明年正月初一当离开该团，自由行动云。现巴黎联合银行全权代表在上海与文议订中西合股银行章程，彼意民国政府对于六国团，宜假以下台之法。此法莫〔甚〕妙，暂与之借一小款，订以随时可还。此款借后，便可谢绝而解散之，然后向巴黎另议借大款以还之。如此似于外交上面面周到云。是否有当，即希鉴察。昨上救亡策一道，务乞主张进行。再，现派王正庭〔廷〕、徐谦即日北上，面陈铁路总公司条例事宜。并闻。孙文。微。

据《致袁世凯告六国银行团对借款态度电》（录自国民党党史会藏《总理来去电文底簿》），载秦孝仪主编：《国父全集》第四册，台北，近代中国出版社一九八九年出版

复胡汉民告以伍朝枢代王宠惠当参议员电

（一九一二年十二月七日）

　　广州胡都督鉴：电悉。王亮畴现在铁路总公司，不能当参议员，可以伍朝枢代之。温钦甫问实再复。孙文。虞。

据《为选参议员事致胡汉民电》（录自国民党党史会藏《总理来去电文底簿》），载秦孝仪主编：《国父全集》第四册，台北，近代中国出版社一九八九年出版

致胡汉民告温宗尧已承诺当参议员电

（一九一二年十二月十三日）

　　广州胡都督鉴：温宗尧已承诺当参议员。文。元。

据《再为选参议员事致胡汉民电》（录自国民党党史会藏《总理来去电文底簿》）载秦孝仪主编：《国父全集》第四册，台北，近代中国出版社一九八九年出版

致袁世凯等请转饬黔督彻究暗杀于德坤案电[①]

（一九一二年十二月十七日）

　　北京袁大总统、赵国务总理、段陆军总长、许司法总长[②]钧鉴：国民党特派员于德坤，返黔组织国民党，行至玉屏县大鱼塘地方被人暗杀，分尸数段。凡自黔来者，皆云系黔军务司长刘显世主使。似此野蛮举动，为全世界对于异党人之

---

　　① 　该野蛮之凶杀案，实乃黔德义系军阀刘显世勾结唐继尧（时任黔督）部滇军所为。
　　② 　即袁世凯、赵秉钧、段祺瑞、许世英。

所无。法纪荡然，舆论骇怪。应请电饬黔督，激〔澈〕底根究，公平处决，以示民国官吏维持法律之大公。鄙人忝为国民党理事长，不能含默。伏维钧裁。孙文。〈篠〉①。

据《于君德坤横遭惨杀事件汇电》，载一九一二年十二月二十日上海《民立报》第六页

致唐继尧嘱彻究暗杀于德坤案电

（一九一二年十二月十七日）

贵州唐都督鉴：国民党特派员于德坤，返黔组织国民党，行至玉屏县大鱼塘地方被人暗杀，分尸数段。凡自黔来者，皆云系刘显世主使。似此野蛮举动，法纪荡然，使人心悚，举国舆论皆为不平。应请贵督彻底根究，务乞水落石出，公平处决，以示民国官吏维持法律之大公。鄙人忝为国民党理事长，不能漠视。翘候钧覆。孙文。

据《于君德坤横遭惨杀事件汇电》，载一九一二年十二月二十日上海《民立报》第六页

复王正廷徐谦告可与罗佩金顾视高接洽滇粤路计划事电

（一九一二年十二月二十日）

北京六国饭店王儒堂、徐季龙②鉴：篠函悉。滇粤路在公司计划之内，本欲

---

① 据黄季陆编《总理全集》下册（成都，近芬书屋一九四四年七月出版）所载同一电文增补韵目代日"篠"字。

② 徐谦，字季龙。

首先开办，可与罗、顾两君①推〔接〕洽为荷。文。号。

据《致王正廷徐谦关于滇粤路开办希与罗
顾接洽电》(录自国民党党中会藏原稿)，
载秦孝仪主编:《国父全集》第四册，
台北，近代中国出版社，一九八九年出版

致黄兴望设法接济北京国民党本部经费电

（一九一二年十二月二十三日）

汉口黄克强先生鉴：缄密。闻兄接办粤汉，喜慰无已。弟所筹路策，现已订立条例，派人往京呈总统交参议院，俟通过后，再定行止。近得北京本部消息，存款将尽。弟处尚无从为力，望兄设法接济，以速进行为荷。孙文。

据原电影印件，载《中山墨宝》编
委会编:《中山墨宝》第八卷，北
京，北京出版社一九九六年一月出版

致王正廷徐谦令反对过多修改
《铁路总公司条例章案》电②

（一九一二年十二月二十三日）

北京六国饭店王儒堂、徐季龙鉴：条例修改太多。若无特权，即不须有条例。若照修改之条例通过，则总公司无权办事，宁可取消。请商吴连〔莲〕伯③争之，

---

① 指云南都督派驻北京代表罗佩金、顾视高。

② 孙文前派王正廷、徐谦专送所拟《铁路总公司条例草案》到北京，请袁世凯参议院审议。交通部以该草案包括广括、权限过大，因就原案大加修改。本月二十日国务院将修改条例通过咨送参议院。此电告知反对北京政府过多修改条例，着其力争。

③ 吴景濂，字莲伯。时任北京临时参议院议长。

余亮〔？〕函详。又党费、报费正筹措中。孙文。漾。

据《致王正廷徐谦关于修改铁路总公司条例电》（录自国民党党史会藏原稿），载秦孝仪主编：《国父全集》第四册，台北，近代中国出版社一九八九年出版

致王正廷告可回沪电

（一九一二年十二月二十四日）

北京六国饭店王儒堂鉴：可回沪。孙文。敬。

据《致王正廷请回沪电》（录自国民党党史会藏原稿），载秦孝仪主编：《国父全集》第四册，台北，近代中国出版社一九八九年出版

致梁士诒请向财政部设法拨五万两
交国民党本部收用电

（一九一二年十二月二十七日）

北京总统府梁燕荪先生鉴：新密。前克强先生商拨香港借款转借党用，请向财政部竭力设法转拨五万两交国民党本部收用为荷。孙文。感。

据《致梁士诒请向财政部设法转拨五万元交国民党本部收用电》（录自国民党党史会藏《总理来去电文底簿》），载秦孝仪主编：《国父全集》第四册，台北，近代中国出版社一九八九年出版

复黄兴告已电梁士诒请向财政部转拨港款五万两交国民党本部并望另电催之电

（一九一二年十二月二十七日）

汉口黄克强先生鉴：缄密。有电悉。已电燕荪，请向财政部转拨港款五万两，交国民党本部。请兄另电催之。文。感。

据《复黄兴请另电梁士诒催拨国民党本部经费电》（录自国民党党史会藏《总理来去电文底簿》），载秦孝仪编《国父全集》第四册，台北，近代中国出版社一九八九年出版

致徐谦请吴景濂促国民党议员返北京电

（一九一三年一月二日）

北京东太平街徐季龙：王君①返申，始知第一、第十三条②已修正，请速审查。并请连〔莲〕伯电促本党议员返京，以防他党消极反对。文。冬。

据《致徐谦请促本党议员返京》（录自国民党党史会藏原稿），载秦孝仪主编：《国父全集》第四册，台北，近代中国出版社一九八九年出版

致陆文辉询能即来沪否及邓泽如行踪电

（一九一三年一月十一日）

广东都督转陆文辉③鉴：A 欲派兄往南洋，会同泽如兄商办银行招股事，能

---

① 即王宠惠。

② 指《铁路总公司条例草案》。

③ 陆文辉，新加坡华侨，曾为当地同盟会负责人。时奉孙文命赴新加坡商办银行事。

即来沪一行否？泽如现在何处？候复。孙文。真。

据《致陆文辉询能即来沪否及邓泽如行踪电》
（录自国民党党史会藏《总理来去电文底簿》），
载秦孝仪主编：《国父全集》第四册，
台北，近代中国出版社一九八九年出版

致北京政府告已以个人名义向某国公司
商借巨款以兴建蒙藏铁路电

（一九一三年一月十二日）

蒙、藏风云日亟一日，若不赶筑铁路，后患不堪设想。现拟作一铁路贯通蒙、藏，其路线自西藏拉萨首城起，经过木鲁，直达蒙古车臣汗，名为萨臣铁路。更由拉萨筑一支线，至四川成都府，而与滇、蜀铁路相接，若此路一成，不惟蒙、藏交通上大有裨益，即军事上亦种种便利。惟预算此路需款约一百万，现已以个人名义向某国公司商借巨款，俟借妥后，即赶速兴办。

据《孙中山贯通蒙藏之铁路计划》，载广
州《民谊》第四号，一九一三年二月出版

复袁世凯感谢交通银行所垫学费电

（一九一三年一月十五日）

北京大总统鉴：新密。寒电悉。交通银行所垫学费，已接洽汇妥，无任感谢。孙文。删。

据《复袁世凯致谢交通银行所垫学费电》（录
自国民党党史会藏《总理来去电文底簿》），
载秦孝仪主编：《国父全集》第四册，台
北，近代中国出版社一九八九年出版

复陆文辉告银行事已妥请郭君不必来电

（一九一三年一月十五日）

广东胡都督转陆文辉鉴：银行事已妥，郭君请不必来。孙文复。

据《复陆文辉告银行事已妥嘱郭君不必来电》
（录自国民党党史会藏《总理来去电文底簿》），
载秦孝仪主编：《国父全集》第四册，台
北，近代中国出版社一九八九年出版

致陈武烈望邀请中华银行之
有力股东来沪商议电

（一九一三年一月二十三日）①

星加坡陈武烈先生鉴：中华艰〔银〕行与中国实业艰〔银〕行现方协商合并，两处招股人可双方进行，于各处多招股金，将采合并与否，仍由股东公决。中华艰〔银〕行之有力股东，望请其来沪商议。孙文。

据《致陈武烈电》，载黄季陆编：《总理全集》
下册，成都，近芬书屋一九四四年七月出版

致袁世凯告有伦敦银行家愿借款希为卓夺电

（一九一三年一月二十四日）

北京大总统鉴：新密。现接伦敦来电，有大势力银行家愿借款，如合意，可

---

① 据《越风·辛亥革命纪念特刊》载，该电日期为一九一二年十一月中旬。待考。

将条件保证数目详报云云。谨此奉闻，希为卓夺。孙文。敬。

据《致袁世凯告有伦敦银行家愿借款希卓夺
电》（录自国民党党史会藏《总理来去电文底
簿》），载秦孝仪主编：《国父全集》第四册，
台北，近代中国出版社一九八九年出版

致袁世凯周学熙谈彼此与法方新议合办银行条件权利得失各情电①

（一九一三年一月二十九日）

　　北京大总统、财政总长鉴：新密。昨得王鸿猷②君函，述财政总长所议办中法银行，已经签约，惟恐参议院有异议，王君欲文发函解释，以便早日通过云云。按合办银行一事，文为极端赞成之一人。月来在沪，亦正与法国巴黎联合银行代表磋商条件，办一合资银行。本拟一俟商妥之后，即遵前电办理，合并为一，以免冲突等情。乃细绎财政总长与法人所订十一条章程，与文在此与法人所议者，权利得失，相差甚远。兹将此处所议者撮列如下：一、银行在中国注册，悉遵中国法律。二、董事局全为华人，西人居顾问局。三、总办十年内用西人，十年后可用华人。四、督理各举二人，总办执行，悉惟督理之命是听。现尚相持不下者，则四督理之决事，如遇可否各半，总办有表决权。除此点之外，华股皆略占优胜地位。文之意以为我中国现在国势不如人，财力不如人，智识不如人，故合资银行，我当得条件之保护略优，将来乃望得平等权利，否则流弊不堪设想。故磋商之际，事事争持，法代表亦多迁就，只有前一点耳，若我能让此一点，则事立成矣。两利相权取其重，况得失相反者乎？且巴黎联合银行，为世界极大银行之一，

---

　　① 袁世凯政府与法国资本家签订之《中法实业银行章程》于一月十一日公布，申明该行"经营中外各国商务、贸易及汇兑等事，并代理各项借款"。资本暂定四千五百万法郎，其中三分之二为法国资本家所有，三分之一为中国政府所有。总行设巴黎，于北京设营业局，后设分行于上海。一九二一年停业。

　　② 王鸿猷曾任南京临时政府财政部次长。

与彼联络通融者,皆势力宏厚之财团,固非泛泛然欲向中国承揽一事业之权利而转售于人者可比。望大总统及财政总长再细酌夺,如能舍彼就此,则利国福民,诚非浅鲜。否则,外人永无就我范围之日,而所办之中法银行,亦不过多一华俄银行而已,恐非我当轴者之初心也。且此事一成,恐他国援以为例,用某国之资,则必遵某国之律,如此主权丧失,永无收回治外法权之望。事关国体利权,不得不质直言之,幸为亮察。孙文。艳。

据《致袁世凯周学熙告彼此与法方所议合办银行条件权利得失各情电》(录自国民党党史会藏《总理来去电文底薄》),载秦孝仪主编:《国父全集》第四册,台北,近代中国出版社一九八九年出版

致北京政府条陈解决蒙藏办法电

(一九一三年一月三十日)

(甲)对蒙办法:库伦逆佛自宣告独立后,迭受俄国怂惠,其反抗民国之心甚坚,须一面迭派声望素著人员多名,携兵分赴外蒙四盟四六旗,极力开导;一面致电绥远城将军等极力联络内蒙六盟二十四部四十九旗,使逆佛失所依据,自易收效。(乙)对藏办法:达赖喇嘛背叛,纯系被英人煽动。收拾西藏,亦须由运动着手,施行种种政策,如诱以高爵、饵以重币等,未有不动其心。若只以声讨为前提,非特劳民伤财,恐益坚其向外之心。

据《孙中山划策》,载一九一三年一月三十一日《天铎报》第三版

致袁世凯等告赴日行期并请将政府
最近对日俄方针见示电

(一九一三年二月四日)

北京大总统、国务总理、各部总次长钧鉴:新密。文定期本月十一日由沪起

程往日本，此行欲以个人名义，联络两国感情。按以彼国现状，此事不难办到，或更有良好结果，亦在意中。务望诸公一致赞成，并望将我政府最近之对日、对俄方针，详为指示，幸甚。孙文。支。

据《致袁世凯等告赴日任务并请将政府最近对日对俄方针见示电》（录自国民党党史会藏《总理来去电文底薄》），载秦孝仪主编：《国父全集》第四册，台北，近代中国出版社一九八九年出版

致朱启钤告赴日行期并请电汇垫款电

（一九一三年二月四日）

北京交通部朱总长鉴：新密。兹定本月十一日往日本，谋联络增进两国交谊。钧部二月份垫款，请于行期前电汇来沪。三月份垫款，若能同汇，尤盼。孙文。支。

据《致朱启钤告赴日行期并请电汇垫款电》（录自国民党党史会藏《总理来去电文底薄》），载秦孝仪主编：《国父全集》第四册，台北，近代中国出版社一九八九年出版

致胡汉民告赴日期限有事请电东京电

（一九一三年二月四日）

广东胡都督鉴：文定本月十一日往日本，联两国交谊，往还四星期。如有要事，请电东京。文。支。

据《致胡汉民告赴日期限有事请电东京电》（录自国民党党史会藏《总理来去电文底薄》），载秦孝仪主编：《国父全集》第四册，台北，近代中国出版社一九八九年出版

复袁世凯允开导沪上筹组欢迎国会团人士电①

（一九一三年二月七日对方收到）

此间人士组织欢迎国会团，只为欢迎国会议员，激发人心起见，缘无别故。文更未加入其间，非所闻问。惟当兹国势危急，强邻进窥之际，既承嘱命，自当相机向与文相识者妥为开导，以副雅命。

据《孙先生之坦白》，载一九一三年
二月十三日上海《民立报》第七页

致袁世凯望从速和平解决山西阎锡山等
冲突事件电

（一九一三年二月十日）

北京袁总统钧鉴：新密。山西阎都督与河东张观察使②及李旅长③冲突事件，报纸喧传。敝处亦屡接各处电报，皆称张、李并无反对阎督违抗中央之事。且张、李已经免职，自请归京听候审判，一切真象，当不难水落石出。闻晋中一部分不明之人肆行挑拨，若不从速和平了结，对于山西内部非唯不能调和，且恐转生前途风波，其事虽小，而影响甚大。我公明允，尚望力予维持，和平解决，地方幸甚，国家幸甚。孙文。灰。

据《致袁世凯请和平解决山西阎锡山等冲突事
件》（录自国民党党史会藏《总理来去电文底
薄》），载秦孝仪主编：《国父全集》第四册，
台北，近代中国出版社一九八九年出版

---

① 一九一二年十二月底，因国会选举将竣，上海《民权报》记者尹仲材、何海鸣等为反对袁世凯武力胁持国会，将国会自行集会于北京以外地点，在上海发起成立欢迎国会团。为此，袁世凯请孙文劝该团解散，以使国会能在北京顺利开会。此为孙的复电。

② 即张士勇。

③ 即李鸣凤。

致袁世凯告将赴日联交并请筹款设立中西合股银行及速汇铁路开办费电

（一九一三年二月十日）①

北京大总统鉴：新密。一、今日弭患要图，非速行迁都，则急宜联日，二者必行其一，方能转危为安。迁都既属困难，则联日不容或缓。文深维此事，速欲亲行一试。如有意外好果，其联交之度。当至若何，请先示程式，以便文于月底一往东洋，游说彼邦执政，想不致虚行也。二、前议设立中西合股银行，近已蒙法国政府允许，将来可在巴黎市面发行种种债票。顷巴黎业东已决议实行，不日派代表来华，商订合约。惟此方股本尚无着落，倘到时不能交头批二百五十万元，或尚须政府设法也，幸为注意。三、铁路筹划，刻须开始，所许由政府垫拨之费，请从速汇来应需为荷。孙文。

据《致袁世凯告将赴日联交请速汇铁路开办费电》（录自国民党党史会藏原稿），载秦孝仪主编：《国父全集》第四册，台北，近代中国出版社一九八九年出版

致袁世凯嘱支持成立中日同盟会电②

（一九一三年二月十八日收到）

文于愿日（十四日）行抵东京，蒙日本犬养毅、山座圆次郎诸巨绅及海相斋藤大将、大岛诸元臣至站欢迎，两情欢洽，谨为民国前途贺。十五大早，即由山

---

① 底本作一九一二年。筹办中西股银行事应在一九一三年一月，而孙文赴日联交则为二月十一日，据此时间酌定为一九一三年二月十日。

② 一九一三年二月十四日，孙文一行抵达东京，分访日本各政要，十五日谒见日本天皇。袁世凯于十八日收到该电报。

本阁相之介绍，谒见天皇，蒙优礼接待，对文并多谬奖。嗣谓中日同文同种，亲如手足，始终互相提携，今贵国建设伊始，本国必尽手足情谊，从中维持，交换国书一节，自应由中日起首，以示亲睦，俟四月间即可交换。至将来无论何项问题发生，本国能为力时，无不勇为代谋云云。文当代表我中华民国致谢，遂退出。由山本、桂太郎等宴请，席间所谈，不外中日邦交日益亲密等语。桂太郎并发起中日同盟会，文当首先赞成，约两星期内可在东京开成立大会。此会成立，我国颇受利益，分请在政在野诸名硕赞成入会，以厚势力。特先电闻，余另详。

据《孙中山电告发起中日同盟会》，载一九一三年二月二十日天津《大公报》第一张（四、五）

致北京政府告中日同盟会约两星期内成立电

（一九一三年二月十八日）

到东后，备受各界欢迎，现由桂太郎①发起中日同盟会，约两星期内开成立大会。

据《北京电报》，载一九一三年二月二十日上海《民立报》第六页

致袁世凯告成立中日同盟会详情电②

（一九一三年二月二十日收到）

中日同盟现已遍传，舆论一致欢迎。此间有政友会、东亚同志会、同文会、青年会等最有势力之二十余团体，于十七日在东京联合大会，推桂太郎为临时主

---

① 桂太郎于一九一二年十二月组阁，为日本首相兼外务大臣，但发起中日同盟会后二日，日本发生政潮，桂太郎内阁辞职。

② 孙文抵日后，日本前首相桂太郎积极筹备中日同盟，并于十七日召集各团体大会。孙文的这封电文，袁世凯是二十日晚收到的。

席，表决三项问题，以为中日同盟实行之先声：一、保全中国领头，确保东亚和平。一、承认中华民国，由日本主唱并速期实行。一、联络两国国情。以上决议三案，已经提请参议院认可，并要求该院同时预备中日同盟种种手续，并望我政府亦须筹备一切。后情续陈。

据《孙中山续电中日同盟问题》，载一九一三年二月二十三日天津《大公报》第一张（四）

致胡汉民请联南方各省都督
共表同情袁世凯政府电①

（一九一三年二月二十六日）

探悉日本新内阁②俟我国正式政府成立，当首先承认。国会将开选举总统，宜先预备。现任袁总统，雄才伟略，薄海同钦。就任以来，所有措施，中外慑服，请联南方各督共表同情。一面怂恿国会赞成，务使人心一致，藉支危局。

据《广东电报》，载一九一三年二月二十七日上海《民立报》第六页

附：另一版本

如日本新内阁认识到中国政府乃建立于永久基础之上时，理应承认共和政府。望南方各省都督互相协力，以渡过目前之危机，并为袁世凯当选大总统而努力。

据《孙逸仙の電報》，载一九一三年二月二十八日《大阪每日新闻》（一）（关伟译）

---

① 胡汉民时任广东都督。此电自东京发往广州。
② 此指山本权兵卫内阁，成立于本年二月二十日。

致北京政府请速筹设铁道院电

（一九一三年三月初）

　　中国铁路公司设于上海，系为召资及筹备全国铁路临时之设立。刻晤欧亚资本家，对于中国二十万里铁路多表同情，自应正式设立机关，以便进行。查欧美各国在交通专署外，设有铁道院，属于国务总理，此项机关应迅速筹备，以为发展全国经济之先导。

据《京尘飞絮录（中山铁路计划)》，载一
九一三年三月十日上海《民立报》第六页

致小吕宋救国社嘱罢除排斥日货之举电

（一九一三年三月七日）

　　小吕宋中华商会转救国社诸君鉴：据日本外务省来电云：贵埠有排斥日货之举。窃以中日两国谊属邻邦，急应互相融洽，以谋亚东幸福，殊不宜自相冲突。现在日本朝野上下，皆极欲与吾国联络，全国人心皆属一致，务望详察此意，罢除排斥日货之举，东亚幸甚。孙文叩。

据［日］小野川秀美、岛田虔次编：
《辛亥革命の研究》（该电录自一九
一三年三月八日小吕宋《公理报》），
东京，筑摩书房一九七八年一月发行

致袁世凯告山本首相对中日同盟态度电

（一九一三年三月八日刊载）

　　山本内阁宴谈数次，已将尊意微露端倪，山本慷慨允诺，谓余在内阁一日，必能达到中日同盟目的。且云：中国正式政府成立，余必请朝廷首先承认。

据《中日同盟趋势》，载一九一三
年三月八日上海《民立报》第八页

致小吕宋救国社望即取消抵制日货电

（一九一三年三月十日）

救国社诸君鉴：抵制事，出于爱国热诚，不宜误用。日本全国现皆欲与我和亲，无抵制之理由，尊电赞成取消①，望即实行。捕人事已电杨领事，切劝阻止。孙文。蒸。

据［日］小野川秀美、岛田虔次编：《辛亥革命の研
究》（该电录自一九一三年三月十一日小吕宋《公理
报》），东京，筑摩书房一九七八年一月发行

致北京政府告在日本已有七家银行允借款电

（一九一三年三月十一日）②

奉钧电后，连日与此间银行界筹商小借款事宜，已有七家允借：一、第一银行；二、第百银行；三、横滨上金银行；四、安田银行；五、大仓洋行；六、三菱公司；七、三井公司。至借款利息、抵押以及订立合同诸事，容当电闻。

据《借款近史》，载一九一三年三
月十二日上海《天铎报》第三版

---

① 此指小吕宋救国社接三月七日孙文来电后复称"遵即开会，从公议决"。
② 原电未署日期。据一九一三年三月十二日上海《天铎报》第三版载该电时称"孙中山
先生昨由东京来电……"酌定。

致胡汉民告回国办理大借款步骤电

（一九一三年三月十一日）

　　现中央政府因大借款决裂，袁总统诚恐无法挽救，则此后险象环生，特电邀文回国磋商挽救之法。文以兹事重大，即回电应允，但观银行团所借口者，以我国财政紊乱及中央命令不能行于各省两事，恐一旦投资内地，致蹈难偿之弊耳。故文此次回国，当对病施药。先到上海，与各省都督磋商联络之法，使中华实质上完全统一，秩序复原，中央命令能及全国；然后入京，再与财政部整理税务，国税、地方税完全分立；其赣、闽等省更当亲往一行，则大借款自可成立，大约须费时日一月之久。知关注念，先以电闻，并望有伟见，速电告知，辅助进行。

据《广东新闻》，载一九一三年三
月十二日《香港华字日报》第四版

致国民党本部及上海交通部望合力
查研宋案原因电①

（一九一三年三月二十二日）

　　国民党本部及上海交通部鉴：闻钝初死，极悼。望党人合力查〈研〉此事原

---

　　① 一九一三年三月二十日，国民党代理理事长宋教仁在上海沪宁车站遭袁世凯政府收买的刺客暗杀，于二十二日凌晨逝世。时孙文访日结束，抵长崎待归。按宋死后黄兴即向各处发电报丧，据此，此电当为三月二十二日发。《民立报》刊此电无"研"、"孙文"字样。据秦编《国父全集》第四册所录国民党党史会藏《总理来去电文底薄》之致国民党本部同人望查研宋教仁被刺原因电称："国民党本部诸君公鉴：内密。长崎来电称：'遯初死，极悼。望党人合力查研此事原因，以谋昭雪。孙文。'铁路总公司。巧。"据此，电文增"研"、"孙文"三字。

因，以谋昭雪。〈孙文〉。

据《宋教仁先生哀电汇录》，载一九一三年三月二十四日上海《民立报》第六页

致袁世凯望决定对日方针并告平安抵沪电

（一九一三年三月二十五日）

北京大总统鉴：新密。此次游日，向其朝野官民陈说中日联和之理，双方意见极为浃洽。其现政府已确示图两国亲交之真意，此事于东亚和平极有关系。望公决定方针，筹划进行。文今日平安抵沪，敬告。孙文。有。

据《致袁世凯望决定对日方针电》（录自国民党党史会藏《总理来去电文底簿》），载秦孝仪主编：《国父全集》第四册，台北，近代中国出版社一九八九年出版

致孙毓筠告有事待商切望来沪电

（一九一三年四月二日）

北京国民党本部：内密。转孙少侯①先生鉴：有事待商，切望来沪。孙文。冬。

据《致孙毓筠告有事待商切望来沪电》（录自国民党党史会藏《总理来去电文底簿》），载秦孝仪主编：《国父全集》第四册，台北，近代中国出版社一九八九年出版

---

① 孙毓筠，字少侯。时任参议院议员，倾向袁世凯，并未奉召。

复柏文蔚告已电召孙毓筠来沪电

（一九一三年四月二日）

安庆柏都督鉴：内密。尊论极是，已去电招少侯来沪。孙文。冬。

据《复柏文蔚告已电召孙毓筠来沪电》（录
自国民党党史会藏《总理来去电文底薄》），
载秦孝仪主编：《国父全集》第四册，
台北，近代中国出版社一九八九年出版

复袁世凯告因宋案缓期进京电

（一九一三年四月六日）

此次之滞沪，全①为办理宋案之故。因宋案之发生，一部之人士，激昂已达
极点，刻正设法解释，并商同各界力图维持，断不使因此事以危大局。在沪尚须
勾留数日，无论如何本月中旬，即当来京。

据《北方之宋案谈》（五）之《袁
总统敦促中山》，载一九一三年四
月七日上海《申报》第二版

---

① 删去一衍字"不"。

致胡汉民陈炯明令认真筹备军实整顿
经济计画运输电

（一九一三年四月十日）①

广州胡都督、陈军使②鉴：盲〔育〕航③、天成先后到函并密码均领。惠潮路洋人以为可图，不难借款，详情马君④函复。日本之行甚有效，日向嫌袁，国事果致决裂，日必倾心民党。粤现宜认真筹备军实，整顿经理〔济〕，计画运输，免临时失措，共和一线生机在此而已。文。灰。

据《孙中山致胡汉民陈炯明电》，载黄彦、李伯新编：《孙中山藏档选编》，北京，中华书局一九八六年九月出版

复某君望对国事勉力进行电

（一九一三年四月十三日）

铁密。各电已收。质斋尚未到。国事望毅力进行。文。

据《复某君望对国事勉力进行电》（录自国民党党史会藏《总理来去电文底薄》），载秦孝仪主编：《国父全集》第四册，台北，近代中国出版社一九八九年出版

---

① 原电无月份。据电文"日本之行甚有效"，孙文于一九一三年二月十三日至三月二十三日到日本访问。五月一日孙致电胡汉民说"文本拟日间重赴东洋"，此电因酌定为一九一三年四月。
② 广东护军使陈炯明。此职衔乃袁世凯在一九一二年十二月三日所任命。
③ 即马育航。
④ 指马君武，一九一三年二月随孙文访问日本。

致国务院请勿列入候补总统电①

（一九一三年四月二十日刊载）

现已决意不入政界，自不愿举任总统，请勿以贱名列入候补之内，是为至要。

据《孙中山不愿列入候补总统》，载一九
一三年四月二十日天津《大公报》（五）

与黄兴等联名致袁世凯周学熙望取出源丰润
等户押件拨交中国公学电

（一九一三年四月二十二日）

北京袁大总统、周财政总长钧鉴：源丰润等户押产，原蒙孙前总统及财政部批准候提还后，即拨充中国公学经费各在案。去年十一月比领交出时，敝校曾电请拨交，当奉财政部鱼电开：沪关存件，其源丰润户下押产，既经中山先生暨本部先后批准，此时自应照办。惟前南京政府曾欠捷成巨款，本部现无款可还，不得已将沪关存件暂作抵押，一俟六个月限满，即将存件取出，查照前案办理等因。奉此遵办在案。查六个月现届期满，想已还清，公校经费均属私人挪借，以资支持。近更窘迫万状，望此款之来，直同望岁，务恳大总统、大部即时取出该项押件，仍照前案办理，电饬交涉使陈贻范拨交公学，以昭信实，而维教育，无任盼祷。中国公学总理黄兴、董事孙文等叩。四月廿二发。

据上海档案馆编：《中国公学档案辑存》，载北京
《近代史资料》总六十九号，一九八八年八月出版

---

① 一九一三年三月二十五日，孙文自日本回到上海。四月八日，第一届正式国会开幕，即将选举正式大总统。北京政府准备将孙文列入总统候选人名单之内，孙文得知后，即电国务院表态。

与陈作霖等联名复袁世凯周学熙
请支持中国公学电

（一九一三年四月二十七日）

北京袁大总统、周财政总长钧鉴：漾电敬悉。现财部库款虽觉支绌，而公学教育亦当维持。窃本年由董事等公举黄君克强充总理以来，校中一切费用均属一人挪借，以资支持。公学规模甚大，所费亦巨，虽黄君极力筹备，现亦罗掘无方。夫公学原为对外而设，若接济乏术，势必停办，不但有碍教育前途，亦且贻笑外人。董事等百计图维，惟有仍恳大总统、大部俯念公学缔造艰难，或即行提还该押件以符前案，或另拨巨款以固根基。势急情迫，不胜待命之至。中国公学董事孙文、陈作霖、夏敬观等叩。沁。

据上海市档案馆：《中国公学档案辑存》，载北京《近代史资料》总六十九号，一九八八年八月出版

致袁世凯要求令赵秉钧于宋案审判时到案
并撤李纯兵回信阳电

（一九一三年四月二十七日）

一、令赵秉钧于宋案审判时到案；二、撤李纯兵回信阳。

据《北京电》，载一九一三年四月二十八日上海《申报》第二版

致日本外务省告袁世凯是宋案主谋
望勿借款助袁电①

（一九一三年四月二十八日）

宋教仁谋杀案证据已由江苏都督程德全君通电宣布，确系政府主谋，袁即为最主要之主名。现全国皆愤，国会亦大反对。袁若不退，必酿战祸。若借款一成，袁得经济上之援助，必不肯遽退，而国民大起反抗，则非至全国流血不止。于是中国秩序紊乱至极，非一朝一夕所能治矣。故为东洋和平计，此项借款必不可使之成立，此日本当局所当审慎者也。

据彭泽周：《近代中日关系研究论集》（转录《日本外交文书》大正二年第二册），台北，艺文印书馆一九七八年十月出版

致藤濑政次郎②告我方于十五日内将资金存入
正金银行并望从速设立中国兴业公司电

（一九一三年四月三十日）

不怕中国兴业公司受政局的影响，我方将于十五日内将预定出资金额存入正金银行，希望以高木③承诺的条件从速设立公司。

据陈明编译：《孙中山和中日合办的中国兴业公司》，载广州《岭南文史》一九九○年第二期

---

① 孙文于是日在上海托日人高木陆郎转电日本外务省政务局阿部太郎，劝告日本当局不应借款援助袁世凯。
② 即藤濑政次郎，时任上海三井物产支店长。
③ 即高木陆郎。

复袁世凯告因宋案缓期进京和
联美及川路借款意见电

（一九一三年四月）

北京袁大总统鉴：选举总统办法，事属立法机关，文不敢妄参私见。至组织政府，一俟总统选出，衮衮诸公，定有完善政策，谋强有力之政府。文此次于联名手续，略有端倪，正拟北上面商进行，不意钝初事发，刻与同志筹商善后，行期难定。万〔美〕国对我，情同手足，投资一法，未始非救吾国雅意，尚望诸公有以教之。川路借款，云阶①精明，不致有失。心绪不宁，先此布复。

据《致袁世凯电》（二十六），载黄季陆编：《总理全集》下册，成都，近芬书屋一九四四年七月出版

与陈作霖等联名致周学熙请饬上海中国银行
就近拨款并照前案办理源丰润押件电

（一九一三年五月六日）

北京周财政总长鉴：前接大总统卅电令，公学需款甚急，已饬财政部筹款接济矣等因。奉此。感激莫名。查公学积欠不下十万，债主逼索，困迫万状，现日用已罄，万难支持。乞大部电饬上海中国银行就近拨款，以济急需。再，源丰润押件务恳提出照前案办理，以昭大信。中国公学董事孙文、陈作霖、夏敬观等。麻。

据上海市档案馆：《中国公学档案辑存》，载北京《近代史资料》总六十九号，一九八八年八月出版

---

① 岑春煊，字云阶。

与黄兴联名复丁义华论宋案及五国借款事
并盼其为时局主持正论电

（一九一三年五月六日）

万国改良会丁义华①先生鉴：江电敬悉。危言谠论，肝胆照人，循译再四，服之无斁。惟道路阻隔，流言孔多，其间实情，容有为先生所未知者。宋案发现，为人道之所不容，证据宣布，涉及国务总理，为中央计，为大局计，皆不能不使总理辞职受质。乃当局强自辩护，不谋正当解决之法以平公愤，而反造为南北分治之言而图反制。不知国民纵有攻击政府之心，而此案并非关系南北之事，二次革命之说，实为不经。文弃总统于前，兴辞留守于后，当时果欲有为，何求不得，而必至于今日？因此忆及一事，则宋案发现之翌日，北京政界众口同声，指为国民党员所杀，今果如何？飞短流长，往往类此，不可不辩者一。五国借债，银团条款，今昔悬殊，政府不交国会议决，擅行签押，国民起而反对，仅以其违法专横之故。而条款严酷，有负贵国退出银团好意，尚为第二问题，并非绝对的谓债之不宜借也，此不可不辩明者二。总之，金钱流毒，人心丧尽，当事者存倒白颠黑之心，旁观者以幸灾乐祸为事，公是公非，毫无存在。先生为共和先进国之国民，而维持友邦者，独具热忱，倘能研究真象，发为正论，使世界知有主持公理者在，则顶礼而膜拜之矣。孙文、黄兴。麻。

据《孙黄两君复丁义华电》，载一九一三年五月十二日上海《民立报》第七页

---

① 美国北长老会教士，一八八七年来华。时任北京万国改良会会长，从事禁烟工作。

致袁世凯望勿辞职电

（一九一三年五月十二日）①

闻公有辞职说。念民国成立以来，由临时而入正式，由干戈而化玉帛，惟公一人。文前次因南北意见，子身北上，融化感情，畅聆教言，原冀共扶危局。倘我公此时解职，国家将陷于无政府地位，公不为一身计，亦当为同胞计。况两院议长，相继举定，立法权机关，维持有人。行政元首，尽力扶助，使宪法产出，国体巩固，匪为民国之福，亦东亚之幸。望公察之，中外幸甚。

据《孙中山挽留袁世凯》，载一九一三年五月十三日广州《民生日报》第八页

致袁世凯请勿准周学熙辞职电

（一九一三年五月二十三日）

请勿准周学熙辞职，以免接办多费手续。

据《本报专电》，载一九一三年五月二十四日广州《民生日报》第三页

---

① 原电未署日期。据一九一三年五月十三日广州《民生日报》第八页载该电时称"昨闻孙中山亦有电大总统云……"酌定。

与黄兴联名致日本政府恳请援助讨袁电①

（日　译　中）

（一九一三年五月二十三日）

委宫崎传言，不胜感谢。恨无妥协之余地。即使我不举事，彼必施加压力，危机迫在眉睫。若得日本援助，将采取积极行动；倘无援助，只能背水一战。恳请援助。

据日本外务省档案原件，大正二年五月二十四日，外务大臣牧野伸显致驻上海总领事有吉明电，东京、日本外务省外交资料馆藏（俞辛焞译）

致胡汉民告拟组织特别法庭审宋案电

（一九一三年六月二日）

文本拟日间重赴东洋，倡联中日。刻因宋案吃紧，尚难定行程。昨拟组织特别法庭，未得多数同意。经电中央政府，往复磋商，已举定王、伍两君②与审。当不致或有别情，倘究出主名，以谢天下，使案及早了结，固吾党所愿甚。否则南北互启猜疑，大局何堪设想？迩来南省议员多因此事影响，裹足不前，经文再三劝勉，先后首途，翘首北门，忧心如捣。

据中国第二历史档案馆：《孙中山关于法律解决"宋案"之资料二件》，载南京《民国档案》一九八八年第一期

---

① 日本山本权兵卫内阁对"宋案"的态度，一直是主张国民党方面对袁世凯实行妥协、和解，曾多次通过驻上海总领事有吉明等人劝说孙文、黄兴不要使用武力。五月十九日，还委托宫崎寅藏专程赴沪转达日本政府的意见。此电系孙、黄再次表明立场。

② 即王宠惠、伍廷芳。

致某君告决意入京与汪精卫调和党见电

（一九一三年六月六日）

国人自宋遯初①先生死后，均持退步思想，因而北京党争愈烈。文以国是为前提，诚恐内讧日甚，授口实于外人，致贻民国分裂之忧，刻决意入京与汪精卫尽力调和四党见。精卫素见重于此，此行或不虚负。务请电恭恳旅京议员，助文一臂之力。

据中国第二历史档案馆：《孙中山关于法律解决"宋案"之资料二件》，载南京《民国档案》一九八八年第一期

复广东省官厅告即须返沪未能来省会电②

（一九一三年六月二十六日刊载）

此行不过了却儿女索缠，绝不与闻政事。省中现状，有当道维持。日间旋里一行，即须返沪。有负期许，无任悚惶。

据《孙中山不欲与闻政事》，载一九一三年六月二十六日广州《民生日报》第三页

---

① 宋教仁，字遯初。

② 孙文为探视在澳门病危的女儿，于六月十八日抵澳门，二十三日赴香港。当时广东省官厅以都督胡汉民已为袁世凯免职，陈炯明接任，电请孙文来省一行，商榷维持粤局大计。孙因即返沪，复电婉辞。

致伍平一告孙娫病殁电

（一九一三年七月九日）

平一世兄：六月廿五〈娫儿〉① 病殁。孙文。一九一三年七月九日。上海。

据原电影印件，载伍澄宇（伍平一）著、庄锐卿等编：《革命言行录》，香港，阳明学会发行，一九二○年十二月初版

致袁世凯劝辞总统职电

（一九一三年七月二十二日刊载）

北京袁大总统鉴：文于去年北上，与公握手言欢。闻公谆谆以国家与人民为念，以一日在职为苦。文谓国民属望于公，不仅在临时政府而已，十年以内大总统非公莫属。此语非第〔弟〕对公言之，且对国民言之。自是以来，虽激昂之士于公时有责言，文之初衷未尝少易。何图宋案发生，证据宣布，愕然出诸意外，不料公言与行违，至于如此，既愤且懑。而公更违法借款，以作战费；无故调兵，以速战祸。异己既去，兵衅仍挑，以致东南军民荷戈而起，众口一辞，集于公之一身。意公此时必以平乱为言，姑无论东南军民，未叛国家，未扰秩序，不得云乱，即使云乱，而酿乱者谁? 公于天下后世，亦无以自解。公之左右陷公于不义，致有今日，此时必且劝公乘此一逞，树威雪忿。此但自为计，固未为民国计，亦未为公计也。清帝辞位，公举其谋，清帝不忍人民之涂炭，公宁忍之? 公果欲一战成事，宜用于效忠清帝之时，不宜用于此时也。说者谓公虽欲引退，而部下牵掣，终不能决。然人各有所难。文当日辞职，推荐公于国民，固有人责言，谓文

---

① 即孙娫，系孙文长女。一九一二年，孙文子女孙科、孙娫、孙婉及儿媳陈淑英四人赴美留学，并函美洲华侨伍平一妥为照顾。次年三月，孙娫不幸身患重病，由伍平一特聘医生及护士伴随回澳门卢夫人处治疗。孙文于六月十八日由沪赴香港，即过澳门探视当时已不省人事的孙娫，二十三日晚回香港。六月二十五日，孙娫病殁。

知狗〔徇〕北军之意，而不知顾十七省人民之付托。文于彼时迄不为动。人之进退，绰有余裕，若谓为人牵掣不能自由，苟非托辞，即为自表无能，公必不尔也。为公仆者，受国民反对，犹当引退，况于国民以死相拼？杀一不辜，以得天下，犹不可为，况流天下之血以从一己之欲？公今日舍辞职外决无他策。昔日为任天下之重而来，今日为息天下之祸而去，出处光明，于公何憾。公能行此，文必力劝东南军民，易恶感为善意，不使公怀骑虎之虑。若公必欲残民以逞，善言不入，文不忍东南人民久困兵革，必以前此反对君主专制之决心反对公之一人，义无反顾。谨为最后之忠告，惟裁鉴之。孙文。

据《孙中山先生致袁世凯电》，载一九一三年七月二十二日上海《民立报》第七页

致萱野长知告想滞留日本电①

（日译中）

（一九一三年八月五日）②

遥远外游，于我党前途不利，故无论如何想滞留日本，顺便在神户船中进行密商。

据萱野长知：《中华民国革命秘笈》第十章，东京，帝国地方行政学会，一九四○年七月发行（马燕译）

---

① 孙文于"二次革命"讨袁失败后，八月五日晨自上海取道水路经由福建马尾抵达台湾基隆，同日下午改乘"信浓丸"前往日本神户。孙文获悉日本政府不拟让其登陆，如此唯有远赴欧美一途，则再举反袁恐成泡影，故在基隆出发时发一密电给东京的萱野长知。犬养毅、头山满阅此电报后，一面命萱野即赴神户迎候孙文，一面向日本政府努力斡旋，终于使后者同意孙文在日本居留。

② 底本未明确说明发密电日期，但称在启航赴日本的同时发出，则当为八月五日。

致富永龙三郎嘱任务办妥后在沪候命切勿回东电

（一九一三年）

　　转富永君：任务办妥之后，须在沪候命，切勿回东，因政府留难，回则不能再去也。孙文。

据《致□富永嘱任务办妥后在沪候命切勿
回东电》（录自国民党党史会藏亲笔原
件），载秦孝仪主编：《国父全集》第四册，
台北，近代中国出版社一九八九年出版

致宋霭龄电①

（一九一四年一月二十二日）

Miss Eling Soong

Cluness YMCA Kanda

Ontd an aketeo lettee

Edole tuffson tian sisi

Orril seule ilivig wegee

Lousarrow

26，Reinanzaka Toyama

据日本外务省档案《孙文动静》乙秘第一
三五号，载俞辛焞、王振锁编译：《孙中山在
日活动密录（1913.8—1916.4）》，天津，
南开大学出版社一九九〇年一月出版

---

① 　一月二十一日晚，孙文给东京神田区基督教青年会的宋霭龄发电报，电文内容系密码。

致宋霭龄邀明日早上来访电

（英译中）

（一九一四年一月二十六日）

宋霭龄小姐：明日早上来。有你的重要信件。

据日本外务省档案《孙文动静》乙秘第一八一号，载俞辛焞、王振锁编译：《孙中山在日活动密录（1913.8—1916.4）》，天津，南开大学出版社一九九〇年一月出版

复马素告款收并嘱转各埠速汇款应急电

（一九一四年六月二十八日）

二千收。请速续汇应急，若得十万，必可成事。望转各埠力筹，由汇丰汇更便捷。

据《复马素告款收并嘱转各埠速汇款应急电》（录自国民党党史会藏亲笔原件），载秦孝仪主编：《国父全集》第四册，台北，近代中国出版社一九八九年出版

致某君促各埠火速筹款电

（一九一四年七月五日）

时机已熟，若得十万，必可成事。请各埠火速筹汇。文。

据《促各埠速筹款电》（录自国民党党史会藏亲笔原件），载秦孝仪主编：《国父全集》第四册，台北，近代中国出版社一九八九年出版

致安南总督嘱不得引渡被捕革命党员电①

（一九一四年九月下旬）

被捕诸人皆革命党员，系属政治犯，不得引渡。

据梁卫平《革命回忆录》，载罗家伦
主编，黄季陆增订《国父年谱》增订
本上册，台北，一九六九年出版

致菲律宾中国青年会请速汇款电

（日　译　中）

（一九一四年十一月二十三日）

要求从速汇款。孙逸仙。

据日本外务省档案《孙文动静》乙秘第
二三五九号，载俞辛焞、王振锁编译：
《孙中山在日活动密录（1913.8—1916.4）》，
天津，南天大学出版社一九九〇年一月出版

---

①　一九一四年九月二十二日，林直勉、林树巍、梁卫平、薛岳等九人在广州湾被法警逮捕，且将引渡给龙济光。孙文在日闻讯，乃急电越南总督营救。越南总督转电法使，被捕者始转解越南监狱。

致威尔逊总统请阻止摩尔根公司
为袁世凯筹办贷款电

（英译中）

（一九一四年十一月三十日）①

谨请求您为了人道，阻止摩尔根公司为袁世凯筹办贷款。金钱不能恢复中国之和平，仅能维持中国海威塔②之苟延，而使人民多遭其难。袁世凯变共和为专制，人民决心推翻之。广东、广西已开始举事，它省亦将继起。切望美国严守中立。孙逸仙。

据黄比新译：《日本外务省档案中有关孙中山的一批未刊电文》，载广东省孙中山研究会编：《孙中山研究》第二辑，广州，广东人民出版社一九八九年十月出版

致摩尔根公司劝勿为袁世凯筹集贷款电

（英译中）

（一九一四年十一月三十日）

谨严正奉劝你们不要为袁世凯筹集贷款。袁背叛人民，变共和为专制，人民已决心推翻之。广东、广西已开始举事，它省亦将继起。成功之日，我们必将拒

---

① 此电为英文，发自东京。发电时间底本标为八月三十日，当误。据日本外务省档案"孙文动静"乙秘第二四一一号载"十一月三十日，下午四时三十分，向美国纽约摩尔根公司和威尔逊总统各发一电"。据此应是十一月三十日。

② 海威塔（Hverta Victoriano），墨西哥革命者，一九一三至一九一四年任临时总统，后遭流放。（原注）

付一切新举之债。孙逸仙。

据黄比新译:《日本外务省档案中有关孙中山的一批未刊电文》,载广东省孙中山研究会主编:《孙中山研究》第二辑,广州,广东人民出版社一九八九年十月出版

致旧金山《少年中国晨报》令集会抗议美国资助袁世凯电

(英 译 中)

(一九一四年十二月一日)

我已请求威尔逊总统干预,并已劝告摩尔根不要为袁世凯筹办贷款。你们应在各地召开集会,抗议美国以金钱资助中国之海威塔。孙逸仙。

据黄比新译:《日本外务省档案中有关孙中山的一批未刊电文》,载广东省孙中山研究会主编:《孙中山研究》第二辑,广州,广东人民出版社一九八九年十月出版

致马尼拉《公理报》请即汇款电

(英 译 中)

(一九一四年十二月四日)

即汇款来。孙逸仙。

据黄比新译:《日本外务省档案中有关孙中山的一批未刊电文》,载广东省孙中山研究会主编:《孙中山研究》第二辑,广州,广东人民出版社一九八九年十月出版

致河内法国总督请指示广州湾长官公正
对待其他被捕之革命者电

（英 译 中）

（一九一四年十二月五日）

谨再次请求您指示广州湾长官，以应有之公正对待其他被捕之革命者。孙逸仙。

据黄比新译：《日本外务省档案中有关孙中山的一批未刊电文》，载广东省孙中山研究会主编：《孙中山研究》第二辑，广州，广东人民出版社一九八九年十月出版

致霍洛伍平一催速经横滨汇款电①

（英 译 中）

（一九一四年十二月五日）

速经横滨汇款。孙逸仙。

据黄比新译：《日本外务省档案中有关孙中山的一批未刊电文》，载广东省孙中山研究会主编：《孙中山研究》第二辑，广州，广东人民出版社一九八九年十月出版

---

① 伍平一，据 Wapingyat 音译。

致香港横滨硬币银行请将孙眉款
付给永安公司电^①

（英 译 中）

（一九一四年十二月二十四日）

将孙眉款付给永安公司。孙逸仙。

据黄比新译：《日本外务省档案中有关孙中山的一批未刊
电文》，载广东省孙中山研究会主编：《孙中山研究》
第二辑，广州，广东人民出版社一九八九年十月出版

复澳门孙眉告已通知银行电^②

（英 译 中）

（一九一四年十二月二十五日）

已通知银行。孙逸仙。

据黄比新译：《日本外务省档案中有关孙中山的一批未刊
电文》，载广东省孙中山研究会主编：《孙中山研究》
第二辑，广州，广东人民出版社一九八九年十月出版

---

　①　横滨硬币银行，原文为 Yokohama Specie Bank Hongkong。

　②　十二月二十三日孙眉致电孙文，称"除非亲自电告，银行拒绝付款给永安公司"。孙文
乃复电。

复旧金山《少年中国晨报》辟谣电①

（英　译　中）

（一九一四年十二月二十八日）

谣传毫无根据。孙逸仙。

据黄比新译：《日本外务省档案中有关孙中山的一批未刊
电文》，载广东省孙中山研究会主编：《孙中山研究》
第二辑，广州，广东人民出版社一九八九年十月出版

致旧金山戴德律告佛兰芒语电②

（英　译　中）

（一九一四年十二月三十一日）

佛兰芒语。孙逸仙。

据黄比新译：《日本外务省档案中有关孙中山的一批未刊
电文》，载广东省孙中山研究会主编：《孙中山研究》
第二辑，广州，广东人民出版社一九八九年十月出版

---

① 《少年中国晨报》来电说"传闻孙逸仙遇刺身亡。请复"。孙文于是日致电辟谣。

② 戴德律，James Deitrick，美国商人。曾任大西洋—太平洋铁路公司副总经理。一九一二
年与孙文有书信往来。一九一四年孙多次驰书要求帮助。

致某君告汇款澳门孙眉收电

（一九一四年）①

　　接慕韩函②，有人冒名筹款，幸勿被欺，公等有款，请汇澳门孙眉收，乃妥。孙文叩。

据《致某君告款汇澳门孙眉收电》（录自国民党
党史会藏原件），载秦孝仪主编：《国父全集》
第五册，台北，近代中国出版社一九八九年出版

致戴德律嘱勿让黄兴谈判借款电

（英　译　中）

（一九一五年一月二十七日）

　　今后必勿用黄③谈判借款。

据［美］韦慕廷著、杨慎之译：《孙中
山——壮志未酬的爱国者》，广州，中
山大学出版社一九八六年十月出版

---

　　①　原电未署日期。孙眉于一九一三年定居澳门，一九一五年二月十一日于澳门病逝。据此，此电酌定为一九一四年。

　　②　即邓慕韩。

　　③　即黄兴。

致旧金山《少年中国晨报》告款已收到并嘱
将孙眉病逝消息转告孙科电①

（英 译 中）

（一九一五年二月十二日）

四千元收到。告知孙科：伯父于澳门去世。

据黄比新译：《日本外务省档案中有关孙中山的一批未刊
电文》，载广东省孙中山研究会主编：《孙中山研究》
第二辑，广州，广东人民出版社一九八九年十月出版

致某君告款已电汇香港家中电

（一九一五年二月二十二日）

款刻已电汇香港家，一星期内均可准备。

据《致某人告款已汇家中电》（录自国民党党史
会藏原件），载秦孝仪主编：《国父全集》第四
册，台北，近代中国出版社一九八九年出版

---

① 一九一五年二月十一日，澳门电告孙文说，孙眉病逝。是日孙文电告在美国的孙科。
原电文无署名，发报人为头山满。

复宿务叶独醒告来电已悉电①

（英 译 中）

（一九一五年二月二十八日）

已悉。孙文。

据黄比新译：《日本外务省档案中有关孙中山的一批未刊电文》，载广东省孙中山研究会主编：《孙中山研究》第二辑，广州，广东人民出版社一九八九年十月出版

复周应时②告款源阻滞及中日交涉吾党方针不变电

（一九一五年三月十五日）

无延期之议，惟款源忽滞耳，当另力筹。中日交涉，想必无事，但无论如何，吾党方针不变。文。

据《复周应时告筹款及中日交涉吾党方针不变电》（录自国民党党史会藏亲笔原件），载秦孝仪主编：《国父全集》第四册，台北，近代中国出版社一九八九年出版

复钮永建等告非去袁决不能保卫国权电③

（一九一五年三月）

袁世凯蓄意媚日卖国，非除去之，决不能保卫国权。吾党继续实行革命，即

---

① 一九一五年二月二十七日叶独醒电告孙文说："交 Leekeзy 款已收到，请复。"叶系菲律宾华侨，时任中华革命党宿务支部支部长。

② 一九一四年七月协助孙文组织中华革命党，任军事部副部长兼大森浩然庐军事学社教育。十一月奉孙命回上海，参与"肇和"舰之役与山东中华革命党讨袁之役。

③ 钮永建、马素、邓孟硕、钟荣光、谢英伯及林森联名致电孙文，请示对日意见，可否暂停国内革命运动，实行举国一致御侮，免为国人借口等语。孙旋即复电。

如清季之以革命止瓜分。

据《林故主席与美洲国民党》,载冯自由:《革命逸史》第三集,重庆,商务印书馆一九四五年九月初版

致巴达维亚胡独波告速办电①

（英译中）

（一九一五年五月二日）

是。速办。孙文。

据黄比新译:《日本外务省档案中有关孙中山的一批未刊电文》,载广东省孙中山研究会主编:《孙中山研究》第二辑,广州,广东人民出版社一九八九年十月出版

致法国外交部长德尔卡塞请制止引渡梁钟汉
给袁世凯政府电

（英译中）

（一九一五年六月十七日）

贵国驻北京公使已同意将共和政体拥护者梁钟汉②自上海法租界引渡给袁世凯政府。为了正义,我恳求您干预制止。孙逸仙。

据张振鹍辑译:《孙中山对外关系中的几件史料》(译自法国外交部档案,NS206卷,15页),载北京《历史研究》一九八一年第四期

---

① 巴达维亚,今雅加达。胡独波,据 Hootokpoh 音译。

② 时奉孙文命任湖北第三路国民军司令,返国抵沪滨,即被捕入西狱。后法驻上海总领事未将梁引渡。袁死后,梁由唐绍仪、黄兴交涉出狱。

致法国驻上海总领事请延缓引渡梁钟汉电

（英 译 中）

（一九一五年六月十七日）

请延缓引渡梁钟汉，我正恳求德尔卡塞部长进行干预。

据张振鹍辑译：《孙中山对外关系中的几件史料》（译自法国外交部档案，NS206卷，58页），载北京《历史研究》一九八一年第四期

致旧金山国民党支部预祝美洲国民党恳亲大会电

（一九一五年七月八日）

亲仁善群，树德务滋，百尔君子，念兹在兹。

据邓家彦编：《中国国民党恳亲大会始末记》，美国旧金山，一九一五年十二月出版

致法国总统等请授权其领事勿将被捕的
反袁志士引渡给袁世凯政府电

（英 译 中）①

（一九一五年十二月十九日）

许多中国爱国者于举行反对帝制之武装抗议②后在上海法租界寻求避难时被

---

① 该电授电人还有法国总理、外交部长。

② 指一九一五年十二月五日上海"肇和"军舰起义，炮轰上海制造局，进而分兵进攻警察署等事。

捕。我以正义和人道的名义，恳请您们授权贵国领事，不将他们引渡给袁世凯政府。

张振鹍辑译：《孙中山对外关系中的几件史料》

（译自法国外交部档案，NS206卷，199页）

载北京《历史研究》一九八一年第四期

致朱执信询是否需款电

（一九一五年十二月二十五日）

秋谷①鉴：何敬甫之款，决定在君，如君需款，余等亦能寄多数之款项。

据《致朱执信询是否需款电》（录自国民党党史会藏《总理亲笔录存电稿》），载秦孝仪主编：《国父全集》第四册，台北，近代中国出版社一九八九年出版

致林森请速筹汇讨袁款项电

（一九一五年十二月二十五日）

沪电五省合抗袁事，确得真信。滇黔长官电袁云："民意反对，请罢帝制，杀杨、孙②。"一面派兵川湘边界，约三星期内声讨。鄂有款即发。南北各需甚急。沪虽增兵一旅，尚易着手，有五万即能十分成功云，请勉筹速汇。事机至此，赴美非要着。文有友驻美京办交涉，勿虑。一万元收。

据《为讨袁筹款致林森电》（录自国民党党史会藏《总理亲笔录存电稿》），载秦孝仪主编：《国父全集》第四册，台北，近代中国出版社一九八九年出版

---

① 朱执信的化名。

② 即杨度、孙毓筠。

致马尼拉薛汉英请速筹汇讨袁款项电①

（一九一五年十二月二十五日）

沪电五省合抗袁事，确得真信。滇黔长官电袁云："民意反对，请罢帝制，杀杨、孙。"一面派兵川湘边界，约三星期内声讨。鄂有款即发。南北各需甚急。沪虽增兵一旅，尚易着手，有五万即能十分成功云，请勉筹速汇，由东转文。

据《为讨袁筹款致马里喇薛汉英电》（录自国民党党史会藏《总理亲笔录存电稿》），载秦孝仪主编：《国父全集》第四册，台北，近代中国出版社一九八九年出版

致旧金山革命党人告各省讨袁近况电

（一九一五年十二月二十六日）

云、贵确布独立。苏、赣、沪、鄂皆备即发。文。

据《致三藩市同志告各省讨袁近况电》（录自国民党党史会藏《总理亲笔录存电稿》），载秦孝仪主编：《国父全集》第四册，台北，近代中国出版社一九八九年出版

致上海革命党人嘱即汇款电

（一九一五年十二月二十七日）

即由汇丰电田中壹万五千元。鄂屡告急请款，如确可动，请照给三千元。确否宜察，勿轻与。

据《致上海嘱即汇款电》（录自国民党党史会藏《总理亲笔录存电稿》，载秦孝仪主编：《国父全集》第四册，台北，近代中国出版社一九八九年出版

---

① 薛汉英时任中华革命党菲律宾筹饷委员。

致上海革命党人嘱审慎发动电

（一九一五年十二月二十八日）

此间确息，唐、蔡①已动，滇款毋庸给。既有首难，则袁之信用已破。此后吾党当力图万全而后动，务期一动即握重要之势力。孙文。俭。

据《致上海嘱慎发动电》（录自国民党党史会藏《总理亲笔录存电稿》），载秦孝仪主编：《国父全集》第四册，台北，近代中国出版社一九八九年出版

致胡汉民促速汇款并组织总支部电②

（一九一五年十二月二十九日）

苏、沪、赣、鄂发旦夕。执③昨电请万元，已勉凑汇。刻需款急，请催汇。总支部趁兄在，速组织。文。

据《致马里喇胡汉民促速汇款并组织总支部电》（录自国民党党史会藏《总理亲笔录存电稿》），载秦孝仪主编：《国父全集》第四册，台北，近代中国出版社一九八九年出版

致火奴鲁鲁革命党人请筹款应急电

（一九一五年十二月二十九日）

沪、粤需款急，请力筹应，须待沪得乃回。

据《致火奴鲁鲁盼筹款电》（录自国民党党史会藏《总理亲笔录存电稿》），载秦孝仪主编：《国父全集》第四册，台北，近代中国出版社一九八九年出版

---

① 即唐继尧、蔡锷。

② 胡汉民于九月底奉派赴南洋等地筹措讨袁军饷，时在马尼拉。

③ 指朱执信。时朱执信在香港与邓铿策划革命军起义讨袁。二十八日朱来电请款。

致香港 Yokashi 告商业事可与朱执信酌商电

（英 译 中）

（一九一五年十二月二十九日）

香港 Yokashi 君：关于商业事，可与秋谷①商酌。

> 据《致香港 Yokashi 关于商业事可与朱执信商酌
> 电》（译文）（录自国民党党史会藏《总理亲笔
> 录存电稿》），载秦孝仪主编：《国父全集》第
> 四册，台北，近代中国出版社一九八九年出版

致朱执信允 Yokashi 向汇丰银行支取一万元电

（英 译 中）

（一九一五年十二月三十日）

香港秋谷君：如 Yokashi 因商业需要，可许其向汇丰银行支取一万元。

> 据《致朱执信许 Yoakshi 向汇丰银行支取一万元
> 电》（译文）（录自国民党党史会藏《总理亲笔
> 录存电稿》），载秦孝仪主编：《国父全集》第
> 四册，台北，近代中国出版社一九八九年出版

致上海革命党人询赣苏事并着鲁首要
即来东面商电

（一九一五年十二月三十日）

赣久未发，究如何？刘世均入党，于赣稍有力，能统一否？鲁首要数人即来

---

① 朱执信的化名，据 Chowkok Boyama 译出。

东，面商后再赴青岛。苏事如何？

据《致上海询赣苏事并告鲁首要即来东面商电》（录自国民党党史会藏《总理亲笔录存电稿》），载秦孝仪主编：《国父全集》第四册，台北，近代中国出版社一九八九年出版

致上海革命党人指示讨袁方略电

（一九一六年一月一日）

山田①"三岛丸"来，三井款不能速，因政府近有佳意，各皆欲待其方针决定而后行。九日约，亦以此滞，然希望佳。现请竭力联陆军。海军当行王统②之策。粤将发，鄂、赣着速动，沪当图万全。鲁交涉妥，彼等不来，可速回去。周、吴③电请万元济苏用，刻难应之。请电新疆动。

据《致上海指示机宜电》（录自国民党党史会藏《总理亲笔录存电稿》），载秦孝仪主编：《国父全集》第四册，台北，近代中国出版社一九八九年出版

复旧金山革命党人请速汇款电

（一九一六年一月二日）

回期尚未定。需款急，速汇。

据《复三藩市速汇款电》（录自国民党党史会藏《总理亲笔录存电稿》），载秦孝仪主编：《国父全集》第四册，台北，近代中国出版社一九八九年出版

---

① 指日本人山田纯三朗。山田良政之弟，南京临时政府成立后协助孙文向日本三井等财阀联系借款。曾任中华革命党上海机关报《民国日报》社长。

② 又名王统一，原海军参谋、南军海军大尉。二次革命后加入中华革命党。时奉孙文命策动海军讨袁。

③ 即周应时、吴藻华，时分任中华革命党江苏司令长官及江苏支部长。

复陈其美告用密码电

（一九一六年一月三日）

即前同山田所用之密300①。

据《复上海陈其美告用密码电》（录自国民党党史会
藏《总理亲笔录存电稿》），载秦孝仪主编：《国父全
集》第四册，台北，近代中国出版社一九八九年出版

复薛汉英告尚缺款电

（一九一六年一月四日）

万元妥收。南北各省皆图发动，款尚缺。

据《复薛汉英尚缺款电》（录自国民党党史会藏《总
理亲笔录存电稿》），载秦孝仪主编：《国父全集》
第四册，台北，近代中国出版社一九八九年出版

致上海革命党人指示汇款电

（一九一六年一月八日）

即由台湾银行电田中日金一万圆。款尽汇沪，陕款下次汇还，请转朗西②。
文。庚。

据《致上海指示汇款电》（录自国民党党史会编《总
理亲笔录存电稿》），载秦孝仪主编：《国父全集》
第四册，台北，近代中国出版社一九八九年出版

---

① 指密电码。
② 即徐朗西。

致马尼拉革命党人指示统一拨款电

（一九一六年一月八日）

闽请款为谁？当由此酌拨，不可由岷直拨，方能统一。

据《致马里喇指示拨款电》（录自国民党党史会藏《总理亲笔录存电稿》），载秦孝仪主编:《国父全集》第四册,台北,近代中国出版社一九八九年出版

复上海革命党人询苏鄂情形并告日本派青木来沪电

（一九一六年一月九日）

丁密恐不密，改用仓伯码一三。邓①到，函悉。苏又失约。鄂前云有三千即动，昨电再要万元，令人难信，究如何？实复。日府派青木中将②来沪调查，而后定方针，宜秘密间接图利之。

据《复上海告苏鄂情报与日人青木行踪电》（录自国民党党史会藏《总理亲笔录存电稿》），载秦孝仪主编:《国父全集》第四册,台北,近代中国出版社一九八九年出版

复马尼拉革命党人请由万国银行汇款至横滨电

（一九一六年一月十一日）

电悉。款由万国银行电汇横滨孙文收。

据《复马里喇汇款电》（录自国民党党史会藏《总理亲笔录存电稿》），载秦孝仪主编:《国父全集》第四册,台北,近代中国出版社一九八九年出版

---

① 即邓铿。

② 即青木宣纯，曾任日本驻华武官。一九一五年年底奉参谋本部命赴上海与中国各派反袁势力密切来往。

致上海革命党人指示汇款朱执信电

（一九一六年一月十三日）

粤人款请速买正金票，用 Bearer 票，不可指人名，因港严制吾党款，前电已不妥。票买后专遣妥密可信人速带港，交干诺道十九号公慎隆陈耀平转执信。孙文。元。

> 据《致上海指示汇款朱执信电》（录自国民党党史会藏《总理亲笔录存电稿》），载秦孝仪主编：《国父全集》第四册，台北，近代中国出版社一九八九年出版

致上海革命党人望详读近日去函电①

（一九一六年二月二日刊载）

我挚爱之同胞及建造共和之同志鉴：顷者邮奉一函，此仆以血诚书之者，望诸君三覆而审读之，且望将此函与同志诸同胞共读之。此函计一星期内可递到，届时请答仆一电。设有延误，仆当再寄一函。

> 据《孙中山致上海党人电》，载一九一六年二月二日上海《民国日报》第三版

---

① 此电上海《民国日报》据"《大陆报》载上海党人接孙中山来电"转录。现标时间系上海《民国日报》刊登日期。

致河内法国总督请公正对待
被捕的陆志云和赖达电

（英译中）

（一九一六年三月三日）

谨请求您公正对待在广州湾被捕之革命者陆志云及赖达①。孙逸仙。

> 据黄比新译:《日本外务省档案中有关孙中山的一批未刊电文》,载广东省孙中山研究会主编:《孙中山研究》第二辑,广州,广东人民出版社一九八九年十月出版

致约翰内斯堡赖经②告款已收到电

（英译中）

（一九一六年三月三日）

七千三百四十一元已收到。孙文。

> 据黄比新译:《日本外务省档案中有关孙中山的一批未刊电文》,载广东省孙中山研究会主编:《孙中山研究》第二辑,广州,广东人民出版社一九八九年十月出版

---

① 据 Lukchiwan 及 Laidat 音译。陆、赖均系同盟会会员。时奉孙文命在信宜、广州湾等地从事反袁驱龙运动。

② 据 Laikiog 音译。

致东北军革命党人告吴大洲不愿赴大连电

（一九一六年三月十日）

沪复电，吴①奔津，留□沪，不愿趋连②。文。蒸。

> 据《为吴君不愿趋连电》（录自国民党党史会藏《东北军卷来电底稿》），载秦孝仪主编：《国父全集》第四册，台北，近代中国出版社一九八九年出版

复居正嘱款到可照办电

（一九一六年三月十二日对方收到）

电悉。款如得手，可照办。文。

> 据"特载"《致东北军居正函电》（一），载南京《中央党务月刊》一九二九年三月第八期

复上海革命党人允汇二十万元为江浙
及第二舰队用电

（一九一六年三月十二日）

电悉。一二日当如数电二十万，为江、浙及第二舰队用，请速着手。

> 据《复上海允汇二十万为江浙及第二舰队用电》（录自国民党党史会藏《总理亲笔录存电稿》），载秦孝仪主编：《国父全集》第四册，台北，近代中国出版社一九八九年出版

---

① 即吴大洲，时任中华革命军山东司令长官，但心怀异志，欲另立旗号，擅离鲁赴天津、旋转沪。

② 指大连。

复上海革命党人指示沪鄂活动机宜电

（一九一六年三月十三日）

五日函悉。款先得五十万，余俟王统海军获后乃可得。沪事当俟王统动后方可发，王极有把握，当不落空。鄂事由田①试办，如得手，则委之也。文。

据《复上海指示沪鄂活动机宜电》（录自国民党党史会藏《总理亲笔录存电稿》），载秦孝仪主编：《国父全集》第四册，台北，近代中国出版社一九八九年出版

致陈其美告由三井银行汇款电

（一九一六年三月十六日）

今日由三井银行汇兄收廿一万元，以万元给梓琴②。务谋万全。

据《致上海告由三井银行汇款电》（录自国民党党史会藏《总理亲笔录存电稿》），载秦孝仪主编：《国父全集》第四册，台北，近代中国出版社一九八九年出版

致上海革命党人告由正金银行汇款陈其美电

（一九一六年三月十六日）

今日由正金电汇陈其美收日金廿一万元，请拨梓琴沪洋万元。诸事望慎而图之，务期万全效果。文。铣。

据《致上海告由正金银行汇款陈其美电》（录自国民党党史会藏《总理亲笔录存电稿》），载秦孝仪主编：《国父全集》第四册，台北，近代中国出版社一九八九年出版

---

① 即田桐，时任中华革命军湖北总司令。

② 田桐，字梓琴。

致《公理报》《民号报》告我军占领
广东沿海各地电①

（一九一六年三月十七日）

《公理报》、《民号报》鉴：我军占领广东沿海各地。孙中山。

据黄比新译：《日本外务省档案中有关孙中山的一批未刊电文》，载广东省孙中山研究会主编：《孙中山研究》第二辑，广州，广东人民出版社一九八九年十月出版

致伦敦龙君②告取道加拿大来电

（英 译 中）

（一九一六年三月十七日）

取道加拿大来。孙文。

据黄比新译：《日本外务省档案中有关孙中山的一批未刊电文》，载广东省孙中山研究会主编：《孙中山研究》第二辑，广州，广东人民出版社一九八九年十月出版

---

① 原件为中文。
② 据 Loong 音译。

致新加坡陈达文①告王佛隆很平安电

（英译中）

（一九一六年三月十七日）

王佛隆很平安。孙文。

据黄比新译：《日本外务省档案中有关孙中山的一批未刊电文》，载广东省孙中山研究会主编：《孙中山研究》第二辑，广州，广东人民出版社一九八九年十月出版

致居正询枪款事及谋天津门径电

（一九一六年三月十九日对方收到）

萱兄②嘱购壳子枪，是否急需？荻野款何无消息？速复。念日由正金电五千，请收。谋天津有门径否？复。文。

据"特载"《致东北军居正函电》（三），载南京《中央党务月刊》一九二九年三月第八期

复陈其美指示奉苏司令长官人选及拨款覃振电

（一九一六年三月十九日）

即委夏③奉天司令长官。江苏司令如何？无党员可任，请兄兼之。覃振④请

---

① 据 Chantatman 音译。
② 即萱野长知。
③ 即夏之时，辛亥革命后任蜀军政府副都督。
④ 覃振时任中华革命党湖南支部长。

款，可由湘款内拨洋二千为要。十二来函悉，对哲谋①不约而同。

据《致上海陈其美指示奉苏负责人及拨款覃振电》（录自国民党党史会藏《总理亲笔录存电稿》），载秦孝仪主编：《国父全集》第四册，台北，近代中国出版社一九八九年出版

致居正告田中借款未成并询陕事电

（一九一六年三月二十日对方收到）

萱兄函快〔悉〕。宫崎铳价全额，须□度交足。田中借款未成，尊处能筹二万，请速汇东，残额此间筹付。陕西事望觉兄速详报，调后始定。

据"特载"《致东北军居正函电》（四），载南京《中央党务月刊》一九二九年三月第八期

复上海革命党人指示拨款及闽事电

（一九一六年三月二十日）

不必给款少贞②，若有余，当多助仲元③较有益。下电转展云④：闽事已委汝为⑤司令长，所有外洋汇闽用款，委由汝为指拨，以归统一而利进行。切勿贻误。孙文。

据《复上海指示拨款及闽事电》（录自国民党党会藏《总理亲笔录存电稿》），载秦孝仪主编：《国父全集》第四册，台北，近代中国出版社一九八九年出版

---

① 周应时，号哲谋。
② 即明少贞。
③ 邓铿，字仲元。
④ 即黄展云，中华革命党福建支部长。
⑤ 许崇智，字汝为。

致马尼拉革命党人告闽事由许崇智专办电

（一九一六年三月二十日）

闽事已委许崇智专办，款应归许支配，以便统一。嗣后闽军饷，请汇东转许，勿汇他人。祈转告怡朗①。文。苟。

据《致马里喇告闽事由许崇智专办电》
（录自国民党党史会藏《总理亲笔录存电稿》），载秦孝仪主编：《国父全集》第四册，台北，近代中国出版社一九八九年出版

致旧金山《少年中国晨报》嘱购飞机并着
能飞行之同志及林森等回来电

（一九一六年三月二十一日）

同志公鉴：请将存款尽买百马力以上适军用之飞机十数台，速付来。并着能飞之同志及林森、邓家彦②等回来。孙文。

据《致三藩市少年中国报嘱购飞机电》
（录自国民党党史会藏《总理亲笔录存电稿》），载秦孝仪主编：《国父全集》第四册，台北，近代中国出版社一九八九年出版

---

① 菲律宾地名。
② 林森时任中华革命美洲总支部支部长。邓家彦时在哥伦比亚大学研究政治经济学。

致居正告巳电汇五千元及铳巳交易电

（一九一六年三月二十三日对方收到）

二十由正金电五千，收否？铳巳交易，速运送。定船后再电告接洽。

据"特载"《致东北军居正函电》（五），载南
京《中央党务月刊》一九二九年三月第八期

复上海革命党人告汇款谋沪电

（一九一六年三月二十三日）

电悉。时机至此，可速发制人，不必待王①也。兹电二万款，当专用于沪，切勿再行分散。沪能得手，则万事皆就，望奋励图之。尚需款否？

据《复上海告汇款谋沪电》（录自国民
党党史会藏《总理亲笔录存电稿》），
载秦孝仪主编：《国父全集》第四册，
台北，近代中国出版社一九八九年出版

致上海革命党人指示汇款及除龙事电

（一九一六年三月二十三日）

二万由台湾行电山田收。此较不能通粤电，除龙②事由兄电仲元可也。孙文。梗。

据《致上海指示汇款及除龙事电》（录自国民党党史会
藏《总理亲笔录存电稿》），载秦孝仪主编：《国父全
集》第四册，台北，近代中国出版社一九八九年出版

---

①　指王统一。
②　指龙济光。

复马尼拉革命党人告筹款购机及处置谭根办法电

（一九一六年三月二十三日）

电悉。飞机除尊处及内埠出款外，此间出款六千。应使谭①将款交还吾党，否则飞机仍吾党物，谭不能携去。谭既叛党，应以对待叛党者之法待之。请告忠诚。

据《复马里喇告筹款购机交涉电》（录自国民党党史会藏《总理亲笔录存电稿》），载秦孝仪主编：《国父全集》第四册，台北，近代中国出版社一九八九年出版

复汉口革命党人望竭力进行电

（一九一六年三月二十四日）

苟〔哿〕电悉。望即以得之英士之款竭力进行可也。文。迥。

据《复汉口竭力进行电》（录自国民党党史会藏《总理亲笔录存电稿》），载秦孝仪主编：《国父全集》第四册，台北，近代中国出版社一九八九年出版

致马尼拉革命党人指示追付谭根款电

（一九一六年三月二十四日）

谭根款未写收条，恐于法律无效，不必拘控。只以常理追讨，观其如何回答，另行设法对待。

据《致马里喇指示追讨谭根款电》（录自国民党党史会藏《总理亲笔录存电稿》），载秦孝仪主编：《国父全集》第四册，台北，近代中国出版社一九八九年出版

---

① 指谭根，飞行技师，曾被委为中华革命军航空队司令长官。

复陈其美指示沪先动并告切勿接洽一三舰队电

（一九一六年三月二十五日）

电悉。前因沪欲急动，海军已另谋全策。今沪虽先动，亦无防〔妨〕也。王①不必来商，各可相机而动。惟一三舰队，兄处切勿接洽为要。文。有。

据《复陈其美指示沪先动无妨电》（录自国民党党史会藏《总理亲笔录存电稿》），载秦孝仪主编：《国父全集》第四册，台北，近代中国出版社一九八九年出版

复旧金山《少年中国晨报》商购飞机电

（一九一六年三月二十五日）

电悉。机价太贵，可否改买百六马力之加的士机？价约美金万元，因机以多为妙。债券等已托"日本丸"带。

据《复三藩市少年中国报商购机电》（录自国民党党史会藏《总理亲笔录存电稿》），载秦孝仪主编：《国父全集》第四册，台北，近代中国出版社一九八九年出版

致马尼拉革命党人告逼谭根偿款阻止归粤助敌电

（一九一六年三月二十六日）

谭反复难靠，应逼偿款，阻止归粤助敌。

据《致马里喇逼谭根偿款电》（录自国民党党史会藏《总理亲笔录存电稿》），载秦孝仪主编：《国父全集》第四册，台北，近代中国出版社一九八九年出版

---

①　即王统一。

致上海革命党人指示沪事应发于袁退位之前电

（一九一六年三月二十六日）

京信：莫利逊①策袁暂退，使黎②代，俟欧战终，乃借英力复出。故沪事当发于袁退之前乃可。文。

据《致上海指示沪应发于袁退前电》（录自国民党党史会藏《总理亲笔录存电稿》），载秦孝仪主编：《国父全集》第四册，台北，近代中国出版社一九八九年出版

致马尼拉革命党人请筹款济闽电

（一九一六年三月二十七日）

许③电称闽尚需款，请筹汇东转沪。并请转告怡朗。文。

据《致马里喇盼筹款济闽电》（录自国民党党史会藏《总理亲笔录存电稿》），载秦孝仪主编：《国父全集》第四册，台北，近代中国出版社一九八九年出版

复马尼拉革命党人告沪电乃许崇智所发电

（一九一六年三月二十七日）

沪电乃崇智所发，勿疑。文。

据《复马里喇告沪电乃许崇智所发电》（录自国民党党史会藏《总理亲笔录存电稿》），载秦孝仪主编：《国父全集》第四册，台北，近代中国出版社一九八九年出版

---

① 英国人，袁世凯的政治顾问。
② 即黎元洪。
③ 即许崇智。

致上海革命党人告王统即来沪会商并询
第二舰队运动情况电

（一九一六年三月二十八日）

王统日内当来沪会商。第二舰队运动至如何程度？速复。孙文。俭。

据《讨袁之役致上海询问第二舰队运动情况电》（录自国民党党史会藏《总理亲笔录存电稿》），载秦孝仪主编：《国父全集》第四册，台北，近代中国出版社一九八九年出版

致上海革命党人务注全力于沪电

（一九一六年三月二十八日）

款难分拨，此时务注全力于沪，以求万全。沪得后则款械自易。文。

据《致上海务注全力于沪电》（录自国民党党史会藏《总理亲笔录存电稿》），载秦孝仪主编：《国父全集》第四册，台北，近代中国出版社一九八九年出版

复居正嘱速派人联络五师并询开办费电

（一九一六年三月二十九日对方收到）

五师①果有自动之意，宜速派人与联络，如彼能纯归本党范围，可许以事后赏主动者百万，及全师加双饷至终身。如有谐，当亲来指挥。如何速复，备为营款械地步。荷物定妥，再开始费需多少？

据"特载"《致东北军居正函电》（七），载南京《中央党务月刊》一九二九年三月第八期

---

① 指北洋第五师，驻山东，师长张树元。

致上海革命党人询田桐领款确数电

（一九一六年三月二十九日）

田桐赴鄂后，沪给款共若干？彼来电云只领沪款三千。确否？文。艳。

据《致上海询田桐领款确数电》（录自国民党党史会藏《总理亲笔录存电稿》），载秦孝仪主编：《国父全集》第四册，台北，近代中国出版社一九八九年出版

复居正告可速筹款并询帝制取消后军队有无退志电

（一九一六年三月三十日对方收到）

五万当力筹，可速着手。并详查帝制取消后，军队有无退志？即复。

据"特载"《致东北军居正函电》（八），载南京《中央党务月刊》一九二九年三月第八期

复上海革命党人商沪事并询 潮州军队是否邓铿发动电

（一九一六年三月三十日）

电悉。款即设法，成否未知。军队以袁退而反观望，殊出意外，恐终难靠。无已，则俟王统得手，沪乃进行。万已到，款无可拨，怡朗允筹数万办闽事，得即尽汇。陈民钟①过沪宜善接洽，请转汝为。再潮州军队动，是否仲元经手？能电询否？文。

据《复上海商沪事并询潮州是否邓铿发动电》（录自国民党党史会藏《总理亲笔录存电稿》），载秦孝仪主编：《国父全集》第四册，台北，近代中国出版社一九八九年出版

---

① 陈民钟时任中华革命党怡朗支部长。

致槟榔屿吴世荣等盼尽力筹款电

（一九一六年三月三十日）

转吴世荣、黄金庆、徐瑞林鉴：闻兄等尽力向闽帮筹款，能多得济大局，幸甚。极盼好音。文。

据《致庇能吴世荣等筹款电》（录自国民党党史会藏《总理亲笔录存电稿》），载秦孝仪主编:《国父全集》第四册,台北,近代中国出版社一九八九年出版

致上海革命党人嘱详察前已联络之反正袁军电

（一九一六年三月三十一日）

北方来电，帝制取消，军心益振，而沪反因〈之〉观〈望〉，恐前联络之人皆多不实，故托此为辞，欲再得款耳。望兄详察，勿受其欺。幸甚。孙文。

据《致上海嘱详察在沪活动情况电》（录自国民党党史会藏《总理亲笔录存电稿》），载秦孝仪主编:《国父全集》第四册,台北,近代中国出版社一九八九年出版

致上海革命党人告洪兆麟行程并请电商邓铿电

（一九一六年三月三十一日）

仲元电促洪兆麟回，但洪难在港登陆。如需洪往潮，则往台湾转赴汕较妥。请电商仲元。

据《致上海告以洪兆麟行踪转邓铿电》（录自国民党党史会藏原稿），载秦孝仪主编:《国父全集》第四册,台北,近代中国出版社一九八九年出版

致居正告不用印票及济南得后能借现款电①

（一九一六年四月一日对方收到）

廖②电悉。前印票后〔印〕刷不精，恐滋弊，决不用。济南得后，百万现款必能借到。孙文。

据"特载"《致东北军居正函电》（十），载
南京《中央党务月刊》一九二九年三月第八期

致上海革命党人告汇款收转许崇智电

（一九一六年四月一日）

由台湾行电山田六千金，请收交汝为。

据《致上海告汇款收转许崇智电》（录自
国民党党史会藏《总理亲笔录存电稿》），
载秦孝仪主编：《国父全集》第四册，台
北，近代中国出版社一九八九年出版

致马尼拉革命党人告款即转汇许崇智电

（一九一六年四月一日）

四千元已收，即转汇许③。文。

据《致马里喇告款汇许崇智电》（录自国
民党党史会藏《总理亲笔录存电稿》），
载秦孝仪主编：《国父全集》第四册，台
北，近代中国出版社一九八九年出版

---

① 《中央党务月刊》第八期原编者按："电中疑有误。"

② 即廖仲恺。

③ 即许崇智。

致上海革命党人促速行动并告山东月内当动电

（一九一六年四月四日）

能动即动，若彼等政府成立，吾党外交更失地位。王统昨晚离京，其事廿前后可发。山东消息甚佳，月内当动。孙文。支。

据《致上海告山东月内当动电》（录自国民党党史会藏《总理亲笔录存电稿》），载秦孝仪主编：《国父全集》第四册，台北，近代中国出版社一九八九年出版

致汕头革命党人嘱详报军情并告洪兆麟行期电

（一九一六年四月四日）

英士报兄已入汕，近情如何？望详报，以备谋械接济。电由日本领事转便可。湘臣①明日发，经台湾来汕。文。

据《致汕头询军情并告洪兆麟行期电》（录自国民党党史会藏《总理亲笔录存电稿》），载秦孝仪主编：《国父全集》第四册，台北，近代中国出版社一九八九年出版

致居正告汇款运械事电

（一九一六年四月四日）

即由正金电萱野②转五万金，收复。荷物由仓地以寄青岛军政官名义，届出

---

① 洪兆麟，字湘臣。
② 即日人萱野长知，时任中华革命军东北军顾问，在山东助居正策动反袁。

神奈川县警部认可始能运，恐八日船尚难办到。藤田①子弹速追取，以填前拨款。

据《致居正告汇款运械事电》（录自国民党党史会藏《总理亲笔录存电稿》），载秦孝仪主编：《国父全集》第四册，台北，近代中国出版社一九八九年出版

致上海革命党人望相机而动并着粤详报汕事电

（一九一六年四月五日）

报传驻沪北军调往粤，此军是否同志？如系同志，沪当速发，勿使沪失此力。如非同志，则当调离后乃发。总望相机而动，切勿错过。并望着粤详报汕②事，以备筹援。文。

据《致上海指示相机而动并望详报汕事电》（录自国民党党史会藏《总理亲笔录存电稿》），载秦孝仪主编：《国父全集》第四册，台北，近代中国出版社一九八九年出版

复汕头革命党人望毅力支持并询接械地点电

（一九一六年四月五日）

电悉。事已至此，务望翼群③等毅力支持，以待他方发展。湘臣今日起程由台湾来汕。此间力谋械，如得手，有何地点可接？速复。孙文。

据《复汕头务毅力支持并询接械地点电》（录自国民党党史会藏《总理亲笔录存电稿》），载秦孝仪主编：《国父全集》第四册，台北，近代中国出版社一九八九年出版

---

① 即日人藤田礼造，时在大连。
② 即广东汕头。
③ 即罗翼群，时任中华革命军东江总司令部参谋长。

致居正并转吴大洲告空白委状当寄交居正
并嘱有事当商之居正电

（一九一六年四月五日）

大洲电："取空白委状，俟冈津带。"大洲有事宜商兄，用密电。下电译转大洲：电悉。空白委状当寄居交。以后有事当商之居兄，由彼用密电转。孙文。

据《致吴大洲有事与居正商转电》（录自国民党党史会藏《总理亲笔录存电稿》），载秦孝仪主编:《国父全集》第四册，台北，近代中国出版社一九八九年出版

致居正嘱山东事宜慎重电

（一九一六年四月七日对方收到）

荷物已托谋部外省设法，"西京丸"不及寄。南方消息大佳。山东事宜慎重，必待械到乃发。文。

据"特载"《致东北军居正函电》（十三），载南京《中央党务月刊》一九二九年三月第八期

复上海革命党人允筹款并着委王统海军总司令职电

（一九一六年四月七日）

终日奔走，夜半回寓，始接急电。明晨当竭力筹之，然骤恐难得十万。若沪得后，可立致百万。着即委统①总司令。孙文。阳。

据《致上海允筹款并着要王统总司令电》（录自国民党党史会藏《总理亲笔录存电稿》），载秦孝仪主编:《国父全集》第四册，台北，近代中国出版社一九八九年出版

---

① 即王统。

致汕头革命党人询接械地点并告洪兆麟行踪电

（一九一六年四月七日）

现得三十年式枪五千，可运到惠、潮沿海一带，兄能率众到何地点相接？复。湘臣六号起程，由台湾来汕。

据《致汕头询接械地点并告洪兆麟行踪电》（录自国民党党史会藏《总理亲笔录存电稿》），载秦孝仪主编：《国父全集》第四册，台北，近代中国出版社一九八九年出版

致汉口革命党人告由正金银行汇万金电

（一九一六年四月七日）

即由正金电一万金，请用 Teuto 名问收。

据《致汉口告由正金银行汇万金电》（录自国民党党史会藏《总理亲笔录存电稿》），载秦孝仪主编：《国父全集》第四册，台北，近代中国出版社一九八九年出版

致居正告运械日期电

（一九一六年四月八日对方收到）

已定□租船运来，大约十四日可到。文。齐。

据"特载"《致东北军居正函电》（十四），载南京《中央党务月刊》一九二九年三月第八期

致上海革命党人告巳电汇十一万元
及闻捷率同志齐来电

（一九一六年四月八日）

今日两次共电十一万。切望捷音，行当率同志齐来。

据《致上海告电汇十一万闻捷齐来电》（录自国民党党史
会藏《总理亲笔录存电稿》），载秦孝仪主编：《国父全
集》第四册，台北，近代中国出版社一九八九年出版

致上海革命党人嘱拨款覃振电

（一九一六年四月九日）

昨款多汇万元，适覃振催款急，如有余，请拨给数千。

据《致上海嘱拨款覃振电》（录自国民党党史会藏《总
理亲笔录存电稿》），载秦孝仪主编：《国父全集》第
四册，台北，近代中国出版社一九八九年出版

致旧金山《少年中国晨报》商购飞机
并请资遣军事人才效力电

（一九一六年四月九日）

飞机寄时用 Osaki Ukitern 名义，并电告船名。如有款，请多购百五以上马力发
动机寄东，装机体较廉。美、加同志曾习军操决心效力者，请资遣先来东。文。佳。

据《致三藩市少年中国报商购飞机并盼资遣军事
人才效力电》（录自国民党党史会藏《总理亲笔
录电稿》），载秦孝仪主编：《国父全集》第四
册，台北，近代中国出版社一九八九年出版

致陈其美嘱与一三舰队接洽电

（一九一六年四月十一日）

付兄全权与一三舰队接洽，见机行事，毋待王统。文。

据《致上海陈其美与一三舰队接洽电》（录自国民党党史会藏《总理亲笔录存电稿》），载秦孝仪主编：《国父全集》第四册，台北，近代中国出版社一九八九年出版，

致上海革命党人请拨还徐朗西款
并转发周应时电

（一九一六年四月十三日）

徐朗西款三千如未送，请即拨还。下哲谋电，请译转藻华：涛电悉。苏事迫时，归恐不及。扬、镇、苏、常、清既可恃，请即商高公①临机处置。周应时。元。

据《致上海请拨还徐朗西款并转周应时电》（录自国民党党史会藏《总理亲笔录存电稿》），载秦孝仪主编：《国父全集》第四册，台北，近代中国出版社一九八九年出版

致上海革命党人告胡毅生行踪并
嘱未发现事毋电他处电

（一九一六年四月十三日）

胡毅生用赵蘅斋名，乘"伏见丸"二等十四号房赴沪，请派人用沧伯名字往

---

① 陈其美化名高野。

接。沪所企图，今日见号外，系由菊池①告报馆。请切嘱山田，嗣后未发现事毋电他处，否则误事不少，人皆视吾党为儿戏也。至要。文。元。

据《致上海告胡毅生行踪并戒事先勿外泄电》（录自国民党党史会藏《总理亲笔录存电稿》），载秦孝仪主编：《国父全集》第四册，台北，近代中国出版社一九八九年出版

复汉口革命党人告无款可拨及如得手可亲来电

（一九一六年四月十三日）

文电悉，佳电尚未接。现知款竭，亦无人可派，请兄等勉力为之。如大得手，弟可亲来也。文。元。

据《复汉口得手亲来电》（录自国民党党史会藏《总理亲笔录存电稿》），载秦孝仪主编：《国父全集》第四册，台北，近代中国出版社一九八九年出版

致马尼拉革命党人嘱款仍寄许崇智电

（一九一六年四月十三日）

金华览：款仍寄许汝为交，方能统一。文。

据《致马里喇嘱款寄许崇智电》（录自国民党党史会藏《总理亲笔录存电稿》），载秦孝仪主编：《国父全集》第四册，台北，近代中国出版社一九八九年出版

---

① 即菊池良一，日本众议院议员。辛亥革命后多次帮助孙文从事革命活动。

致 Iloilo 嘱依计照行电

（一九一六年四月十三日）

可照行也。文。

据《致 Iloilo 嘱依计照行电》（录自国民党党史会藏《总理亲笔录存电稿》），载秦孝仪主编：《国父全集》第四册，台北，近代中国出版社一九八九年出版

致汉口革命党人告汇款并询浙独立情形电

（一九一六年四月十四日）

顷由正金电斋藤玄收日币二万，明早电一万，收复。报传浙独立举王文庆为都督，请兄电王接洽。并请王直接将独立后情形报告于我，当为彼谋种种利便也。电托日领转。文。寒。

据《致汉口告汇款并询浙独立情形电》（录自国民党党会藏《总理亲笔录存电稿》），载秦孝仪主编：《国父全集》第四册，台北，近代中国出版社一九八九年出版

致上海革命党人告胡汉民乘船抵沪
请接并嘱胡毅生稍候电

（一九一六年四月十五日）

展堂用陈国荣名搭"天津丸"来，请派妥人接，并嘱毅生少待。文。

据《致上海告胡汉民行踪电》（录自国民党党史会藏《总理亲笔录存电稿》），载秦孝仪主编：《国父全集》第四册，台北，近代中国出版社一九八九年出版

致汉口革命党人告由正金银行电汇斋藤玄万金电

（一九一六年四月十五日）

即由正金电斋藤玄万金。企候佳音。咸。

据《致汉口告由正金电汇万金电》（录自国民党党史会藏《总理亲笔录存电稿》），载秦孝仪主编：《国父全集》第四册，台北，近代中国出版社一九八九年出版

致陈其美王统一委王指挥海军并示先袭取机器局电

（一九一六年四月十六日）

英士、统一两兄鉴：闻王兄到沪，嘉慰无极。自后海军事悉由王兄指挥，务望两兄协力。得军舰，即先将机器局袭取，立吾党基础。

据《致陈其美等指示机宜电》（录自国民党党史会藏《总理亲笔录存电稿》），载秦孝仪主编：《国父全集》第四册，台北，近代中国出版社一九八九年出版

致田桐望勉力发动电

（一九一六年四月十八日）

款难再等，务斯勉力发动，否则信用全失矣。

据《致田桐务勉力发动电》（录自国民党党史会藏《总理亲笔录存电稿》），载秦孝仪主编：《国父全集》第四册，台北，近代中国出版社一九八九年出版

致上海革命党人指示陕宜缓动电

（一九一六年四月十八日）

袁谋甚狡，以独立为消民党气焰，故陕宜缓动，以待全局筹备同时而发。文。

据《致上海指示陕宜缓动电》（录自国民党党史会藏《总理亲笔录存电稿》），载秦孝仪主编：《国父全集》第四册，台北，近代中国出版社一九八九年出版

致陈其美询起事时间及近情电

（一九一六年四月十九日）

兄何时能动？近情如何？望时详报，以便统筹全局。至要。孙文。皓。

据《致陈其美询沪事电》（录自国民党党史会藏《总理亲笔录存电稿》），载秦孝仪主编：《国父全集》第四册，台北，近代中国出版社一九八九年出版

致上海革命党人询浙近情并告海外同志备有飞机饷械回国效力电

（一九一六年四月十九日）

浙江近情如何？海外同志多欲回国效力，并备有飞机饷械。请兄与浙政府妥商，借宁波为登陆地，否则，令吾党军占领之。能否？查实即复。

据《致上海询浙近情并各备有飞机饷械电》（录自国民党党史会藏《总理亲笔录存电稿》），载秦孝仪主编：《国父全集》第四册，台北，近代中国出版社一九八九年出版

复居正嘱切实准备并询荷物到否电

（一九一六年四月二十日对方收到）

不必忙急，务期切实准备。彼虽独立，我仍攻之，更易得手也。荷物已到否？复。文。

据"特载"《致东北军居正函电》（十五），载南京《中央党务月刊》一九二九年三月第八期

复居正告续借日款事已托头山满与日本陆军当局交涉电

（一九一六年四月二十日）

电悉。闻岩城要得陆军当局同意乃借款。按吾党已借巨款，至今尚未生效，彼当局有烦言，恐不能再得同意。然已托朗山①交涉。

据"特载"《致东北军居正函电》（十六），载南京《中央党务月刊》一九二九年三月第八期

致上海革命党人询各方情形电

（一九一六年四月二十一日）

十九致山中电，收否？海军计划为应募人泄漏，报上连载，有无阻碍进行？甚念。兄到沪后，各方情形如何？有闻望详报。

据《致上海询各方情形电》（录自国民党党史会藏《总理亲笔录存电稿》），载秦孝仪主编：《国父全集》第四册，台北，近代中国出版社一九八九年出版

---

① 郎山，似指头山满。

致居正嘱讨袁行动宜避与日人有关电

（一九一六年四月二十二日）

兄迫〔致〕① 靳云鹏②电文内有萱野名，靳电北京，向日使交涉，日使请训政府，〈政府〉甚为难，或令萱野出境未定。要之，此电无益有损。以后表面宜避与日人有关系，乃不招各国之忌，而免障碍。切嘱。文。

据"特载"《致东北军居正函电》（十七），载南京《中央党务月刊》一九二九年三月第八期

致旧金山《少年中国晨报》告决意回国
并催飞机及各同志速回电

（一九一六年四月二十二日）

时事日非，袁党以假独立抵制民党，文非亲入内地，恐吾党不能造大势力，故决意廿七回国。飞机及各同志速回。如有余款，望速汇应急。东京本部由谢持权理，横滨交通部由谢心准主持，余抵内地再电。文。

据《致三藩市〈少年中国报〉告决意回国电》（录自国民党党史会藏《总理亲笔录存电稿》），载秦孝仪主编：《国父全集》第四册，台北，近代中国出版社一九八九年出版

---

① 据黄季陆编《总理全集》校改。
② 靳云鹏时任山东将军。

致林森告决意内渡并请代求黄兴借十万元济急电

（一九一六年四月二十二日）①

子超②兄鉴：祸迫，事在必举，弟决内渡。请代面求克强，借十万济急。允否？即复。文。

据《致林森请代求黄兴借十万元济急电》（录自国民党党史会藏《总理亲笔录存电稿》），载秦孝仪主编：《国父全集》第四册，台北，近代中国出版社一九八九年出版

致上海革命党人诫事前款毋轻掷并告行期电

（一九一六年四月二十四日）

前费巨款无效，不能昭信于人，无法再筹。军官索款，可许以事后倍给，事前毋轻掷。文偕廖、戴③廿七"近江丸"返沪。夏④往杭有回信否？盼速夏。文。

据《致上海诫款毋轻掷并告行期电》（录自国民党党史会藏《总理亲笔录存电稿》），载秦孝仪主编：《国父全集》第四册，台北，近代中国出版社一九八九年出版

---

① 原电未署日期。据一九一六年四月二十二日孙文致电旧金山《少年中国晨报》称"决意廿七回国"，而此电也有"弟决内渡"之语。又孙文二十四日已获悉黄兴离美回国，即此电当发于二十四日之前。故酌定该电写于四月二十二日。

② 林森，字子超。

③ 即廖仲恺、戴季陶。

④ 即夏尔玙，字次崖。时任中华革命军浙江司令官，后遭屈映光杀害。

致上海革命党人告乘日轮返沪日期电

（一九一六年四月二十四日）

文廿七日"近江丸"返沪。如汉得利，当亲来汉。敬。

据原件，台北、中国国民党文化传播委员会党史馆藏

致汉口革命党人告乘日轮往沪日期电

（一九一六年四月二十四日）

文廿七"近江丸"往沪。如汉得利，当亲来汉。敬。

据《致汉口告乘日轮往沪电》（录自国民党党史会藏
《总理亲笔录存电稿》），载秦孝仪主编：《国父全集》
第四册，台北，近代中国出版社一九八九年出版

致居正告返沪行期并允亲赴鲁电

（一九一六年四月二十四日）

文廿七日返沪，到后电闻。济南得手，文□来鲁。既准备出发，不必理商会也。文。

据"特载"《致东北军居正函电》（十八），载
南京《中央党务月刊》一九二九年三月第八期

致火奴鲁鲁吴铁城密交黄兴
邓家彦请到沪相会电

（一九一六年四月二十四日）

密。交黄克强、邓孟硕鉴：请两兄直乘原船到沪相会为盼。孙文。敬。

据《致火奴鲁鲁吴铁城密交黄兴邓家彦请到沪相会电》（录自国民党党史会藏《总理亲笔录存电稿》），载秦孝仪主编：《国父全集》第四册，台北，近代中国出版社一九八九年出版

致上海革命党人嘱派人来接电

（一九一六年四月二十六日）

若沪、浙能入吾党范围，则大局可定矣。文乘"近江丸"回，着山田通知青木①中将，若彼派人来接船，须与山田同来便可。

据《致上海嘱派人来接电》（录自国民党党史会藏《总理亲笔录存电稿》），载秦孝仪主编：《国父全集》第四册，台北，近代中国出版社一九八九年出版

致居正告赴沪目的是竭力联络党内党外电

（一九一六年四月三十日对方收到）

山东方面对党内、党外请竭力联络，文赴沪之目的亦在此。不然，不能得外

① 即日人青桠纯，曾任陆军中将，补旅顺要塞司令官。一九一五年年底奉参谋本部命赴上海，与中国各派反袁势力密切来往。

助也。详情函达。

据"特载"《致东北军居正函电》（十九），载
南京《中央党务月刊》一九二九年三月第八期

致岑春煊盼泯息内争共同讨袁电

（一九一六年五月上旬）①

　　闻公已任两广都司令，以疾恶至严之人，持灭此朝食之志，南方健儿素稔顺逆，得公提挈，鼓行而前，壮伟何似。诵公宣言，有不分党派、省派之语，实获我心，主义目的既合符节，允当共力进行。粤省独立以前，义师先起，闻至今犹与济军相持，大敌当前而内纷不息，事甚无谓，文已电同志，俾泯猜虞，并力求事实上之一致。请公亦正告济军一方，务严约束，勿复生衅，庶几同志戮力，共伸天讨。公责隆望重，有所指导，宜众莫违。文知忧国，甚愿尽力所能至，为公等助，谨以电闻。孙文。

据"特载"《致岑都司令电》，载南京《中
央党务月刊》一九二八年十一月第四期

致居正告陈其美被刺电

（一九一六年五月十九日）

　　英士昨下午在山田家被凶轰毙。捕凶一人，关系者数人，捕房查押。见兄侄来，请暂勿会。此电请秘。文。皓。

据"特载"《致东北军居正函电》（二十），载
南京《中央党务月刊》一九二九年三月第八期

---

　　① 原电未署日期。据电文"闻公已任两广都司令"，电报日期酌定为一九一六年五月上旬。

致电黄兴谈陈其美遇害案①

（一九一六年五月二十一日）

英士兄惨遭变故，文不便亲临致奠，益增哀悼。此案关系至重，不能不彻底穷究，而文亦欲详悉内容以便设法对付。所有关于此案文件交涉等事，应托□□君经理，随时面告，以专其事为要。

专此，敬维节哀。

孙　文

据《陈英士先生遇害记（四）》，载一九一六
年五月二十二日上海《民国日报》第十版

复黄兴告陈其美被刺请缓来并盼代向日本陆军
参谋本部和外务省交涉赞助军械事电

（一九一六年五月二十一日）

承电存问，甚感。英士被袁探戕害，捕凶数人。前日正代电请兄来数日密谈，适有此变，来宜缓。文决赴鲁。前文急需武器，在东时曾与参部商及，已有眉目，青木亦赞助。但文既离东，不能向参部、外省直接达意，盼兄代述。如有障碍，请临机破除，事当有成。现大局浑沌，袁尚有余力肆应，我辈当善自觉悟。余函详。文。

据《黄兴等电稿》，载北京《近
代史资料》一九八二年第四期

---

① 陈其美（字英士）是从同盟会到中华革命党期间的重要骨干，一九一六年五月十八日，被袁世凯唆使暴徒暗杀于上海法租界日本同志山田纯三郎寓所。五月二十一日孙文致密电黄兴，此系上海《民国日报》对该电的摘录。由于当时袁世凯未死，故避免暴露黄兴的身份。

致田桐等嘱与讨袁各派协同进行电①

（一九一六年五月二十三日）

文回沪后，已宣言与各方面协同一致，声讨国贼。此时袁逆负隅恋栈，而南方义军势力犹薄，各地方进行，彼此不相协，则更使袁贼得间。请兄等体察此意，一切事宜务求与讨袁各派协同进行，以收群策群力之效。至于旗帜，云、贵、桂、浙均已一致遵用五色旗，吾党亦宜一律沿用，俾不致同一讨贼之军而有猜疑。至于武力进行，为目前唯一方针，请诸同志更加意努力，以期早除国贼，而奠国基。文。

据"特载"《通电汉口田桐山东居正香港朱执信》，
载南京《中央党务月刊》一九二八年十一月第四期

致居正介绍肇和之役战士投效电

（一九一六年五月二十五日对方收到）

潍县得，甚慰。沪决办收束。陆军学生王素等三十人乘"神户丸"来。明日□肇和之役，陆上决战队三十余人乘"利济"来，情愿当兵，请收，即遣赴前敌。

据"特载"《致东北军居正函电》（二十一），载
南京《中央党务月刊》一九二九年三月第八期

---

① 此电致中华革命党各地讨袁军负责人，除汉口田桐外，尚有山东居正及香港朱执信等。

致居正介绍军官兵等前往相助并告刘基炎
与陈其美案无关电

（一九一六年五月二十八日）

"利济丸"有陈剧等八十二人投周村军，请即知会吴大洲与接洽。又浙部有可靠军官生九人，拟令元冲带来相助，可否请酌，并复。刘基炎于英士案无关，夏述唐可延见。□译交下电。

述唐鉴：舌耳电悉。基炎事已据电往保，捕房允礼拜间过堂即释，约下期船可赴鲁也。文。勘。

据"特载"《致东北军居正函电》（二十二），载
南京《中央党务月刊》一九二九年三月第八期

复居正指示讨袁方略并望与吴大洲
薄子明等调和电

（一九一六年五月三十日）

得电喜甚。先遣汝为助兄，哲谋助吴①。宜联络，重实力，不必争旗帜名称等问题。日当局意，文不宜即赴鲁，济南得当可行。现望兄与兄、薄②等调和。

据《致居正指示讨袁方略电》（录自国民党党史会藏
《东北军卷来电底稿》），载秦孝仪主编：《国父全
集》第四册，台北，近代中国出版社一九八九年出版

---

① 即吴大洲。
② 即吴大洲、薄子明。

致中华革命军东北军告已汇军需债券廿万电

（一九一六年六月三日）

债券已电东速寄廿万，惟军票流弊无穷，不止鲁民受害，吾党丛怨，必累前途。胥行强迫公债及征发，便需军票，后当另制精者。文。

据《为指示山东讨袁军需债券事电》（录自国民党党史会藏《东北军卷来电底稿》），载秦孝仪主编：《国父全集》第四册，台北，近代中国出版社一九八九年出版

致中华革命军东北军指示山东讨袁军事电

（一九一六年六月三日）

吴、薄托周转电文求助外交，军火已嘱周起云。统一后立即订购，并派张继及京周来与□及彼等谋之云云。周村告急，能援甚好。

据《指示山东讨袁军事电》（录自国民党党史会藏《东北军卷来电底稿》），载秦孝仪主编：《国父全集》第四册，台北，近代中国出版社一九八九年出版

致居正请签发军票并介绍士官生
军官生及飞行家相助电

（一九一六年六月七日）

军票已电谢，嘱畏中速寄，请指一人签字发行。溥泉①、汝为、元冲、士官

---

① 张继，字溥泉。

生六人、军官生九人，□□来抵滨。华侨达六十，欲依兄以编卫军，甚妥。需否？闻吴已付九万余元购枪炮，与兄约购者同，兄已付价否？□□□飞行家尾崎同廖国仁、谢崧生赴潍，与兄商飞行事。

据"特载"《致东北军居正函电》（二十三），载
南京《中央党务月刊》一九二九年三月第八期

致黎元洪望规复约法尊重国会电

（一九一六年六月九日）

北京黎大总统鉴：公以首义元勋，夙系人望。民国创始，文惭薄德，与公追随。今闻于阳日依法就职，良为国庆。中邦专制，历数千年，共和方新，忽被摧挫，去乱图治，愿力反前人所为。有如规复约法，尊重国会，尤不容缓。民国总统，职曰公仆，一切暓制妄作，宜即屏除，庶几气象一变。目前纷纠若定，前途希望无穷，尤企公本高尚之旨趣，宏大之规模，勇毅之精神，精密之条理，与国民从事建设，天下幸甚。孙文。佳。

据《孙中山致黎总统电》，载一九一六
年六月十一日上海《民国日报》第二版

致居正告袁死应按兵勿动并停办飞行事电

（一九一六年六月九日）

袁死，内外情大变，应按兵勿动，候商黎①解决。飞行上事应停办，请告尾崎。文。佳。

据"特载"《致东北军居正函电》（二十四），载
南京《中央党务月刊》一九二九年三月第八期

---

① 即黎元洪。

致朱执信告袁死应罢兵电

（一九一六年六月十日）

香港朱执信兄鉴：袁死，政局一变，我应罢兵。孙文。蒸。

据《孙中山致朱执信电》，载一九一六
年六月十四日上海《民国日报》第二版

致居正告袁死宜按兵勿动电

（一九一六年六月十日）

潍县居觉生兄鉴：袁死，政局一变，我宜按兵勿动，候商黎大总统解决。孙文。蒸。

据《孙中山致居正电》，载一九一六年
六月十四日上海《民国日报》第二版

致黄兴征询解决时局意见电

（一九一六年六月十三日）

东京黄克强兄鉴：南军举义，多数揭去袁、复约法、召国会为的。袁死，黎能复约法、召国会，当息纷争、事建设，以昭信义、固国本。兄见何如？孙文。元。

据《孙中山致黄克强电》，载一九一六
年六月十四日上海《民国日报》第二版

致福建革命军告袁死宜按兵勿动电

（一九一六年六月十三日）

福州转屏南、松溪、政和、崇安各军：袁死，政局一变，可望平和。已占领地方，倘人不来攻，我宜按兵勿动，维持秩序。未举兵者，宜停止进行。政治问题，候商黎大总统解决。孙文。元。

据《孙中山致福建革命军电》，载一九一六年六月十四日上海《民国日报》第二版

与张继联名致吴大洲薄子明告袁死宜按兵勿动电

（一九一六年六月十三日）

周村吴大洲、薄子明兄鉴：袁死，内外情势变，我宜按兵勿动，维护地方秩序，候商黎大总统解决。孙文、张继。元。

据《孙中山张溥泉致吴大洲薄子明电》，载一九一六年六月十四日上海《民国日报》第二版

致居正询张怀芝侵地电

（一九一六年六月十五日）

张怀芝侵地，来电不明，请复，便交沙〔涉〕。文。

据"特载"《致东北军居正函电》（二十六），载南京《中央党务月刊》一九二九年三月第八期

复黎元洪重申恢复约法国会要求
并惩究张怀芝纵兵殃民电

（一九一六年六月十九日）

黎总统鉴：洽电敬悉。文前电请规复约法、尊重国会二事为根本要图，复电已承嘉纳。顾经过旬日，尚未施行，此间传闻谓因审慎手续。其实约法停废、国会解散，俱系前人越法行为，今日宣言承认遵守，不过以适法之命令变更不法之命令，其间毫无疑义。内外期望惟此最先，一切纠纷宜令速解，愿公无复顾虑。辱公明问，文谨申前言，以当芹曝。嘱派代表一节，俟选定有人，当更电告。再者，文以公依法就职，径电居、吴、朱诸人及福建民军息战，静候解决。旋读十六日申令，饬各省撤兵停战，具见至仁大公，无任钦佩。惟得最近报告，张怀芝①等乘机侵害，屠戮临朐、安邱。似此显违明令，应请严电惩究。并电闽、粤军官，须谨奉命令，不得佳〔纵〕殊殃民，以维大局。孙文。效。

据《孙中山再致黎总统电》，载一九一六年六月二十日上海《民国日报》第二版

致居正嘱派代表赴济南与张怀芝接洽
并告黄实存欲投潍县电

（一九一六年六月二十日）

唐告张怀芝代表陈、洪两人，嘱张速电京，催复旧约法，召国会，态度明，始能平民军气，张已照办。顷陈、洪来达张意，请兄派代表来济与接洽，请决，电复。留日军医生黄实存欲投潍县，可来否？文。号。

据"特载"《致东北军居正函电》（二十七），载南京《中央党务月刊》一九二九年三月第八期

---

① 一九一六年五月被袁世凯委任为济武将军，置理山东军务。

复居正指示山东民军与北军息争电

（一九一六年六月二十一日）

电并邵①函悉。前由唐电段，饬鲁北军勿与民军为敌。今张怀芝派代表持函来，请息纷争。附如何条件与交涉，电复。以后行动，恳如佳电以示信。

据《指示山东民军与北军息争电》（录自国民党党史会藏《东北军卷来电底稿》），载秦孝仪主编：《国父全集》第四册，台北，近代中国出版社一九八九年出版

复居正告已派萧萱叶夏声赴济南电

（一九一六年六月二十三日）

电悉。已派萧萱、叶夏声②赴济南代表，先来潍面商，今日乘"神户丸"往青岛。文。漾。

据"特载"《致东北军居正函电》（二十八），载南京《中央党务月刊》一九二九年三月第八期

致黎元洪告派萧萱叶夏声代表进京电

（一九一六年六月二十三日）

北京黎大总统鉴：依照洽电，派萧萱、叶夏声代表进京。谨闻。孙文。漾。

据《孙中山致黎总统代表入京电》，载一九一六年六月二十九日上海《民国日报》第二版

---

① 似指邵元冲，时在山东居正军中。

② 萧系中华革命党党务部第二局局长。叶系中华革命党南洋各埠特务委员、港澳支部支部长。

致居正告萧萱叶夏声改乘小野丸赴济南电

（一九一六年六月二十四日）

萧、叶改乘"小野丸"来。文。敬。

据"特载"《致东北军居正函电》（二十九），载
南京《中央党务月刊》一九二九年三月第八期

致居正告此间款绌及杨庶堪等赴潍事商定再复电

（一九一六年六月二十六日）

此间款绌较甚，二三千亦不可得。杨、蒋、吴[①]赴潍事，商定再复。文。宥。

据"特载"《致东北军居正函电》（三十），载
南京《中央党务月刊》一九二九年三月第八期

致居正盼筹款寄林蔚陆发桥等俾成行电

（一九一六年六月二十六日）

驻滨华侨达一为急欲依兄，无费不能行。此间窘甚，请兄筹款五千，寄林蔚、陆发桥等，使即行是盼。文。宥。

据《致居正筹款寄林蔚陆发桥筹俾成行电》（录自国民党
党史会藏《东北军卷来电底稿》），载秦孝仪主编：《国
父全集》第四册，台北，近代中国出版社一九八九年出版

---

① 似指杨庶堪、蒋介石、吴忠信。

致戴戡等转石青阳告袁死宜按兵勿动
并嘱沿用五色国旗电

（一九一六年六月二十六日）

　　松坎戴总司令、义勇队卢团长请转石青阳①兄鉴：袁氏暴毙，局势一变，我宜按兵勿动，静候黎大总统解决，与护国军方面联络协进。唯沿用五色国旗，粤、鲁、闽等省已照行矣。孙文。宥。

据《孙中山致四川革命司令石青阳电》，载一九一六年六月二十九日上海《民国日报》第二版

致黎元洪请严惩龙济光电

（一九一六年六月二十六日）

　　黎大总统鉴：比见唐绍仪等请除龙济光②电，实为天下公言。龙在粤三年，无恶不作，粤人恶龙，甚于洪水猛兽，此人不去，粤无噍类。政府与民更始维新，万不宜留此奇凶，以祸百粤。况龙目不识丁，而性独狡诈，忽而独立，忽而取消，只图自保，毫无政治上意味。大总统依法继任，民望所崇，惟能执法秉公，斯天下莫敢离异。西南诸省今方喁喁待命，无事招携，如龙反复小人，尤不能令有所凭借。溯昔胡、陈督粤，龙局〔偈〕促辕下，其时尚无外江壮士等名目。自袁氏倚为爪牙，龙乃恣睢纵恶，名器假人，可为前车。龙近已于韶州横开兵祸，陷粤糜烂，是其本怀，即望收回成命，立予严惩，毋以一人之故，而失粤三千万人之心，非惟一方之幸。孙文。宥。

据《孙中山致黎总统请斥龙济光电》，载一九一六年六月二十九日上海《民国日报》第二页

---

①　石青阳时任中华革命军四川司令部司令。
②　龙济光原任广东都督兼民政长。一九一六年六月二十一日黎元洪特任其兼署广东巡按使。

致居正询能否编一军电

（一九一六年七月四日）

能编一军否？电复。

据"特载"《致东北军居正函电》（三十二），载
南京《中央党务月刊》一九二九年三月第八期

致居正告吴忠信来助电

（一九一六年七月七日）

吴忠信"神户丸"来助兄。文。

据"特载"《致东北军居正函电》（三十三），载
南京《中央党务月刊》一九二九年三月第八期

致居正告军票已寄鲁债券不便再发电

（一九一六年七月十一日）

军票已由田中寄鲁，共三十箱。债券无，且不便再发。

据"特载"《致东北军居正函电》（三十四），载
南京《中央党务月刊》一九二九年三月第八期

致居正告发债券电

（一九一六年七月十三日）

刻查百元券剩十二万元，已电速尽办寄兄。但发行时，宜填前月日。千元券

尚多，需否？十元券已罄，制需时。

据“特载”《致东北军居正函电》（三十五），载
南京《中央党务月刊》一九二九年三月第八期

致居正告叶夏声由京回及廖仲恺等来面商电

（一九一六年七月十九日）

叶①由京回。恺②“神户丸”来面商，许、蒋③同行。

据“特载”《致东北军居正函电》（三十六），载
南京《中央党务月刊》一九二九年三月第八期

复居正嘱宜早图收束山东民军电

（一九一六年七月十九日）

电悉。吴、薄、吕④、□等俱仇兄，君敌太多，宜早图收束，请与仲恺熟商办法。致电纫秋⑤如下：觉生在潍，所有军队，不能遽行弃之。本党刻无经费，俾作收束，故延伫待命中央。宜体察及此，商解决之法，慎勿误会，请告段总理。并复。

据《致居正指示收束山东民军电》（录自国民党党史
会藏《东北军卷来电底稿》），载秦孝仪主编：《国父
全集》第四册，台北，近代中国出版社一九八九年出版

---

① 即叶夏声，孙文秘书。
② 即廖仲恺。
③ 即许崇智、蒋介石。
④ 即吴大洲、薄子明、吕子人。
⑤ 萧萱，字纫秋。

致居正嘱专办收束山东民军及勿偕日本赴京电

（一九一六年八月四日）

现当收束，一切由兄专办。但偕日人赴京有碍，切勿偕行。至要。文。

据"特载"《致东北军居正函电》（三十七），载
南京《中央党务月刊》一九二九年三月第八期

致冯国璋请释张泽霖电

（一九一六年八月四日）

南京冯督军鉴：南通张泽霖君，函劝独立，未犯刑事私罪，请速开释，以昭
宽典。孙文。支。

据《孙中山致冯国璋请释张泽霖电》，载一
九一六年八月八日上海《民国日报》第二版

复黎元洪为流落沪上党人请命电

（一九一六年八月十一日）

北京大总统鉴：拜诵歌电，仰见至仁大公之心，英士为不朽矣。元日开追悼
会，系并及年来死事诸烈士，审其生平建树，或有异同，而报国之诚则一，亦钧
电所谓百折不回、惨遭非命者也。其人既死，而遗族莫不颠沛，对之惟有伤心。
至英士等部曲多人，虽以大局底平，早令解散，然大抵流落沪上，无所依倚。又
各省前兹因政治犯罪之人，荷蒙申令昭雪，其穷困者，亦来此地，几有出囹圄而
转沟壑之势。凡此三者，计私人之力，终无以振之。际兹国家重造共和，我公仁
慈，无远弗届，必不忍令死者衔冤，生者失所，而为社会扶持正气，培植善良，
将于是赖。敢电为请命，伏候裁夺。孙文。真。

据《孙中山先生致大总统电》，载一九一
六年八月十三日上海《民国日报》第二版

致吕公望①告因胃病复发未能如约赴杭电

（一九一六年八月十三日）②

本拟十四日赴杭承教。昨日胃病复发颇剧，医者嘱宜静养。今日亦不能出席，旅行更非所宜，有负约期，幸祈原宥。相见约秋凉后也。

据《杭州快信》，载一九一六年八月十五日上海《民国日报》第三版

致陈中孚等望急办收束部队电

（一九一六年八月二十七日）③

中孚、霁青、子人、锡武、中玉④诸兄鉴：鲁事得手，兄等力多。现大局底定，当遵照通告，平和解决。尤应服从党生兄主张，急办收束，不得固执己见，与政府再生冲突，致贻扰乱争权之诮。文。

据《致陈中孚等急办收东电》（录自国民党党史会藏《东北军卷来申底稿》），载秦孝仪主编：《国父全集》第四册，台北，近代中国出版社一九八九年出版

---

① 吕公望时任浙江省督军。

② 原电未署日期。孙文因病未出席十三日的追悼会，文中所说"今日亦不能出席"，当指此。故定此电为十三日发。

③ 原电未署日期。据底本此电署三十一日，惟一九一六年八月二十八日上海《民国日报》第二版《公电》已刊载该电，故时间酌定为二十七日。

④ 即陈中孚、朱霁青、吕子人、尹锡武、赵中玉，均为中华革命军东北军将领。

与黄兴等联名致吕公望等乞派员来申
办理阙玉麒后事电

（一九一六年九月三日）

杭州吕督军、周参谋长①，王、莫、夏、范、殷厅长②鉴：阙公玉麒③于今晨在佐佐木医院病故。勋劳未报，鬼伯先催，身世萧条，至堪悯念。应乞派员来申办理一切是祷。孙文、黄兴、唐绍仪、柏文蔚、胡汉民。江。

据孙文亲笔中文电稿，台北、中国
国民党文化传播委员会党史馆藏

复陈中孚等望急商收拾民军电

（一九一六年九月三日）

中孚、霁青、子人、锡武、中玉诸兄：电悉。居④已返济，望急商收拾，勿强中央所难。文。

据《致陈中孚等望急商收束电》（录自国民党党史会
藏《东北军卷来电底稿》），载秦孝仪主编：《国父全
集》第四册，台北，近代中国出版社一九八九年出版

---

① 即浙江都督府参谋长周凤岐。

② 即浙江省民政厅厅长王文庆、财政厅厅长莫永贞、警察厅厅长夏超、高等审判厅厅长范贤方、高等检查厅厅长殷汝熊。

③ 阙麟书，字玉麒，早年加入同盟会、光复会，投身反清、讨袁事业。一九一五年在上海遭袁世凯党徒行刺，长期住院治疗，终因不治身故，孙文等乃有"勋劳未报，鬼伯先催"之叹。

④ 即居正。

致居正促各军即解散电

（一九一六年九月五日）

许①不能来。各军如不依令解散，即脱离关系。文。

据《致居正嘱各军应解散电》（录自
国民党党史会藏《东北军卷来电底稿》），
载秦孝仪主编：《国父全集》第四册，
台北，近代中国出版社一九八九年出版

致檀香山加拿大南美各支分部中华会馆
告黄兴逝世电

（一九一六年十月三十一日）

克强先生今晨四时因病逝世。孙文。（十月三十一日）

孙文亲笔中文电稿，台北、中国
国民党文化传播委员会党史馆藏

致英荷属殖民地等处友人遍告黄兴逝世电②

（英　译　中）

（一九一六年十月三十一日）

黄兴将军今晨逝世，请遍告英、荷属殖民地及仰光、曼谷、西贡友人。孙逸

---

① 即许崇智。
② 此电自上海发往新加坡，再分发英荷属殖民地等处。

仙。十月三十一日。

据孙文亲笔英文电稿,台北、中国国
民党文化传播委员会党史馆藏(黄彦译)
英文原文见本册第 669 页

致澳洲新西兰友人遍告黄兴逝世电①

（英 译 中）

（一九一六年十月三十一日）

黄兴将军今晨逝世,请遍告澳洲、新西兰友人。孙逸仙。十月三十一日。

据孙文亲笔英文电稿,台北、中国国
民党文化传播委员会党史馆藏(黄彦译)
英文原文见本册第 669 页

与唐绍仪等联名通告黄兴逝世电

（一九一六年十月三十一日）

急。北京大总统②、国务院、参众两院均〔钧〕鉴:克强先生今晨四时逝世。民国柱石,遽然倾坏,顾瞻前途,感恸无极!谨此。电闻。孙文、唐绍仪、温宗尧、胡汉民（卅一）。

据一九一六年十一月一日北京《晨钟报》

① 此电似自上海发往澳洲,再转发新西兰。
② 黎元洪。

致梅屋庄吉告黄兴逝世电

（日　译　中）

（一九一六年十一月一日）

黄兴于昨日晨逝世，感谢生前的厚谊。孙文。

据原件影印件，载俞辛焞、熊沛彪著：《孙中山宋庆龄与梅屋庄夫妇》，北京，中华书局一九九一年七月出版（著者译）

悼蔡锷电[①]

（一九一六年十一月十日）

闻松坡先生忽逝，哀悼不胜！除派周应时君敬诣丧次赙唁外，特此电吊。孙文。蒸。

据一九一六年十一月二十日上海《时事新报》

与唐绍仪联名致邹鲁转粤省议员请挽留陆荣廷电

（一九一六年十一月十四日）

众议员〔院〕议员邹鲁转同乡议员诸君鉴：粤经破坏，乱机犹伏，陆督[②]重望内外，倚如长城。比闻屡电求去，若徇其请，虽成一人高蹈之概，粤事将不可问，务望合力挽回，以顾桑梓，无任盼祷。孙文、唐绍仪。寒。

据《粤不可无陆督军》，载一九一六年十一月十八日上海《民国日报》第三版

---

① 蔡锷，字松坡，十一月八日在日本病逝。
② 即陆荣廷。

致黎元洪等反对设置国老院电

（一九一六年十一月二十日刊载）

北京大总统钧鉴：国务院、参议院、众议院鉴：顷阅刊载国老院条例，总统崇贤报功之意，至可感佩。然国老院之设置，根本上不敢赞成，因人设官，必有流弊。查欧美共和国有元老院，实与今之参议院相当，美国上院委员会即可参与行政。我国已有两院，无取架屋叠床。日本之枢密院，立于上院以外，专备咨询，而元老又参赞国政，似为此制所本。顾彼为大权之结果，以大权集于天皇，维新之际，未有议会，未有责任内阁，则以此备天皇之咨询。至立宪以后，天皇犹有大权，因仍需枢密院，而元老亦因袭以有重权。顾今日以元老与内阁、国会交相嫉视，而施政亦大受阻碍，此已可为鉴戒。况民国国体与彼悬殊，已有议会决定大纲，而责任内阁为之执行。咨询机关本属长物，流弊所至，则多一机关即多一冲突之原，异日或转因意见纷歧，大政为之受障。且日本近日已因元老问题屡起政变，徒以政治已有常轨，不致危及国本。若在今日中国国基未定、民情未固，一有不幸，冲突之结果，有如日本反对元老之风潮，则酿成革命亦不可知。益少损多，窃谓不可。事犹及止，敢布胸臆。伏乞裁鉴。孙文叩。

据《孙中山先生议罢国老院官制电》，载一九一六年十一月二十日上海《民国日报》第二版

与唐绍仪等致北京大总统等告黄兴出殡电

（一九一六年十一月二十八日）

北京大总统、国务院、参议院、众议院、南京副总统、各省督军、省长、议会、黄蔡二公追悼会、各都督、将军、办事长官转各报馆均鉴：黄克强先生丧事，谨定十二月二十一、二两日开吊，二十三日举殡杭州西湖莹〔茔〕地。主丧友

人：孙文、唐绍仪、李烈钧、蔡元培、柏文蔚、谭人凤叩。〈勘〉①。

据《孙唐等通告黄公出殡电》，载一九一六年十
一月二十九日上海《民国日报》第一张第三版

与唐绍仪等致吕公望嘱知道黄兴丧事电

（一九一六年十一月二十八日）

　　浙省吕都督鉴：克强先生逝世，海内同悲，政府拟许国葬，其条例虽未经国
会议定，由政府指定地点或家族择地两种办法，而家族及友人俱多主张葬于西湖，
须先择定坟地。兹特公派刘君崐涛②、耿君伯钊、陈君闾良、徐君少秋专为此行
就教执事，一切办法敬祈指导，不胜感激。专此，即颂政安。孙文、唐少川、李
烈钧、钮永建、张继、胡汉民同启。

据《黄宅治丧会议纪》，载一九一六年十一
月二十九日上海《民国日报》第三张第十版

与唐绍仪等联名致各省督军等告蔡锷
仍安葬湖南吊期不改电

（一九一六年十二月六日）

　　各省督军、省长、省议会，各公署，各报馆，各团体及各界均鉴：松公葬地，
因湖南迭电要求归柩，经本日会议议决，仍主安葬湖南。惟开吊期日不改。此闻。
孙文、唐绍仪、李烈钧、蔡元培、柏文蔚。麻。

据原电稿，南京、中国第二历史档案馆藏

---

①　据上海《中华新报》一九一六年十二月四日同电文增补。
②　刘建藩，字崐涛。

与唐绍仪致吕公望陈阊良告黄兴安葬湖南电

（一九一六年十二月六日）

杭州吕督军鉴，并转陈阊良君鉴：克公葬地，因湖南迭电要求归榇，现于本日在沪会商大多数决议，仍主安葬湖南，取消前议，急此电闻。孙文、唐绍仪。

据《黄先生葬礼会议纪》，载一九一六年十
二月七日上海《民国日报》第三张第十版

与唐绍仪等致黎元洪及国务院告黄兴安葬湖南
并嘱派兵轮到沪以备运柩至汉电

（一九一六年十二月六日）

大总统、国务院鉴：黄克强先生葬地，因湖南迭电要求归榇，经众议决安葬湖南，二十三日出殡。请先期派兵轮到沪，以备运柩至汉，并饬知沿途地方官照料。此闻。孙文、唐绍仪、李烈钧、蔡元培、柏文蔚。麻。

据《黄先生葬礼会议记》，载一九一六年十
二月七日上海《民国日报》第三张第十版

与唐绍仪等致赵恒惕范治焕告黄兴归葬湖南
并嘱商借萍局轮至汉归柩电

（一九一六年十二月六日）

赵师长、范所〔厅〕长①鉴：克公葬地，仍决定归葬湖南，二十三日由沪起

---

① 赵师长，即湘军第一师师长赵恒惕。范厅长，即湖南省政务厅厅长范治焕。

运赴汉。请商借萍局拖轮驳船至汉迎运。厝柩地点祈先选定，办理情形如何，盼随时电告。孙文、唐绍仪、李烈钧、谭人凤、蔡元培、柏文蔚。麻。

据《黄先生葬礼会议记》，载一九一六年十
二月七日上海《民国日报》第三张第十版

与唐绍仪等致参众议员望速决定
发表黄兴国葬事电

（一九一六年十二月八日刊载）

　　北京参众两院议员诸公鉴：克强先生国葬事，望速决定发表，俾便布置一切。孙文、唐绍仪、李烈钧、蔡元培。

据《黄宅治丧会议记》，载一九一六年十
二月八日上海《民国日报》第三张第十版

与唐绍仪等联名为全国各界吊唁黄兴谢启

（一九一六年十二月二十四日）

　　北京大总统、国务院、参议院、众议院、各报馆并转各界，南京副总统、各省督军、省长、省议会、各报馆并转各界公鉴：黄公克强灵榇于漾日晚乘长安轮船回湘，一切葬事以后在湘办理。前承吊唁，孝家极为感激，谨代致谢！主丧友人：孙文、唐绍仪、柏文蔚、李烈钧、蔡元培、谭人凤叩。敬。

据《上海孙文等来电二》，载一九一
六年十二月二十七日北京《晨钟报》

附：另一版本

　　黄克强先生病终沪上，承海内外诸公吊唁，灵榇回湘并承远道步送，隆情高

谊，感荷殊深。谨此代谢，伏维亮察。主丧友人：孙文、唐绍仪、柏文蔚、李烈钧、蔡元培、谭人凤。

据《黄宅治丧办事处启事》，载一九一六年
十二月二十六日上海《民国日报》第一版

致黎元洪推荐章炳麟继任国史馆馆长电

（一九一六年十二月十日）

　　北京大总统钧鉴：民国既设国史，以求实录，开办未有成绩，馆长王君①遽逝，总统知人善任，继职者自必妙选长才。以文所见，则章君太炎硕学卓职〔识〕，不畏疆〔彊〕御，古之良史无以过之，为事择人，窃谓最当。敢陈鄙见，以待采择。孙文叩。蒸。

据《孙中山先生为国史馆事致大总统电》，载一九一
六年十二月十四日上海《民国日报》第一张第二版

致黎元洪国务院盼定云南起义日为国庆日
及懋赏唐继尧暨起事诸人电

（一九一六年十二月十三日）

　　北京大总统、国务院公鉴：溯自清帝退位，五族共和，国基已定，四万万人方想望太平，不图秉权者野心未除，诞生帝孽，筹安称制，民国几亡。虽其时义士人人奋起相争，期以身殉，然首先宣告独立誓师申讨者，实推滇省，遂使西南响应，举国普从，以有今日。方之武昌首义，一则为民国开创之功，一则为民国中兴之业，皆我五族人民人人所宜永留纪念者也。伏乞总统、国务院主持，将云南起义日定为国庆日外，更予唐督军暨起事诸人以懋赏，以彰勤劳，昭示来兹。

---

　　①　即王闿运。

临电无任盼祷。孙文。元。

据中央改造委员会党史史料编纂委员会编：《总理全书》
之九《文电》，台北，一九五〇年至一九五二年出版

与唐绍仪等联名致北京政府请拨还
黄兴为公所负债款电①

（一九一六年十二月二十九日刊载）

黄兴氏生前奔走国事，为公负债十七万元，请予拨还。

据《外电》，载一九一六年十二月
二十九日上海《民国日报》第二版

致泗水中华商会质问助款二百二十万事电

（一九一七年一月三十日）

　　泗水中华商会鉴：阅刊载贵会电财政部云：前交文款二百二十万，系助政府之用，未望偿还，请拒文要求等语。查文此次为维持共和，推翻帝制，曾借日本商人日金一百万元，华侨日金、英洋共一百七十四万四千三百一十八元一角二仙，内只有泗水刘亚泗、古宗尧经手汇东京十九次，共日金一万六千二百四十元，由陈铁五汇回英洋二千七百元，统共日金、英洋一万八千九百四十元，均经由本党财政部发出收条，并无二百二十万之说。当帝制议盛之际，文遣人至贵会，陈说大义，劝共拥护共和，贵会首鼠两端，不肯为丝毫之赞助，何处有二百二十万交文以助政府？荷属自开战以来，限制带现银出口，凡有大笔银钱来往，必经银行汇兑，曾否汇款，一查即知。汇款几何，不能诬捏。贵会如果曾经汇款与文，则必应有中华革命党收据，试问贵会收据何存？如谓款已汇出，未得取〔收〕据，则由何人经手？交某银行于某年某月某日汇至何处？交何人收？应有银行单据可

---

　　①　此电与唐绍仪、谭人凤、李烈钧、柏文蔚、章炳麟联名。

凭，即应提示，以便追查银行。总之，文虽收过泗水一万八千余元，并非贵商会经手，贵会所称二百二十万，文未收过一钱。文所经手借债二百七十余万元，均经约定国体巩固即予偿还，故以实情声之政府。贵会未经借过一钱，于此事无须容喙。若贵会果有此二百二十万曾经拨汇，则文并未收到，显系贵会办事人从中侵蚀虚报，图损他人名誉，必应控追。如贵会未尝经手有此二百二十万元，即系贵会滥用商会名义，虚构事实，诬捏他人，尤不可容。法律具存，公等应知自惕。若谓电文非由贵会所发，则假冒商会名义发电，必有其人，若不从速电部更正，澈查冒名主谋，依法控告，则责任有在，亦难为公等曲恕。尚望审思电复。孙文。中华民国六年一月三十日①。

据《孙中山电诘泗水商会》，载一九一七年一月三十一日上海《民国日报》第三版

致英国首相劳合·乔治请勿怂恿中国加入协约国电

（英 译 中）

（一九一七年三月九日刊载）

乔治首相阁下：兹有贵国在华官吏，运动中国加入欧洲战局，此举之结果于中国及英国均有损害，仆以中国爱国者之一人，又于贵国有生死肉骨之感，自觉责任所在，不得不陈述之于阁下之前也。近有重要英人与余接晤，商量中国加入联军国问题，仆经详慎审虑之后，断定中国若破弃中立，将于中、英两国均有大害。中国共和肇造，尚在幼稚时代。正如一有病之人，甫入立宪主义之医院，无力自卫，有赖于他人之维持将护。故今之中国，不能视为一有组织之国家。彼之所以得保完全者，独赖中国人民爱和平之天性与习惯耳。然若一经发生不和，则扰乱必随之而起。前此华人对于英国之实力，及其终能得最后之胜利，具有无限之信心。自经此项意思良好而目光短浅之人之运动，甚至有数英报主张送华军数师团至美索波达米亚后，此种信心遂大为动摇。倘中国加入战局，势将危害中国

---

① 《民国日报》原注："上电由财政部转。"

之国家生活，损伤英国在远东之威望。在华人之意，协商国所以愿望中国加入者，即系协商国无力对付德国之一种自认耳。兹者我国段总理报告总统，谓协商国正在强迫中国加入。自此问题发生后，吾国政治家间本已争执甚烈，今若再生意见，或致引起大乱。且中国两种强固而危险之分子，或亦被激而蠢动。即排外愚民与回教徒是也。自吾国革命后，排外心理，为吾人所遏灭，然仇外之精神尚在，或乘扰攘之秋而再起拳乱，戕杀外人，难保其必无。盖我若对于任何外国一经宣战，无知愚民不能辨别孰为敌人，孰为友民。而英国在东方利益较大，其损失亦势必较重明矣。至于回教徒之态度，亦不能漠视之。对于彼之圣地开战，在彼直将以大逆不道视之也。抑仆尤恐中国乱事作后，其最恶之结果，为协商国间之自生龃龉，此其不利于协商国之主义又可断言。中国处此地位，值此时势，自不能望其于严守中立之范围外，别有所行动。仆之所以以此项有害之运动唤起阁下之注意者，不仅因区区之愿欲救中国于危乱，亦因对于贵国素具最恳切之同情。贵国之利益，深系余怀，而贵国之令闻微德，又仆所极欲维护之尊重之者也。孙逸仙。

据《附译录孙先生致英首相电》，载一九一七年三月九日上海《民国日报》第三版

附：另译文之一

以仆为中国一爱国者，又为英国感念再生之德之一友人，于此贵国驻本地各官吏，以其劝诱，将挽中国使入欧战之中，其结果中、英两国因之所受之害，仆义不能不抉以相告。前次英国名流曾劝仆究心于中国加入协商之问题，仆经慎重研究之余，终得"中国如破弃中立，必为两国之大不幸"之结论。中国今犹一幼稚之民国耳，譬之病人，今方入院，以立宪主义疗彼痼疾。当此之时，自顾不赡，常赖周到之看护、养育以生。然则，不可以一有组织之国例中国也。中国之所以保持统一者，赖其民有好平和之习惯与感情而已。一旦有分裂，则无政府之态将随之矣。前乎此，中国人于英国之强，及其最后胜利，有无边之信仰与确信。顾彼虽心迹无他，眼光不远。自有此劝诱益之，以英字新闻主张，出兵数师于美梭拍打米①，其信念遂

① 美梭拍打米，即美索不达米亚，在伊拉克境内。

因之大为摇动矣。使中国而参此战，将见危及中国国运，亦复损及英国远东之声威。仅一求中国加入协商之一事，已令中国人想象，以为协商诸国自表其无能力克服德国矣。今闻段总理报告总统谓：协商强迫中国加入协商，此问题已惹我政治家之意见分歧矣。此种不和，乃将引〈起〉中国之力强而性险之两原质，以召无政府之状态，即排外之狂迷者及回教徒是也。我国自革命以来，排外之感情久经吾人压之，使就低减。然而，排外精神固未尝除也。倘值危险之秋，机有可乘，将见第二义和团运动发起，而普行外国人之虐杀。故若向任一国宣战时，无知之人不能辨孰为此国人，孰为彼国人也。则在东方有最大之利益如英国者，其所被惨祸，亦尤多己（已）。且回教徒非可轻视者也，彼必将以向其所谓圣地而宣战者，为侮圣渎教矣。吾恐中国无政府之最恶结果，更令协商团结因之分解，此真甚有碍于协商本旨者也。状况如斯，危险之关键系于此，则中国惟有保持严正中立，更无他事可谓明矣。仆之所以请阁下注意于斯有害之劝诱者，非徒为保全中国不任其驯至无政府与分裂，更以有他一国，其利益为吾心所深纂，其公正与隆名，无论自何言之，皆为吾所崇敬者，吾不能不以最温之同情为之谋也。

据中华革命党《总务部通讯第二号》（六年四月二十八日）油印本，载南京《中央党务月刊》一九二八年十一月第四期

附：另译文之二

文于中国为忠爱之士，于贵国为感恩之友，盖文昔日之幸而不死，实出贵国之赐也。近者贵国在华官僚，有盛倡中国加入欧战之说者。窃以为此事于中、英二国，并有巨害。抑贵国闻人尝以此下问于文，文深思熟虑之余，觉中国破弃中立，良足自召祸乱，即贵国亦实蒙其殃，用特举其得失，陈诸左右，义分所在，未敢放弃，惟执事察焉。中国初建共和，裁如小儿，又如大病之后，甫入医院，乞灵于宪政主义之药饵，维持将护，在在需人，谓为组织已备之国家，厥期尚远。其所以得远引于欧战旋涡之外，而未被牵率者，则一由国习使然，一以人民性好和平之故。惟龃龉一起，全国亦不难立陷于大乱。华人之于英国，向极钦重其国力之雄，且以为战胜之局必属英国。然自鼓吹加入之说起，而信任为之骤减。彼

鼓吹者流，意非不善，特目光过于短浅。至英报纸欲中国酌遣师旅赴战于米索波达密亚，则尤为谬误。总之，中国预战，不特自危其国本，即英国在远东之威望，所损亦复甚重，盖协约国欲牵率中国加入战团，即明明示人以无力抗德。近据段总理入告总统，谓协约国迫协甚急，而国之执政者，已以此而颇萌意见。我国本有极端排外之徒，如拳匪之乱，即其先例。自革命以后，排外之风虽稍息，然其心理则依然如故。万一以在上者之争持，而引起全国之骚乱，则氓之蚩蚩，孰能辨识某为甲国之人，某为乙国之人？而英国在华，其利益既独重，则届时之受害自亦必独巨。抑此外尚有回族人民，保无以圣地之被侵，而猝起抗争，是亦安可以不备者？尤有甚者，则以中国之骚乱，而酿成协约国之龃龉，驯至协约国所抱主义，亦复备受荼毒，是则为中国计，厥惟严守中立；而为英之利益及誉望计，亦宁有他道哉。

据《孙中山先生致英国首相电》，载一九一七年三月十日上海《中华新报》第二张第二版

致蔡元培催寄黄兴碑文电

（一九一七年四月十四日）

大学蔡和卿先生鉴：湘友电催黄公碑文，如已脱稿，乞速寄沪书丹。孙文。

据高叔平编：《蔡元培全集》第三卷，北京，中华书局一九八四年九月出版

与岑春煊等联名致黎元洪请惩办滋扰国会之伪公民团电

（一九一七年五月十一日）

北京大总统鉴：宣战之议，元首不敢专断，而征意见于国会。乃京师不逞之徒，自称请愿公民，殴伤议员，欲行迫胁，使国会不得自由表决。法治之下，而

有此象，我公不严加惩办，是推危难于议员，而付国论于群小，何以对全国人民？应请迅发严令，将伪公民犯法乱纪之人，捕获锄治，庶保国会尊严而杜宵人之指嗾。国民幸甚。孙文、岑春煊、唐绍仪、章炳麟、温宗尧叩。真。

据《孙岑唐诸公请严办伪公民电》，载一九
一七年五月十二日上海《民国日报》第二版

与岑春煊等联名复黎元洪请严惩暴徒主名电

（一九一七年五月十四日）

北京大总统钧鉴：接诵文电，知滋事之徒已付惩办。惟念蚩蚩暴民，受人指嗾，无足指数。张尧卿等六人，系陆军部谘议，差遣人员陈绍唐，亦充国务院参议，联名扰乱，谁实尸之？但问现行犯事之凶徒，而为首造意者得以逍遥事外，将来奸宄纵臾，伊于何底？应请我公奋断，勿令势要从旁掣肘，以为创谋乱法者戒。大局幸甚。孙文、岑春煊、唐绍仪、章炳麟、温宗尧叩。寒。

据《孙岑唐诸公请严惩暴徒主名电》，载一九一
七年五月十五日上海《民国日报》第三张第二版

致北京民友会等促否决对德宣战电

（一九一七年五月十六日）

北京分送石驸马大街民友会、皮库胡同政学会、探投政余俱乐部并转两院议员诸公均鉴：宣战一案，闻尚未入议程。此案关系国家存亡，现在外人不待我国之意见，已自行开议宣战后对付德人之方法，将来百事能否由我自主，可以推知。且自绝交之后，米价骤增，沿江贫民已有枵腹仰屋窃叹者。民以食为天，将来宣战之后，价更增长，其苦又将百倍，若以酿变，谁尸其咎？亡国之险，既在目前，否决即救亡之道，其他政争，可暂不论。外交决后，乃可以政见之异同，定赞助政府与否。倘内阁能从国会之主张，变其宣战之政策，即应力与维持。否则，政策分歧，内阁亦必应引责。若未议宣战可否，先以倒阁为言，则是本末倒置，轻

重失伦，非所望也。孙文。铣。

据《孙中山先生促各政团否决宣战电》，载一
九一七年五月十七日上海《民国日报》第二版

悼黄金庆逝世电[①]

（一九一七年五月十八日）

　　槟城阅书报社同志鉴：噩耗传来，惊悉黄金庆先生逝世。故人永诀，曷胜悲悼！文未能躬与执绋，抱憾殊深，恳代吊唁为感。孙文。巧。

据《孙先生电悼黄金庆》，载一九一七年
五月二十日星加坡《国民日报》第六页

与岑春煊等联名致参众两院议员盼速解决外交问题电

（一九一七年五月二十二日）

　　北京参、众两院议员同鉴：旬日以来，有改组内阁之说，文等身在山林，唯知救国，权利竞争，非所敢知。务望诸公为良心上之主张，速予解决外交问题，在国家不陷于危亡，国会不失尊严资格。盼切祷切。孙文（汉民代）、岑春煊、章炳麟、唐绍仪。

据《与岑春煊等联名致两院议员盼速解决外交问题电》（录
自国民党党史会藏原件影印件），载秦孝仪主编：《国父全
集》第四册，台北，近代中国出版社一九八九年出版

---

　　① 黄金庆，英属海峡殖民地（British Straits Settlements）之槟城殷商，先后追随孙文加入同盟会、中华革命党反清反袁，毁家纾难，矢志不移。一九一〇年将同盟会南洋支部自新加坡迁设槟城后，成为该支部重要领导人之一，与吴世荣、陈新政并称"槟城三杰"。黄金庆乃病逝于新加坡者，当灵柩运回槟城时竟然有两千侨胞伫立于码头迎候，足见其人望之高。此电发自上海。

与岑春煊等联名致段祺瑞及参众两院议员
告对改组内阁意见电

（一九一七年五月二十二日）

北京段总理，参、众两院议员同鉴：旬日以来，有改组内阁之说，文等身在山林，唯知救国。政府果能遵守大法，销弭战事，国民岂与个人为难？若与政客交换条件，使少数人得被擢用，而以国家为牺牲，无论官僚、民党，悉为国人之所不容。敬布赤诚，惟望决之方寸。孙文、岑春煊、唐绍仪、章炳麟。祃。

据《与岑春煊等联名致段祺瑞与参众两院对改组内阁意见电》（录自国民党党史会藏亲笔原稿），载秦孝仪主编：《国父全集》第四册，台北，近代中国出版社一九八九年出版

与章炳麟联名致黎元洪及参众两院议员
请声讨叛逆电①

（一九一七年五月）

北京大总统及参、众两院议员公鉴：乱党独立，要求元首退位、国会解散，此但威吓行为，断不可长其骄气。中国素习，首重名器，若褫其官位，彼自无所藉手，部曲离散，焉能久长？愿大总统秉至公以待有功，严诛谴以惩有罪，信赏必罚，勿事调停，人心助顺，自无不克。两院诸公宜与宪法共死生，勿惶遽奔散，稍存让步，以保民国代表之尊严。若方针不定，进退失据，则贼焰愈张，而正人丧气矣。危疑之间，亟待决断。孙文、章炳麟。

据《与章炳麟联名致黎元洪及两院议员勿进退失据电》（录自国民党党史会藏原件），载秦孝仪主编：《国父全集》第四册，台北，近代中国出版社一九八九年出版

---

① 此文曾载一九一七年六月八日上海《民国日报》第六版，文字略有出入。

与章炳麟联名致唐继尧促与川和好联合出师电

（一九一七年五月）

黄陂①已属张勋、李经羲调和，是即降于叛党。陆公②持重如陶侃，怠于勤王。公护国首功，有殊余子，若不投袂急起，与川和好，联合出师，非独民国沦亡，将来蚕食所及，西南亦无以自保。及今早图，庶无后悔。一不应中央乱命，二不必与陆公先商。孙文、章炳麟。

据《与章炳麟联名致唐继尧应与川和好联合出师电》（录自国民党党史会藏原件），载秦孝仪主编：《国父全集》第四册，台北，近代中国出版社一九八九年出版

致威尔逊望说服协约国勿诱迫中国参战电

（英 译 中）

（一九一七年六月八日）

因美国首先欢迎我国民主政体，其榜样亦为影响中国结束对同盟国中立的主要因素，值此关键时刻，美国在道义上必定会援助我中华民国。一群叛逆借口对德宣战有利于中国，其真实意图则为复辟帝制，他们力图争取协约国同情和支持，从而获取贷款，名义上作为忠实盟友参加协约国，实则为了达到他们自私的目的。中国人民知道他们罪恶活动的真实动机，激烈反对中国参战，因为参战结果是彼辈利用现今正在欧洲引起战争灾祸的军国主义压制人民，废弃国会。虽则军国主义者占有优势，只要阁下现在使各友邦了解真相，并运用您的影响，得到这些国家合作，防止中国卷入欧战，我们定能永远战胜他们，维护民国。依靠这一友好行动，我们能顺利消灭中国的军国主义和无政府主义。为了人类事业，我期待阁

---

①　即黎元洪。
②　即陆荣廷，时任两广巡阅使。

下的援助。孙逸仙。

据高鸿志:《孙中山致威尔逊的三封电函》
(译自《孙中山致威尔逊》一九一七年六月
八日,《威尔逊书信文件集》第四十二卷),
载北京《历史研究》一九九四年第四期

致威尔逊望促使协约国对中国内
部斗争保持中立电

(英译中)

(一九一七年六月九日)

　　阁下:在我向您发出呼吁的同时,传来阁下对我国政治家的忠告,谨以我的同胞的名义,对阁下具有远见而及时的警告表示最深切的谢意。

　　只要中国仍为军国主义和民主的敌人所控制,中国绝不可能实现统一与和平。我们准备为消除这些祸因而献出生命,盼望阁下促使各国保持中立,给予我们公平对待。孙逸仙。

据高鸿志:《孙中山致威尔逊的三封电函》
(译自《孙中山致威尔逊》一九一七年六月
九日,《威尔逊书信文件集》第四十七卷),
载北京《历史研究》一九九四年第四期

与章炳麟联名致陈炯明嘱宣布拥护国会电

(一九一七年六月十日刊载)

　　广州陈竞存先生鉴:闻公发起国民大会,岭表一振,则全国希〔望〕风,叛党当自崩沮。目前伪政府鼠伏天津,哀求外国承认,悉被却回。而复辟、推冯两说,自相竞斗,团体涣散,至于攘臂。不得已又有拥护总统、解散国会之议,彼势既穷,则取乱侮亡,正其时也。乃黄陂不察实情,求与调和,以损元首之尊严,国会亦或自议解散，冀为黄陂解围，免于废立。不知国会一散，去中坚而存守府，叛党得挟元首以令全国，反客为主，其祸更甚于反侧跳梁。君在今日，宜宣言拥护国会，不应宣言拥护总统。拥护总统之说一出，适使叛贼占据上游，而我堕其术中。去岁军务院所以取消者，正为太阿授人，自致屈伏，此乃已成之殷鉴也。况今者群盗鸥张，叛形已著，黄陂与之讲解，实同降伏。元首降贼，而人民复靡以从之，譬彼徽钦从官，追随俘虏，妇寺小忠，适为孤负全国矣。要之，国会为民国之命脉，调和乃藉寇之资粮，今所与人民誓约者，以保障国会、歼灭叛徒为限。一事未成，必不罢兵旋旆，使叛徒倔强如故，固当出义师而申讨。即叛徒取消独立，亦当以甲兵为大刑。斯言一出，全国乃有方针，纵使迫成篡窃，我直彼曲，亦何所畏。慎毋瞻徇顾忌，姑息爱人，致堕入陷阱也。清胡林翼有言："自降于贼，而美其名曰贼降。"斯语可为千秋金鉴。孙文、章炳麟。

据《孙章两先生致陈竞存电》，载一九一七
年六月十日上海《民国日报》第一张第二版

与章炳麟致黎元洪伍廷芳反对解散国会电

（一九一七年六月十日）

　　北京黎大总统、伍总理鉴：近知天津伪政府不得列国承认，形见势绌，不得已复求庇荫于我公。张勋、熊希龄身任调停，倪嗣冲、汤化龙复称拥戴，调停战事之人即主张复辟之人，拥护元首之人即主张废立之人，诪张为幻，至于此极。盖自去岁帝制罪魁未及惩治，虽有通缉命令，而往来腹地如故，是以奸人反复，绰有余裕。若复任其调和，以口头之拥护欺总统，以违法之解散威国会，国会去，则民国有名无实，总统徒守府仰，成亡民国之责，恐无人能与总统分任之矣。今者西南诸省扶义而起，为救民国，非但为扶总统一人。伪政府首领徐世昌及倡乱督军、省长、护军使辈，以及去岁帝制罪犯，指嗾叛乱之段祺瑞、□□□①、张勋，身为主谋，梁启超、汤化龙、熊希龄等，有一不诛，西南诸省之兵义不能罢。总统若徇彼叛徒强请，赦其既往，或至危及国会，各省恐亦不能信为中央之治命，

---

　　①　应指冯国璋。

违法曲从。种种维持统一之迁言，列强干涉之危语，皆不足以感西南真正之舆论。愿总统勿为所蔽，奉大法以治国，依民意以御暴，文等庶几得长为民国一国民。事迫势危，不暇饰言，惟愿谅察。孙文、章炳麟。蒸。

据《孙章两先生请大总勿受调和电》，载一九一
七年六月十一日上海《民国日报》第一张第二版

致参众两院议员盼南下护法电^①

（一九一七年七月四日）

北京民党议员通讯处转两院议员鉴：艰苦备尝，始终不渝，民党精神，惟寄国会。此次时局陡变，暴力之下，已无国会行使职权之余地，亟应全体南下，自由集会，以存正气，以振国纪。兹特派汪君精卫驻沪招待，刘君成禺、符君梦松北上欢迎，请毅然就道，联袂出京，无任盼切。

据《孙中山请两院议员南下电》，载孙曜编：《中华
民国史料》，上海，文明书局一九二九年五月出版

与章炳麟联名致陆荣廷告已抵汕并盼相会于穗电

（一九一七年七月十一日）

急。南宁陆巡阅使鉴：大局垂危，亟须拯救，南方责任更不容辞。某等庸劣无才，不忍旁观坐视，虽无寸柄，愿效著筹，务灭横行，以期奠定。昨已由沪抵汕，将速赴粤。闻公足疾已愈，堪以首途，幸即鼓轮珠江，俾得聆诲，至深盼祷。文、炳麟同叩。尤。（印）

据《孙章陆三公将会于粤》，载一九一七
年七月十八日上海《民国日报》第七版

---

① 此件系从王用宾等《致参众两院议员函》中摘录。原文为："两院议员公鉴：顷接本党总理中山先生自广州来电，文曰：'……'等语。合行转告同仁，希即察照。顺颂议祺。王用宾、彭养光，王垣、焦易堂等谨启。"

致陈炳焜告行期未定电

（一九一七年七月十一日）

　　急。广州陈督军鉴：真电敬悉。承派龚、覃二君至港欢迎，愧不克当，且行期未定，更不敢劳二君久候也。今日竟存偕太炎、执信回省趋谒，已嘱面陈一切，至何日启程，当再电告。孙文。（印）

据《孙中山莅粤之先声》，载一九一
七年七月二十一日上海《申报》（六）

致岑春煊等告省会巳电请议员来粤
开会并询赴粤行期电

（一九一七年七月十八日）

　　上海岑西林①、伍秩庸、唐少川钧鉴：篠日抵粤，邦人士合词请愿出师讨贼，军民长官亦均浃洽。省会已电请议员来粤开会，人心时势，两属难得，左提右挈，端盼不弃。何日命驾？仍乞先示。孙文。叩。巧。

据《孙中山电催各要人来粤》，载一九一七
年七月二十九日上海《中华新报》第二版

致陆荣廷催赴粤共商要政电

（一九一七年七月十八日）

　　武鸣探送陆巡阅使钧鉴：前饬胡汉民君奉诣，荷推爱招迎，至感。镍日文由沪至粤，晤陈督军，始知尊恙未全愈，殊深系念。此次政变，纷谲万端，推其本

---

　　① 岑春煊，号西林。

根，要皆西南诸省联结未周，而北方窃权怙兵之徒，乘机抑压护国各省，推倒民国，遂彼私图。今者复辟虽败，叛者尚存，将来变端，可以预决。文等以为吾侪当此艰危之局，必当共同负责。近闻台端疾已稍痊，务乞扶舆东下，公商要政。孙文叩。巧。

据《孙中山电催各要人来粤》，载一九一
七年七月廿九日上海《中华新报》第二版

致某君告抵粤电

（一九一七年七月十八日）

（上略）均鉴：文乘"海琛"舰篠日抵粤，拟候明早解决国事（按此语甚有疑义）①。如有电示，请由粤督军转赐。先此奉闻。孙文叩。巧。省代印。

据《孙中山通告抵粤电》，载一九一七年
七月二十二日长沙《大公报》第二页

复陆荣廷望支持护法主张电

（一九一七年七月二十四日）

马电奉悉。清室逊位，本因时势。张勋强求复逆〔辟〕，亦属愚忠，叛国之罪当诛，恋主之情自可悯。文对于真复辟者，虽以为敌，未尝不敬之也。今张勋虽败，而段祺瑞等以伪共和易真复辟，其名则美，其实尤窳。民国之号虽复，而祸乱之机方始，与公倡义护国之旨相戾已甚。国会者，民国命脉所存，托名民国，独去国会，则凡百措施皆为背法。彼叛人既不利有国会，我护法者必当拥护之。是以文到粤后，即电请国会议员来粤，自由集会，将来再由国会以决凡百措施。布置既周，乃以海陆军护送国会至国都，然后可使基础不摇，成一劳永逸之计。不然，则今日外人已认民国为未有合法之政府，将来危险更不堪言。我公再造民

---

① 长沙《大公报》编辑注释。

国，勋在宇宙，救国之画，必有早定。既承勉以共济，尚乞协力主持。孙文。敬。

据《主张护法致陆荣廷电》，载胡汉民编：《总理全集》第三集，上海，民智书局一九三〇年二月出版

与唐绍仪致民党上海同人望捐除成见一致对外电

（一九一七年八月二十日）

段内阁以中华民国之名义起至与德、奥两国立于战争之地位。段内阁之政策本非吾侪所感赞同，其如兹事体大，有关国命，吾党只有捐除成见，暂停内政进行，俾得一致对外，以树国威。

据《粤中党人变计之传闻》，载一九一七年八月二十一日天津《大公报》第一张第二、三版

与程璧光等联名致日本寺内首相等望
支持中国护法事业电①

（一九一七年八月二十五日刊载）

寺内首相、本野外相、犬养毅、涩泽男爵、头山满诸氏：日本国力与文明，有今日以盛大者，实肇自于维新。中国素尚守旧，国力衰弱，然得以苟安旦夕者，未始非日本之荫庇也。故此后东亚文明之兴废，亚洲民族之存亡，全视中国之政治能否适合于国家的生存而决。当满人之治中国也，贵族官吏布满全国，道德废颓古难寻例，凡可以助长人民进步、国家发展者均被压抑殆尽。二十年来，吾人为中国国民图永久之安宁幸福，为亚洲民族谋文明之进步发展，决计将妨害此目的之中国旧势力，歼除清净，而创造以国民多数幸福、亚洲和平为目的之新国家。差幸此爱国爱洲之精神，暂次弥蔓焕发，不仅国民相扶相助，即友邦人士亦深寄

---

① 该电由孙文、程璧光、林葆怿、李烈钧、吴景濂、王正廷等联名签署，经张继、戴季陶携带赴日本交寺内首相。

同情。故武昌首义，天下响应，不数月而中华民国于焉肇造，旧官僚之势力遂为此爱国爱洲之精神所压服耳。吾辈为图平和之速复，不愿竞争实权，犹令彼辈掌握民国政权之中心，方翼〔冀〕其思想行动，痛改旧察。乃数年以来，怙恶不悛，专横暴戾，较昔尤烈。若长此不图消灭，则将来贻误东亚大局，致祸中国国民，最〔曷〕堪设想。夫吾人之目的原在平和，但姑息以求平和，致东亚全体招不测之乱亡，吾人亟亟以为不可也。此吾辈所以联合全国爱国爱洲之陆海军人，力兴讨逆之义军，以期扫除叛逆，还我民治也。日本为中华民国之友邦，日本国民为中华民国之至友，吾人深望日本朝野上下，对于中国国民爱国爱洲之精神，与讨逆护法之行动，与以道德的同情，使中华民国定坚固之基础，则两国家及国民的永久之提携，必因此道义精神更致巩固，而两国国民所共同希望之亚洲共和与文明发展亦得实现。否则恐混乱国规，沮丧元气，遗误我东亚发展之时机耳。假令中国失此容易改革之时机，以招将来之危亡，恐影响所及，日本亦因之受莫大之危险耳。唇齿辅车之义，今日尤为切要。故今所希望友邦者，至深且厚。谨沥陈中华民国国民之精神的要求，以告友爱乡邦之政府及人民，幸垂鉴察！

据《孙程等对于日本朝野之陈情》，载一九一七年八月二十五日上海《中华新报》第二张第二版

主张川滇黔军事统一推唐继尧
为三省靖国军总司令通电

（一九一七年九月一日）①

自督军坏法，国会解散，民国沦亡，建树义声，拥护约法，实惟西南是赖。川、黔之斗，本由误会。北兵入蜀，祸等燃眉。唐督军②扶义北征，心无固我，

---

①　底本未说明日期，此据粤海关英文情报《每日时事报告簿》一九一七年九月一日条确定，见广东省档案馆编译：《孙中山与广东——广东省档案馆库藏海关档案选译》"三、中华民国军政府时期（第一次护法）"，广州，广东人民出版社一九一六年十月出版。

②　指唐继尧。

而熊镇守使、周师长①赞成西南义举，力拒吴军②。川、滇、黔之和解，既有端绪，此后当以一致抵御北军为主旨。三省形势相依，军事行动宜求统一。鄙意谓宜设川、滇、黔三省靖国军总司令，由唐公③担任，统率既归于一，庶指臂之效可期。除将此义函告三省国会议员，请其在非常会议赶请公决外，特此电如〔陈〕，陈〔如〕荷赞同，请合词推举，俾早收统一之效。孙文。（印）

据《孙中山对于川滇事之主张》，载一九一七年九月七日上海《申报》第二张（六）

复黎元洪望早日来粤电

（一九一七年九月三日）

天津黎大总统钧鉴：顷奉来电，知已出虎口，悲喜交集。文前在海上，曾与海军程总长商遣军舰至秦皇岛奉迎，未获如愿，私心耿耿。既而与海军舰队相继来粤，会合西南义师，一致讨贼，誓与民国共其存亡。东日国会非常会议投票，以兴师讨贼之任，付之文与陆、唐二公。深观外交大势，及内部人心兵力，逆贼歼除，实可操券。西南士民望公如岁，乞早日莅临，以振方新之气，而慰来苏之望。存亡绝续，间不容发，不胜瞻企之至。孙文。江。

据《九月三日致黎大总统》，载广州《军政府公报》第一号，一九一七年九月十七日

致唐继尧告派章炳麟赴滇商榷护法方略电

（一九一七年九月三日）

云南唐元帅鉴：文以驽钝，辱国会非常会议以讨贼护法之责相诿诿。际此艰

---

① 指熊克武、周道刚。
② 指吴佩孚军队。
③ 指唐继尧。

难，岂敢谢责？已谨于蒸日就职。伏念滇中僻处南陲，交通阻滞，未能与执事共规大计，殊碍进行。刻特派本府秘书长章炳麟君为文全权代表，于本日由港来滇。尚希执事与之商榷方略，以利戎机，国事幸甚。孙文。江。

据《九月三日大元帅致唐元帅电》①，载广州
《军政府公报》第一号，一九一七年九月十七日

致陆荣廷望共襄护法电

（一九一七年九月三日）

南宁陆元帅鉴：国会以兴师讨贼之任付之吾辈，此时国家存亡绝续，间不容发。受命于颠沛流离之际，以效死为勇，不以谦退为高。公为国长城，西南半壁，视公马首，望奋然而起，当此大任，庶民国有中兴之望。军府草创，用人行政，一切机宜，得公主持，始无贻误。遥度固得南针，亲临尤慰霓望。谨掬至诚，尚祈鉴察。昨由上海转来黎大总统平安抵津之电，已即去电奉迎②。公如有电，此间可设法照转。孙文。江。

据《九月三日致陆元帅电》，载广州《军
政府公报》第一号，一九一七年九月十七日

复唐继尧请速就元帅职并派章炳麟面陈电

（一九一七年九月十六日）③

滇督军署转行营唐督军鉴：义密。蒸电敬悉。权奸祸国，自□文□港舰队南

---

① 底本误作《九月十三日大元帅致唐元帅电》

② 国会非常会议于九月一日选举孙文为大元帅，唐、陆为元帅，组织军政府。陆对组织军政府、推举元帅均持异议，并以"尚有大总统在，军政府不便组织"为理由力辞元帅职。此电中所云"黎大总统平安抵津，已即去电奉迎"之语，即驳陆之意见。

③ 中华书局版《孙中山全集》时间作一九一七年八月十六日。但电文内有"顷以议员在粤开会，于执事及文皆有推举"等语，当系九月一日非常国会选举大元帅、元帅之后。即电文时间应为九月十六日。

来，期与西南各公戮力同心，骈诛反逆。顷以议员在粤开会，于执事及文皆有推举。推原其意，以为名义既定，而后对内对外责有所归，并非以权利许人，以为讨逆之报酬。今日国运颠危，吾人以身许国，久无权利之志，义务实不容辞。惟望我公体国步之艰难，鉴于议员之诚意，早日就职，毋为世俗流言所误。余由秘书长章太炎君面陈。孙文。谏。（印）

据《唐继尧档案卷》原件，昆明、云南省档案馆藏

致陆荣廷嘉勉出师援湘电

（一九一七年九月十七日）

南宁陆元帅鉴：两粤以我公主倡，将士一致决定出师援湘。西南局面转固，民国前途有赖矣。文正董率义师，声讨国贼。期使国会更生，黎公复职，从此袍泽可共，骖靳相随，西瞻邕桂，喜慰无已。孙文。霰。

据《大元帅致陆元帅电》，载广州《军政
府公报》第二号，一九一七年九月二十日

复刘建藩等嘉勉扶义湘南电

（一九一七年九月二十一日）

零陵刘镇守使，并转林旅长、谢旅长，张、王〔黄〕① 各司令均鉴：巧电敬悉。诸君子扶义湘南，摧阻逆焰，风声所树，观听顿易。尚冀踔厉进行，克竟肤功，荡涤瑕秽，重奠共和，大局实利赖之。孙文。箇。

据《大元帅复零陵镇守使电》，载广州《军政府
公报》第四号，一九一七年九月二十二日

---

① 即湖南第一师第二旅旅长林修梅，湖南守备队永属区司令谢国光、江道区司令张建良、江道区副司令黄岱。

复唐继尧促即日宣布就元帅职电

（一九一七年九月二十九日）

　　云南唐蓂赓先生鉴：义密。宥电敬悉。军政府新□，对外关系至多，若我公再事执谦，则外交上之承认与借款，必致阻碍。一发千钧，当仁不让。即乞即日宣布就职，以救危亡。文。艳。

据《唐继尧档案卷》原件，昆明、云南省档案馆藏

致唐继尧告军事内国公债筹募事宜电

（一九一七年九月二十九日）

　　云南唐元帅鉴：《军事内国公债条例》业经国会非常会议议决有日，公布此项公债，可分给各省出师讨逆饷糈。执事统军出发，需饷良殷，此间如募有的款，即当竭力揖助。倘贵省力能筹募，亦可将债票寄由贵省自行募集。特此预闻。孙文。艳。

据《大元帅致唐元帅电》，载广州《军政府
公报》第九号，一九一七年九月二十八日

致陆荣廷告军事内国公债筹募事宜电

（一九一七年九月二十九日）

　　南宁陆元帅鉴：《军事内国公债条例》业经国会非常会议议决有日，公布此项公债，可分给各省出师讨逆饷糈。执事派兵援湘，需饷良殷，此间如募有的款，即当竭力揖助。倘贵省力能筹募，亦可将债票寄由贵省自行募集。特此预闻。孙文。艳。

据《大元帅致陆元帅电》，载广州《军政府
公报》第九号，一九一七年九月二十八日

致唐继尧告伍廷芳决心来粤盼速
致电促行并询川情电

（一九一七年十月五日）

云南唐元帅鉴：申密。伍秩庸先生决心来粤维西南大局，闻陆帅已有函交伍朝枢往沪欢迎。盼公速致电促行。川情如何？并望示知。孙文。歌。

据《唐继尧档案卷》原件，昆明、云南省档案馆藏

复林德轩嘉慰率师北伐电

（一九一七年十月六日）

衡州刘镇守使探转林德轩①先生鉴：豪电悉。知拟率所部北伐，热忱毅力，至堪嘉慰。望即与覃理鸣②君妥为策划，与在湘各军接洽，勉事进行，以树大勋。谭兼督处已另行电告矣。此复。孙文。六月。

据《致湘鄂各将领电》（一），载胡
汉民编：《总理全集》第三集，上
海，民智书局一九三〇年二月出版

复章炳麟嘉慰促唐继尧决心北伐电

（一九一七年十月七日）

云南唐元帅转章太炎先生鉴：义密。冬电。唐帅决心北伐，赞同军政府，先生此行，益资固结，良用嘉慰。文猥承大任，义必坚持，国会诸君时相接洽，均

---

① 林德轩时任湖南省清乡督办兼全省守备队司令。
② 覃振，字理鸣。时任湖南检阅使、海陆军大元帅府参议。

能和衷共济，可副雅怀。陆帅、陈督近因利害共同，联络已趋一致，分路出师，计可实行。尚望时慰箴言，以匡不逮。孙文。阳。（印）

据《致云南章太炎唐继尧王文华等电》（十五），载胡汉民编：《总理全集》第三集，上海，民智书局一九三○年二月出版

致唐继尧盼宣布就元帅职电

（一九一七年十月八日）

滇唐元帅鉴：义密。程玉堂①总长由南宁返粤，陆帅决心讨逆，已昭誓约，两广可归一致。军府声威系于诸军，公负海内重望，早经誓师北伐，务请首先来电，宣布就职，陆帅自不便独异。军府之臻固结，不待战事开始，外交即可认为交战团体。此中关键，想已洞鉴，不胜盼切。孙文。庚。（印）

据云南省档案馆《护法运动中孙中山致唐继尧电报选》，载南京《历史档案》一九八五年十二期

致章炳麟嘱劝唐继尧就元帅职电

（一九一七年十月八日）

云南唐元帅转章太炎先生鉴：义密。程玉堂总长由南宁返粤，陆帅决心讨逆，已有誓约，两广可归一致。外交承认，关键在视诸帅是否就职。先生望重海内，唐帅必能见听。除另电请即宣布就职外，务望速为劝驾。唐就，陆必不辞。势难再缓，幸力图之。孙文。庚。（印）

据《致云南章太炎唐继尧王文华等电》（十七），载胡汉民编《总理全集》第三集，上海，民智书局一九三○年二月出版

---

① 程璧光，号玉堂。时任海军总长。

致唐继尧告派章炳麟为全权代表赴滇
望与之商榷一切电

（一九一七年十月十三日）

　　唐元帅鉴：军府初置，万务待理。文虽薄德，岂敢告劳。惟滇中相隔遥远，未能与执事共规大计，以利戎机。谨派本府秘书长章太炎君为全权代表，日内启程，尚希执事与之商榷一切，协力同规，期拯国难，全国实利赖之。孙文叩。元。（印）

据《云南军事纪闻》，载一九一七年
十月二十二日长沙《大公报》第三页

致程潜等嘉奖起义讨贼并告派林祖涵驰往存问电

（一九一七年十月二十日）

　　衡州程总司令、赵师长、林旅长、林民政处长、永州刘镇守使①均鉴：段逆窃柄，国法攸斁，衡永首义，万方警省，既开天下之先，已褫奸人之魄，会师武汉，直在指顾，疆场贤劳，曷胜系念。兹林祖涵驰往存问，藉致拳拳。恋〔惩〕奸回之彙逆，我武维扬；系国本于苞桑，共拜嘉贶。孙文。哿。（印）

据《护法之役致川滇黔湘各省要电》（五），
载胡汉民编：《总理全集》第三集，上海，
民智书局一九三〇年二月出版

---

　　① 即程潜、赵恒惕、林修梅、林支宇、刘建藩。

复林镜台询袁祖铭应加委何职电

（一九一七年十月二十二日）

云南督军署转行营黔军游击军司令石青阳转林参议镜台鉴：元电悉。川中赞同义军，大局之福。刻冀帅①已亲赴前敌指挥，倘重庆早下，宜急趋大江，则形势成矣。袁君②勇略可佩，应加委何职？请电告，以凭核办。诸将士战争劳苦，望随时宣布军府轸念之意。孙文。祃。

据《致川滇黔靖国军各军将领电》（十六），载胡汉民编：《总理全集》第三集，上海，民智书局一九三〇年二月出版

复章炳麟告惠事真相电③

（一九一七年十月二十五日）

云南唐元帅鉴：申密。译转章太炎先生鉴：效电敬悉。竞存前因陈督④收其亲军，故在惠招集旧部。嗣闻梁士诒亦适嗾莫擎宇、张天骥⑤等在惠独立谋粤，竞存乃急止所部举动，梁、段谋遂败，故惠事骤发即定。联梁说实诋传，此间仍与陈督协议，拨回前亲军，陆、陈⑥意亦渐接近。本日派溥泉谒陆商方略，俟稍妥协，即分另出师。先此奉复。以后倘来电，有关粤事，请改用申密。孙文。有。

据《致云南章太炎唐继尧王文华等电》（十八），载胡汉民编《总理全集》第三集，上海，民智书局一九三〇年二月出版

---

① 即唐继尧。
② 指袁祖铭，时任职黔军一路二纵司令。
③ 章炳麟时任大元帅府秘书长，派驻云南。
④ 指陈炳焜，时任粤省督军。
⑤ 莫擎宇时任潮梅镇守使，张天骥时任惠州军务督办。
⑥ 指陆荣廷、陈炳焜。

致张煦望与唐继尧合作电

（一九一七年十月二十七日）

　　唐元帅行营转宁远屯殖使张午岚君鉴：冯、段违法叛国，逼退总统，解散议会，民国真谛，不绝一缕。文膺非常国会之选，忝列元戎，为国讨逆，绠短级〔汲〕深，殊惧陨越。足下侠心毅力，共和干城。时闻谢慧生①君称道足下志行，辄为倾倒，袍仇之同，谅早心契。唐公蕢赓，仁勇公诚，海内同钦，护法爱国，声彻金石，尚希足下声应气求，联为一致，以星罗碁布之谋，收众志成城之效，惟足下实图利之。西瞻宁远，无任神驰，秋风不吝，还乞教我。孙文叩。感。（印）

据《大元帅致张屯殖使午岚电》，载广州《军政府公报》第十九号，一九一七年十月三十日

复谭延闿程潜望即率劲旅迅攻岳州电

（一九一七年十月三十日）

　　长沙谭督军、程总司令鉴：敬电悉。忠勇至诚，溢于言表。苟且言和，非所夙许。所示各节，岂不赞同？顷得沪电，知北军陆续南下，宁已下动员令，战事当不远。望即率劲旅，迅攻岳州，分其势力。文以护法始，以护法终，必殚竭棉力，以相援助。望诸公共勉之。孙文。陷。

据《致川滇黔靖国军各军将领电》（十三），载胡汉民编：《总理全集》第三集，上海，民智书局一九三〇年二月出版

---

① 谢持，字慧生。

复唐继尧嘉勉督师入蜀并告此后应行筹商事宜可与滇省全权代表李烈钧接洽电

（一九一七年十一月十日）

滇唐元帅鉴：义密。江电悉。公督师入蜀，定可早定川局，长驱武汉，直捣燕京，曷胜忭颂。承示请协和①执事全权代表，此后关于应行筹商事宜，即遵与李协和接洽。孙文。灰。（印）

据《唐继尧档案卷》原件，昆明、云南省档案馆藏

致唐继尧请援助黄复生等部民军电

（一九一七年十一月十日）

云南唐元帅鉴：申密。川事非得民军相助，不足以资提挈。黄复生、卢师谛在泸组织四川民军，兹已任命黄为该军总司令，卢为副司令。石青阳在綦江亦组民军，已任为川东招讨使。关于牵制逆军及调和川军，此次〔三〕②人均可为用，请量予援助，并电前敌各军长转饬各师③、旅、团长知照，互相接洽，以资连络是幸。孙文。灰。（印）

据《唐继尧档案卷》原件，昆明、云南省档案馆藏

---

① 李烈钧，字协和。时任军政府总参谋长。
② 据胡汉民《总理全集》订正。
③ 删去一衍字"长"。

复章炳麟等告粤桂政情并嘱促唐继尧
宣布就元帅职电

（一九一七年十一月十一日）

云南唐元帅转行营章太炎、郭、王、刘、段、平诸先生鉴：申密。电悉。伪
政府利用此间弱点，捣乱粤局。粤、桂如起内讧，于援湘即生障碍，西南全局或
致动摇，即军府亦难立足，此理至明，人所共见。惟陆、陈①始终不晤〔悟〕，近
派溥泉使陆，请其承认军府，文必降心相从，即退让亦无不可。兹又派汉民往梧，
迄未得其答复。粤对陈感情太恶，其中情形复杂，双方皆有通北之嫌，甚至玉堂
之态度，亦颇难测。日间决裂之势，益形岌岌，军府既无实力，无从发言，所幸
海军尚能自保。唐帅既已亲自督师，理应即日宣布就元帅职，以壮军威；并电促
陆，使其自觉孤立，非与军府固结，则将为粤人所逐，自可审度利害，就我范围，
举足重轻，系于唐帅，惟诸君图之。孙文。真。（印）

据《致云南章太炎唐继尧王文华等电》
（二十），载胡汉民编：《总理全集》等
三集，上海，民智书局一九三〇年二月出版

复唐继尧赞成联名致电日本劝阻借款电[②]

（一九一七年十一月十二日）

云南唐元帅鉴：申密。阳电悉。段逆诡谋军械借款，借外兵以杀国民，卖祖
国而利一巳〔己〕，实为世界之公敌，亦即日本所鄙弃。日本朝野一致主张中日
亲善，岂有助段逞逆，尚能与我国民亲善之理？试观其舆论之反对，即知段逆狡

---

① 指陆荣廷、陈炳锟。
② 此件均据上海《民国日报》一九一七年十一月二十二日第六版《西南当局反对军械借
款》校改或订正。

谋〔之难成。公拟〕联合〔合〕致电日本，词中肯要，文极端赞成。请〈即列〉
鄙名径由尊处拍发，以免迟缓及电码重译致误。孙文。文。（印）

据《唐继尧档案卷》原件，昆明、云南省档案馆藏

复张煦嘉慰宣布独立并嘱静候唐继尧指挥电

（一九一七年十一月十三日）

云南唐元帅转靖国联军第七军张司令煦鉴：冬电悉。遥闻独立，深明大义，
良用嘉慰。唐帅已督师入蜀，自可静候指挥，提携川军，共下武汉，期在君等。
饷械宜就近请唐帅接济。孙文。元。

据《唐继尧档案卷》原件，昆明、云南省档案馆藏

致唐继尧陆荣廷赞同发起西南联合会议电

（一九一七年十一月十四日）

云南唐蓂赓先生、梧州陆干卿先生均鉴：蓂赓先生佳电敬悉。北逆势骄，且
挟外力，西南局势涣散，若无具体之联合，恐不足以资抵抗。原电似有联合西南
之意，但若无具体办法，宜即时发起西南联合会议，务期联合西南各省为一大团
体，兵家所谓先爱不可胜者是也。如蒙赞同，即希公决集会地点及时期，以便联
名招集，伫候答复。孙文。寒。（印）

据《唐继尧档案卷》原件，昆明、云南省档案馆藏

复章炳麟告并无派赵端为招抚使电

（一九一七年十一月十五日）

转章太炎先生鉴：真电奉悉。此间并无派赵端为招抚使，倘有假名招摇踰越
轨范举动，请商由蓂帅酌予处置。滇、川事得左右及蓂帅主持，川事又委黄、卢

黄：黄复生，卢：卢师谛。办理，文亦何乐纷歧事权，以生掣肘，想亮及之。孙文。删。

据《护法之役致川滇黔湘各省要电》，载 胡汉民编：《总理全集》第三集，上海，民智书局，一九三〇年二月出版

复金国治等望乘胜直捣潮梅电

（一九一七年十一月十八日）

老隆兴记转军政府潮梅第一支队长兼前敌司令金司令国治①，并王、张两团长鉴：巧电悉。我军勇武，攻克铁场等地，足令逆贼胆寒，望乘胜长驱直捣潮梅，肃清妖孽。邹总司令②克日亲赴前敌，与诸君戮力进行。大元帅孙文。巧。

据《军政府派军进攻潮梅告捷电》，载一九一七年十一月二十五日上海《民国日报》第六版

致孙洪伊告议和当以取消非法机关
恢复旧国会为条件电

（一九一七年十一月十八日）

上海孙伯兰先生鉴：密。段逆既倒，议和在即。惟吾人护法讨逆，原以恢复约法效力及旧国会目的，舍此不提，则吾人此次举义，即成无意识之举动。是以北方将士，苟其以大局平和为重，当以取消非法机关恢复旧国会，为惟一无二之条件。倘仍段逆故智，则吾人一息尚存，决不与违法叛国者共戴。区区之意，谅执事定有同情。尚祈努力鼓吹，坚持到底，无任盼祷。孙文。巧。

据《电商议和》，载一九一七年十一月二十五日上海《民国日报》第三版

---

① 金治国时任军政府潮梅第一支队长兼前敌司令。
② 指军政府潮梅军总司令邹鲁。

致陆荣廷等联名致日本寺内首相等请拒绝
向段祺瑞政府提供借款电

（一九一七年十一月二十日）

　　东京寺内首相、本野外务大臣、外交调查会、贵族院、枢密院、众议院、各政党领袖公鉴：中日邦交，年来益敦睦谊。此其故固由贵国本维持东亚和平之力，同情于我国国民革新事业之诚意有以致之；而我国民循世界潮流，竭心力以摧灭暴戾不法之旧势力，实为之动机也。循斯轨道，相携以进，两国前途互有幸福。

　　昔者袁世凯违背我国民公意，坏法称兵，我国民起而击之，贵国亦仗义而言之。在我国民以袁氏为逆，背世界潮流之罪魁；在贵国以袁氏为扰乱东亚和平之乱种故也。

　　段祺瑞昔虽反对袁氏，而政治腐败，实不失为袁氏嫡派。故自任总理以来，凌辱元首，压迫国会，招集军人谋叛，酿成宣统复辟，种种举动，世界之立宪国民久闻而冷齿。我国民为达革新政治之目的计，不能不起兵致讨。即在贵国，为巩固东亚和平计，当亦于我国民表无限之同情。

　　乃者报纸宣传，段氏近以出兵兴师之名，向贵国借款数千万，购军械药弹无算，拟在北方新编军队十师。此等风说，迭据传说，似非无因。且段氏自受我国民出兵征讨以来，势穷力蹙，事实昭然。出兵欧洲，非其所能，或者假托名义，向贵国诈取军械巨款，用以压迫护法之国民。若贵国助不法之旧派政治家，以摧残护法之革新政治家，以人道主义言之，亦属背道而驰。某等固深望此种谣传为非确也。倘段氏不量，果向贵国有此要求，甚望诸公勿为所动，严词拒绝，斯可减少逆军之战斗力，使义军速奏勘定之功。他日我革新之国民，起而掌握政权，与贵国永远维持东亚和平之心，握手同行，以增中日两国人民之幸福也。临电神驰，无任企祷。孙文、陆荣廷、唐继尧、谭浩明、陈炳焜。哿。

据《大元帅唐陆两元帅谭陈两督军联名致
日本当局电》，载广州《军政府公报》第
二十七号，一九一七年十一月二十三日

复唐继尧促即就元帅职并赞同李烈钧组织
军事联合会及政务委员会电

（一九一七年十一月二十一日）

　　滇督军署转行营唐元帅鉴：申密。迭奉文、巧、皓各电敬悉。闻赵、黄、顾①各军在川屡获大捷，义帜所临，足寒逆胆，至可欣贺。望借屡胜之威，即就元帅之职，以慰国人之向望，则西南基础益形巩固，前途发展当可预贺。粤局始以陈督不理于众，日内情形极纷纭。现陈督既退职，此次继任者倘能公忠卫国，共济艰难，则各方不合，捐蠲嫌怨，设谋抗敌。文志在为国，固毫无芥蒂之私也。协和②兄主张组织军事联合会及政务委员会各节，足收同力共举之效，鄙意亦甚赞同。望由尊处分促进行。近闻日内京中段逆确已辞职，军械借款或能中止，否则即由敝处体察情形，联名③电日。特此奉复。孙文。箇。（印）

据《唐继尧档案卷》原件，昆明、云南省档案馆藏

复金国治等嘉奖克复五华电

（一九一七年十一月二十一日）

　　老隆兴记转金司令国治，黄参谋，张、王两团长，刘、□两队长览：哿电悉。知我军乘胜进取，克复五华，具见调度有方，士气奋勉，至为欣慰。望仍努力前进，伫盼大捷。大元帅孙文。马。

据《大元帅复金司令电》，载广
州《军政府公报》第二十六号，
一九一七年十一月二十一日

---

① 即赵世铭、黄毓成、顾品珍。
② 原为"更望"，据胡汉民编《总理全集》校改为"协和"，即李烈钧。
③ 原为"否则即由敝处全察情形复电"，据胡汉民编《总理全集》校改。

复袁祖铭嘉勉努力讨逆电

（一九一七年十一月二十一日）

　　云南督军署转行营黔军袁纵队长祖铭鉴：元电悉。知躬率劲旅，屡奏克捷，具见将士用命，指挥有方，至为欣慰。尚望努力前进，克竟大勋，临电驰念。孙文。箇。

据《大元帅复黔军袁纵队长祖铭电》，载广州《军政府公报》第二十七号，一九一七年十一月二十三日

复张煦望淬励师旅力锄逆党之根株电

（一九一七年十一月二十一日）

　　云南督军署转行营靖国联军第七军张午岚司令鉴：铣电悉。仗义执言，声讨逆贼，爱国热忱，昭然若揭，殊堪敬佩。望淬励师徒，努力进行，贯彻始终，克遂初志，力锄逆党之根株，勿惑调停之邪说，庶坚持不懈，以集大勋。孙文。箇。

据《大元帅复张司令煦电》，载广州《军政府公报》第二十七号，一九一七年十一月二十三日

复王文华嘉慰进赴前敌并望会攻重庆直趋武汉电

（一九一七年十一月二十二日）

　　云南督军署转行营王电轮师长鉴：殿密。效电敬悉。知督率劲旅，进赴前敌，至为欣慰。石青阳部并承补助，尤感。此次滇、黔联军攻川，屡奏大捷，倘江津得手，望即会攻重庆，然后顺流东下，直趋武汉，则长江之形势定矣。军旅多劳，临电神驰。孙文。祃。

据《致云南章太炎唐继尧王文华等电》（二十四），载胡汉民编：《总理全集》第三集，上海，民智书局一九三〇年二月出版

复林镜台询应加委袁祖铭何职电

（一九一七年十一月二十二日）

云南督军署转行营黔游击军司令石青阳转林参议坏〔镜〕台鉴：元电悉。川中赞同义军，大局之福。刻蒉帅已亲赴前敌指挥，倘重庆早下，宜急趋大江，则形势成矣。袁君①勇略可佩，应加委何职？请即电告，以凭核办。请将士战争劳苦，望随时宣布军府轸念之意。孙文。祃。

据《唐继尧档案卷》原件，昆明、云南省档案馆藏

复唐继尧告致日本政府反对军械借款电已会衔于前日拍发电

（一九一七年十一月二十三日）

滇督军署转行营唐元帅鉴：申密。致日政府反对军械借款电，已会衔于前日拍发。知注特闻。孙文。漾。（印）

据《云南省长公署档案》，载中国第二历史档案馆、云南省档案馆合编：《护法运动》，北京，档案出版社一九九三年十二月出版

复唐继尧贺克复合江和江津电

（一九一七年十一月二十五日）

云南督军署转行营唐元帅鉴：皓电敬悉。知顾军②已克合江，进取江津，兵气

---

① 即袁祖铭。
② 指顾品珍所率驻川滇军第一军。

郁奋，名城屡捷，此非惟劲旅效命，亦以雄麾所至，足落逆胆也，岂〔曷〕胜欣贺。此时重庆之势已摇，长驱荡涤，当在指顾。伫盼大捷，无任神驰。孙文。有。

据《大元帅复唐元帅电》，载广州《军政府公报》第二十八号，一九一七年十一月二十六日

致唐继尧转述菊池良一电文并征询
对派张继汪精卫赴日本意见电

（一九一七年十一月二十九日）

万急。云南行营唐元帅鉴：申密。日议员菊池昨电云："俄国内乱，由俄之德俘煽成，恐有入中国煽动，扰东亚平和者，对支政策一变。昨阁议决定，与协商〔约〕国商议，使南北妥协，中国早归平和，南方须多让步，勉求东亚大局一致，此际认为必要。赶急派遣西南各省之人于〔赴〕日，代表南方各派以在日有信用之张继、汪兆铭为宜"等语。查此次石井使美，梁士诒与段充赴欧助战监督，皆与日本此举有关。国脉将以此终，不得不急图救济。文以为南北和议，本不容外国干涉，但恐为强有力者所制，是为可虑。并闻协商〔约〕国有利用中国人众〔力〕物力以攻俄之说。对德宣战已铸成大错，今欲并御俄、德，亡国必矣！今拟照派张、汪二君赴日，陈述意见，借图挽救，倘荷赞同，希将尊旨见示，俾早启行，并转告儒〔如〕舟①、青阳、复生、锦帆②诸公为盼。文。艳。

据《唐继尧档案卷》原件，昆明、云南省档案馆藏

---

① 刘显世，字如舟。
② 熊克武，字锦帆。

致上海国民党本部转述菊池良一电文并告即派
汪精卫张继赴日本陈述南方意见电

（一九一七年十一月二十九日）①

　　上海国民党本部诸同志鉴：日议员菊池昨云："俄国〈内〉② 乱，由俄之德俘煽成，恐有人中国煽动，扰东亚平和者，故日对支政策一变。昨阁议决定，与协商国商量，使南北妥协，中国早归平和，南方须多让步，勉与东亚大局一致"云云。石井使美，梁士诒〈与〉段充准备赴欧助战监督，皆与日本此举有关。国脉将以终，请告宁、赣两督，协力救亡。电末云："此际须急派代表西南各省之人于〔赴〕日，代表南方各派以〈在〉日有信〈用〉之张继、汪兆铭为宜"等语。此间经电冀虁征求同意，一候复电，即请精、溥二兄赴日，陈述南方意见。文。

据《护法之役致上海本部各电》（二），
载胡汉民编：《总理全集》第三集，上
海，民智书局一九三〇年二月出版

复刘显世贺克复江津电

（一九一七年十一月二十九日）

　　贵阳刘督军鉴：筒电奉悉。知贵军力摧强虏，克复江津，捷报遥传，无任欣贺。津城绾毂渝关，今既为我所有，足令周吴气沮。日内想长驱直进，又克名城矣。军书之暇，幸时惠教。专电奉复。孙文。艳。

据《大元帅复贵州刘督军电》，载广州《军政
府公报》第三十号，一九一七年十一月出版

---

　　① 原电未署日期。按日本议员菊池良一致孙文电系发于十一月二十八日，而此电则有"菊池昨云"，故定为二十九日

　　② 此件均据《唐继尧档案卷》电稿增补订正。

复李纯盼发纾正论共靖国难电

（一九一七年十一月二十九日）

　　南京李督军鉴：俭电奉悉。远辱使人，尤增愧感。半载以来，大奸披昌，海内鼎沸。西南将帅，以拥护共和为心，仗义兴师，势非得已。执事慨念疮痍，期销除兵气〔氛〕①，一匡危难，仁心毅力，岂〔曷〕胜钦迟。惟是军政府与西南诸省，既以护法讨逆为职志，倘能约法、国会完全恢复，创乱诸逆依法惩办，并由正式国会解决总统、内阁诸问题，则半国之兵不难一朝而罢。否则法治难复，共和徒有虚名，劳师旷日，士气忿郁，口舌既穷，战祸益烈，亦非执事息事宁人之意也。执事负匡济之略，坐镇江宁，举动足为全国轻重，想能赞同斯意，互相提携，发纾正论，共靖国难，使民国断而复续，则国人之拜赐于执事者，为无穷矣。专复布悃，不尽区区。孙文。艳。

据《大元帅复南京李督军电》，载广州《军政
府公报》第三十号，一九一七年十一月三十日

复章炳麟告致日本政府电已发及号电未到电

（一九一七年十一月二十九日）

　　云南督军署转行营章太炎先生鉴：有电奉悉。致日政府电，昨日已会衔拍发矣。号电未到，请再以大意电示为荷。孙文。艳。

据《大元帅致章秘书长电》，载广州《军政府
公报》第三十号，一九一七年十一月三十日

---

　　①　此件均据一九一七年十二月九日上海《民国日报》第三版《孙中山复苏督军李纯电》校改。

致刘显世嘉慰通电援湘并望联合
唐继尧陆荣廷讨逆电

（一九一七年十一月）

贵阳刘督军鉴：刊载公通电援湘，义正词严，足寒逆赡〔胆〕，敬佩之至。段贼肆厥暴力，近更谋军器借款，乞灵外人，冀逞残杀，狼子野心，罪不容死。西南共起义师，非实力联合，不足以抗凶锋而纾国难。黔界川、湘，双方均宜顾及，援湘即所以保黔，而和川尤可以规鄂。尚希与唐、陆两帅互相提挈，以奏讨逆之功。军府居中策应，必当竭力援助。后有规划，幸时惠教。孙文。

据《致黔督刘显世电》（二），载胡
汉民编：《总理全集》第三卷，上
海，民智书局一九三〇年二月出版

致孙洪伊转告李纯宣布南京独立
勿为日本寺内内阁利用电

（一九一七年十一月）

上海国民党本部转伯兰：请告李督①，如南京宣布独立，军舰当可一致相助，文或乘之来沪，以取淞口，为李督后援，请李放胆做去，断不致孤立也。寺内决定方针，使中国南北调和，利用我人众物力以攻俄国，此事若成，中国其高丽矣。一国之亡，当亡得轰轰烈烈，万不可因冯、段之私，遂暧昧断送之也。此时救亡妙策，在南北分离，庶不致为寺内利用，劫持中央，以临各省。我能分立，寺内无所施技，中国不与寺内一致，寺内当不敢建攻俄之策。盖除中国之人众物力，世无足以御德、俄者。文决日、美之败，更速于英、法也。望将此意设法传布国

---

① 指李纯。

人。孙文。

据《护法之役致上海本部各电》（二），载胡汉民编：《总理全集》第三集，上海，民智书局一九三〇年二月出版

致张煦告加任为川南镇守使并解送内国公债赴滇备用电

（一九一七年十一月）

东川专送宁远靖国第七军张午岚总司令鉴：傅君畅和来粤，备稔近状，知黾勉不懈，佩慰何穷。宁远控扼南服，旁通川边，形势之区，正可力筹发展。兹加任兄为川南镇守使，望竭诚规划，以树勋业。傅君明于政理，才识优裕，兹亦任为建昌道尹，想能相得益彰也。闻尊处军需稍形支绌，特于日内派员解送内国公债收条五十万，计五十册，装成一箱至云南刘护督，于该债券到时，即由尊处派员备文赴滇领解应用，并盼电复。孙文。

据《致川滇黔靖国军各军将领电》（二），载胡汉民编《总理全集》第三集，上海，民智书局一九三〇年二月出版

复石青阳等赞同推黎天才为湖北靖国联军总司令并祈积极准备克日会师电

（一九一七年十一月）

荆州石总司令、朱副司令①暨全体军官均鉴：咸电悉。黎君天才有功民国，素所钦佩。此次与诸君互相提挈，宣布自主，益见护法卫国之诚。今由诸君公推为湖北靖国联军总司令，极所赞同，尚祈积极准备，克日会师，直捣武汉，扼长

---

①　即朱兆熊。

江之形胜，联西南之义军，歼灭丑类，用竟全功，所至望焉。孙文。

据《致川滇黔靖国军各军将领电》（六），载胡汉民编《总
理全集》第三集，上海，民智书局一九三〇年二月出版

致谭浩明程潜请释毕同电①

（一九一七年十二月三日）

长沙谭联军总司令、程总司令均鉴：顷据毕同祁阳来电称："奉谭石屏②命返
湘，组织义军，现被拘留，请为挽救"等语。毕同事文固未详，第其创事之始，
既以鼓励民气，协同讨逆，情实尚有可原。倘所犯轻微，望即饬令宥释，以厉国
人勇义之风，并盼电复。孙文。十二月三日。

据《致谭延闿程潜请释毕同电》，载
胡汉民编：《总理全集》第三集，上
海，民智书局一九三〇年二月出版

复刘显世望促唐继尧王文华率师东下电

（一九一七年十二月七日）

贵阳刘督军鉴：顷奉歌电，知我军已克重庆，捷报遥传，无任忻庆！渝关控
扼大江，夙称天险，今既为我有，则顺流东下，孰能御之？望促蓂帅及电轮司令，
倘部署粗定，宜即会率精锐，径趋宜万，应荆、襄创义之师，则豫、洛、淮、泗
之郊，必有起而景附者，挽回气运，端在今日，惟左右图之。孙文。虞。

据《大元帅复刘督军电》，载广州《军政府
公报》第三十二号，一九一七年十二月十日

---

① 底本题作《致谭延闿程潜请释毕同电》，误。"长沙谭联军总司令"实指谭浩明。一九
一七年十月广州军事会议任谭浩明为两广护国联军总司令，入湘后，改称粤桂湘联军总司令，
十二月以联军总司令名义兼管湖南军政事宜。

② 谭人凤，号石屏。

复章炳麟望促唐继尧分兵东下制桂电

（一九一七年十二月七日）

云南督军署转行营章太炎先生鉴：申密。江电奉悉。陆此次出兵，本在攫取湘权，长沙既得，其欲已偿，故一再电冯停战，而未及旧国会之应恢复。对于岳州北军，亦无驱除之意，于军府始终无诚意之表示，致冯意益肆，局势至此，危险实甚！现幸黎、石两师举义荆、襄，闻联军亦下重庆，大江脉络可望贯通，此实一大转机。望促蕲帅渝事稍定，即分兵东下，武汉三镇桂所必争，倘能为我所有，即形势略定。文于皖、洛之郊，亦稍有布置，届时当可并起相应。此间征闽军已定，协和统滇军，竞存统粤军，悦卿①统海军，玉堂任联军总指挥，一星期内，可有一部出发，此后局势，不无挽回之望，惟在吾人奋勉而已。孙文。七日。

据《致云南章太炎唐继尧王文华等电》（一），载胡汉民编：《总理全集》第三集，上海，民智书局一九三〇年二月出版

复唐继尧王文华嘉慰攻克重庆并望督师出峡电

（一九一七年十二月八日）

云南督军署转行营唐元帅、黔军王总司令均鉴：顷接蕲帅鱼电，知联军已克重庆，吴、周②潜遁，捷电遥传，欣喜何极。渝关控扼大江，实为天险。今既为我所有，则义军旌旗，可以直指东趋。望刻日督师出峡，联合荆、襄，传檄大江，以慰国人之望。军旅贤劳，临电驰念。孙文。齐。

据《大元帅复唐元帅电》，载广州《军政府公报》第三十二号，一九一七年十二月十日

---

①　林葆怿，字悦卿。

②　指吴光新、周道刚，均为附逆北军者。

复唐继尧等责陆荣廷停战议和望唐
迅出宜昌东下进击武汉电

（一九一七年十二月十日）

　　滇督军署转行营唐元帅并郭、王、刘、段诸君鉴：申密。宇镜兄等支电奉悉。深谋远虑，甚佩！陆主停战议和，全出于自便私图，故于近日荆、襄举义，概称之为暴动，其态度可见。惟各方对于此举，多不赞成。现海军〈及滇粤军〉① 已于佳日开始向闽出发，荆、襄及南阳已先后举义，滇、黔联军已下重庆。文于黄河流域，亦有大部兵力布置，七人〈不久〉即可由弟发动。望冀帅迅出宜昌东下，进击武汉，则长江以北，将悉属军府范围。届时陆虽单独议和，亦无能为也。知念特复。孙文。蒸。（印）

据《唐继尧档案卷》原件，昆明、云南省档案馆藏

复黎天才石星川嘉勉举义荆襄电

（一九一七年十二月十日）

　　长沙程省长转襄阳黎师长、荆州石师长均鉴：近读通电，知举义荆、襄，宣言讨贼，为大江义师树之风声，威棱所播，足褫逆胆。方今滇、黔联军已先克渝关，湘、桂诸师亦进规岳阳。荆、襄控扼大江，西连巴蜀，得诸君指挥其间，从此左提右挈，共清中原，匡复之功，良可预竣。所望努力进取，勉膺难艰，先电驰贺，续盼捷音。孙文。蒸。

据《大元帅致黎石两师长电》，载广州《军政
府公报》第三十三号，一九一七年十二月二日

---

　　① 　此件均据胡汉民编《总理全集》增补订正。

复唐继尧章炳麟望速出宜昌趋武汉并告已派滇军护送内国公债由桂赴滇电

（一九一七年十二月十一日）

云南督署转行营唐元帅、章太炎先生均鉴：申密。太炎先生鱼电奉悉。滇海粤军定日内出发赴闽，黄河流域文亦均有布置。望冀帅速出宜昌，趋武汉，下游响应者必群起，陆虽单独构和无为也。债券安南难通过，刻派滇军护送，由桂赴滇，共三百七十万，分装五箱，计三百二十五册，内三百万归冀帅拨用，又二十万交太炎先生，五十万交黄复生，先此电闻。孙文。十一日。

据《致云南章太炎唐继尧王文华等电》
（四），载胡汉民编：《总理全集》第三集，
上海，民智书局一九三〇年二月出版

致李纯陈光远望主张恢复旧国会约法电

（一九一七年十二月十四日）

南京李督军并转南昌陈督军均鉴：本日李、白两君①来粤，备述尊旨，甚钦伟略。方今欲息纷争，但在恢复旧国会、约法。余〔执〕事关怀民瘼，维持调护，深佩苦心。尚望始终主张斯义，挽救难危，国事幸甚，临电驰念。孙文。十四日。

据《致李纯陈光远论和平电》（一）
载胡汉民编：《总理全集》第三集，
上海，民智书局一九三〇年二月出版

---

① 即赣南镇守使李廷玉、江苏军署秘书白坚武。于十二月十四日抵粤。

致刘祖武唐继尧望保护黄嘉梁等
护送公债收条赴滇电

（一九一七年十二月十五日）

　　云南刘护督并转行营唐元帅均鉴：申密。刻特派黄嘉梁为云南劳军使，随同本府委员秦天枢、马德贵护送公债收条三百七十万，共大小六箱，及滇军十余人，日内取道粤、桂至滇，望尊处通令滇省与广西接境各官厅军队特别保护，沿途关卡迅速放行，并同时电粤、桂大吏，饬属一体保护验放为要。先此电闻，仍盼见复。孙文。删。

据《致云南章太炎唐继尧王文华等电》（五），载胡汉民编：《总理全集》第三集，上海、民智书局一九三〇年二月出版

复顾品珍望乘胜讨平逆军电

（一九一七年十二月十五日）

　　云南督署转重庆靖国第一军顾总司令鉴：支电悉。执事僇力戎行，力摧强敌，捷书遥布，无任欣庆！望乘新胜之锐，厉义武之众，直趋大江，则国人必有群起应之者，然后略定武汉，进规宛洛，逆军不足平也。临电驰念，续盼捷音。孙文。删。

据《致川滇黔靖国军各军将领电》（一），载胡汉民编：《总理全集》第三集，上海，民智书局一九三〇年二月出版

致唐继尧询川局情势并望与林镜台接洽电

（一九一七年十二月十八日）

云南督署转行营唐元帅鉴：申密。顷据林君〔参〕① 议镜台，自重庆来删电内开："顷闻刘、钟②均决心附义，已派人赴渝接洽，不日可到"等语。林君于川事素昌〔有〕③ 联络，果如所言，于川局前途，殊多进步。究竟现在情势如何，望约与一商，当不无裨益。又林君来电并称："现川、滇、黔将士，均极服从，〈理〉④ 合〈调〉⑤ 度应〈手〉⑥，请酌派劲旅二大队，一出宜昌，一〈出〉⑦ 丐〈下〉⑧ 汉中，垚〔已〕⑨ 收布〔奇〕⑩ 功。"此事是否可行？文未能遥度，并请裁酌见复为荷。孙文。巧。下鸦〔方〕⑪ 请探转：

林镜台兄鉴：删电敬悉。照商冀帅，请即接洽刘、钟及川中将士，可设法联络之。并请将近状电闻，至盼。孙文。

据《唐继尧档案卷》原件，昆明、云南省档案馆藏

---

① 据胡汉民编《总理全集》第三集所载同电校改。
② 指刘存厚、钟体道。
③ 据胡汉民编《总理全集》第三集所载同电校改。
④ 据云南省档案馆编《云南档案资料》第一期所刊同电增补。
⑤ 据云南省档案馆编《云南档案资料》第一期所刊同电增补。
⑥ 据云南省档案馆编《云南档案资料》第一期所刊同电增补。
⑦ 据云南省档案馆编《云南档案资料》第一期所刊同电增补。
⑧ 据胡汉民编《总理全集》第三集所载同电校改。
⑨ 据胡汉民编《总理全集》第三集所载同电校改。
⑩ 据胡汉民编《总理全集》第三集所载同电校改。
⑪ "鸦"字疑为"方"字之误。

复石星川等嘉奖举义讨逆电

（一九一七年十二月十八日）

荆州靖国第一军石总司令，傅参谋长，宋、刘两旅长，胡、孙、李、谢各团长均鉴：顷读蒸电，知义帜飚举，共誓讨逆，露布传来，欣喜何极。吾人此次举义西南，本为护法卫国，知非以武力为国法之保障，则无以促成平和之势，而固民国之基。文自以受国会所托，数月以来夙夜自励，惧无以副国人之望。赖海内志士后先相应，西南将领戮力同仇，用能屡克名城，叠摧大敌，全国风动，逆焰沮丧。诸君建国之初，曾树勋猷，当兹丧乱国人，矫首引领以待者有日矣。今果宣义荆、沙，为大江师旅树之先声。从此西通巴蜀，南连三湘，奉提挈左右，共规大计。会西南之雄锐，清河、洛之氛祲，俾国法得连期恢复，国政得渐臻治理，以竟吾人救国之初志。所望勖励师干，力筹进取，大局实利赖焉。除已派张伯烈、蒋文汉两君赴荆慰劳外，特电贺，续盼捷音。孙文。巧。

据《大元帅复湖北靖国第一军石总司令电》，载广州《军政府公报》第三十五号，一九一七年十二月二十日

致刘祖武唐继尧告派员解送债券赴滇望饬滇桂接境之各官厅军警特别保护电

（一九一七年十二月十九日）

云南督署刘护督并转行营唐元帅均鉴：兹派云南劳军使黄嘉梁及委员秦天枢、马德贵随带滇军十名、弁目一名，于本月二十日内外，由广州启程，经桂赴〈滇〉，解送债券七箱，共四百二十万。其较前数增加之五十万一箱，系托刘护督留交宁远张午岚总司令者，到时请电致宁远，以便张处派员来领，并望尊处仍通

饬滇省与桂省接境之各官厅军警，一体特别保护为要。孙文。皓。

据《致唐继尧告增运之军用债券五十万交与张午岚电》（录自国民党党史会藏原件），载秦孝仪主编：《国父全集》第四册，台北，近代中国出版社一九八九年出版

复石青阳等告唐继尧就职为时势所不可缓及请滇黔接济械弹电

（一九一七年十二月中下旬）

云南督军署转重庆石青阳、朱之洪、宋辑先、林镜台诸君鉴：同密。蒸、元两电悉。唐行营无同密，特将蒸电由此间译转，以后毋再用同密电。唐所陈办法，自由〔属〕切要之图，惟当从唐帅宣布就元帅职入手。近日龙已宣布就巡阅使职，陆即通电交卸。又电莫督取消自主，莫及在湘各桂军将领，抑不奉行，一面海陆军又声讨龙氏，此中固别有机缄，然粤局终恐生变动，故唐帅就职尤为时势所不可缓。青阳改任川北招讨使，业经电令知照。扩充兵队，固属要图，械弹实无法购运，目前缺乏，由青阳请滇、黔接济，较顺而易得。沧白在沪，当电促来粤议，然后赴川。镜台暂毋来粤，川中情形，希随时电告。复生、锡卿改任四川靖国军总副司令，午岚任川南镇守使，傅畅和任建昌道尹，附闻。孙文。

据《致川滇黔靖国军各军将领电》（五），载胡汉民编：《总理全集》第三集，上海，民智书局一九三〇年二月出版

致章炳麟望劝唐继尧就元帅职并约川滇黔各将领一致推戴电

（一九一七年十二月二十一日）

云南督署转唐行营章太炎先生鉴：申密。自龙宣布就巡阅职，陆即通电交卸，

又电两粤取消自主。莫督及在湘各桂军将领抑不①行，虽其中别有机缄，粤终恐煽动。如冀帅能就元帅职，则西南护法根本上不致动摇。今荆、襄黎、石业联合□□□，异军突起。冀帅前者□电曾言："川局稍定，当可就职。"今渝埠既克，军势极振，又当粤局诡幻，正冀帅践约就职时也。如此则观听既一，大江以北，必将群起应之。对内对外，尤易生效。望先生及时开陈，并约川、滇、黔各将领一致推戴。风声所播，陆虽单独媾和，无能为也。文于粤局，自当终始维持，而冀帅就职，所关尤重。乞裁酌见复。孙文。箇。

据《唐继尧档案卷》原件，昆明、云南省档案馆藏

复熊克武等望即奖率军旅与唐继尧会师东下电

（一九一七年十二月二十一日）

云南督署转重庆熊镇守使及各将领均鉴：顷诵元电，知护法卫国，深具苦心，佩慰何似！此次西南兴师，纯为拥护国家大法，故不惜举国之兵，以为根本廓清之计。执事素怀忠于谋国，此次斡旋川局，维持地方秩序，使义师所至，比邑无惊，尤见策画之密。望即奖率军旅，统筹大计，努力进取，贯彻始终。川、滇、黔唇齿相依，谊等一体。执事又与冀帅为体〔休〕戚相共，当此协同救国之时，务宜通力合作，以厚实力，会师东下，进规归宜。荆、襄之声息既通，豫、洛之士气益振，则勘〔戡〕乱济危，讵异人任耶！军旅贤劳，临风驰念，专电布悃，续盼捷音。孙文。箇。

据《致川滇黔靖国军各军将领电》（七），
载胡汉民编：《总理全集》第三集，上
海，民智书局一九三〇年二月出版

---

① 删去一衍字"庋"。

致刘建藩嘱省释毕同电

（一九一七年十二月二十二日）

　　零陵刘镇守使鉴：近据谭石屏先生自沪来电称："前派毕同至湘，号召义军作西南之声援。嗣闻忽因事被逮，羁押零陵，嘱代电尊处，请为省释"等语。查毕同返湘举义，志有足多，其后因事逮羁，倘果情有可原，尚请量予省释，以厉国民好义之气。希裁酌电复为荷。孙文。祃。

据《致湘鄂各将领电》（三），载
胡汉民编：《总理全集》第三集，上
海，民智书局一九三〇年二月出版

致刘云峰等贺云南讨袁起义纪念电

（一九一七年十二月二十三日）

　　云南刘护督，唐卫成总司令并转行营唐元帅，顾、庾、黄、赵各军长①、各将领均鉴：乙丙之交，逆袁叛国，帝制自为，国人怵于淫威暴力，相顾屏息。时冀帅僻处南疆，不忍坐视共和沦胥，与诸君率先声讨，劳师数万，转战于数千里间，断脰糜踵，后先相继，海内始群起应之，卒使逆袁穷蹙以死，余逆解体，民国始由危而复定。追维匡复艰难，允宜同伸庆祝。今届纪念之辰，又当民国漂摇之际，冀帅及诸君正戮力戎行，感念前功，责弥艰巨。所望力任靖国之业，成民国三造之功，俾此光辉赫奕之纪念日，与民国永永无极，此则国人所昕夕以祷者也。专电驰贺，不尽区区。孙文。漾。

据《大元帅致滇中各将领电》，
载广州《军政府公报》第三十六
号，一九一七年十二月二十四日

---

① 即刘云峰、唐继尧、顾品珍、庾恩旸、黄毓成、赵世铭。

复林修梅望与湘中各将领坚持护法电

（一九一七年十二月二十四日）

　　长沙三井洋行转余建光探转林谷〔浴〕凡旅长鉴：箇电诵悉。近日少数人狃于私图，率主张和议。陆干卿且密电两粤，议取消自主，嗣莫代督以众意反对，抑不实行，态度颇极暧昧。文以为现在西南，既以护法为宗旨，则无论如何必贯彻始终为止。况重庆已得，荆、襄继起，倘能竭力坚持，必可益望发展。岭南方面，文当力任维持之责，望兄与湘中及前敌各将领，互以此意相勉，勿误于缓兵之护，致废一篑之功。时事多艰，吾人尤宜奋励也。孙文。敬。

据《致湘鄂各将领电》（四），载胡
汉民编：《总理全集》第三集，上海，
民智书局一九三〇年二月出版

复李纯论和平并望未以良规力求持平电

（一九一七年十二月二十四日）

　　南京李督军鉴：元、哿两电均悉。执事本息事宁人之忱，负排难解纷之任，人同此心，讵能持异？西南各将帅皆素以维持大局为心，相见以兵，势非得已。今日重庆虽下，师未加于宜昌；潮汕虽平，卒不逼于闽境；荆、襄虽独立，甲胄未接于武汉，不可谓为无意于平和。商榷调停，本自不难就绪，然北〈方〉政府令〔今〕①任段芝贵长陆军，命龙济光扰两粤，近且闻任曹〔锟〕、张怀芝为征南总副司令，汲汲备战，不遗余力，举措如斯，何以推诚？西南诸省纵不言进取，势不能不谋自卫，执事又将何以教之？文以为解决国内之争，只在"法律"二字，办法本极简易。执事负调停之责，全国属望所归，西南将帅尤所钦重，尚望示以良规，力求持平，庶文亦足以将此中委曲告之诸将士，以期纠纷立解，有以

---

　　①　原文系"然北政府方令"，今据胡汉民编《总理全集》第三集同一电文校订。

副执事忧国公忠之意也。孙文。敬。

据《大元帅致南京李督军电》，载广州《军政府公报》第三十八号，一九一八年一月四日

致黎天才等促联合滇黔川湘桂军东取武汉电

（一九一七年十二月二十六日）

　　襄阳黎联军总司令、丁总参谋、杜总参议并转第二军张总司令、李副司令、陆参谋长，各路各梯团司令、参谋①暨全体将领均鉴：前荆州石总司令②电知：执事以众望所归，由各将领公推，已就湖北靖国联军之职，当即复电致贺。兹接来电，护法卫国，辞旨凛然。执事自辛亥革命以来，屡著勋绩，有功民国。此次宣布自主，抗义讨贼，于江汉流域树之风声，壮我军威，益寒敌胆。逆军之在川湘者，已师徒奔命，将吏逃遁。而奸人犹狡焉思逞，厚集兵援，思欲再战。执事据荆、襄之重地，扼江汉之形胜，南与滇、黔、川、湘、桂军互为声援，合力并进，以成腹背夹攻之势，则必胜之算操自我手。若复东取□□〔武汉〕③，断敌归路，西南大兵奋击于前，更可使逆军匹马只轮不返。前此失在姑息，除恶未尽，以致奸人迭出，变乱频仍。今兹务定澄本清源之策，为一劳永逸之计。尚希积极进行，贯彻终始，尽歼丑类，永奠民国。军事勤劳，诸维自珍。孙文。宥。

据《大元帅致黎联军总司令等电》，载广州《军政府公报》第三十九号，一九一八年一月十日

---

① 即黎天才、丁荫和、杜邦俊、张联陞、李寅宾、陆始图、东路司令田犹龙、西路司令顾从务、参谋杜德晖。
② 即石星川。
③ 据胡汉民编《总理全集》第一集同一电文校补。

复章炳麟嘱促唐继尧率师东下电

（一九一七年十二月二十七日）

　　云南唐行营章太炎先生鉴：申密。效电悉。北军内讧，黎、石①奋起，此时用兵之地，适在中原。倘滇军能顺流东下，会师武汉，则长江下游、黄河流域，必更有响应者，斯时破竹之势已成，其所获视之泸州损失，奚啻倍蓰。况滇为首义，具〔其〕军安顿于一隅，至劳师之病。且泸州虽拔，两军赓续开战，所损实多，与其重恶感于蜀人，曷若就欢迎于湘鄂。望告莫〔冀〕帅，早撤驻泸之师，鼓行而东，期与黎、石联络，破敌必矣。不然困顿于泸，非计之得也。文。沁。

据《致云南章太炎唐继尧王文华等电》
（九），载胡汉民编：《总理全集》第三
集，上海，民智书局一九三〇年二月出版

复章炳麟请告唐继尧转饬前敌将士与
林德轩部提挈电

（一九一七年十二月二十八日）

　　云南唐行营转章太炎先生鉴：申密。漾电悉。沪州已拔，甚慰。能不与川军争持，克取东下，大局庶有裨益。昨得密告，北军仍赓南来，议和必非诚意。李秀山②态度渐近明了，闻有派兵浦口截诸〔堵〕北兵之事，西南益不孤矣。所示三事，张积怨已深，无可排解。程潜处已复电联络，并表同意。韵松③经出兵两团攻闽，竟存得兵十余营，不日亦可向闽出发。如秀山能于中部独立，则北方援师已绝，破闽必矣。林德轩等起兵湘西，有兵二团，令其改用靖国军名号。请告

---

① 即黎天才、石星川。
② 李纯，字秀山。
③ 方声涛，字韵松。

冀帅，转饬前敌将士，与之提挈为祷。文。勘。

据《致云南章太炎唐继尧王文华等电》（十），载胡汉民编：《总理全集》第三集，上海，民智书局一九三〇年二月出版

致黎天才石星川望与林德轩等互相提挈电

（一九一七年十二月二十八日）

襄阳靖国联军黎总司令、荆州石总司令鉴：湘中同志林德轩、张学济、周则范、胡汉，前承文令起兵湘西，德轩有精兵三千余人，余众相若，经集合于常、澧等处，合之周、张诸军，兵力甚厚。常、澧接邻鄂境，足为贵军之助，希妥为接洽，互相提挈，毋任切盼。文。勘。（印）

据《致川滇黔靖国军各军将领电》（十），载胡汉民编：《总理全集》第三集，上海，民智书局一九三〇年二月出版

致刘建藩林修梅望与林德轩等部互相提挈电

（一九一七年十二月二十八日）

零陵刘镇守使、长沙林旅长修梅鉴：湘中同志林德轩、张学济、周则范、胡汉，前承文命起兵湘西，各路合计有兵两师，均属惯战之士，与两公谊属旧交，又为同志，维持桑梓，须具同心。现拟进窥武汉，希妥为接洽，互相提挈。毋任切盼。文。勘。（印）

据《致川滇黔靖国军各军将领电》（十二），载胡汉民编：《总理全集》第三集，上海，民智书局一九三〇年二月出版

致唐继尧等告护法军现令改称靖国军并
请转告前敌将官妥为联络电

（一九一七年十二月二十八日）

云南唐元帅、贵阳刘督军、重庆熊镇守使鉴：湘中同志林德轩、张学济、周则范、胡汉，前承令起兵湘西，德轩有兵三千，余众相若，集合于常、澧，合之张、周诸军，计湘西有两师以上，决计与荆石师联络。护法军现令改称靖国军，以归划一。请转告前敌各将官，妥为联络，是所厚望。文。勘。

据《致川滇黔靖国军各军将领电》（十一），载胡汉民编：《总理全集》第三集，上海，民智书局一九三〇年二月出版

复唐继尧刘显世望早就职以慰众心电

（一九一七年十二月二十九日）

云南行营唐元帅、贵阳刘督军鉴：刘（督）军漾、养两电均悉。熊镇守使电举滇、川、黔三省总副司令，为统一指挥起见，文极赞同。责望所关，两公毋以拟谦自许，望早就职，以慰众心。文。艳。

据《大元帅致唐元帅刘督军电》，载广州《军政府公报》第三十八号，一九一八年一月四日

致唐继尧章炳麟告暂缓运送内国公债收条缘由电

（一九一七年十二月）

云南督署转行营唐元帅、章太炎先生均鉴：申密。前因运送内国公债收条事，曾经电达，拟于二十日左右由粤起运。惟近据私讯，陆有令两广取消自主之说，

虽未征实，然讹言繁多，运送程途，在两粤境内，非三星期不能抵滇。且为数又有七箱之多，中间恐难安全。现在正式债券，三四星期内可以造完，不如待造成后，如两广无甚变动，当径以正式债券解送，以保道途之安全，并免以公债收条更换债券之手续重复，想尊意亦以为然也。知关注念，特此电闻。孙文。

据《致云南章太炎唐继尧王文华等电》
（八），载胡汉民编：《总理全集》第三集，
上海，民智书局一九三〇年二月出版

致李纯陈光远祝贺新猷电

（一九一八年一月一日）

南京李督军、南昌陈督军均鉴：岁历聿新，万汇昭苏。登斯民于康乐，臻美政于升平。载瞻新猷，无任钦颂。孙文。东。

据《大元帅致宁赣二督军电》，载广州《军政
府公报》第三十八号，一九一八年一月四日

复王奇等告任其为四川靖国联军川北总司令
并望捐嫌一致讨贼电

（一九一八年一月二日）

合川王总司令暨各长官均鉴：东日阅巧电，大义凛然，不仅消弭兄弟之阋墙，并可破灭共和之蟊贼，毋任钦佩。文前以川、滇鹬蚌之争，原为冯、段所利用。苟固结不解，北军乘此弱点，实足以翦灭西南，民国前途不胜危惧。经派秘书长章君太炎驰赴滇、川为之劝解，而川军稍有未喻，再起奋争，良用怃然，至为怅望。今承明示，捐川、滇之小嫌，与军府一致讨贼，是用欣慰。今特委任执事为四川靖国联军川北总司令，并分电川中靖国各军暨滇、黔两督，转饬前敌各将官，互相提挈，急遽进行，以蹙北敌。并望转喻刘、钟所部各军暨周部刘旅长，以北

京政府倾覆而后，川、滇必有完满之解决。毋以小忿，而忘公敌，为天下后世所笑。文实有厚望焉。再，锦帆、复生、青阳①近在泸、渝，希与联络一致进行，为盼。孙文。冬。

据《大元帅复王司令奇电》，载广州《军政
府公报》第三十八号，一九一八年一月四日

致唐继尧刘显世告已任王奇为四川靖国军联军川北总司令并请转前敌将官妥为联络电

（一九一八年一月二日）

云南行营唐元帅、贵阳刘督军鉴：顷接王奇自合川电称："愿捐川、滇昔日之嫌，与军政府一致行动，经彼所部推为川北总司令，请电执事转饬前敌将官互相提挈"等语。查王为周道刚所部旅长，现周已逃，彼能归驮南军，戮力讨贼，系出诚意。且王于文有旧谊，经由本府任为四川靖国军联军川北总司令，藉系军心。除电四川黄总司令迅商熊、石两军，察核情形具报外，请即转前敌将官，妥为联络，为盼。文。冬。

据《大元帅致唐元帅刘督军电》，载广州《军
政府公报》第三十八号，一九一八年一月四日

复唐继尧贺就任滇川黔三省总司令电

（一九一八年一月二日）

云南行营唐元帅鉴：读俭电，知已就职滇、川、黔三省总司令。统帅得人，将士用命，破敌必矣。谨电驰贺。文。冬。

据《大元帅致唐元帅电》，载广州《军政
府公报》第三十八号，一九一八年一月四日

---

① 即熊克武、黄复生、石青阳。

致唐继虞嘱发给邓天翔等赴川护照电①

（一九一八年一月六日）

云南唐卫戍司令鉴：前派邓天翔、张得尊、黄季陆、温宗铠赴川，现留滇境，请由尊处加给护照，俾早成行。孙文。鱼。请转张佐丞君：冯君到，函悉。请仍留滇，所需款，稍缓当汇。文。

据《护法之役致唐继尧电》（十八），载黄季陆编：《总理全集》下册，成都，近芬书屋一九四四年七月出版

致唐绍尧请加电甘肃马安良晓以大义使为我用电

（一九一八年一月十二日）

云南督署转行营唐元帅鉴：申密。甘省焦桐琴等□事运动已杀新建右军，分统导河等处，□有胜□□，亟电令马然〔安〕良制防。查马系回教，拥众自卫。有□甘□，平年通遄气声。除专电诱向南，恳请转交外，拟请尊处加电，晓以大义并现在时局情形，使为我用。至祷。孙文。侵。（印）

据《云南省长公署档案》，载中国第二历史档案馆、云南省档案馆合编：《护法运动》，北京，档案出版社一九九三年十二月出版

复李汝舟望鼓励将士奋勉戎机会师武汉电

（一九一八年一月十二日）

合川电局等送遂宁李前卫司令鉴：江电悉。义军进克名城，毋任嘉慰。现在

---

① 底本将唐继尧作为此电的受电人，误。受电人应为唐继虞，时任靖国联军总参谋长、昆明卫戍总部总司令等职。

川事复杂，南北旗帜分张，北伐之师牵制南下，影响大局，深为痛心。尚望鼓励将士，奋勉戎机，俾川局内部融洽，一致向南，会师武汉，歼灭破法诸逆，促成真正共和，是为至要。孙文。侵。

据《大元帅复李前卫司令电》，载广州《军政府公报》第四十号，一九一八年一月十六日

致唐继尧请派员转电马翰如望举兵援助
与南方一致进行护法电

（一九一八年一月十三日）

云南督署转行营唐元帅鉴：请派人密送转界璧汇探交甘肃顾军转呈导河县马翰如先生鉴：自叛督摧法荐乱，冯、段盛〔盗？〕取国权，神圣共和，不绝如缕。文与滇海两军及国会同人，组军政府于粤东，护法兴师，越数月矣。义声所播，大敌为摧。环顾国中，纷纷响应。会师北伐，允奏肤功。惟是大局安危，西北所关实巨。执事威望素著，遐迩钦驰，甘省全部，专资提挈。据报，焦桐琴等已杀新建右军团统军赴导河，执事举足重轻，国人企抑，尚望举兵援助，与南方一致进行，俾约法完全恢复，护拥真正共和，是为至祷。临电无任神驰。孙文。元。

据《唐继尧档案卷》收电原件，昆明、云南省档案馆藏

复熊克武贺被推为川军总司令电

（一九一八年一月十四日）

重庆熊镇守使鉴：鱼电悉。吴、周①败逃后，执事通电川中各师，力主调和。

---

① 指吴光新、周道刚。

护法保川，用心至〔良〕若〔苦〕①。乃刘、钟②不纳，将复战争。执事不忍糜烂地方，至为可佩。惟刘、钟托言爱蜀，牵制义师，为护法计断不能听其助张逆势，破坏大局也。顷闻川中同人，公推执事为川军总司令，提挈得人，川局不难迎刃而解。努力前进，伫盼捷音。特复。孙文。寒。

据《大元帅复重庆熊镇守使电》
载广州《军政府公报》第四十
号，一九一八年一月十六日

致张学济等望出师援鄂电

（一九一八年一月十五日）

常德张溶川③先生并转凤凰田凤丹④先生、洪江周先生鉴：谭督入湘而后，湘军虽平，而岳州未下，牵制北伐之师。诸先生坐镇桑梓，毋任忻慰。惟当兹一发千钧之际，北军伪令停战，南方应备进行。将胜之棋，一着难缓。望诸先生督率湘西健儿，一致出师援鄂，扼武汉以控幽燕，则长江流域不崇朝而定。大局问题，亦易解决也。文已派秘书李建中为湘西劳军使，到时自馨〔罄〕鄙怀，并闻。孙文。咸。

据《孙大元帅与各要人最近往来电》中
《请湘西军援鄂电》，载一九一八年一
月二十六日上海《民国日报》第六、七版

复陈凤石请纾蜀难电

（一九一八年一月十五日）

梁山专送大竹陈凤石先生鉴：鱼电悉。独立名城，痛言北洋系误国，独具只

---

① 据一九一八年一月二十六日上海《民国日报》第七版所载同一电文校订。
② 指刘存厚、钟体道。
③ 张学济，号溶川。
④ 田应诏，号凤丹。

眼，钦佩良深。川事之坏，责在重私仇而轻大义。据报川局调和不协，滇、黔联军决计进攻成都，川事一定，会师东下，扑灭破法诸逆，意中事矣。至内部之争，望当事眷爱桑梓之心，为息事宁人之举，协力同规，以纾国难，是为至要。孙文。咸。

据《西南军事要讯之粤闻》，载一九一八年
一月二十四日上海《民国日报》第六、七版

复唐继尧告接洽王季抚并望随时电示川事情形电

（一九一八年一月十五日）

云南督军署转行营唐元帅鉴：真电悉。俟王参议季抚到时，自当妥为接洽。再，川事情形，仍望随时电示。孙文。珊〔删〕。

据《大元帅复唐元帅电》，载广州《军政府
公报》第四十号，一九一八年一月十六日

复章炳麟促熊克武提兵进取并妥商川军
总司令人事电

（一九一八年一月十六日）

火急。重庆熊镇守使转章太炎先生鉴：申密。真密〔电〕敬悉。道途劳瘁，极为系念，妥抵渝城，欣慰无已。刘存厚既与钟体道抗命不悟，势非声讨不足以固吾军根本。克武兄兵力既厚，又得人心，洵吾党难得之士，望执事励其破除顾忌，提兵进取，国安乃所以保川也。谢慧生来言，得电，川中同人公推克武兄为川军总司令，业于青日就职，不审确否？前经唐帅电商军府，尝委任黄复生、卢师谛为川军总副司令。闻复生现亦在渝，如公推属实，则军府应加委任。请召熊、黄两兄妥商办法，密复为祷。去年十一月手书奉悉，略有商榷之处，已另函奉复寄渝。孙文叩。铣。

据《致章太炎等电》（一），载胡汉民编：《总理
全集》第三集，上海，民智书局一九三〇年二月出版

复唐继尧望迅速出兵长江电

（一九一八年一月十九日）

　　毕节①行营唐元帅鉴：真电敬悉。川东南北，既渐肃清，怅望川氛，平定有日。惟襄、汉、荆、宜政战最烈。北军数路南下，岳州剧战，亦在目前。长江义旅，马首是瞻。亟望执事总领师干，迅期出发，以慰众望，克尽全功。至祷。孙文。皓。

据《孙大元帅复唐元帅电》，载广州《军政府公报》第四十二号，一九一八年一月二十六日

复黎天才嘉贺迭克要区望率部奋勉戎行会猎中原并随时电示各路战守情形电

（一九一八年一月十九日）

　　襄阳黎联军总司令鉴：元电敬悉。义军杀敌，势若摧枯，迭克要区，可为嘉贺。北京伪令停战，老我师心。王督②复串赵逆③进逼襄、樊，虚与调和，深滋痛恨。幸赖执事督率所部，奋勉戎行，江汉之间，不难底定。会猎中原，当亦不远。伫盼捷音。各路战守情形，仍望随时电示。孙文。皓。

据《大元帅复黎联军总司令电》，载广州《军政府公报》第四十二号，一九一八年一月二十六日

---

　① 此处删一衍字"唐"。
　② 指鄂督王占元。
　③ 指赵荣苔。

复刘志陆吕一夔嘉慰战克潮汕
并告赴闽行期未定电

（一九一八年一月十九日）

汕头刘镇守使、吕道尹鉴：霰电悉。前次战克潮汕，杀退莫、臧①诸逆，师行劳苦，厥功实多。今复辱电欢迎，毋任感慰。此间出发事件，布置尚有未周。俟定行期，再为电达。孙文。皓。

据《大元帅复刘潮汕镇守使吕道尹电》，载广州《军政府公报》第四十二号，一九一八年一月二十六日

复唐继尧望对刘存厚派员接洽事
烛察情伪相机进行电

（一九一八年一月二十一日）

毕节行营唐元帅鉴：蒸电敬悉。川局未定，是用隐忧，前复数电，皆拳拳于此。今川中联军，分别进行，所至克捷，足以纾川难而靖国氛者，当不在远。顷闻王、吴②两劳军使，因刘存厚派赵时钦前往接洽，业由老鸭滩电达执事，商度办法。刘存厚反复无常，难保不别怀私意。望烛察情伪，相机进行。大局安危，惟执事是赖。孙文。箇。

据《大元帅复唐大元帅电》，载广州《军政府公报》第四十二号，一九一八年一月二十六日

---

① 指莫擎宇、臧致平。
② 指王湘、吴宗慈。

复吕超王维纲嘉慰力克名城并盼
东下武汉会师中原电

（一九一八年一月二十一日）

四川重庆熊镇守使转前敌吕纵队长、王团长鉴：迭阅川来捷电，欣悉君等竭诚护法，奋勇冲锋，力克名城，无任嘉慰。尚盼早歼川中抗义余孽，东下武汉，会师中原，挽救时艰，回复约法，至为切祷。孙文。箇。

据《大元帅复四川重庆纵队长吕超团长王维纲电》，载广州《军政府公报》第四十二号，一九一八年一月二十六日

复夏之时告川事不宜调和自应为根本之解决电

（一九一八年一月二十一日）

泸州夏招讨司令鉴：阳电悉。此次川中战祸，肇于存厚一人，目下困处成都，自无委曲求全之理。义师声势既雄，法力终当战胜。"调和"二字，国人厌闻。自应贯彻初衷，为根本之解决。〈执事前日通电，未曾接到，并闻。〉① 孙文。箇。

据《大元帅复靖国军司令官兼川东宣慰使夏之时电》，载广州《军政府公报》，一九一八年一月二十六日

复石青阳贺克复顺庆并望乘胜平定成都电

（一九一八年一月二十一日）

合川专送石招讨司令鉴：阳电悉。顺庆克复，占领名城，厥功甚伟。汤子模、

---

① 据一九一八年二月一日上海《民国日报》第七版所载同电校补。

陈鸿图两指挥官奋勇杀贼，嘉慰良深。川局内争，现只成都一隅，遥望川氛，不难平定。望即督励将士，鼓勇前进，以收全功。仍将战守情形，随时具报。至盼。孙文。箇。

据《大元帅复川北招讨使石青阳电》，载广州《军政府公报》第四十二号，一九一八年一月二十六日

致黄复生卢师谛望积极准备进取川中电

（一九一八年一月二十一日）

滇督署转唐行营，转永宁黄、卢总、副司令鉴：申密。元电悉。改任两君为四川靖国联军总、副司令一节，前据唐帅电，业经加委，电令知照在案。近闻赴毕，秉乘唐帅策划进行，极为嘉慰。刘、钟如不向南，叙、泸必当恢复。根本既固，始克东下。望即积极准备，提挈川中各军，□〈渝〉①、泸、宁远分道，并宜与滇、黔共图，进取川中。前观望各□〈将〉领苟可转圜，幸勿深拒，想两兄必能酌画得宜也。沧白尚居沪，已据兄处及渝电来粤商度办法后，冀行赴川。〈青〉阳已改委〈川北〉招讨使，张煦任川南镇守使，傅畅和任建昌道尹，并闻。孙文。箇。

据《孙文鼓励黄复生卢师谛与滇黔共图进取川中等情密电》（云南省长公署档案），载中国第二历史档案馆、云南省档案馆编：《护法运动》，北京，档案出版社一九九三年十二月出版

复石星川等望勿惑于调和谬说并即力挫贼锋电

（一九一八年一月二十二日）

荆州石总司令暨唐克明、李兆熊两君鉴：文电悉。逆贼阳为调和，阴实备

---

① 底本原文缺字，今按胡汉民编《总理全集》第三集校改。

战。今竟分路并进，寇我荆、襄。国且沉沦，法于何丽？前已迭电各省，务期根本廓清，决不堕其术中，再蹈调停复辙。荆、襄地当冲要，全局安危所系，除征闽、粤军克日出发，并电促川中联军速下归、宜，夹击吴逆光新外，诸君独当其难，望即力挫贼锋，勘〔戡〕定之功，匪异人任也。临电神驰，无任盼祷。孙文。养。

据《复大元帅复湖北靖国第一军总司令石星川电》，载广州《军政府公报》第四十二号，一九一八年一月二十六日

复吴崐等重申护法主张电

（一九一八年一月二十二日）

荆州吴崐君及诸同志鉴：庚电敬悉。文自率舰南下，与国会同人宣言护法，用师五月，未越雷池一步，深为疚心。今幸天相共和，军府渐行发展，将士忠勇奋发，誓不与逆贼共戴一天，已陆续出发讨闽。文亦将移跸亲征，以作士气。自此沿海而江，再图会猎中原，与诸君子渡黄河而痛饮，悬逆首于国门。辱电劝勉，至为感慰。敢不力任艰巨，终始不渝，树政治革命之风声，促成纯粹共和之盛举，俾天下后世皆知法理终胜武力，永远不萌非法之念，匪特恢复约法已也。临电无任神驰。孙文。祃。

据《大元帅复吴崐等电》，载广州《军政府公报》第四十二号，一九一八年一月二十六日

致唐继尧等告命舰炮击广东督署缘由电

（一九一八年一月二十五日对方收到）

云南唐卫戌司令转唐元帅、章太炎先生并转贵阳刘督军、重庆王总司令、熊镇守使、石招讨使暨各军司令鉴：申密。本月粤督军捕去本府卫队连，排长擅行

枪毙，函保球褒①。故于四日晨，命舰祝旸②莫荣新。是午，莫遣人来言和，现已无事，恐传闻失实，特闻。孙文。

据《唐继尧档案卷》收电原件，昆明、云南省档案馆藏

致唐继尧转述石青阳等来电望毅然就大元帅职电

（一九一八年一月二十五日）

云南督署转行营唐元帅鉴：申密。□日接尊处转来重庆同密蒸电嘱译。兹特译□□□③。唐元帅钧鉴：并转章太炎先生、张参议左丞，并译转孙大元帅钧鉴：同密。渝城即下，各军停顿。惟周道刚尚驻永川、铜梁一带，□□□□□渝、泸、合江、永宁及□□各属，□□□在在堪虞，军事苟不进行，老师挫锐，更属非计。伏查□□原因，约书数端：一、川、滇、黔三省，无实际联合之办法。二、对军政府，无一致服从之明文。三、南北构和条件若何，是否推戴冯氏？至川事宜令锦帆为主，宜如何位置，以专责成。青阳等拟请钧座迅商大元帅及黔督。将三省军队统称国民〈军〉或靖国军，并酌拟以省纲为标准，宜隶于军政府，听联军总司令指挥，务担各方□□□□□□政府，在和议未讵决以前，宜□绝对服从，以一号召而免观望。构和条件应合西南六省一致，□年中宣示，贯彻沪法目的。川中各军长官，应以军政府名义发表，或先加锦帆以军长名义，与□王一律俟后再行酌定。至叙、泸方面，宜急予恢复，无论南北和议若何，尘洫必归西南范围，始为根本之计。至青阳所部□各号义辅若牲，黔军游击名义，至属不合；若遵大元帅命令，为川东招讨使，又与现势迥异，□如何处理，应恳钧座统筹全局，迅示方略，无任万祷。石青阳、术〔林〕镜台、烬之洪、宋轧先叩。蒸。印等语。希即察照。粤中局势，恐有变动，闻陆干卿业电莫督，取消自主，莫督抗不奉行，消息楫密。但陆以龙宣布就任，遽通电卸职，是取消自主无异成为事实。谪

----

① 原文如此，似为函保遭拒之意。
② 原文如此，似为命舰炮击之意。
③ 此处字迹不清，所译电文亦多错误，下同。

〔剪〕溏之责，惟执事是赖。然不合西南为一体，则前荟终崧可危。岭南方面，文当力任。望执事毅然就元帅职，则□□山陕，声威愈振，箛预之郊，亦必继起，大局不难迎刃而解。并拍电张藻林兄维持一切，□□□竟需所陈，幸即酌定，分别赐教□。石青阳业□王电轮兄电，请改委为川北招讨使矣。并以奉闻。□。文。（印）

据《唐继尧档案卷》收电原件，昆明、云南省档案馆藏

致刘显世询援宁远计划电

（一九一八年一月二十九日）

云南珠市桥集义公张左丞译转刘代督军鉴：同密。据刊载陈遐龄寄北京电称：宁远张司令煦兵败伤重毙命。又据盐源卫戍司令黄以镛暨王君汝光自丽江邮缄称：自盐源败退，率余众数百驻滇边，谋恢复。近日情形如何，及尊处援宁计划，望密复。文。艳。

据《致刘显世询援宁远计划电》（录自国民党党史会藏原稿），载秦孝仪主编：《国父全集》第五册，台北，近代中国出版社一九八九年出版

复唐克明望重张旗帜勿再为调和所误电

（一九一八年二月一日）

公安唐靖国第一军总司令鉴：霰电孜〔敬〕悉。荆州小挫，胜败乃兵家之常。执事收拾残余，重张旗帜，下风逖听，毋任钦驰。据探报北庭愤失岳城，准备宣战，分三路进兵，鄂渚大战，当在不远。尚望执事督率所部，迅赴戎机，协同湘桂联军进偪武汉，以期会猎中原。幸勿再为调和所误。至石司令为国宣劳，国人景仰，尤望协力同谋规复，用壮护法声威。是为至祷。孙文。东。

据《大元帅复湖北靖国第一军总司令唐克明电》，载广州《军政府公报》第四十四号，一九一八年二月四日

复谭浩明贺收复岳州并望协同鄂省义师
会攻武汉电

（一九一八年二月一日）

　　长沙行营谭联军总司令鉴：读戡〔勘〕午电，各将领夺勇杀贼，收复岳城，克树殊勋，毋任嘉贺。岳州为湘省门户，据长江上游，敌营战备数年，一旦攻克，尤寒逆贼之心。惟据探报，北庭准备宣战，分三路进兵，形势日趋险恶。尚望鼓励前敌军人，协同鄂省义师，桴鼓沿江，会战鄂、湘，扼武汉以窥淮、皖，则大局不难早日底定。临电欢忭，不尽欲言。孙文。东。

据《大元帅复湘粤桂联军总司〈令〉
谭浩明电》，载广州《军政府公报》
第四十四号，一九一八年二月四日

复李书城等嘉勉举义湘西并望奋厉进行护法电

（一九一八年二月四日）

　　常德电局探送湘西援鄂李、田、周三总司令①均鉴：宥电诵悉。北政府阳假和议之名，阴行侵略之实，诡术暴行，国人同愤。诸君举义湘西，率桓武之众，协同声讨，足壮义师之气。望奋厉进行，共清海甸，重奠法治，则国事实利赖之。专电奉复，仁盼捷音。孙文。支。

据《大元帅复湘西援鄂军李田周三
总司令电》，载广州《军政府公报》
第四十五号，一九一八年二月八日

---

　　① 即李书城、田应诏、周则范。

致唐继尧贺克复叙城等处电

（一九一八年二月八日）

重庆唐元帅鉴：顷诵江电，欣悉叙城克复，安、岳等处次第皆下，闻之深为欣贺。并知驻万军队已东出夔、巫，雄斾所指，逆胆皆夺。川境既渐次肃清，则大江父老皆将箪食相迎矣。专电祝捷，续盼佳音。孙文。庚。

据《大元帅致唐元帅电》，载广州《军政府公报》第四十七号，一九一八年二月十五日

复李纯申明和战态度电

（一九一八年二月十日）

南京李督军鉴：顷奉卅一电，语长心重，读之慨然。此次战衅重开，罪在北京当局无悔祸之诚，故平和之声甫唱，旋即躬为戎首。西南为自卫计，不得不为相当之应付，致垂成之局复败，言之可为痛心。文与西南将帅切望和平，始终如一，所主张者，只废除一切不法命令，回复约法效力与国会以永久之保障。国会既能完全行使职权，一切纠纷不难依法解决。事至简易，何惮不为？若为之而犹有多所要求，不肯罢兵者，此则逆吏叛卒，名既不正，人人得而讨之者也。执事忧国恤民，力任和平之责，文所深佩。幸始终主持，敷布仁风，克销兵气，则国民拜赐无穷矣。专电布复，不尽悃愊。孙文。蒸。

据《大元帅复南京督军李纯电》，载广州《军政府公报》第四十七号，一九一八年二月十五日

致王文华盼联合黔滇川各省拥戴军政府
并促唐继尧就元帅职电

（一九一八年二月十一日）

贵阳探送王电轮总司令鉴：殿密。支电诵悉。谋虑周详，尤所深佩。文自去年南下，鉴于护法各省无正当之统一机关，内无以号召全国，外不能交际友邦，故主张组织政府，国会诸君亦鉴于时势之必要，一致赞同，遂有军政府之组织，选文为大元帅，为对内外之统一机关。惟军政府成立以后，元帅及各部总长皆不就任，与军政府共处一地之粤督陈炳焜，尤疾视甚深，百端阻挠，力谋破坏。以护法之人为蔑视国会之举，使爱国国民失所趋向，时局至今混沌，咎谁属乎？夫欲求外交之胜利，必先谋内政之修明，今内部既分裂如是，何能得国际间之承认？故自军政府成立以后，非外人不承认军政府，实文鉴于军府内部未经组织完全，西南各省又未协同一致，故始终未尝通告各国，求其承认耳。然今日各国对军政府已表尊崇，如日前西南联合会议，欲求外交团承认，各国领事闻其条例未经国会通过，军政府承认，乃谓此无异天津督军团而拒绝之。现莫代督及粤省长官将吏已稍有觉悟，对军政府态度渐趋接近，广州交涉员及高等地方审检厅职员，亦均分别受军政府任命，前途现象，日趋光明。倘西南各省，能同有此觉悟，一致拥戴军政府，承认大元帅、元帅，则国内团结既固，对外发言效力自强，断不患外交团之否认及交涉之不胜利也。兄素悉外情，此中关系，当可了然。倘能由兄处主张，联合黔、滇、川各省军民长官及诸将士，一致主张，表示拥戴军政府，承认大元帅，则一切困难皆可迎刃而解。抑文犹有言者，唐冀帅①为护法最热诚之人，众亦以此相推。然所谓护法者，护国会之本身，及其议决之法律也。今非常会议之在广州，实际上即系行使国会之职权，军政府又系国会所产生，行使中华民国之政权，今冀帅于非常会议及军政府，犹未正式表示承认，被选为元帅亦未就职，尊处接洽较近，望以此意转达，请其即日宣布就元帅职，则护法旗帜鲜

---

① 即唐继尧。

明，益足以坚国人之崇信矣。兄处所需债券，除饬财政部照办并另行电复外，专布鄙忱，并盼惠复。孙文。真。

据《致王文华盼联合黔滇川各省拥戴军政府并促唐继尧就元帅职电》（录自国民党党史会藏原稿），载秦孝仪主编：《国父全集》第五册，台北，近代中国出版社一九八九年出版

致陈炯明促攻闽并告大局问题当由正式国会解决电

（一九一八年二月十三日）

汕头陈总司令鉴：密。顷接刘黔督齐电：冯既宣战，和议恐难成事实，我军宜积极准备战事，川滇黔联军刻方向资、简方面前进，期早将成都攻下，即东出会师。惟攻闽之军，能否分出湘中，仍请日、玉、竞、协①诸公酌核办理云云。文意此时攻闽军力如太单薄，恐难制胜，分兵出湘一节，似不宜行。且攻闽之举，既以固粤防，亦以促浙动，故务宜力图。至大局根本问题，当使国会速自行召集正式国会，则一切问题，皆可依法解决等语复之矣。特此奉闻。孙文。元。

据《致陈炯明谓宜力图攻闽并由国会解决大局电》（录自国民党党史会藏原稿），载秦孝仪主编：《国父全集》第五册，台北，近代中国出版社一九八九年出版

复刘显世赞同备战及由国会依法解决国事电

（一九一八年二月十三日）

贵阳刘督军鉴：牂密。齐电诵悉。北派主战甚力，南方自不可歉于和议之说，

---

① 即莫荣新（日初）、程璧光（玉堂）、陈炯明（竞存）、李烈钧（协和）。

致懈战备。尊论积极准备，诚为不易办法。现在此间攻闽之举，所以固粤防，且促浙动，以闽如不得手，浙力万难自动也。至大局根本问题，在由国会自行召集正式国会，依法解决国事，则其余支节，皆不难迎刃而解矣。孙文。元。

据《复刘显世赞同备战及由国会解决国事电》（录自国民党党史会藏原稿），载秦孝仪主编:《国父全集》第五册，台北，近代中国出版社一九八九年出版

复陈炯明告以复李纯电内容电

（一九一八年二月十四日）

陈总司令鉴：阳电已诵悉。李督①卅一电大致责北方之进攻荆、襄，重启战衅，而归罪于己。请西南义军复电，表示主和、主战，以便与北京当局再行交涉。当复以文与西南将帅均望和平，始终如一。所主张者为废除不法命令，回复约法效力与国会以永久之保障。国会能完全行使职权，一切纠纷，不难依法解决云云。昨得沪电：冯君玉祥已进兵攻下安庆，陕西曹、胡两司令②会兵十七营攻西安。并以奉闻。孙文。寒。

据《护法要人之和平主张》，载一九一八年二月二十四日上海《民国日报》第二版

致刘显世告各省义军近况电

（一九一八年二月十四日）

贵阳刘督军鉴：青日两电诵悉。执事复李督三十一通电，主张与文甚同，兹特将文所复李督原电奉闻……云云。昨得上海电：冯旅长玉祥已举义兵，攻下安

---

① 指江苏督军李纯。
② 指曹世英、胡景翼。

庆。陕西方面，有曹、胡两司令会兵十七营进攻西安。北方军队中，具护法爱国之心者颇不乏人，倘北京当局犹复怙恶不悛，则各省义军力图进取，本护法之决心，求根本之解决，大成功之期，亦必不在远也。孙文。寒。

据《致刘显世告各省义军近状电》（录自国民党党史会藏原稿），载秦孝仪主编：《国父全集》第五册，台北，近代中国出版社一九八九年出版

致丁景良询需款数目并告攻闽军队
由许崇智率往电

（一九一八年二月十五日）

上海丁景良：屋毋迁，马由兄处分。朗西①电悉，此间款甚绌，究需若干，望详复。介石、季龙盼速来。攻闽军前队，由汝为率往，已抵闽境。冯玉祥占领安庆后情形，望电告季。

据《致丁景良告攻闽军队由崇智率往电》（录自国民党党史会藏原稿），载秦孝仪主编：《国父全集》第五册，台北，近代中国出版社一九八九年出版

致陈炯明告奉军南下援闽并促速出兵入闽电

（一九一八年二月十九日）

汕头陈总司令鉴：竞密。据确实报告，奉天张作霖派兵南下援闽，已有六百名于谏日由秦皇岛出发，其余尚有一百六十名，有船即行输送。闽事关系全局，北方陆续加兵，愈迟则敌力愈厚，望速进行。文。皓。

据《致陈炯明促速出兵入闽电》（录自国民党党史会藏原稿），载秦孝仪主编：《国父全集》第五册，台北，近代中国出版社一九八九年出版

---

① 即徐朗西。

致章炳麟黄复生询何绍城等就职举兵事电

（一九一八年二月二十日）

重庆章太炎先生并转黄复生总司令均鉴：申密。接叙府支日发来署衔靖国川南民军总司令何绍城暨郑鸣九、徐鉴臣等通电云：二月一日就职举兵，究竟是何系统？此间应否复电？盼即查复。文。哿。

据《致章炳麟黄复生询何绍城等就职举兵事电》（录自国民党党史会藏原稿），载秦孝仪主编：《国父全集》第五册，台北，近代中国出版社一九八九年出版

致陈炯明询岑春煊陆荣廷电报原文电

（一九一八年二月二十二日）

汕头陈总司令鉴：竞密。哿日三电均悉：岑庚电、陆歌电①，此间皆未接到，望以原文电告。以后凡岑、陆、谭月波②各电，均请以原文转电此间，以备参考为盼。孙文。祃。

据《致陈炯明询岑庚陆歌二电原文电》（录自国民党党史会藏原稿），载秦孝仪主编：《国父全集》第五册，台北，近代中国出版社一九八九年出版

致陈炯明告冯玉祥已在武穴宣布自主电

（一九一八年二月二十二日）

汕头陈总司令鉴：竞密。顷接沪电，冯玉祥、王汝贤、范国璋、李奎元、阎

---

① 即岑春煊八日电，陆荣廷五日电。
② 谭浩明，字月波。

〈相〉文等，商同一致行动，冯箇日在武穴宣布自主，脱离中央关系，宁亦备攻。倪、王、范、宁事请秘勿宣，俟彼处确实宣布后，再电告也。文。养。

据《致汕头陈炯明许崇智等电》（三）
载 胡汉民编：《总理全集》第三集，上
海，民智书局一九三〇年二月出版

致卢师谛询何绍城等在长宁独立实情电

（一九一八年二月二十二日）

急。永宁卢锡卿司令鉴：申密。顷接署衔川南民军总司令何绍城，一、二梯团长郑鸣九、徐鉴臣支日由叙州来电，称："东日在长宁独立，即日就职，连日克复兴文、古宋、江安"等语。军政府不悉绍城等为人如何，系受何人委任，该军内容实力系统如何，统希查明速复，以凭核办。孙文。养。

据《致卢师谛询何绍城等在长宁独立实情电》（录自
国民党党史会藏原稿），载秦孝仪主编：《国父全集》
第五册，台北，近代中国出版社一九八九年出版

复徐孝刚钟体道等勉矢志护法电

（一九一八年二月二十二日）

资州行营徐申甫、钟海珊两师长①并各军官佐同鉴：篠电诵悉。诸君深明大义，矢志护法，不胜钦感。民国根本在于约法，而中心在于国会。执权者苟不明此义，大乱将无已时。方今国际竞争剧烈，国本不固，危亡愈速。所望举国同胞共伸大义，扶危救亡，惟诸君是赖。尚望努力进行，俾约法效力速复为祷。孙文。养。

据《大元帅复川军第一师师长徐孝刚第三师
师长钟体道等电》，载广州《军政府公报》
第五十号，一九一八年二月二十八日

---

①　徐孝刚，字申甫。时任川军第一师师长。钟体道，字海珊。时任川军第三师师长。

致章炳麟望联合川滇黔同志巩固军政府电

（一九一八年二月二十三日）

　　重庆章太炎先生鉴：申密。养日通电西南各省，说明文之主张，当已达览。军政府能巩固与否，不特为民党之死活问题，亦实民国存亡之所系。望联合川、滇、黔同志，尽力主持，倘蓂帅能就职，则一切问题解决过半。闻蜀中同志主张遥戴黄陂，护法各军不能力图巩固根本，惟以利用为事，恐他日失败，亦与联段攻袁、联冯排段等，尊见如何？盼复。孙文。梗。

据《致章炳麟望联合川滇黔同志巩固军政府电》（录自国民党党史会藏原稿），载秦孝仪主编：《国父全集》第五册，台北，近代中国出版社一九八九年出版

致陈炯明嘱按养日通电意再通电西南电

（一九一八年二月二十三日）

　　汕头陈总司令鉴：养日通电西南各省，说明时局情形及文之主张，可否由尊处再以此意通电西南，多一人主持，则多一分效力，如何？盼复。文。梗。

据《致汕头陈炯明许崇智等电》（四），载胡汉民编：《总理全集》第三集，上海，民智书局一九三〇年二月出版

致黄复生等望推定川督电

（一九一八年二月二十三日）

　　永宁黄总司令、卢副司令鉴：申秘〔密〕。并转石青阳、夏亮工、朱叔痴、宋绍尊、黄圣详、孙凤石、颜德基、陈炳堃、萧敬轩、李静安、丁厚堂、陈华峰、

吕汉群①、向育仁诸君鉴：顷接资州徐孝刚、钟体道两君篠电称："加入西南，一致护法，积之三十一日通电，推贤让能，用举锦帆主川军"等语。查刘电此间未得，而川督一职亟应解决，诸君主持大计，或绾兵符，究应何人督川始能适当，诸君迅速秘商推定，由此间即予任命，以谋统一而定川局，无任盼祷。文。梗。

据《致黄复生等望推定川督电》（录自国民党党史会藏原稿），载秦孝仪主编：《国父全集》第五册，台北，近代中国出版社一九八九年出版

复许崇智吴忠信望就地筹款电

（一九一八年二月二十三日）

潮州援闽粤军许司令并转吴统领忠信鉴：定密。苟〔哿〕、养电皆悉。诸君努力奋斗，我武日扬，感慰之极！日来此间穷窘万状，款项一时难筹，现正在设法筹款，一俟筹到便汇，现在无法可设，望就地设法补救。文。梗。

据《复许崇智等请就地筹款电》（录自国民党党史会藏原稿），载秦孝仪主编：《国父全集》第五册，台北，近代中国出版社一九八九年出版

致孙洪伊嘱派人赴闽运动各军内应电

（一九一八年二月二十三日）

孙伯兰：刻王已接洽，日内同王治安赴汕，速嘱文武宣及梁晋朴同志赴闽，运动各军内应，克日进攻，望严守秘密，万勿发报。

据《致孙洪伊派人运动闽省各军内应电》（录自国民党党史会藏原稿），载秦孝仪主编：《国父全集》第五册，台北，近代中国出版社一九八九年出版

---

① 吕超，字汉群。

322 孙文全集 第九册·电 报

致唐继尧等嘉慰收复成都并询善后事宜电

（一九一八年二月二十五日）

急。毕节行营唐元帅、重庆熊总司令、章太炎先生、袁旅长、永宁黄总司令、顺庆石招讨使、绥定顾〔颜〕司令、保宁陈司令、大竹陈司令均鉴：顷接吕司令超，向、彭、喻、王各团长哿电，知成都已于架〔哿〕日收复，刘、张①潜逃等语，闻之喜慰何极。诸君仗义护法，血战半载，今果底定锦垣，克成大功。虽由诸将士力战奋发，亦诸君调度有方之效也。现省城善后事宜如何办理，刘、张窜潜何处？均望详告，并代慰劳诸将士为荷。孙文。径。

据《大元帅致四川诸将师电》，载广州《军政府公报》第五十号，一九一八年二月二十八日

致石青阳嘉慰战绩并望商推主持川局人选电

（一九一八年二月二十五日）

急。顺庆石招讨使鉴：同密。林君镜台返粤，备闻近状，知血战劳苦，勋绩烂然，甚方欣慰。现吕司令既下成都，兄军行止如何？宜速决定。闻现川中各军除复生、锡卿②外，颜德基、袁祖铭、陈凤石、陈炳堃、吕超皆与军府表示接近，兄宜竭力联络，使得有力之辅助，庶川局能大发展，于将来北伐影响尤大也。至兄处困难，此间深悉，现方力谋设法接济，俟筹妥后再告。现成都既下，此后主持川局以何人为宜，望商推电告，以凭核办。其血战有功各将士应如何奖励之处，亦望开列名姓电告为盼。现粤莫督对军府颇能听命，长江及西北一带亦渐形发展，冯、段等势已穷蹙，我党如能决心奋斗，结果必较辛亥、丙辰为良。望激厉

---

① 指刘存厚、张澜。
② 即黄复生、卢师谛。

〔励〕诸将士，努力进取，收最后之成功，国事庶可根本解决也。孙文。径。

据《致石青阳嘉慰战绩并激励将士进取电》（录自国民党党史会藏原稿），载秦孝仪主编：《国父全集》第五册，台北，近代中国出版社一九八九年出版

致石青阳等嘉慰克复成都并告以军事近况电

（一九一八年二月二十五日）

急。顺庆石招讨使鉴：同密。并转永宁黄总司令、卢副司令、吕司令、重庆袁旅长、绥定颜司令、保宁陈司令、大竹陈司令均鉴：林君镜台返粤，备闻诸君在川战绩，极为欣慰！今成都既下，川事可望统一，尚望互相团结，一致进行，使川中布置稍就，即可协同北伐也。现粤莫代督与军府颇形融洽，地方高等审检所及广州交涉员，均系军府所任命。粤军陈总司令炯明，率三十余营分驻潮汕，滇军亦有两旅驻汕，即可向闽开始攻击。长江方面，宁、赣两督军，亦有渐趋中立之势；冯旅长玉祥已在武穴宣布不愿与南方作战。陕西则曹、胡两司令，已包围西安，闻陈树藩已经潜遁。山西、河南、吉林、黑龙江等处，亦纷纷举义，大局日趋发展，军政府努力日趋扩张。此后但在吾军界同志，协力同心，期收最后之成功而已。诸君在川劳苦情形，文所深悉，甚思设法相助。希仍努力进行，创造伟业，为民国国史之光，所厚望也。军旅贤劳，至深怅念。军事近况，仍望随时电告为盼。孙文。径。

据《致四川卢锡卿黄复生等电》（四），载胡汉民编：《总理全集》第三集，上海，民智书局一九三〇年二月出版

致孙洪伊询管鹏在皖发动需款事并促
杨庶堪设法回川电

（一九一八年二月二十五日）

转伯兰先生：正式债票十日内可陆续印出，一切请先由尊处主持办理，票印

好即寄。又管鹏来电称：伊已与宁督商妥，由伊十日内在皖先动，需款是否属实？望查复。转沧伯①：接吕超、向传义、彭远耀、喻培棣、王维纲通电，已完全克复成都，盼速设法回川。文。有。

据《致孙洪伊询管鹏在皖发动需款事并促杨庶堪设法返川电》（录自国民党党史会藏原稿），载秦孝仪主编：《国父全集》第五册，台北，近代中国出版社一九八九年出版

致孙洪伊询委徐朗西等分别为陕西和
秦晋劳军使意见电

（一九一八年二月二十二五日）

转伯兰先生鉴：此间秦晋诸议员，请委徐朗西、焦易堂为陕西劳军使，景定成为秦晋劳军使，是否宜委？请酌复，并商之朗西。文。径。

据《致孙洪伊征询委徐朗西等分别为陕西秦晋军使意见电》（录自国民党党史会藏原稿），载秦孝仪主编：《国父全集》第五册，台北，近代中国出版社一九八九年出版

复王安富嘉慰树义四邑并望率军会师大江电

（一九一八年二月二十五日）

铜仁电局送酉、秀、黔、彭王勃山司令②：支电悉。以树义四邑，共策救国，闻之欣慰。现成都已下，川邑可告大定，尚望率军旅准备会师大江。近状如何？

---

① 即沧白，杨庶堪。
② 王安富，字勃山。时任四川靖国军酉、秀、黔、彭总司令。

仍望续告。孙文。径。

据《大元帅复四川靖国军酉秀黔彭总司令王安富电》,载广州《军政府公报》第五十号,一九一八年二月二十八日

复吕超等嘉慰收复成都并询省垣善后事宜电

(一九一八年二月二十五日)

急。成都吕司令,向、彭、喻、王各团长①钧鉴:哿电悉。知成都收复,克树伟勋,欣慰何极。诸公热心半载,再接再厉,今果克奏全功,可谓有志竟成。现省垣善后事宜,如何办理?仍盼续电,并代慰劳诸将士为荷。孙文。径。

据《克复成都之要电》,载一九一八年三月五日上海《民国日报》第六版

致徐朗西询拟任为劳军使回陕意见电

(一九一八年二月二十六日)

转朗西:陕事赖诸兄主持,得以发展,颇感佩。季龙来,详述兄意,款事因此间窘迫,一时难筹,前已两次电复。参谋长请兄荐任相当者,由军府任命。陕议员等来,请任兄及焦易堂为劳军使回陕,兄意如何?盼即电复。支。转伯兰兄:养日两通电收到否?文。二月二十六日发。

据《致徐朗西征询拟任为劳国使回陕意见书》(录自国民党党史会藏原稿),载秦孝仪主编:《国父全集》第五册,台北,近代中国出版社一九八九年出版

---

① 即吕超、向传义、彭远耀、喻培棣、王维纲。

致石青阳吕超望妥办川事善后并转嘱
黄复生等共维川局电

（一九一八年二月二十六日）

　　急。顺庆石招讨使鉴：同密。转成都吕汉群司令鉴：克复成都，劳苦功高，一切善后事宜，统望妥筹办理，并望随时电告。文。宥。再转复生、锡卿、德基、凤石、炳堃、亮工、勃山①诸兄：望与青阳兄一致赞助汉群，共维川局。文。宥。

据《致四川卢锡卿复生等电》（五），
载胡汉民编：《总理全集》第三集，上
海，民智书局一九三〇年二月出版

致陈炯明介绍王玉树等洽商奉天军事
并询收容华侨义勇队事电

（一九一八年二月二十六日）

　　汕头陈总司令鉴：竞密。王玉树、王秉谦、杨大实因奉天军事来汕面商，请接洽。文。宥。又华侨义勇队数十人，皆好同志，愿赴前敌，尊处或汝为兄处可收用否？盼复。寝。

据《致陈炯明介绍王玉树等洽商奉天军事并询
收容华侨义勇队事电》（录自国民党党史会藏
原稿），载秦孝仪主编：《国父全集》第五
册，台北，近代中国出版社一九八九年出版

---

　　①　即黄复生、卢师谛、颜德基、陈凤石、陈炳堃、夏之时、王安富。

致陈炯明嘱就近处置夏述唐新部电

（一九一八年二月二十六日）

　　汕头陈总司令鉴：竞密。顷据汝为敬电称：夏述唐所部柏、李两营脱离夏氏来归，由兄委吴忠信统领。乃伍旅长毓瑞来潮称："奉李总指挥之命，接收柏部，当答以应俟电请尊处示遵"等语前来。而协和方面，亦得伍旅长电，对于汝为颇有微词。似此两方各执，恐成误会，究应如何处置，文以未悉真相，不便遥断，望由兄就近查明办理，务以有利于军政府之进行为主。孙文。宥。

据《致陈炯明嘱就近处置夏述唐新部电》（录自国民党党史会藏原稿），载秦孝仪主编：《国父全集》第五册，台北，近代中国出版社一九八九年出版

与莫荣新等致陆荣廷等告程璧光被刺逝世电①

（一九一八年二月二十六日）

　　火急。南宁陆巡阅使、陈联军总司令，汕头陈总司令，上海岑西林、谭组庵②、孙伯兰，长沙谭联军总司令，岳州程司令，并转黎总司令，毕节唐联军司令，贵阳刘督军，重庆熊总司令、黄总司令、章太炎先生，香山唐少川先生③均鉴：海军总长程公玉堂，于当日午后八时半，在海珠码头遇贼被击，枪中胸部，

---

　　① 二月二十六日傍晚，军政府海军总长程璧光（号玉堂）在广州遇刺身亡。凶手逃逸不获，究系何人指使，竟成一历史悬案。

　　② 谭延闿，字组庵，亦作组安。

　　③ 以上诸人，指湘粤桂巡阅使陆荣廷、陈炳焜（按：其时卸任广东督军回南宁不久，是否出任湘粤桂联军总司令待考）、援闽粤军总司令陈炯明，岑春煊（广西西林人）、谭延闿（字组庵）、孙洪伊（字伯兰）、贵州督军刘显世、两广护国联军总司令谭浩明、护法军湖南总司令程潜、湖北靖国联军总司令黎天才、靖国联军总司令唐继尧、靖国川军总司令熊克武、永宁黄总司令（究系何人待考）、章炳麟（号太炎）、唐绍仪（字少川）。

即时殒命。去年政变，程公以海军南来，首倡大义，护法救亡，功在天下。岂意所志未成，遽遭贼害，痛何可言！现在公推林司令葆怿主持海军，以继程公生平未竟之志。现正严缉凶手，各界安谧。谨此电闻。孙文、莫荣新、伍廷芳、吴景濂。宥。

据《海军程总长殉国痛史》，载一九一八年
三月七日上海《民国日报》第二张第六版

致唐继尧等望速推举川省军政事务主持人电

（一九一八年二月二十七日）

十万火急。毕节行营唐元帅、重庆熊总司令、章太炎先生、袁旅长、永宁黄总司令、卢副司令、成都吕卫戍总司令、保宁陈司令、顺庆石招讨使、大竹陈司令均鉴：顷接吕司令超哿日通电称："已于哿日收复成都，刘、张潜遁，成都秩序如常"等语。闻之至为欣慰。自刘、张抗命违义，负固不顺，以致劳师数月，生民重困。兹该司令竟能悉锐出奇，力复严城，使川事由危乱而复定，厥功甚伟。惟省垣初复，地方秩序，不可无人专负其责，刻已任命吕超为成都卫戍总司令，暂行代理四川督军，使责有所属，此后川省军民〔政〕① 事务，应属何人主持，宜由川军务将领迅速协同推举贤能，俾得择往，以裨进行为盼。孙文。沁。

据《致唐继尧等盼推举川省军民事务主
持人电》（录自国民党党史会藏原稿），
载秦孝仪主编：《国父全集》第四册，台
北，近代中国出版社一九八九年出版

致程潜等嘱坚持国会约法并督率将校节节进取电

（一九一八年二月二十八日）

长沙程省长、赵师长、林旅长，零陵刘镇守使均鉴：号电所陈六义，深堪钦佩。伪政府日以停战诳我，使不修备，而日日增兵南下，其心叵测，实不堪问。

---

① 据一九一八年三月四日广州《军政府公报》五十一号《大元帅致四川各将帅电》校勘。

西南各省若为所愚，稍存迁就，则堕彼奸计，无异自戕。吾辈起兵始于护法，当以护法终。约法无解散国会之条，解散国会，即破坏约法。吾人不能只要求恢复约法，反置恢复国会而不言。义理昭然，无可涂饰，否则此次举兵为无意味，人将以我为权利之争夺。其余六条，均保障共和应有之义，望坚持勿舍。仍冀督率各将校节节进取，不可以有议和之伪令，致隳士气，堕彼术中，毋任祷切。文。勘。

据《致程潜等嘉许新陈六义电》（录自国民党党史会藏原稿），载秦孝仪主编：《国父全集》第五册，台北，近代中国出版社一九八九年出版

复许崇智嘱商承陈炯明妥办夏述唐所部两营来投粤军电

（一九一八年二月二十八日）

潮州许崇智司令鉴：佳密。养、宥两电均悉。夏述唐所部两营来投粤军一节，事前此处未据陈明，究竟出闽计划，因此有延滞否？收纳叛亡，是否有诱起部下之邪心，而致违令督叛之虞？此处无从悬揣。现李协和对此颇形愤激，军政府若取为亲军，交吴统带，未必彼方应允，徒损威信，又滋口实。故前电陈总司令请其就近查明办理，务以有利军政府进行为主，希体此意，商承陈总司令命，迅妥办结具报。孙文。勘。

据《致汕头陈炯明许崇智等电》（七），载胡汉民编：《总理全集》第三集，上海，民智书局一九三〇年二月出版

致石青阳转吕超望酌委王安富军职以免纷岐

（一九一八年二月二十八日）

顺庆石招讨使鉴：同密。转成都卫戍司令鉴：据本府王参议安富昨自铜仁电称：已由部下公推为四川靖国军酉、秀、黔、彭总司令，现拟扩充军旅，会攻武

汉等因。自应酌委军职，望即拟定名称，电请任命，以免纷歧，而便编制，希速电复。孙文。俭。

据《致四川卢锡卿黄复生等电》（六），
载胡汉民编：《总理全集》第三集，
上海，民智书局一九三〇年二月出版

复唐继尧论四川省长应由民选并促速就元帅职电①

（一九一八年三月一日）

毕节行营元帅鉴：申密。有电欣悉。吕司令超克复成都，名城既下，全川指顾可定，将士用命，实赖公之声威，良用称慰。前得该司令哿电以刘存厚、张澜均已潜遁，成都秩序及一切善后事宜，不可一日无人负责，该司令战胜功高，自应任命以卫戍总司令暂行代理四川督军，已于沁日通电奉闻。至川督继任之人，非得各方面同情及为全川所推许，不足以资统率。是以沁电有此后军政事务，应属何人主持，宜由川军各将领迅电〈协〉同推举贤能，俾得择任之语。其省长一职，不宜再令督军兼任，致蹈军民不分之覆辙，似应委之川省民选，再加任命。公辑睦川人，声威既震，尤在深得川人之心，于其军民两政，谅必善为处置，庶无反顾之忧。从此长驱武汉，直捣幽燕，以竟护法之全功，并世孰与伦比。抑更有进者，军政府元帅一职，公虽受印于前，每以师出有功，自为策励，且有必克成都而后就职之宣言。今兹成都已下，厥功甚伟，岂可再事拟谦，转负国民之望？况非法政府讨伐之令再下，借款借械，积极进行，公若再事迟回，则军政府始终难得外交之承认，坐令国权为逆党断送净尽，纵名一己之高，忍视亡国之痛？甚为执事不取。国民望公已如望岁，务希毅然宣布，即日就职。护法救亡，惟公任之，不胜企盼之至。孙文。东。〈印〉

据《致唐继尧论四川省长应由民选并促速就元
帅职电》（录自国民党党史会藏《总理重要电
文稿》），载秦孝仪主编：《国父全集》第五
册，台北，近代中国出版社一九八九年出版

---

① 此件参照云南省档案馆藏收电原稿校勘。

致石青阳等嘱推杨庶堪熊克武分任四川省长及
督军并劝唐继尧就元帅职电

（一九一八年三月二日）

顺庆石招讨使鉴：同密。并转章太炎先生、黄总司令①、卢副司令②、陈凤石司令、颜德基司令、陈炳堃副司令、夏宣慰使③、王安福司令暨诸同志均鉴：急。前月梗电及慧生兄养电，促诸兄迅速推举督军，至今未复，已收到否？此间接汉群④攻破成都捷电后，遂以沁电、宥电任命汉群为成都卫戍总司令暂代川督，并促诸兄迅速推举督军，由此间任命，以谋川局之统一。昨得唐冀帅有电云，命锦帆为督军兼省长，已电令就职，当复电告以此间对于督军问题之处置，及军民应分治、省长应民选之主张。省长关系地方政务至大，已电促沧白兼程回川，盼诸兄迅速疏通省议会，一致选举沧白为四川省长。至督军若非锦帆不可，亦火速公电推举，此间方能任命，倘再迟延，转恐锦忌，且无以对冀帅，诸兄意如何？速电复。并望联同拥护军政府各军，恳切电劝冀帅速就元帅职，以壮军府之声威，而谋外交之承认。文。冬。

据《致石青阳等嘱疏通川省议会选杨庶堪为省长并联同各军劝唐继尧速就元帅职电》（录自国民党党史会藏《总理重要电文稿》），载秦孝仪主编：《国父全集》第五册，台北，近代中国出版社一九八九年出版

---

① 即黄复生。
② 即卢师谛。
③ 即夏之时。
④ 吕超，字汉群。

致王文华告川省宜行军民分治并嘱
力劝唐继尧就元帅职电

（一九一八年三月二日）

　　贵阳督署转王电轮总司令鉴：殿密。黔军总司令部敬电报捷，马日入成都，将士用命，赖兄指挥，大敌已歼，川局即定，良用欣慰！前得吕司令超胥电，成都已下，刘、张潜逃，该司令首克名城，深恐各军未集，善后事宜不可无人负责，故任命该司令为成都卫戍总司令，暂行代理四川督军，一面电达川中靖国军务将领，迅推川督，以资择任。嗣得唐冀帅有电，已令熊总司令克武任川督兼省长，川人治川，谁曰不宜？惟川督一职，宜得各方之同情，且为全川所推许，再由军府任命，庶能辑睦联军，共出武汉，以定中原。锦帆资望，谁不相宜？但冀帅独行己见，又未就元帅之职，遽以滇督地位任命川督，稍挟征服之威，足生反应之患。况军民分治，实为今之要图，川局甫定，未可再蹈军民混合之覆辙。省长一职，自应委之川中民选，已以东电将此主张商之冀帅，并以成都已下，跃功甚伟，请速就元帅职，以壮军府之声威，而谋外交之承认。现在北京非法政府借款借械，积极卖国，自非军府完全成立，不足以资抵制，兄爱国情殷，能见其大，务望本此意义，一致主张，并力劝冀帅宣布就职，曷胜盼切。孙文。冬。

据《致王文华论川省应行军民分治并嘱力劝唐继
尧就元帅职》（录自国民党党史会藏《总理重要
电文稿》），载秦孝仪主编：《国父全集》第五
册，台北，近代中国出版社一九八九年出版

致覃振询由吴景鸿接济湘西各军使
倾向军府是否可行电

（一九一八年三月二日）

　　常德探送覃理明先生鉴：乾密。瀛田、正己两议员请任命吴景鸿为湘西各军

联络使，兄及田议员助之，并发给债券若干，筹款接济各军，使倾向军府，李茂吾兄亦赞同此意，是否可行？盼速以尊意见告。文。冬。

据《致覃振征询对吴景鸿为湘西联络使意见电》（录自国民党党史会藏《总理重要电文稿》），载秦孝仪主编：《国父全集》第五册，台北，近代中国出版社一九八九年出版

致孙洪伊徐朗西盼与焦易堂接洽并转
杨庶堪望返蜀收拾川局电

（一九一八年三月四日）

转伯兰：尊电主张，此间必坚持，望力劝长江将领发布此意见。转朗西：陕本盼兄主持，前因省议员屡促，故任焦易堂为劳军使。抵沪后，盼与接洽，今后办法，望即详告。极密。转沧白：吕超电克成都后，同时得锦帆电云：兼程赴省，因先任吕为卫戍总司令代理督军，并电黄、卢、石、陈诸兄，迅速推定继任督军，倘锦帆对军府能表示好意，当然可以推举。此电已去多日，至今无复，有日接唐蓂赓电，云任锦帆为督军兼省长。唐本云南督军，何能任命四川督军、省长？惟此间又不能反对，因复电云：已电询川中各军意见，至省长则主由民选。又电黄、卢、石等，嘱其一面公举川督，请军府任命；一面疏通省议会，火速一致选举执事为省长。望兼程返蜀，联合黄、卢、陈、吕等军，收拾川局，迟恐锦帆权力日增，黄、卢不足以抗。款事另电告。文。支。

据《致孙洪伊转徐朗西盼与焦易堂接洽并转杨庶堪望即返川电》（录自国民党党史会藏《总理重要电文稿》），载秦孝仪主编：《国父全集》第五册，台北，近代中国出版社一九八九年出版

复唐继尧告援鄂援闽军情并主张讨伐急辟党人电①

（一九一八年三月五日）

　　毕节行营唐元帅鉴：申密。东电敬悉。川局底定，靖国联军第一军先行东下援鄂，行见不久。武汉会师，护法功成，定在不远，欣幸何如！此间援闽粤军，亦已次第开赴前敌。昨接沪电：京、奉复辟党人，近复肆其阴谋。张作霖军队一旅，已据滦州，似此魑魅昼行，非大张挞伐，不足以定国本而靖国难。东电谅已达览，祈即赐复。孙文。歌。〈印〉

据《致唐继尧告以援鄂援闽军情并主张讨伐复辟党电》（录自国民党党史藏《总理重要电文稿》），载秦孝仪主编：《国父全集》第五册，台北，近代中国出版社一九八九年出版

复谭浩明望激励将士共策殊勋电

（一九一八年三月五日）

　　长沙谭联军总司令鉴：成密。江电悉。此间亦仅得唐赟帅东电。至靖国第一军计划及行动，如已准备完善，当有续电。望公激励前敌将士，共策殊勋，早定全局。孙文。歌。

据《复谭浩明勖激励将士共策殊勋电》（录自国民党党史会藏《总理重要电文稿》），载秦孝仪主编：《国父全集》第五册，台北，近代中国出版社一九八九年出版

---

　　①　此件参照云南省档案馆藏收电原稿校勘。

致陈炯明询方声涛调兵回省事电

（一九一八年三月五日）

　　汕头陈总司令鉴：竞密。闻方韵松密电调第八旅全旅回省，确否？如有其事，系何原因？望速复。孙文。歌。

据《陈炯明询方声涛调兵回省事电》（录
自国民党党史会藏《总理重要电文稿》），
载秦孝仪主编：《国父全集》第五册，
台北，近代中国出版社一九八九年出版

致唐继尧等盼协力安抚川民整旅东下电

（一九一八年三月八日）

　　火急。毕节行营唐元帅并转顾、黄、赵各军长，贵阳刘督军、王总司令，云南刘代督、唐卫成总司令，重庆章太炎先生、黄复生总司令，永宁卢副司令，顺庆石招讨使，绥定颜、陈总副司令，酉阳王安富司令，资州徐师长、钟师长，成都熊总司令、吕卫戍司令、但旅长均鉴：顷据四川省议会敬电，公推熊克武为四川督军，杨庶堪为四川省长，请军府任命，以维川局。二君历年为国勤劳，功在民国，不特蜀人交口共誉，亦为全国拥护共和者所心许。前唐元帅已电推熊君督川，足见滇、黔、川军军情融洽，正待征求蜀中各方同意，现既由四川省议会公电推举，二君皆为蜀中民意所归，军府尊重民权，自应特加任命。惟杨君尚未返川，省长职务不能一日虚悬，其未到任以前，应以四川靖国军总司令黄复生代理。除电复四川省议会，并电促熊、杨二君速行就职外，特以奉闻。务祈诸公协力襄助，以期安抚川民，肃清余孽，克日整旅东下，会师大江，以集大勋，而竟护法之责，不胜切盼之至。孙文。齐。

据《大元帅任命熊克武为四川督军杨庶堪为四川省
长杨未致任前以黄复生代理之通电》，载广州《军
政府公报》第五十三号，一九一八年三月九日

致广州国会非常会议等勉励共讨非法政府电

（一九一八年三月九日）

广州国会非常会议，莫督军，李省长，伍外交总长，林海军总司令，张陆军总长，汕头陈总司令，潮州许司令，广西陆元帅，云南刘代督、唐卫成总司令，毕节唐元帅并转顾、黄、赵各军长，重庆黄、卢总副司令、章太炎先生、夏宣慰使，顺庆石招讨使，大竹陈总司令，成都熊督军、吕卫成总司令，保宁陈总司令，贵阳刘督军、王总司令，长沙谭联军总司令、覃理鸣先生、赵师长、刘镇守使、林旅长，岳州程总司令，常德张、周、胡各司令，津市李总司令，归州黎总司令，三原曹、胡两司令，南京李督军，南昌陈督军，湖北王督军、王汝贤、范国璋两师长，武穴冯旅长，上海孙伯兰、唐少川两总长，岑云阶、谭组庵、谭石屏、柏烈武先生，各报馆均鉴：近日迭据长沙谭联军总司令东电、岳州程总司令江电称：北军近复分路南犯，战祸重启。又据广州莫督军江电称：敌军分遣悍将进攻岳阳，相迫日亟，忍无可忍等语。读之慨然。此次各省义军兴师护法，目的惟在拥护国会，恢复约法效力，职在卫国，势非得已。故自南京李督军等，一再倡平和之议，即约各方按兵相待，至于再三，以为国法倘能有效，则一切问题皆可待夫法律解决，更无多求。无如非法政府始终弁髦大法，无悔祸之诚。近且公然宣布伪国会组织、伪参众两院选举等法，重袭袁氏造法故智，积极违法，颠覆国宪。厥有常刑，凡我国民，人人得而致讨。乃逆军犹敢逞其暴力，迭行南犯，虽涂炭生民，牺牲国家而不惜。今复启衅岳州，以重兵相陵，和平已属绝望。祸非我启，罪有攸归，我军将士，实迫处此，不能不谋正当之对待。尚望本厥初志，一致进讨，务完成护法之天职，非至约法有效，国会恢复，则义军万无卸责之余地，必义军能贯彻护法之志，民国始有克臻奠定之望。公理所在，即民意所向，师直为壮，气自百倍，幸共纾伟略，协谋进行，克成救国之大义，民国前途实利赖之。孙文。佳。（印）

据《大元帅勖励前敌将帅电》，载广州《军政府公报》第五十六号，一九一八年三月十四日

复李书城勉主持鄂国以竟护法职责电

（一九一八年三月九日）

津市李总司令鉴：顷接勘电，知鄂中将士公推执事出总戎政。三楚为全国中枢，绾毂大江，形势所重，敌所必争。执事历年勤劳国事，谙练戎机，此次主持鄂军，足庆得人。近敌军方逞厥暴力，以重兵陵压义师，幸纡筹伟略，努力进行，以竟护法职责。孙文。佳。（印）

据《大元帅复湖北护国军总司令李书城电》，载广州
《军政府公报》第五十五号，一九一八年三月十三日

复黎天才勉坚持护法决心电

（一九一八年三月九日）

归州黎联军总司令鉴：删电诵悉。主张正大，义声炳烺，至为敬佩。北方前假议和之机节节进逼，近复以兵压岳州，其无悔过之诚，已可概见。文以为此次西南举义，既完全为护法救国，则非至约法回复效力，旧国会完全恢复，断难卸责。执事谋国坚贞，尤富毅力，务望抱一贯彻初终之决心，庶免牵就，而滋后患。孙文。佳。（印）

据《大元帅复湖北靖国军联军总司令
黎天才电》，载广州《军政府公报》
五十五号，一九一八年三月十三日

致唐继尧促就元帅职并询官其彬来粤行期电

（一九一八年三月十三日）

毕节唐元帅鉴：义密。前得成都收复捷讯，当即电致执事，以为川事既渐臻

统一，执事亦宜迅践前约，宣布就元帅职，共勖国难，树之风声，犹未得复。近据京讯，张作霖已陆续派兵入关，北京将又生奇变。今日欲平大难而救危亡，非吾人一致动作，则势必涣散，难收良效，而沦胥之祸随之。执事爱国至深，讵忍恝然，务望勉抑谦让，以国事为重，慨任艰难，克日就职，则声闻所布，民气倍振。外交既易磋商，战士益将奋励，一切困难，迎刃而解。大局转机，实在于此，惟熟筹而力断之，国事幸甚。前尊电谓派官顾问①代表来粤，倘已启行，希即见示，俾便接洽。专布悃幅，伫盼复音。孙文。元。

据《致唐继尧促就元帅职并询官其彬来粤行期电》（录自国民党党史会藏原稿），载秦孝仪主编：《国父全集》第五册，台北，近代中国出版社一九八九年出版

复陈炯明同意派胡汉民出席西南联合会议电

（一九一八年三月十三日）

汕头陈总司令鉴：存密。灰电文译悉。联合会议如与军府两不相妨，自可听其成立，现亦莫由阻止。莫督电请兄委派代表，尊见甚是。展堂心灵手敏，若与该会议，当能从中操纵，希即照办。孙文。元。（印）

据《复陈炯明望派胡汉民出席西南联合会议电》（录自国民党党史会藏《总理重要电文稿》），载秦孝仪主编：《国父全集》第五册，台北，近代中国出版社一九八九年出版

致陈炯明询对邓荫南欲求统领意见电

（一九一八年三月十三日）

汕头陈总司令：竞密。邓三②言已派陈福全赴汕商招兵事，并欲求统领，允

---

① 即官其彬。
② 即邓荫南。

否？希复。文。元。

据《致陈炯明询对邓三言欲求统领意见电》
（录自国民党党史会藏《总理重要电文稿》），
载秦孝仪主编：《国父全集》第五册，台
北，近代中国出版社一九八九年出版

致黄复生嘱讨逆及对俄应注意西北边电

（一九一八年三月十三日）

重庆黄总司令、代省长鉴：同密。义师讨逆，及将来对俄关系，不可不预注意于西北边。甘肃事必须得回部之倾向。马安良有向义之机，此间现已有人赴甘连络，赴甘连络，惟甘省通信不便，将来若有函电由兄处转达时，即希速转。如有法连络，或能援助军队，亦望预为接洽。孙文。元。（印）

据《致黄复生嘱讨逆及对俄应注意西北
边电》（录自国民党党史会藏原稿），载
秦孝仪主编：《国父全集》第五册，台
北，近代中国出版社一九八九年出版

致中华革命党上海本部嘱寄《革命方略》
并告杨庶堪林镜台赴沪行期电

（一九一八年三月十三日）

请速寄《革命方略》数册。转沧白、林镜台：明日起程赴沪。

据《致上海本部嘱寄革命方略并告林镜台等赴
沪行期电》（录自国民党党史会藏《总理重要
电文稿》），载秦孝仪主编：《国父全集》第
五册，台北，近代中国出版社一九八九年出版

致陈炯明转嘱戴季陶速返电

（一九一八年三月十四日）

汕头陈总司令鉴：竞密。介石知，已留襄助。惟季陶①接洽对日事件，实难久离，盼嘱速返。孙文。寒。（印）

据《致陈炯明转嘱戴季陶速返电》（录自国民党党史会藏原稿），载秦孝仪主编：《国父全集》第五册，台北，近代中国出版社一九八九年出版

复范锦堃嘉奖破获龙济光机关电

（一九一八年三月十四日）

汕尾范锦堃分统鉴：文电悉。据报破获龙逆机关，殊堪嘉奖。所获逆党及谋逆各证，仰候陈总司令处分。孙文。寒。（印）

据《大元帅致汕尾范分统锦堃电》，载广州《军政府公报》第五十七号，一九一八年三月十六日

复李国定嘉慰不争川中权利并望出师东下电

（一九一八年三月十四日）

叙府李劳军使鉴：虞、东两电均悉。执事身历险艰，卒达使命，宣播义声，激励士气，遂使川局早定，共策讨逆，以定中原，功在国家，曷胜佩慰。前经川省议会来电公推，已特任熊克武为四川督军，杨庶堪为四川省长。杨未到任前，任命黄复生代理。从此川中军民两政可趋分治，而归统一。此时即宜简选师旅，分途北伐，执事准备出师，不争川中权利，亮节可风。尚望会同滇、黔、川各军，

---

① 即戴季陶，时任海陆军大元帅府秘书长。

克日东下，速奏肤功，实所切盼。孙文。寒。（印）

据《大元帅致四川劳军使李国定电》，载广州《军政府公报》第五十七号，一九一八年三月十六日

复唐继尧诚勿因和议而让步电

（一九一八年三月十五日）

毕节唐元帅鉴：申密。官顾问其彬奉命来粤，今日晤谈，得诵惠函，藉审一是。尊意关怀四事，龙逆背信负公，竟图祸粤，近已累挫，不足为患。叙泸前事，无关得失，重庆既下，军威已震。成都继定，川局敉平，更足作湘粤之士气。冯国璋向号骑墙，议和本无诚意，岳州战衅再开，已无和议之可言。自张作霖带兵入关，冯、段之争，业经显著。李、陈两督之向义，已不待和议为羁縻。况和战所争，均在根本大法，断不能因和议而稍事让步，在彼争私人权利之武人、政客，或竟不惮于牵就。千钧一发，惟系于公，倘能毅力坚持，亦不患一方之单独媾和。至滇军在粤，方部①讨龙，张部②拥护军府，足慰尊注，特电奉复。孙文叩。删。（印）

据《复唐继尧新问四事电》（录自国民党党史会藏原稿），载秦孝仪主编：《国父全集》第五册，台北，近代中国出版社一九八九年出版

复陈炯明告收回盐税经过并嘱劝伍廷芳
就外交总长职电

（一九一八年三月十五日）

汕头陈总司令鉴：存密。寒电悉。进攻在即，急待饷糈。此间无日不思设法接济，一俟有着，即当拨助。盐税之收回，军府从外交方面经营已久，机会成熟，

---

① 指驻粤滇军方声涛部。
② 指滇军张开儒部。

不意莫督有闻，突于十余日前欲提此款，经英、日领出而抗议，莫又敛手不承。军府知其绝想，遂于前数日决办此事，经分令稽核分所、盐运使、中国银行各机关。莫初欲借口外人以为反对，后知伪政府以此接济龙逆，始觉爽然。继见此款可提，又欲出而攘夺，经人调和，始指定用途。除三分之一仍归稽核分所拨还借款，其三分之二，旺月可收四十万，以十万为国会经费，十三万为海军经费，九万为广东地方还欠外款，五万为军府经费，三万为滇军经费。款由指定之第三者即盐运使提存分拨。但如遇淡月，并无此数，若除前三项，共三十二万，军府经费依然无着。惟军府此举，本非为自身筹款，不过因盐款向属中央，军府自应收管，以震观听。乃莫野蛮抵抗，军府既无实力，只得就此调和。外交方面，惟英领向伍廷芳抗议，函中已明言，知伍为军府外交总长，不啻间接承认。伍若就职，办结此事，可得美名，近已多方劝驾，望兄再敦促。至总代表一席，已示意听其兼就，以免两难。知念详告。孙文。删。（印）

据《致陈炯明告收回盐税经过并嘱劝伍廷芳就外交总长职电》（录自国民党党史会藏原稿），载秦孝仪主编：《国父全集》第五册，台北，近代中国出版社一九八九年出版

复李国定嘉慰杨肇基响护法电

（一九一八年三月十五日）

　　叙府李劳军使鉴：微电悉。据报新选参院议员杨肇基以旧部在新津改组成军，来电响义，深堪欣慰。尚望勉以与讨逆各军共相策应，以建殊勋。孙文。删。（印）

据《大元帅致四川劳军使李国定电》，载广州《军政府公报》第五十七号，一九一八年三月十六日

致唐继尧嘉勉滇省资助国会经费电

（一九一八年三月十五日）

毕节唐元帅鉴：鱼电〈悉〉。滇认国会经费已饬财厅筹拨，护法以实不以名，他省闻风孰不兴起？敬佩无既。军府现正力筹，并闻。孙文。删。（印）

据《大元帅致唐元帅电》，载广州《军政府公报》第五十七号，一九一八年三月十六日

复陈炯明指示购械及拨交湘闽盐税事电

（一九一八年三月十七日）

汕头陈总司令鉴：存密。寒电并季陶删电悉。购械事望季陶来此办理。岳州情形未悉，盼再详电。汝为请转达，抵闽后，速破坏涵江电线二三里，以断漳、福间交通，祈查照。盐款约余十二万，由莫督分给湘、闽前敌军饷。可速电指拨。孙文。洽。

据《致陈炯明望详报岳州情形并指示速拨盐 余电》（录自国民党党史会藏原稿），载秦孝仪主编：《国父全集》第五册，台北，近代中国出版社一九八九年出版

复唐继尧痛惜庾恩旸遇害电[1]

（一九一八年三月十八日）

毕节唐元帅鉴：顷诵佳电，惊知庾军长恩旸被刺身故，闻耗痛惜何穷。庾军长夙著勋劳，功在民国，方期指挥雄师再奠共和，何图宵小窃发，遽遭狙击。彼

---

[1] 据一九一八年三月二十六日上海《民国日报》第七版所载同电校补。

逆众以穷蹙之余，计不得逞，乃施其鬼蜮，歼我名将，殊堪痛恨。望执事督厉诸将士扫清丑类，以竟吾人护法之职责，庶足以慰英烈于九京也。孙文。巧。

据《大元帅复唐元帅痛惜庾军长死事电》，载广州《军政府公报》第五十九号，一九一八年三月十九日

复唐继尧指示攻陕战略并促就大元帅职电

（一九一八年三月十九日）

毕节唐元帅鉴：申密。删电悉。张作霖带兵入关，将有奇变，尊意早定大计，诚不容缓。用兵之道，尤贵出奇。武汉北军云集，未易猝攻，宜阳言援鄂，而以精兵攻陕。陈树藩困守西安，不久当遁。会合陕中义军，略定西北，拊鄂之背，较易奏功。请就近与黄复生、石青阳诸君商妥进行，甘肃亦可响应。奠定中原，澄清寰宇，属望执事，幸即日宣布就元帅职，以震军威，而谋统一。孙文。效。（印）

据《致唐继尧指示攻陕战略并促就元帅职电》（录自国民党党史会藏原稿），载秦孝仪主编：《国父全集》第五册，台北，近代中国出版社一九八九年出版

致唐继尧盼联络护法各省通电拥护非常国会正式会议电

（一九一八年三月十九日）

毕节唐元帅鉴：申密。护法军兴已久，逆势少挫，而逆焰则方张，国无政治中心，循是以往，将不国矣。国会之开，迫不容缓。昨非常会议决于六月十二在广州开正式会议，已自行分省招集。惟恐观望者犹且裹足，若再得护法要人，联衔通电，庶促懦夫决心。倘荷赞成，即请执事发起，密电征求护法各省同意。如

得多数赞成，即请执事领衔发表，附列鄙名为幸。孙文。效。（印）

据《致唐继尧盼发起通电拥护非常国会正式会议电》（录自国民党党史会藏《总理重要电之稿》），载秦孝仪主编：《国父全集》第五册，台北，近代中国出版社一九八九年出版

复唐继尧望统领师干迅期出发电

（一九一八年三月十九日）

唐元帅鉴：真电敬悉。川东南北，既渐肃清，怅望川氛，平定有日。荆、汉、襄、宜，攻战最烈。北军数路南下岳州，剧战亦在目前，长江义旅，马首是瞻。亟望执事统领师干，迅期出发，以慰众望。至祷。孙文。皓。

据《大元帅勖励滇督》，载一九一八年四月四日上海《民国日报》第六版

复黄复生告代川省长用意并指示攻陕方略及联络各军促唐继尧就元帅职电

（一九一八年三月十九日）

重庆黄总司令鉴：同密。篠电悉。执事愿出师援鄂，壮志可嘉，且可就此增厚兵力。惟来电推锦帆兼代省长，未知军府任命执事兼代之意，系为维持沧伯起见。现熊已于蒸日到成都，来电以总司令名义执行军民两政，尚未表明受军府川督任命，纵再加特任何益?① 且恐熊兼，则沧伯难入川，务望暂在重庆就兼代名义，一面同青阳诸君力促熊受军府任命；如熊承认，再加特任兼代省长不迟。援鄂非旦夕之事，且鄂中北军力厚难攻，宜与青阳诸君先图攻陕，以定西北，拊鄂之背，则事半功倍，幸熟计之。顷复唐元帅电，即属商执事及青阳诸君攻陕。再，

① 秦编《国父全集》作“纵再特加任何益”。今酌改。

张作霖带兵入关，奇变将作，军府非早日完全成立，不足以定大计，请速电联络川、滇、黔各军将领，一致力促唐就元帅职，至要。孙文。效。（印）

据《致黄复生告代川省长用意并指示攻陕方略及联络各军促唐继尧就元帅职电》（录自国民党党史会藏原稿），载秦孝仪主编：《国父全集》第五册，台北，近代中国出版社一九八九年出版

致陈炯明嘱招待美国公使电

（一九一八年三月十九日）

汕头陈总司令鉴：存密。闻驻京美使确将于本星期五到汕，逗留一日，即赴厦门。此行专为考察南方实在情形，务望密探预为布置，俟美使到，以礼欢迎，俾知军府实力已到。且与联络感情，于前途当有裨益。孙文。效。（印）

据《致陈炯明嘱招待美国公使电》（录自国民党党史会藏原稿），载秦孝仪主编：《国父全集》第五册，台北，近代中国出版社一九八九年出版

致中华革命党上海本部嘱促杨庶堪赴川就省长职及电黄复生暂留任代省长职电

（一九一八年三月二十日）

盐税收回，莫已就调和，岑谣勿信。精卫既赴川，请沧伯速行。复生电任援鄂，辞代省长，复嘱暂留。熊代表吴、李已善遇，如熊受军府任命，拟于沧伯未到前令兼代。惠生请再拨万元汇川，不可能。

据《致上海本部嘱促杨庶堪赴川就省长职》（录自国民党党史会藏《总理重要电文稿》），载秦孝仪主编：《国父全集》第五册，台北，近代中国出版社一九八九年出版

致黄复生告王安富已率军进荆宜望
随时指示机宜电

（一九一八年三月二十日）

重庆黄复生总司令代省长鉴：顷据四川靖国军援鄂第一路总司令王安富由酉阳邮转铜仁电称：已组织三支队，即日出发，欲会同大军进规荆、宜。已复令其就执事承受方略，共策进行，望随时指示机宜。孙文。号。（印）

据《大元帅致四川靖国军总司令兼代省长黄复生电》，载广州《军政府公报》第六十一号，一九一八年三月二十三日

复王安富告进规荆宜已电黄复生查照
并望共策进行电

（一九一八年三月二十日）

铜仁电局邮送酉阳王安富总司令鉴：佳电悉。知欲会合大军进规荆、宜，已电知黄复生联军司令查照矣。师行在和，尤贵统一，宜就黄总司令承受方略，共策进行。孙文。号。（印）

据《大元帅致四川靖国军援鄂第一路总司令王安富电》，载广州《军政府公报》第六十一号，一九一八年三月二十三日

复犬养毅头山满询邀赴日本原由电[①]

（一九一八年三月二十日）

　　来函敬悉。现正在粤筹备召集正式国会，阁下所欲面谈之事，倘为南北调和问题，则唐少川先生优为之，无文亲来之必要。若为东亚百年根本之大计，非与文面谈不可者，请即电复。

据《复犬养毅头山满询邀赴日本原由电》（录自国民党党史会藏原稿），载秦孝仪主编：《国父全集》第五册，台北，近代中国出版社一九八九年出版

复石青阳望与黄复生从速图陕电

（一九一八年三月二十一日）

　　顺庆石镇守使总司令鉴：同密。漾电悉。请缨援鄂，壮志可嘉。惟用兵忌攻坚，尤贵出奇。鄂中北军云集，可以智取，难用力攻；若阳言援鄂，而以精兵攻陕，则可拊鄂之背，取之自易。现在陈树藩困守西安，且夕可下。但豫旅刘学亚五营已至潼关、华阴，若川军不进，则西安恐垂得而复失，幸速图之。已电复生，并望协商进行。孙文。箇。（印）

据《致石青阳盼与黄复生从速图陕电》（录自国民党党会藏原稿），载秦孝仪主编：《国父全集》第五册，台北，近代中国出版社一九八九年出版

---

　　① 日人犬养毅、头山满于三月二日函请孙文赴日一行，函曰："贵邦南北对峙以来，世局纷纭，不知所底止。弟为东亚大局深忧之。今也阁下一进一止，实东方治乱之所系。弟兹有欲与阁下面议一事，因望阁下亲到东京。"（据罗家伦主编，黄季陆增订《国父全集》增订本下册，录自国民党党史会藏原稿，国民党党史会一九六九年十一月出版）该函三月二十日收到。此电即对来函而发。

致陈炯明望速利用内应攻击武杭敌军电

（一九一八年三月二十二日）

　　汕头陈总司令鉴：存密。据许崇智司令电称："敌已增兵两营到武杭，该处倾向我军之南军来告，若乘敌军初到，地形未谙，利用内应，犹可先发制人。该部拟进扎岩前下坝近地，以图进攻，并请速下攻击命令"等情。所陈不为无见，希迅予酌夺施行。孙文。杩。（印）

据《致陈炯明望利用内应攻击武杭敌军电》
（录自国民党党史会藏《总理重要电文稿》），
载秦孝仪主编：《国父全集》第五册，台
北，近代中国出版社一九八九年出版

复陈炯明准予留用潮桥盐款电

（一九一八年三月二十二日）

　　汕头陈总司令鉴：存密。皓电悉。潮桥盐款截留军用，此系军事紧急行为，应准照办。季陶已返，数日后仍来相助。得悉军情，可操胜算，甚慰。孙文。祃。（印）

据《复陈炯明准予留用潮桥盐款电》（录自国民党
党史会藏原稿），载秦孝仪主编：《国父全集》
第五册，台北，近代中国出版社一九八九年出版

致夏述唐嘉慰决心攻闽并望受陈炯明指挥电

（一九一八年三月二十三日）

　　汕头夏述唐旅长鉴：哿电悉。该部移驻漳树，搜讨军实，待命进攻。该旅长激励士卒决心杀贼，义勇飙发，至为嘉慰。惟师克在和，据称滇、粤两军感情益

洽，自能同心灭敌。进攻机宜，应受陈总司令指挥，庶趋一致而奏肤功，有厚望焉。孙文。漾。（印）

据《大元帅奖励夏旅长述唐决心攻闽电》，载广州《军政府公报》第六十二号，一九一八年三月二十五日

复陈炯明告已电奖夏述唐及戴季陶即来电

（一九一八年三月二十三日）

　　汕头陈总司令鉴：存密。昨据夏述唐电称："粤、滇两军感情益洽，所部移驻漳树，杀贼决心，即开前线待命进攻"等语。电文对于军府极表受命之意，并有不辞赴汤蹈火之言。除电奖并令受总司令指挥外，特闻。再，养电悉。季陶即来。孙文。漾。（印）

据《致陈炯明告已电奖夏述唐电》（录自国民党党史会藏原稿），载秦孝仪主编：《国父全集》第五册，台北，近代中国出版社一九八九年出版

复李烈钧勉早日剿灭龙逆电

（一九一八年三月二十三日）

　　阳江李协和总指挥鉴：咸电悉。执事智勇兼资，必能早奏肤功，剿灭龙逆，仁盼捷音。孙文。漾。（印）

据《大元帅嘉奖李总指挥电》，载广州《军政府公报》第六十二号，一九一八年三月二十五日

复旅沪各省公民调和会斥主张请外人监督实行南北调和电

（一九一八年三月二十三日）

　　上海旅沪各省公民调和会鉴：皓电悉。国家兴亡，匹夫有责。诸君以公民之资格，本爱国之热忱，关心时艰，奔走呼号，至堪嘉尚。惟阋墙御侮，古有明训，诸君既曰公民，而乃谋及外人，是何居心？倘招干涉之渐，谁任其咎？至此次义军护法讨逆，纯属民国存亡问题，绝无党派权利竞争之可言。何谓调和？岂民国若存若亡，半生半死，诸君将谓调和有成乎？义军之目的在恢复约法效力，取消非法解散国会之案，拥护国会完全行使职权，早有宣言，布告全国。苟能以和平手段达此目的，使国内不致糜烂，尤为义军所深愿。乃非法政府积极违宪，迭布伪国会组织法、伪两院选举法，多方卖国，借款购械，以残杀国人。而叛督跳梁，又各自由行动，如倪嗣冲、张作霖之盗弄兵权。试问诸君何以调和？能否取消非法政府违宪行为及伪法？有何能力制裁叛督？是否主张恢复非法解散之国会？凡此诸端，誓〔譬〕如痈疽在背，割之则生，不割则死。若惧一割，惟事养痈，其何能国？惟诸君图之。孙文。漾。（印）

据《大元帅复旅沪公民调和会电》，载广州《军政府公报》第六十二号，一九一八年三月二十五日

复王文华望克日出师东下电

（一九一八年三月二十五日）

　　贵阳王文华总司令鉴：殿密。元电悉。债券百万已由财政部交严参谋矣。据报岳州小挫，旋得胜利，惟逆军日益增加，湘、桂义师，终形单薄。执事早欲提兵东下，进规长江，尚望克日出师，会合各军，共伸讨伐。段逆于昨日复任伪阁，

自此和议更属不成问题，欲达护法救国之初心，惟有根本解决之一途耳。孙文。有。（印）

据《致王文华望克日出师东下电》（录自国民党党史会藏原稿），载秦孝仪主编：《国父全集》第五册,台北,近代中国出版社一九八九年出版

致黄复生望平息内争并询嘉陵道尹人选电

（一九一八年三月二十五日）

重庆黄复生总司令代省长鉴：同密。顷据陈炳堃副司令由梁山来电称："前克复顺庆，权摄嘉陵道尹。近日石青阳所部诸将通电各处，意在相争"等情。查陈司令权摄道尹，未经任命。石青阳现已任命为师长兼镇守使，亦无须再摄道尹。恐相持不下，发生冲突，望妥为处理，并晓以师克在和之义，务息内争。至嘉陵道尹一职，究以何人为宜，并望密报。沧伯已由沪溯江而上。孙文。有。（印）

据《致黄复生询嘉陵道尹人选电》（录自国民党党史会藏原稿），载秦孝仪主编：《国父全集》第五册,台北,近代中国出版社一九八九年出版

复黄复生卢师谛准严缉惩办何绍培电

（一九一八年三月二十五日）

重庆黄总司令代省长、卢副司令鉴：真电悉。何绍培勾匪肆扰，不受招抚，且敢邀击义师，既经该师力剿溃窜，所请通电严缉，务获惩办，应照准。孙文。有。（印）

据《大元帅复四川靖国军总司令兼代省长黄复生等电》,载广州《军政府公报》第六十四号,一九一八年三月二十七日

复唐继尧解释任命石青阳军职原由并告军府
统筹全局并无成见电

（一九一八年三月二十六日）

毕节唐元帅鉴：申密。电悉。前任命石青阳一节，尊见亦谓相宜。惟以论功行赏，尚非其时。且宜先与熊锦帆密商等言相告，思虑周到，甚佩。川北初定，镇抚不可无人，二师既缺，石部亟宜编制。此皆必要情形，绝非论功行赏。前因省议会之请，特任锦帆督川，迄今一月，尚未得复。川电之迟，往往兼旬始达，往返电商，势必诸事搁置。此亦因必要情形，未及电商；犹之前者，尊电命锦帆兼任军民，固亦见为必要，而非论功行赏，并不及待与川人相商也。军府统筹全局，并无成见，尚祈鉴察。孙文。宥。（印）

据《致唐继尧告军府统筹全局并无成见电》
（录自国民党党史会藏《总理重要电文稿》），
载秦孝仪主编：《国父全集》第五册，台
北，近代中国出版社一九八九年出版

复黄复生石青阳望促熊克武受军政府任命及
团结川中拥护军政府电

（一九一八年三月二十七日）

重庆黄总司令代省长、顺庆石镇守使鉴：同密。昨得唐元帅马电，文曰："此次护法兴师，石青阳深资得力，尊电任命为第二师长兼川北镇守使，甚属相宜。惟川事甫定，百端待举，关于编制军队，出师陕鄂，数理财政，辑绥流亡，现正责成熊督统筹办理，将来在事出力人员，自应妥为分配，当此军心未定之际，若先任命一二人，恐群起竞争，川事即难收束。川局不靖，抢攘经年，其始皆由一二人权利之私，遂致酿兹浩劫。川粤相距辽远，恐我公未能尽悉内容，以后关于川事用人，尚乞先生密商熊督，俾免窒碍。继尧为维持川局计，故特电陈，尚希鉴照。"兹特复电，文曰：（照录廿六日致唐元帅原文）① 特此电闻。熊锦帆至今未有电来，川事赖君等维持，务宜力促熊受军府任命，以归一致。唐帅侧重熊一方，而又有忌军府之意，甚非所宜。川中若能一致坚决表示拥护军府，则唐帅可息自树势力于川之私意，而有就任元帅以维大局之决心。望善图之。孙文。沁。（印）

据《致黄复生等转促熊克武接受军政府任命电》（录自国民党党史会藏《总理重要电文稿》），载秦孝仪主编：《国父全集》第五册，台北，近代中国出版社一九八九年出版

致陈炯明促速调袁带征闽电

（一九一八年三月二十七日）

十万火急。汕头陈总司令鉴：存密。袁带在香山，恐通龙②生变。若调袁征闽，则可防止隐患，且增加援闽军力，一举两得，望迅即电省，力调勿迟，至要。孙文。沁。（印）

据《致陈炯明促调袁带征闽电》（录自国民党党史会藏原稿），载秦孝仪主编：《国父全集》第五册，台北，近代中国出版社一九八九年出版

复吴兆麟嘉奖组织讨逆军并望早日编成出征电

（一九一八年三月二十七日）

重庆黄总司令代省长鉴：同密。转吴兆麟先生鉴：电悉。知已在鄂与牟鸿勋、袁家瑞诸君组织讨逆军队，有众五千，殊堪嘉许。深望早日编成，出师讨伐，以

---

① 此为底本原注。
② 指龙济光。

策殊勋。仍盼电闻。孙文。沁。（印）

据《致吴兆麟嘉奖组织讨逆军并但早日编成出征电》（录自国民党党史会藏原稿），载秦孝仪主编：《国父全集》第五册，台北，近代中国出版社一九八九年出版

致徐朗西嘱向焦易堂收取债票电

（一九一八年三月二十七日）

转朗西：焦易堂所失票，已由粤行径寄沪行，票到即至事务所觅焦往收。请先告焦，预与沪行接洽。

据《致徐朗西嘱向焦易堂收取债票电》（录自国民党党史会藏《总理重要电文稿》），载秦孝仪主编：《国父全集》第五册，台北，近代中国出版社一九八九年出版

致陈炯明告长沙失后陆荣廷莫荣新恐慌情形及欧战近状电

（一九一八年三月二十八日）

汕头陈总司令鉴：存密。长沙已失，陆电莫，托英领事电北京英公使，向段政府求和，只愿维持彼本有地位，不惜牺牲一切。李耀汉饬属员将家眷迁往香港，欲有所举动，然想无能为力也。欧战英法大败，巴里有不守之势，日本政府宣言，刻下不能出兵于西伯利亚。犬养毅函请文往日面商要事，今日遣执信往，探其用意何在，然后再酌。孙文。俭。（印）

据《致陈炯明》（一九一八年三月二十八日），载《中山墨宝》编委会编：《中山墨宝》第八卷，北京，北京出版社一九九六年一月出版

复唐继尧请即日宣布就元帅职电

（一九一八年三月二十九日）

云南唐蓂赓先生鉴：义密。宥电敬悉。军政府新□□，对外对内，关系至多。若我公再事执谦，则外交上之承认与借款，必致阻碍，一发千钧，当仁不让，即乞即日宣布就职，以救危亡。文。艳。（印）

据收电原稿，昆明、云南省档案馆藏

致唐继尧转达孙洪伊报告北方近情并望
率滇军克日东下电

（一九一八年三月三十日）①

云南行营唐元帅鉴：申密。伯兰②敬日电云："段复出，局势大变，北兵陆续南下，并决议先取南京。宁督③已悟，调停无望。且借调停，以缓我师，决以宁力抵抗。日昨已密下动员令，军队已由浦口出发，事机迫切，请转唐、莫、谭三督及西南各军，迅速一致进行，勿令宁督陷于孤立。岳州北军已有退让之意，天相民国，机不可失。"又电云："此间与各方接洽，已决议彻底解决。长江战事，恐不在远，亟望粤军攻闽，湘军速攻岳州，以公言之，此机万不可失，以私言之，宁、赣竭诚助我护法，决不可坐视其危，自翦羽翼"等语。查此间所得各路消息，宁已动兵，已成事实，但恐孤立无援，长江或为北军所蹂躏，深望贵埠军克

---

① 此电及下一件原无年月，《孙中山全集》均定为一九一八年十二月三十日，误。两件电文中均提及段祺瑞重任国务总理事，故推断两电发电时间应为一九一八年三月二十三日段复出之后的一九一八年三月三十日。参见陈标《〈孙中山全集〉第四卷五份函电时间辨正》，载《近代史研究》一九九八年第二期。

② 孙洪伊，字伯兰。

③ 指李纯。

日东下，以分北军之势。武汉北军，久无斗志，事必有成。协和、竞存攻闽之师，已继续出发，若共和有幸，得以保全，破贼必矣。文。陷。

据《致云南章太炎唐继尧王文华等电》（十四），载胡汉民编：《总理全集》第三集，上海，民智书局一九三〇年二月出版

致唐继虞等转达孙洪伊护法主张电

（一九一八年三月三十日）

云南督军署唐萍赓先生鉴：义密。请译转李文、宇铤、止塘、静庵诸兄。伯兰来电云："段氏复出，冯之政策一遵段辙，其所承认某某条件，皆敷衍一时之计，今军借款又由冯相接，向某国要人交涉成立，国家必由渐趋灭亡。况苟且言和，冯、段合谋挟中央以临长江，西南诸公必无幸免。此间已与赣、宁秘密商定，确已密下动员令，抵抗北军。北方各省内溃已甚，我军能坚持，不特段倒，冯亦随之。应请冀公速通电二事：一恢复旧国会；一政府宣誓守法。两事已准，再议其他条件，以为将来根本解决之备，并以为赣、宁之声援。并速分兵下宜昌，冯、段窘，或有明令停战，但我军万勿轻以承认，致贻后患。此电系代陈赣、宁之意。伏乞垂察。洪伊。宥"谨转达。文。陷。

据《致云南章太炎唐继尧王文华等电》（十三），载胡汉民编：《总理全集》第三集，上海，民智书局一九三〇年二月出版

复唐继尧望即日宣布就元帅职电

（一九一八年四月一日）

毕节唐元帅鉴：申密。删电悉。张作霖带兵入关，将有奇变。尊意早定大计，诚不容缓，用兵之道，尤贵出奇。武汉北军云集，未易猝攻，宜阳言援鄂，而以精兵入陕。陈树藩固守西安，不久当遁，合陕中义军，略定西北，鄂之较易奏著。

祈就近与黄复生、石青阳诸君商妥进行，甘肃亦可响应。图定中原，澄清寰宇，属望执事，即日宣布就元帅职，以震军威，而谋统一。孙文。东。（印）

据云南省长公署档案，载中国第二历史档案馆编：《护法运动》，北京，北京出版社一九九三年十二月出版

复张开儒嘱出师攻闽电

（一九一八年四月一日）

尊电敬悉。武器以日本为唯一供给之源，第日政府方与逆亲，必待西南军事发展后，始有可图。出湘一层，乃为便捷计，然攻闽亦非失策，此间所求，唯速出师耳。海军得手后，大兵入闽，则武器购运俱便。来电读竟，令人起舞，老同志究非别人所及也。孙文。东。

据《复张开儒盼出师攻闽电》（录自国民党党史会藏原稿），载秦孝仪主编：《国父全集》第五册，台北，近代中国出版社一九八九年出版

复唐继尧为改组军政府提出四事奉商电

（一九一八年四月二日）

毕节唐元帅鉴：申密。有电悉。各省护法，不认北京非法政府，自非建立护法政府，则对内既莫由统一，对外即难期承认，理本昭然。无如桂人意气自高，百计调和，终无觉悟。今段氏复出，湘战累却，龙寇又深，倘再事迁延，大局之危，宁堪设想？改组军府之议，中多变幻，文前虽同意，后竟为他力所阻。今时机迫切，尊电及巧电言之深透，此心实可相印。计自伍、唐、程三君[①]通电以来，

---

① 指伍廷芳、唐绍仪、程璧光。

迄未表示意见者，厥惟桂人。而一方仍积极进行联合会议之筹备，最近伍、陆之会，陆已表明反对。惟尊意既决，黔督亦有赞成通电，川当从同。湘虽首电反对，近已弃其成见，协和亦迭电敦劝各方，众志如此，不难见诸行事。兹所欲切实奉商者：一则改组原冀桂人加入，如桂人始终不加入，各省是否依然决心？二则改组原冀实力扩张，如桂人不加入，而各省远隔，仅派代表，是否能举共同负责之实？更有应郑重声明者：护法之惟一主张，在恢复旧国会，并使之完全行使职权，无论改组内容如何，此主张绝对不能有所牺牲，必须一致坚约，始可共议改组。至名义则以于事实上显实力之扩张，于法律上见主张之正当为宜，鄙见宜名为护法各省联合军政府。凡此诸端，均属文掬诚相商之要义。民国前途，希望惟在执事一人，尚冀毅力首出担当，则桂人自难立异，而他省亦可景从。苟达护法目的，文无不可退让。惟此时冒险负重，实非得已。否则，军府朝撤，粤局夕变，滇、黔、川军未出武汉，而桂军或已言和，有始无终，能不寒心？此中消息，即希亮察。再川局诸赖维持，承示已催锦帆、复生就职，具见苦心，曷胜敬佩。专布腹心。黔、川即请尊处喻意。孙文。冬。（印）

据《致唐继尧论改组军政府事电》（录自国民党党史会藏原稿），载秦孝仪主编：《国父全集》第五册，台北，近代中国出版社一九八九年出版

致陈炯明告向唐继尧提出改组军政府所商四事电

（一九一八年四月二日）

汕头陈总司令鉴：存密。改组军府之议，自伍、唐、程通电后，程潜首电反对，实系桂人授意，后又声明并无成见。近则李协和迭电赞成统一机关，而唐冀帅及黔督均有电赞成，惟桂人始终反对。伍、陆之会，陆已表明。昨唐来密电，谓闻文同意，伊必从后，意颇恳切，并言川事已依鄙意，催熊就川督，黄就代省长职。护法必须联唐，故今日与唐切商，提出四义：一、改组如桂人不加入，是否决心？二、改组无桂人，各省仅派代表，是否有实力负责？三、护法以恢复旧国会，使能完全行使职权为惟一主张，必须坚约，始可议改。四、改组名义，宜

用护法各省联合军政府，并嘱唐首出担当。现国会桂派议员提出联合政府案，实非善意。褚君慧僧①来汕，当系商酌以改组为补救。惟唐如不能出实力，则改组仍属空名，而护法主张甚至摇动。故此议必须唐有切实办法之电复，始可讨论。桂派提案另寄。孙文。冬。（印）

> 据《致陈炯明对改组军政府事提出四义电》（录自国民党党史会藏原稿），载秦孝仪主编：《国父全集》第五册，台北，近代中国出版社一九八九年出版

复方声涛勉躬率雄师进讨闽乱电②

（一九一八年四月二日）

汕头方总指挥鉴：勘电诵悉。李逆③久据闽中，暴横无道，生民重困，今执事躬率雄师进讨闽乱，吊民伐罪，足壮义师之气。幸踔厉进取，伫候捷音。孙文。冬。

> 据《大元帅复征闽靖国军总指挥方声涛电》，载广州《军政府公报》第六十七号，一九一八年四月三日

致广州国会非常会议等转达孙洪伊反对调和电

（一九一八年四月五日）④

广州国会非常会议、莫督军、李省长，海军林总司令、李总参谋长、伍外交总长，张陆军总长，汕头陈总司令，武鸣陆元帅，长沙谭联军总司令、刘镇守使、

---

①　褚辅成，字慧僧。

②　方声涛当时将一部分军队交李根源讨伐龙济光，于三月二十五日抵汕；二十八日奉命担任代理征闽靖国军总指挥（原为李烈钧）职务。

③　即李厚基。

④　此电写作时间原订为一九一七年十二月五日。现据陈标《〈孙中山全集〉第四卷五份函电时间辨正》（载《近代史研究》一九九八年第二期）考订，更正为一九一八年四月五日。

林旅长，常德张、周、胡总司令，公安黎、石、唐总司令，云南刘代督、唐卫成总司令，贵阳刘督军、王总司令、毕节唐元帅，重庆章太炎先生，永宁黄总司令、卢副司令，顺庆石招讨使，成都熊总司令，吕卫成总司令鉴：接上海孙伯兰总长电，嘱传诸公，其文曰："冯、段近以俄、德兵入境之说，恫吓西南，近闻有人以外患紧迫，急谋调和，且似有牺牲旧国会之意。夫外患之来，实恶劣政府所召，此而不革，不亡何待？故外患愈迫，而根本改革愈不容缓。现在北方前敌诸将确已有继冯旅而起之势，即主战之曹、张亦已倾向和议，果南方坚持旧国会之主张，不轻使之承认，大局速定，已不在远，此后必无极大战争，南中复何所畏？国会亡则中国亡矣，盼诸公努力主张，尤望滇、湘坚持，恐数日内或有向南方提出和议条件之事，祈勿为摇惑。孙洪伊。冬"特以奉闻。孙文。歌。

据《转达孙洪伊护法主张通电》（录自国民党党史会藏原件），载秦孝仪主编：《国父全集》第四册，台北，近代中国出版社一九八九年出版

致陈炯明等促速援闽攻敌电

（一九一八年四月五日）

汕头陈总司令鉴：存密。并转方总指挥，夏、伍两旅长鉴：援闽之举，准备已久，迄未进攻。许司令迭电称：前敌有可乘之机，而福建同志来此间报告闽中预备响应者亦甚多，日盼我军进发，即可同时共举。惟攻击之令，至今寂然无闻，敌备日增，且狃于岳长之役，虏气益骄，我军顿兵不进，足以示弱。度李逆将有反守为攻之势，与其待敌之攻，不如攻敌以寒其胆。况进攻则虽败犹荣，且尚可退守。若仅图自守，则一败将无立足之地，重为义师僇辱，又使闽中内附者寒心而不敢动，坐失事机，尤为可惜。况段贼复出，积极图南，我军纵事准备，增力几何？而彼则恃有外援，愈久则力愈充，及今图之，惟在速战。诸君迭电讨逆，义勇奋发，当能合力猛进，迅奏肤功，有厚望焉。孙文。微。（印）

据《致陈炯明促速下攻闽会电》（录自国民党党史会藏《总理重要电文稿》），载秦孝仪主编：《国父全集》第五册，台北，近代中国出版社一九八九年出版

致陈炯明等论军情危急宜速取攻势援闽电

（一九一八年四月八日）

电汕头陈总司令鉴：存密。并转仲元、汝为、礼卿、介石、天仇①诸兄鉴：闻张怀芝率大兵已到赣，不日恐有攻粤之事。又闻北兵二千余由海运至徐闻，登陆援龙。李厚基在闽兵力日日加增，吾党在闽预备响应者，机关日有破坏，潮、梅东北为李、张所逼，沿海无可防御，现已在三面包围之中，地位极为危险。此时敢冒险进攻则生，不敢冒险则必致坐困。以攻为守，则士气壮，响应多，敌胆寒，一进必收奇效；否则士气日丧，响应日消，敌胆日壮，而我以可胜不可败之兵，据能进而不能退之地，必无幸免也。诸兄其速图之。文。四月八日发。

据《致陈炯明等告以进兵援闽利害电》（录自国民党党史会藏亲笔原稿），载秦孝仪主编：《国父全集》第五册，台北，近代中国出版社一九八九年出版

复陈炯明转嘱戴季陶返粤代理外交总长职务电

（一九一八年四月九日）

汕头陈总司令鉴：存密。微电悉。林君子超虽已就署理外交总长之职，但尚须赴外一行，故非季陶代理部务不可。俟林君事竣返粤，再嘱季陶前来相助。孙文。佳。

据《致陈炯明转嘱戴季陶返粤代理外交总长职务电》（录自国民党党史会藏影印原件），载秦孝仪主编：《国父全集》第五册，台北，近代中国出版社一九八九年出版

---

① 即邓铿、许崇智、吴忠信、蒋介石、戴季陶。

致李国定请速返粤共图国是电

（一九一八年四月十日）

叙府李静安先生鉴：川局已定，执事奔走劳苦，厥功甚伟。惟劳军任务已毕，现在国会正式会议定于六月十二日开会，希即速命驾返粤，共图国是。孙文。蒸。（印）

据《大元帅致四川劳军使李国定请
速返粤电》，载广州《军政府公报》
第七十号，一九一八年四月十日

复唐继尧告已令李国定赴粤电

（一九一八年四月十日）

毕〈节〉行营唐元帅鉴：申密。支电奉悉。李国定前自叙府来电称："集众三万余，组织第二军，率师东下"等语。此间以未悉真相，未曾加以委任。且因其来电有不争权利等语，似于川中诸人有所不满，恐致抵牾，故复电勉以速行东下。嗣又来电称："杨肇基以旧部二十营，在新津组织第一军，竭诚向义。"当亦复电勉以与讨逆各军，共相策应，均未加以任命。接尊电，知李国定所称组织各军，果非事实。前已去电告以国会开会有日，所事劳军任〈务〉已毕，促其即日赴粤。川、粤远隔，消息每多阻滞，主持西部，专赖执事。以后关于此等情事，尚望就近斟酌办理，并随时电告。孙文。蒸。（印）

据收电原稿，昆明、云南省档案馆藏

致复熊克武电催任川督

（一九一八年四月十日）

成都熊督军鉴：感电悉。川难初平，内之辑睦各军，肃清余孽；外而联络各省，共定中原。非得功高望重如执事者，断难膺此艰巨。前因省议会公电推举，实为民意所归，是以特加任命。日前得唐蕶帅有电，亦谓军府任命系本民意，深表赞同，已力催执事就职。乃来电犹未肯受任，甚非当仁不让之义。执事之任川督，各方翕服，若再事执谦，转失众望。且段祺瑞复出，执事宜速宣布就职，以坚川中讨逆之决心，而作之气，实所厚望。至执事拥护军府之志，皎若日星，文所深佩。沧白因途梗滞留，即待觅路入川，复生暂代亦必能相得益彰出。再，昨得川省议会支日快邮代电，公举石青阳以师长具军务会办，当能相助为理，除已电商唐蕶帅外，如表同情，并盼速复。孙文。蒸。

据《大元帅复成都熊督军克武电》，载广州《军政府公报》第七十三号，一九一八年四月二十日

致陈炯明告李厚基将攻潮梅电

（一九一八年四月十三日）

汕头陈总司令鉴：存密。前日刚发去一电后，适天仇回到，始知不能出师之各种理由，殊足浩叹。近日外刊载有北京电：李厚基报告北京政府，云已准备三路出师攻潮、梅矣。彼反守为攻，于此可见。特此通告。孙文。元。（印）

据《致陈炯明告李厚基将攻潮梅电》（录自国民党党史会藏影印原件），载秦孝仪主编：《国父全集》第五册，台北，近代中国出版社一九八九年出版

复陈炯明嘉慰处决蔡春华等逆犯并望乘机猛进电

（一九一八年四月十七日）

汕头陈总司令鉴：存密。昨电得悉蔡春华等五犯就获，蔡、马两犯已先行枪决，蔡犯较之李嘉晶尤为凶狡。此次过汕，未遭漏网，兄之办事精能，实堪佩慰，屠龙之功，可为歼灭李逆先声，望即乘机猛进。孙文。篠。（印）

据《致陈炯明嘉慰处决蔡春华等逆犯电》（录自国民党党史会藏原稿），载秦孝仪主编：《国父全集》第五册，台北，近代中国出版社一九八九年出版

复郭昌明奖励恢复六县电

（一九一八年四月十七日）

元谋靖国第七军郭昌明军长鉴：东电悉。知奋厉进取，屡复名城，壮天南之义声，新西陲之壁垒，岂胜欣慰。黄君以镛闻亦规复旧部，力图进行，幸同济艰难，并代慰劳之。至恢复六县情形及所部军旅编制内容，仍盼续报。孙文。篠。印。

据《大元帅奖励元谋靖国军第七军军长郭昌明恢复六县电》，载广州《军政府公报》第七十三号，一九一八年四月二十日

致陈炯明告北兵已由南安开向南雄电

（一九一八年四月十八日）

汕头陈总司令鉴：存密。张藻林①得南雄团长报告：北兵一团，已于铣日午后由南安开向南雄。此闻。孙文。巧。（印）

据《致陈炯明告北兵开向南雄电》（录自国民党党史会藏原稿），载秦孝仪主编：《国父全集》第五册，台北，近代中国出版社一九八九年出版

致陈炯明会饬惠州统领释放
美人柯飞立并发还矿石电

（一九一八年四月十八日）

汕头陈总司令鉴：竟密。据美领函称："美国斯亚德尔埠菲沙面粉公司代表列

---

① 张开儒，号藻林。时任军政府陆军部总长。

治臣伙伴柯飞立，于四月十七日下午由惠州来电谓：驻惠州之统领不承认一九一七年十二月十日由美领经手向广州交涉员领得之护照，将柯氏拘禁于该衙门，而列治臣氏所有之钨矿石亦被截留。请饬惠州统领，将柯飞立省释，并发还矿石"等语。祈即查明，饬令该统领将柯氏省释，并发还矿石，盼电复。文。巧。

据《致陈炯明令饬惠州统领释放美人柯飞立氏电》（录自国民党党会史会藏原稿），载秦孝仪主编：《国父全集》第五册，台北，近代中国出版社一九八九年出版

致陈炯明询美人柯飞立新带钨矿石内情电

（一九一八年四月二十日）

汕头陈总司令鉴：存密。美人柯飞立在惠州运钨矿石，致被钟司令扣留事，前已电尊处查办。兹美领又函称："柯氏经递解来省，已释放，惟矿石尚未发还，请饬发还业主"等语。此案内容究系如何？如无不合，似宜放行，请即查明电复。文。

据《致陈炯明询柯飞立氏新带钨矿石内情电》（录自国民党党史会藏原稿），载秦孝仪主编：《国父全集》第五册，台北，近代中国出版社一九八九年出版

复陈炯明嘱万不可赞同改组军政府电

（一九一八年四月二十日）

竞存兄鉴：改组一事，万不可赞同。盖其初西南联合会，本以图外交承认而打消军政府也。乃其事告成，而通告外国之时，为美领事所反对。惟此为西南督军团勾结违法之机关，美国政府及国民决不承认。小伍①于是问计于美领事，领事乃告以人必与军政府联为一致，得国会之通过乃可，此改组之说所由生也。小伍来

---

① 指伍廷芳之子伍朝枢，时任军政府外交次长。

商之文，文直以违法拒绝之。后彼再请唐来省调和，唐出改组条例，文顺笔改其"联和"二字为军政府，唐始有难色，乃持归示伍，甚满足。次日立欲国会通过，称为经文修改者以惑众，众多为所动，几败乃事矣。为时过促，不能通过。后各议员来问文，文以实答之，故国会搁之为悬案。张开儒闻改组之说，立就陆军总长之职，所以明示反也。兄当与张一致，以维军政府于不坠可也。此复。孙文。哿。

据《致汕头陈炯明许崇智等电》（五），载胡汉民编：《总理全集》第三集，上海，民智书局一九三〇年二月出版

复李烈钧嘉勉完成屠龙防务电

（一九一八年四月二十二日）

江门李总指挥鉴：皓电屠龙①防务已竣，执事一出，而大功即成，为粤除巨害，裨益大局已多，曷胜佩慰。现北敌由赣来侵，尤非执事力任防务总指挥，不足以资应敌，仁盼班师惠临，而聆伟教。孙文。祃。（印）

据《大元帅复李总统指挥电》，载广州《军政府公报》第七十五号，一九一八年四月二十三日

复叶荃嘉勉出师援鄂电

（一九一八年四月二十七日）

重庆叶香石总司令鉴：冬电诵悉。逆段〔段逆〕再出，力抗义师，近方加重兵于湘，欲遂其暴横，宰制全国，共和前途不绝如缕。兹闻执事雄麾东指，直趋大江，威稜所播，足褫逆胆。幸努力进取，仁建奇猷。孙文。感。

据《大元帅复叶荃出师援鄂电》，载广州《军政府公报》第七十七号，一九一八年五月一日

---

① 指龙济光。

致熊克武等望优恤张煦遗族电

（一九一八年四月二十七日）

　　成都熊督军、省议会、重庆黄复生代省长鉴：前靖国联军第七军长张煦，屡起义师，拥护共和，客冬仓卒变起，被害于川边叛军，深可痛惜。兹据代理第七军长郭昌明电称：张故军长遗族萧条，无以为生，闻之至深恻悯，望尊处亟从优抚恤，以励死义，而慰英烈。孙文。感。

据《大元帅致四川熊督军黄代省长省议会
宜优恤张午岚遗族电》，载广州《军政府
公报》第七十七号，一九一八年五月一日

复郭昌明嘱优恤张煦遗族电

（一九一八年四月二十七日）

　　东川靖国第七军郭昌明总司令鉴：冬电悉。张故军长午岚，屡起义师，功在民国，客岁不幸被难，至为痛心。兹据来电称：遗族萧条，益深恻悯。其应予抚恤之处，已电省会督军、省长①从优抚恤矣。孙文。感。

据《大元帅复郭军长昌明请恤张军长午岚遗族电》，载
广州《军政府公报》第七十七号，一九一八年五月一日

致熊克武等望优恤张煦遗族电

（一九一八年四月二十七日）

　　成都熊督军、省议会、重庆黄复生代省长鉴：前靖国联军第七军长张煦，屡起义师，拥护共和。客冬仓卒变起，被害于川边叛军，深可痛惜！兹据代理第七

---

　　①　指四川督军熊克武、四川代省长黄复生。二人很早追随孙文革命，皆为初期同盟会会员。

军长郭昌明电称，张故军长遗族萧条，无以为生，闻之至深恻悯。望尊处亟从优抚恤，以励死义而慰英烈。孙文。感。

据《大元帅致四川熊督军黄代省长省议会宜优恤张午岚遗族电》，载广州《军政府公报》第七十七号，一九一八年五月一日

致熊克武黄复生请查明颜德基陈炳堃
讨逆事实以凭加委电

（一九一八年四月二十九日）

成都熊督军、重庆黄代省长均鉴：川省议员景昌运等七十余人电称："颜德基、陈炳堃举义绥郡，大小数十战，拓地二千余里，克复二十八城，劳苦功高，应加以相当之军职，以彰劳勋"等情。查颜、陈此次举师，奋勇转战，文早有所闻，但以粤、蜀睽隔，详情无自查悉，故未加委任。兹据议员等电请委任前来，应请查明颜、陈有众几人，应授何职，克日电复，以凭核办。孙文。艳。

据《大元帅致成都熊督军重庆黄代省长电》，载广州《军政府公报》第七十七号，一九一八年五月一日

复景昌运等告已电熊克武黄复生
查明颜德基陈炳堃讨逆电①

（一九一八年四月二十九日）

成都省会景昌运先生暨诸先生同鉴：电悉。颜德基、陈炳堃转战千里，劳苦功高，文所嘉许。已电熊督、黄代省长查明电复，以凭加委矣。谨复。孙文。艳。

据《大元帅复四川省议会议员景昌运等电》，载广州《军政府公报》第七十七号，一九一八年五月一日

---

① 景昌运时任四川省议会议员。

致陈炯明征询堵截北军意见电

（一九一八年五月五日）

　　汕头陈总司令鉴：存密。北氛日盛，闻有分兵由长龙寇惠，直攻虎门消息。此不独海军出路断绝，且危及贵军之后方。昨海军诸人会商，请福林克日派兵前往堵截。福林以惠属系归兄辖，非得兄同意未便派兵为言。现在惠属兵力单薄，如北兵果来，断非贵军所能兼顾。现福林已定与海军提挈，如能出兵长龙，自可撷兄后顾之虑。尊意若何？盼即电覆。孙文。歌。

据《致陈炯明征询堵截北军意见电》（录自国民党党会藏原稿），载秦孝仪主编：《国父全集》第五册，台北，近代中国出版社一九八九年出版

致孙洪伊等告国会通过改组军政府案并辞大元帅职电

（一九一八年五月五日）

　　伯兰、精卫、儒堂、慧僧、静江、景良①暨诸同志鉴：支日国会以四票多数通过改组案，同时文即提出辞职，并通电各省矣。特闻。文。歌。

据《致孙洪伊等告国会通过改组军政府案辞大元帅职电》（录自国民党党史会藏原件），载秦孝仪主编：《国父全集》第五册，台北，近代中国出版社一九八九年出版

---

　　①　即孙洪伊、汪精卫、王正廷、褚辅成、张静江、丁景良。

致黄复生告熊克武与刘存厚系联络
望转知石青阳卢师谛电

（一九一八年五月六日）

　　重庆黄复生代省长鉴：同密。据左丞、镜台①由沪报告："熊克武代表吴蔚章、李义文与刘存厚系之周新甫互相联络，拟以刘督川、熊为省长兼军务会办，已电商进行"云云，未知果否属实？望转知青阳、锡卿特别注意为荷。孙文。麻。（印）

　　　　　　据《致黄复生告熊克武与刘存厚系联络希转知石青阳等注意
　　　　　　电》（录自国民党党史会藏原稿），载秦孝仪主编：《国父
　　　　　　全集》第五册，台北，近代中国出版社一九八九年出版

致汪精卫丁景梁告暂不离粤并
嘱查上海是否可居电

（一九一八年五月八日）

　　上海密。精卫、景梁鉴：国会决议挽留，暂不离粤。政治活动恐无补于国家，此后当待机以图根本之解决耳。沪上我能居否？请从各方面细查详复。文。五月八日发。

　　　　　　据原电影印件，载《中山墨宝》编委会编：《中山墨
　　　　　　宝》第八卷，北京，北京出版社一九九六年一月出版

---

　　①　即张左丞、林镜台。

致许崇智促速攻闽电

（一九一八年五月八日）

　　镇平①许司令鉴：佳密。李②无辞职事，莫③借以挑拨胡④、李恶感，使李以仇胡，故转以仇军府耳。闻克日进攻，至慰。桂、滇两军皆有殊功，而粤军久不发展，诚虑将来无立足地也，望兄与同事诸君勉之。如粤兵一入闽境，当即以竞⑤督闽，并以告仲元为盼。文。庚。

据《致许崇智望攻闽图功电》（录自国民党党史会藏原稿），载秦孝仪主编：《国父全集》第五册，台北，近代中国出版社一九八九年出版

致蒋介石嘱不可回沪电

（一九一八年五月八日）

　　汕头陈总司令：存密。转蒋介石鉴：沪电云沪上各码头均有探候缉，万不可回等语。特此转达。孙文。七年五月八日发。

据原电影印件，广州、广东省立中山图书馆藏

致朱执信孙洪伊等嘱务勿操急电

（一九一八年六月六日刊载）

　　天祸吾华，群雄粉（纷）起，竞争权利，他非所知国法云云，行将摧残尽

---

①　今广东蕉岭县。
②　即李耀汉。
③　即莫荣新。
④　即胡汉民。
⑤　即陈炯明。

绝，奚有护法可言。文虽不才，讵忍多累吾同志，作一时傀儡，遗唾骂万年。今与吾同人约：凡夫一切进行，均各暂行停止，务勿操急，其各勉之。

据《孙中山最近之态度》，载一九一八年六月六日长沙《大公报》第三页

致列宁和苏维埃政府电

（一九一八年六月底）

俄国革命和中国革命抱有同样的目的，即解放工人并建立以承认俄、中两国伟大无产阶级共同利益为基础的持久和平。

据《史学译丛》一九五八年第三期《与孙中山交换的外交信件》，引自［苏］《国际生活》一九五七年第十一期（孙剑晨译）

致列宁和苏维埃政府愿中俄两党团结共同斗争电[①]

（俄译中）

（一九一八年夏）

中国革命党对贵国革命党所进行的艰苦斗争，表示十分钦佩，并愿中俄两党团结共同斗争。

据［苏联］叶尔马舍夫《孙逸仙》（莫斯科一九六四年青年近卫军出版社俄文版）译出

---

① 此电未见全文。

复于右任等贺组建陕西靖国军电

（一九一八年九月十五日）

陕西靖国军总、副司令于右任、张伯英两先生暨胡、曹、郭、卢、樊、高①
各路司令均鉴：辱电敬悉。事功者一时之荣，志节者万世之业。文于诸君夙知其
志节，今者更信其必不蹶于事功矣。亭林②足迹遍天下，独爱关中，谓秦人可以
有为。远瞻山河，喜昔人先得我心，诸君既思难慎始，必能振落发蒙也。特电伸
贺，伫候捷音。孙文叩。咸。

据《孙总裁贺陕西靖国军电》，
载一九一八年九月十七日上海
《民国日报》第一张第三版

七总裁致参众两院以和平根本
解决为救国唯一方针电

（一九一八年十月七日）

参、众两院均鉴：吴师长、谭联军总司令等之寝电、江电。顾全统一，维持
正谊，民意藉兹以伸，不特全国人心所同然，抑亦世界公理所当然者也。护法各
省，以拥护国家根本大法，不得已而用兵，叠次函电交驰，苦口危词，深冀北方
当国者有悔祸之心。虚中退舍长岳屯兵，有可乘之机而不乘，遇取胜之时而不取，
证诸事实，不欲用兵求胜之心，亦既昭然于天下。而彼昏不悟，倒行逆施，借外
债，订密约，自知不足以胜护法各省，日夕思借外力以残同类。自吴师长仗义执
言，惓惓护国，惕然外祸之日急，内讧之速亡。于是湘中两军停战四阅月，信使
往还，相见以诚，寝、江两电，用意昭然。使西南无欲和之诚意，曷为言之不惮

---

① 指胡景翼、曹世英、郭坚、卢占魁、樊钟秀、高峻。
② 即顾炎武。

烦若此？顾煊等渴望统一，然所望者，巩固共和，崇尚法治之统一，而非武力压制之统一。又酷爱和平，然所爱者，确立保障，垂诸永久之和平，而非苟且偷安之和平。倘不顾国家之根本，舍法徇人，养痈贻患，行见一波未平，一波又起，将欲求治，适以滋乱，幼稚之民国，凋敝之民生，何堪再经变乱？此煊等所为凛凛，而以求和平之根本解决为救国惟一之方针也。古今立国，首重纲维，共和之治，尤为法纪。苟国会可以意造，议员可以指派，则国中强有力者，孰不可以自造地位，假名号以为娱？国会总统，将如昔人之称帝称王，所在并起；墨西哥五总统之乱，可为寒心。既阶之厉，乱将靡已。护法各省，叠以同一护法为请者，良以惕于乱机之不可再萌，务求根本之统一与和平，一切依法解决，非得已也。夫外患之凭凌，群黎之困危，财政之艰难，兵燹之惨苦，海内贤达，既多痛切言之，护法各省将领，亦曾再三陈说，声与泪俱，战祸之不可再延，和平之急待恢复，各方具有同情。惟必须废斥首祸之人，实行罢兵之举，而尤以徐菊人先生不就非法选举之职为要义。如能以资望与仲珊、秀山、子春、秀峰①诸督军实心救国，消除昔日袁氏以武力征服全国之野心，使民宪政治回复正轨，则煊等岂有他求？苟有残民以逞之心，必受降殃及身之祸，殷鉴非遥，即在袁氏。若夫诡行乱法，巧言文奸，必以绝灭正谊民意为快。煊等不才，所以拥护国法、戡定内乱者，惟力是视，生死以之，邦人君子孰不念乱？敢贡愚戆，幸鉴区区。岑春煊、伍廷芳、唐继尧、陆荣廷、林葆怿、孙文、莫荣新、刘显世、熊克武。阳。（印）

据《与岑春煊等致参众两院以和平根本解决为救国唯一方针电》（录自《众议院公报》第三册，广州，一九一八年十月出版），载秦孝仪主编：《国父全集》第五册，台北，近代中国出版社一九八九年出版

---

① 即曹锟、李纯、王占元、陈光远。

致美国总统威尔逊请转告北方武人须尊重国会电①

（英译中）

（一九一八年十一月十八日）②

威尔逊大总统阁下：谨贺阁下，当此世界大战，主持扑灭武力主义大获全胜，民治民权，拥护功高，有史以来，未之前闻。去岁阁下曾劝中国加入战团，予曾极力反对者，盖深知吾国武人必假此时机摧折民权，不幸言中，殊感予心。一年以来，事实具在，想各友邦亦应鉴及。去岁吾国国会，对于欧战加入问题，方在讨论之中，逆首张勋密承前内阁总理段祺瑞意旨，乘饥〔机〕图乱，迫散国会，致成复辟，谓如此则可扑灭民主政治也。所幸友邦未示欢迎，国民群起反对。段祺瑞阴察大势，知事不成。时冯玉祥旅长已起兵讨贼，段祺瑞乃变策附和冯旅，自称讨逆首领，盗取恢复民国之名，欺掩世界与国人耳目矣。予闻帝政盗复，民国废坠，即于一千九百十七年七月五日，率中国海军部南抵广州，从事征讨。及闻段祺瑞所举事件，有先予而为之者，余乃贺其爱国之诚，劝其恢复国会。不意竟失余望，且阴谋诡计，有出于意料之外者。张勋复辟，实彼嗾成，盖段祺瑞谋推覆欧美民治制度之旨，至今未艾也。余在广州筹复国会，南部军人，初亦怀疑，只以予得舆论之助，始获一致行动。广州人民既欢迎余之主张，广东省议会亦通电各省国会议员请赴广州 。艰苦经年，国会议员得法定之过半数，两院乃同时开会。一岁之中，北方抗义之兵，一再南下，南人为自卫计，亦与主持民治主义者结合，为护法之战。南方各军，不必尽在余指挥之下，而与北方激斗者，则北方以武力压迫南方为之也。夫今日之战，非南北之战也。广州国会议员来自北方者，实居半数，北人处武人专横之下，无可告语，遂孑身南来，盖武力主义对民治主义之战也。北方武人知南方主义，既公且正，非武力所能强服，乃创一伪国会以抗抵正当民选之国会，图淆世界人民之听闻，而行其以伪乱真之技，谋亦狡矣。自日本寺内内阁改组，北方金钱武器供给之源，于焉告竭。外援既失，无可依恃。北方武人私向南方提出和议，以真伪两国会同时解散，国家官吏两派瓜分为调停之条件，南部军人或不受其愚弄。盖北方武人以为国家财产共同分占，人民权利任其蹂躏为诱惑南人独一无二之好机，而不知其策之谬也。北方官场消息谓，美国愿中国止息内争，如南方不同意，北派武人将引美国势力压抑南方云云。当世界皆战之日，北方武人曾诬吾辈为反对战争。今和平发轫之时，北方武人又将转诬吾辈为反对和平。吾人不顾利害，曾挟民主主义尽力奋斗，虽日本以金钱武器假手北方摧锄吾辈，始终犹获生存。设美国以道义物质之力为北方武人所假借，以压折人民，则中国民权发达之望，生机必绝，唯搔首问天而已。余为中国民权正义永久和平计，代国民为诚恳之呼吁，敢明告阁下以唯一无二之平和条件，即民国国会须享有完全自由行使其正当职权是也。如此简单合理易行之条件，尚不能办到，则唯有继续奋斗。虽北方武人援引任何强大压力，吾人为民请命，皆所不顾。国会者，吾国革命烈士流血所得民主政治立国之基，万不能坐视武人摧折也。此一次国会受约法上之委托，为民国创制永久宪法，断非非法机关所能伪造。况解散更为国法上所不许乎？昔袁世凯阴谋帝制，威灭国会，国民犹起义兵讨之，袁氏因以败亡。今日之役，实为国会军第二次战争也。此国会者，即美国由阁下代表首次承认之中华民国也。阁下必主持正义，慰予请求，务所以拯救欧人者转以拯救中国。敬愿阁下代中国受压抑之人民致一语于北方武人曰：此国会乃阁下所承认之国会，务须尊重者也，此上。

据《孙中山先生致美大总统威尔逊电》，载一九一八年十一月二十三日上海《民国日报》第一张第三版

七总裁致徐世昌促在沪召开和平会议电

（一九一八年十一月三十日）①

　　北京徐菊人先生鉴：自起护法军以来，已历一年有余，南北两方，互相对峙，所谓国是，至今尚无由解决。近顷欧战终息，强权消灭，我国亦须顺世界大势，恢复和平。美国大总统威尔逊氏，本年九月二十八日在募集第四次公债之际所演说，实为解决国际、国内一切兵争之根据，各国均依此为保证。目下世界各国已将尊崇正义、永久停止兵争，岂独我国不能舍兵争，以求平和解决耶？执事已令其部下停战，本军政府亦已令前敌将士中止进攻，然彼此尚未实行。平和谈判业经接近，徒坐耗时日，颇为遗憾。兹特披沥诚心表示，希望真正和平，认上海为适当中立地，应仿辛亥前例，双方各派同数代表委以全权，定期开会。一切政治法律问题，不难据理判断，依法解决。务望图谋国利民福，以保永久平和。兹特电致执事，乞速复示。

据《军政府与徐世昌往返电》，
载一九一八年十二月七日上海
《民国日报》第一张第三版

致军政府及国会建议要求美总统为
我国调停人电

（一九一八年十一至十二月间）②

　　军政府暨国会同鉴：美总统威尔逊氏，对于我国之主和条件经已赞同，以为

---

　　①　刊载电文无落款、无日期。据与此电并载的徐世昌复七总裁电（孙文居首）系微（五）日发出。徐电中云"卅电敬悉"，可断七总裁致徐电当为十一月三十日发。
　　②　刊载电文无日期。据孙文致威尔逊电为十一月十八日，此件当在该电之后，应为十一至十二月间。

我国国会应有完全自由之权行使法理上职责。彼尽其能力协助我国，俾达民主共和及公正和平之目的。至其他要求，均可让步，惟上述之条件，务须坚持。鄙意主张，由我国政府以正式公文，要求美总统出为我国调人。谨专奉布。孙文。叩。

据《护法要人对于解决时局之要电》，载一九一八年十二月十六日上海《民国日报》第三版

七总裁复徐世昌促答复陕闽问题电

（一九一八年十二月十日）

徐菊人先生鉴：微电诵悉。渴爱和平，至符素愿。惟昨接钱君干臣来电，于对等地及和平会议前途，似生障碍。其电中有唯一政府等名称，此间断难承认，应查照卅电，仍在上海开和平会议，除各派代表十人外，另各推总代表一人，相对开议，毋须首席。如荷同意，即请将代表主人，互相通知。惟接钱君干臣支电，指陕西为匪区，殊深骇诧。陕西为护法区域，昭昭在人耳目，何得借口剿匪，四面进兵？如果诚意和平，陕西南北两路尽可指定驻兵地点，凡所驻区域内如有匪患，各自剿办。何可混称匪警，置陕西于停战区域之外？又据确实情报，入浙奉军一混成旅旅长王永泉，团长陈忠贤、高维岳，参谋长程恒式，现分两路入闽：一由宁波取海道向福州，已有炮兵一营乘"超武"兵轮出发；一由衢州经赣边向延平，计步兵约二团，机关枪、工程、辎重等队全部，于月念一日由杭州出发。是北方停战其名，激战其实，衅由谁开，责有攸归，支电即其明证。若陕西不在停战之列，闽中又不停止进兵，是尊处不欲和平。前敌各战地不一律切实停战，和议何由而开？故陕、闽问题应请明白答复。嗣后惠教并请径电以昭诚信，是所切盼。岑春煊、伍廷芳、陆荣廷、唐继尧、孙文、唐绍仪、林葆怿。蒸。

据《军府对待北京攻袭陕闽》，载一九一八年十二月十九日上海《民国日报》第三版

七总裁致徐世昌望约束诸将严禁进兵电

（一九一八年十二月十七日）

万急。北京徐菊人先生鉴：蒸、真两电，谅均达览。陕中警告迭至，北军增援计有四旅之多。而南军第四路总指挥关中道尹井勿幕于十一月二十一日为陈树藩戕害，事在停战令后。又据漳州陈炯明文电报告，永泰北军于本月五日袭击聘皋，并闻王旅兼程猛进。又据黎天才、唐克明、柏文蔚等冬电称，王占元将施南一隅划为匪区，并限四星期收复恩鹤等语。似此假借剿匪阴行进兵，于和局大有关碍。井勿幕是官非匪，尽人皆知。黎、唐诸军旗帜鲜明，护法经岁，以此名匪，何难反唇。执事既通告派遣议和代表，所为若此，谅非执事之意。务望约束诸将，严令停止入陕、入闽各军，并饬王占元遵奉停战命令，与鄂西各军驻守原地，静待解决。和局成败，在此一举，立候答复，幸勿推延。岑春煊、伍廷芳、陆荣廷、唐继尧、孙文、唐绍仪、林葆怿。篠。（印）

据《七总裁再诘徐氏电》，载一九一八年
十二月二十六日上海《民国日报》第三版

七总裁复李纯告解决陕西民军问题办法电

（一九一九年一月二日）

万急。校正南京李督军鉴：永密。敬、敬二、勘各电均奉悉。各代表均已确定，不日发表。惟此间以为非陕、闽、鄂西停战问题解决后，不得开议。敬二电开示各节，具荷关垂。并谓划定区域，各守原防，则军之界限定，而区内之匪各担任剿除之，极为扼要之论，第军与匪之区别，首宜分明。北方坚持郭坚等为匪，则郭坚等部下驻扎之地点及其人数，纵使开列，亦属无益。今之争点，在北方指军为匪，而非指各军区域内之匪。若如尊电所云，尚复何所争执？尊意拟由双方或居间公团，派员分往指导监视，秉公商定，煊等极表赞同，或请就地领事及教会为之保证亦可。即请转告北方，迅速决定。对于陕西方面，或由双方共推威信

素符之大员前往查视，划定区域，以杜纠纷，亦所深盼。岑春煊、伍廷芳、陆荣廷、唐继尧、孙文、唐绍仪、林葆怿。冬。（印）

据朱启钤存《南北议和文献》之二十九《军政府致李纯电》，载中国科学院近代史研究所近代史料编辑组编辑：《一九一九年南北议和资料》，北京，中华书局一九六二年十二月出版

七总裁电参议院抄送致徐世昌商划界停战电

（一九一九年一月三日）①

参议院鉴：兹致北京徐菊人先生一电，文曰②："北京徐菊人先生鉴：接钱君干臣宥电，斤斤致辨于军与匪分别。夫淫杀掳掠谓之匪，试问陈树藩、李厚基部下，军其名而匪其实者，何限外人指责？舆论抨击，事实③具在，若必指定某某人为匪，则此间人不难胪列陈、李罪状，以相诘责。因内争之影响，土匪乘机窃发，煊等亦所痛心，然不能牵连混合，遂为一网打尽之计。兹以事实而论，钱电谓许、张所部入关，系本年九月间，陈树藩所请，事在停战以前。然何以下令停战后，不即停止进兵，而仍兼程开往？井道之死，钱电谓为郭坚使李良材刺杀，李良材诈降，诱杀井勿幕，割首献陈树藩，确凿可证。谓果郭坚所杀，何以反献首级于陈？钱电谓闽中于十一月二十、二十一、二十二等日连江、莆田均有战事。查此间于十一月二十二日下令停战，在未奉令以前，前敌发生战事容或有之。至于永泰之失而复得，明明北军先袭粤军所致。现据陈炯明俭电报告，永泰方面本月十四日北军有公文来商停战，忽于十五日拂晓分路来攻，内有奉军一都，鏖战

---

① 秦编《国父全集》第五册、王耿雄编《孙中山集外集》均将此电时间定为一九一八年十二月三日。然而，电文中提及井勿幕被杀，查井勿幕遇害时间为一九一八年十二月二十三日。故此电时间当为一九一九年一月三日。

② 据《与岑春煊等致参议院告以致电北京以三事相约电》（录自《参议院公报》第二期临时会第四号，广州，一九一九年出版），载秦孝仪主编《国父全集》第五册，台北，近代中国出版社，一九八九年出版校补。

③ 据《与岑春煊等致参议院告以致电北京以三事相约电》（录自《参议院公报》第二期临时会第四号，广州一九一九年出版），载秦孝仪主编《国父全集》第五册，台北，近代中国出版社，一九八九年出版校补。

至一昼夜。现粤军已退守嵩口，此又何为哉？钱电谓王旅赴闽，系隶于萨督办，以备清乡之用。闽中军队甚多，用以清乡，绰有余裕，更加劲旅，显见增兵？鄂西方面，川军日退。而近据柏文蔚漾电，王督军又向鹤峰进兵，且闻有限四星期收复恩施之说。至于宁羌、沔县之事，系在十一月二十四日以前，彼时尚未停战，何能引为口实？且据熊督军来电，自奉令后，已一体休战。总之①剿匪与停战，事难分明，若剿匪无已时，亦即停战无期日。徒恃往复答辨，迁延时日，恐愈陷大局于纠纷。兹为避免争执，促进和平起见，特以三事相商：（一）宜划定停战区域，就现在驻扎地点为其界线，不妨邀请就地领事或教育会为之证明。（二）宜担任区域内之治安，各剿各匪，各卫其民，毋相侵犯。（三）宜禁止擅越界线，如甲军队越入乙军队区域时，即认为有意开衅。或对于陕西②方面，由双方公推威信素著之大员，前往监视，画定驻兵区域，以杜纷纠。以上各节关系和议之成否，亦即关系大局之安危，执事素以悲悯为怀，即希饬北方各军迅为办理，伫候见复。岑春煊、伍廷芳、陆荣廷、唐继尧、孙文、唐绍仪、林葆怿。冬"等语，特闻。乞主持公道，促成和局，是所盼祷。岑春煊、伍廷芳、陆荣廷、唐继尧、孙文、唐绍仪、林葆怿。江。

据《七总裁致徐世昌商划界停战电》，载一
九一九年一月九日上海《民国日报》第三版

致徐世昌电

（一九一九年一月九日）

十万火急。北京徐菊人先生鉴：

　　兹派定唐绍仪君为总代表，章士钊、胡汉民、李日垓、曾彦、郭椿森、刘光

---

　　① 据《与岑春煊等致参议院告以致电北京以三事相约电》（录自《参议院公报》第二期临时会第四号，广州一九一九年出版），载秦孝仪主编《国父全集》第五册，台北，近代中国出版社，一九八九年出版校补。

　　② 据《与岑春煊等致参议院告以致电北京以三事相约电》（录自《参议院公报》第二期临时会第四号，广州一九一九年出版），载秦孝仪主编《国父全集》第五册，台北，近代中国出版社，一九八九年出版校补。

烈、王伯群、彭允彝、饶鸣銮、李述膺诸君为代表，即日赴沪，听候陕、闽、鄂西问题解决，即行开议。特此通告。岑春煊、伍廷芳、陆荣廷、唐继尧、孙文、唐绍仪、林葆怿。佳。（印）

据中国国民党中央委员会党史委员会编订：《国父全集补编》（转录北京《政府公报》第一〇六四号，一九一九年一月九日广州印行），台北，中国国民党中央委员会党史委会一九八五年六月出版

七总裁致徐世昌请查明撤退北军行动电

（一九一九年一月十一日）

万急。北京徐菊人先生鉴：佳电谅达。顷接四川熊督军克武勘电称："前月马日，北军乘我不备，突出大队，相继将沔县、宁羌各处占据，且复进逼川境"闻之骇诧。前接钱君干丞宥电方以汉中之事，为笃守信约铁证，今何如者？口血未干，战祸复起，令人痛心。执事果以宁息为怀，应请责令北方前敌各军，退出占据各县。又顷据李督办根源转据成司令阳电称："据报信丰北军增加一团，九渡水亦增加三营，安武军均调回前线，丁效兰所部均转回南克□，吴鸿昌在赣州招募新兵甚众"似此行为，尤为惶惑。北军于陕、闽等处增兵不已，复又施之赣省，究竟是何用意？是否北军自由行动？应请飞饬查明撤退，以昭大信。鹄候复音。岑春煊、伍廷芳、陆荣廷、唐继尧、孙文、唐绍仪、林葆怿。真。（印）

据赖群力辑《议和文献辑存》之十七《广州七总裁致徐世昌真电》，载中国科学院近代史研究所近代史料编辑组编辑：《一九一九年南北议和资料》，北京，中华书局一九六二年十二月出版

七总裁致徐世昌请明令陕中北军
停止进攻并划定界线电

（一九一九年一月二十二日）

北京徐菊人先生鉴：顷据于督军右任一月二日函称："自许兰洲、张锡元接防潼关、二华、临潼、蓝田及省城东关等处后，陈树藩、刘镇华之兵替换出战者，不下十五六营，一一移之西路前线。一面以刘镇华之镇嵩军全部攻歡屋，十二月二十四、五日以来已有战事；一面以陈军全部攻武功，已于十二月二十八日占领武功。又陈部张飞□攻陷兴武，晋军亦有由韩部西进之说。"闻之骇异。陕中以张、许之军填防，以陈、刘之军作战，是张、许所部虽未直接交绥，而间接攻击，事实俱在。北方于停战之后，无故增兵，因增兵之故，重开战祸，变幻不测，真可痛心。今议和代表均已赴上海，陕西划驻办法，亦已电复苏督，宜若可以已矣。乃又节节进攻，一面划驻区域往复磋商，一面使前敌更番攻击不已，似此言和，何以征信？执事如愿平和实现，请明令陕中北军停止进攻，并按照致苏督马电切实划定界线，以释纠纷。鹄候电复。岑春煊、伍廷芳、唐继尧、唐绍仪、孙文、陆荣廷、林葆怿。祃电。

据《军府诘问陕事电》，载一九一九年二月五日上海《民国日报》第一张第三版

七总裁致顾维钧王正廷等嘱照约宣言
并询最近中日交涉真象电

（一九一九年二月十二日）

照约宣言，以维主权。□□□请将最近交涉真象达知，以释疑念。

据《护法方面之大注意》，载一九一九年二月十三日上海《民国日报》第一张第二版

致黎天才等吊唁高固群并希穷究主名电

（一九一九年三月二十三日）

夔州黎辅亟〔臣〕先生、施南柏烈武先生、吴厚斋兄①及鄂军各将领均鉴：皓电惊悉高君固群被狙殒命。高君起义元勋，有功民国，陡闻凶变，曷胜悲痛。前此蔡君幼香既已被戕，今兹高君重复遇害。以鄂军所在之地，迭出残害有功之人，凶暴横行，谁尸其咎？即希穷究主名，以昭法纪而慰英灵。孙文。漾。

> 据《致鄂西各将领吊唁高固群烈士电》，载胡汉民编：《总理全集》第三集，上海，民智书局一九三〇年二月出版

致志诚俱乐部同志告现定救国方策在
使国会完全行使职权电

（一九一九年五月六日）②

成都杨省长转志诚俱乐部魏、游、陶、曹、王诸兄鉴：□密。川地强邻逼处，内氛未靖，正吾同志卧薪尝胆、安内攘外之秋。诸兄与沧白皆患难至交，当能协力同心，向前途奋斗。文现定救国方策，在使国会完全行使职权，否则另图根本解决。各方交涉尚在进行，知注特达。再，接陈璞、颜若愚、曹笃、游运熹、夏之时、郭崇渠诸兄来电云：有组织国民党支部事。如何情形，乞电复。孙文。鱼。

> 据《致志诚俱乐部诸君告现定救国方策在使国会完全行使职权电》（录自国民党党史会藏亲笔原稿），载秦孝仪主编：《国父全集》第五册，台北，近代中国出版社一九八九年出版

---

① 黎天才，字辅臣。柏文蔚，字烈武。吴醒汉，字厚斋。

② 原电年月不详。据文中所言"文现定救国方策，在使国会完全行使职权"，又云"各方交涉尚在进行"，当是一九一九年五月事。因四月二十七日，孙文批复国会议员孙成昭等函，已告以国会行使职权为唯一不变之主张。五月二十八日，孙文在沪发表《护法宣言》已正式宣布"今日言和平救国之法，唯有恢复国会完全自由行使职权一途"。所谓"各方交涉尚在进行"，当在《护法宣布》发表之前。故此件酌定为五月六日。

与岑春煊等联名致徐世昌请平情处置因
山东问题被捕之北京学生电

（一九一九年五月九日）

北京徐菊人先生鉴：顷闻北京学生为山东问题警告曹汝霖、章宗祥、陆宗舆诸人，发生伤毁之事，有将为首学生处以极刑，并解散大学风说，不胜骇诧。青年学子以单纯爱国之诚，逞一时血气之勇，虽举动略逾常轨，要亦情有可原。且此项问题，何等关系，凡属国民有常识者，类无不奔走藩汗，呼号以求，一当义愤之余，疑必有人表里为奸，则千夫所指，证之平日历史，又安得不拼命以伸公愤？其中真象若何，当局自能明了。倘不求正本之法，但藉淫威以杀一二文弱无助之学生，以此立威，威于何有？以此防民，民不畏死也。作始也微，毕将也钜，此中概括，系于一二人善自转移。执事洞明因果，识别善恶，宜为平情之处置，庶服天下之人心。敬布胸臆，愿熟察焉。岑春煊、伍廷芳、林葆怿、陆荣廷、唐继尧、孙文。佳。（印）

《国父全集》第五册"函电"（下），台北一九八九年版，转录杨亮功、蔡晓丹编：《五四运动》，一九八二年九月传记文学社再版

与岑春煊等联名致龚心湛请速饬
陈树藩军退驻原防地点电

（一九一九年五月中旬）①

北京龚仙舟②先生鉴：现据李代表述膺马日电称：顷接三原于督军③急函称：

---

① 原电未署日期。据电中斥责陈树藩在上海南北和议开始之时，"抗命纵兵"进犯陕西，现"和平未有破裂，又复首先挑衅"，当发于一九一九年五月二十一日上海南北"和平会议"宣告最后破裂之前，今酌定为五月中旬。

② 龚心湛，字仙舟。时任北京政府财政部总长兼代国务总理。

③ 指于右任，一九一八年二月受孙文令入陕，时任陕西靖国军总司令，设总部于三原。

"我乾县守将王珏、郭英甫于月之五日突围退出，王沿〈河〉源退至楼松，郭走醇化，虽沿途迭被陈军①截击，差幸尚无大失。不意陈树藩复使其部下张金印、张飞生、姚振乾、郭金榜、白弋人分兵五路大举过河，声言追击王、郭，实则冒犯我三原。现郭金榜已开至化剡，姚振乾已开至北杜村，并威逼驻扎泾阳胡司令景翼之部下田玉洁，使其让路。又声言非将社树借伊屯兵，攻打三原不可。此后陕西大战之开，自在意中，刻正在紧急中。查乾县本为王、郭二守将血战数月，死守未失之地，当然属靖国军辖域，本无退出之理。只以张瑞玑、陈树藩誓志争乾，甚至加派重兵，增拨药弹，欲藉我方后援之师，诬为衅自我开之据，包藏祸心，糜烂不顾。我军不忍乡人重罹水火、南北再起干戈，故以陕民为重，乾军〔县〕为轻，大局为重，乾县为轻，万事隐忍，决然退出，亦可以如陈氏之愿矣。何图既据乾县，又犯三原，人咸望和，彼独挑战，贼心如是，天理何存？右任等于军府委曲求和之时，始终以维持陕局为唯一之天职，决未有稍隳战争之道德，以遗军府羞者。故兹电陈之后，陕西战事再开，右任等决不负责。敢请军府迅向北京政府严电诘责，并饬令陈军退驻原防地点，而以乾县为中立地，以免激成战祸，无任惶悚待命之至。于右任，张钫叩。文"等语，谨转奉闻等情。阅之骇叹。陈树藩当和议开始之时，抗命纵兵，几坏大局。现和平未有破裂，又复首先挑衅，甘为祸首，始终破坏和局，别有用心，应请严振纪纲，速饬该军退驻原防地点，并以乾县为中立地，俾免接触，致碍和平。仍望速复。岑春煊、伍廷芳、唐继尧、陆荣廷、林葆怿、孙文。

据《军政府为陕战重开诘责北庭电》，载一
九一九年七月六日上海《民国日报》第六版

致徐世昌责不能为卖国者庇护电

（一九一九年五月）

责以不能为卖国者庇护，且不能妨碍学生与各界之爱国运动。

据《孙逸仙先生言行小识——关于对帝国主义者之奋
斗》，载《胡汉民先生遗稿》，台北，一九七八年出版

---

① 指陈树藩军。

与岑春煊等联名致龚心湛请勿
召回欧洲和会中国专使电

（一九一九年六月中旬）①

北京龚仙舟先生鉴：闻尊处电令欧洲和会中国专使，俟奥约签字后，即将代表团解散，并饬陆、王、魏②各使回国，顾③使留办德约。查德约关系至巨，国人注目，当此千钧一发，维系需人，岂宜将得力人员遽召回国？王使争持最力，尤须始终其事，且匈、布、土三约签字在即，此间业已电令王使留待签约，果有召回之事，应请迅令取消，并责成陆、王等始终办理，免致国内惊疑。并盼速复。岑春煊、伍廷芳、唐继尧、陆荣廷、林〈葆〉怿、孙文。

据《南方阻止专使返国电》，载一九一
九年九月十日上海《民国日报》第三版

与岑春煊等联名致徐世昌反对中国代表
在巴黎和约上签字电

（一九一九年六月下旬）④

北京徐菊人先生鉴：刊载尊处于十二日电巴黎和会专使，令其签字和约，并闻胡惟德报告亦有签字主张。所闻非虚，将于外交史上铸一大错。务恳顾念民意，维护主权，勿令巴黎专使以无条件签字，即使有碍情形，只能让步至保留山东三

---

① 原电未署日期。据电文提及北京当局电令中国出席和会专使"俟奥约签字后，即将代表团解散"，则此电发出日期应在六月底匈、布、土三约签字以前。今酌定为六月中旬。

② 即陆徵祥、王正廷、魏宸组。

③ 即顾维钧。

④ 原电未署日期。巴黎凡尔赛和约于一九一九年六月二十八日签字，此电发于签字之前，当在六月十二日至二十八日间。今酌定为六月下旬。

款而止。存亡所判，乞即表示决心。岑春煊、伍廷芳、陆荣廷、唐继尧、林葆怿、孙文。（印）

据《军府之外交主张》，载一九一九
年七月五日上海《民国日报》第三版

与岑春煊等联名致徐世昌龚心湛
请维持中国银行现状电

（一九一九年七月五日）

北京徐菊人先生、龚仙舟先生鉴：现据中国银行□股股东联合会干事陈青峰等漾电称：北京安福派把持政权，蓄意攫夺中行。四月众院先通过恢复二年则例案，经股东反对。北政府通电各省商会，允予维持六年则例，龚财长出为同党疏通，以加股为调停，归安福包买。京中总行定六月念九日召集临时股东总会，今距开会不久，忽又通过参院财政，又云暂不公布，更云拟再修正六年则例，安福先以强取，继以巧夺，北政府已无能力主持。查六年则例，成绩昭然，绝无修改之必要。加股为安福包买，旧股坐失权利，何必开北京之股东会？两事有一实行，彼派即可自由任命，总裁滥发军费，再蹈五年之覆辙，金融因而大为扰乱，非特股东血本付诸东流，于和局大有妨碍，将至全国鼎沸，复启战祸，万劫不复。在沪股东曾于众院通过之日，以北京议院本属非法机关，中国银行南北各省均有分设，曾具公函呈准唐总代表①列入和平会议。今和议解散，安福派野心益炽，与财政部狼狈为奸，欲乘此以财部五百万之股权，以整敌散，逼迫加股，以遂其欲，股东誓不承认。现在上海、北京、天津、汉口、福州、江西、香港、开封各省股东，均已设立股东联合会，声明非俟南北统一、正式国会成立之后，无提议改革之理。为此电请总裁鉴察，于中行一经扰乱，南北金融胥受其害，和议益远。伏乞迅电北政府严重交涉，维持中行现状，以免捣乱金融，贻害大局。事机急迫，

---

① 即唐绍仪。

伏候电示等情。查中行六年则例行之有效，乃尊处利用非法机关无端修改，扰乱全国金融，而莫之或恤，居心何若，诚可痛心。且国家之于商民信用久堕，设若一再巧取豪夺，则缓急举不可恃，莫谓天下为可欺，尚望顾念舆论，维持中行现状，收拾人心，在此一举。幸速图之，并盼见复。岑春煊、伍廷芳、唐继尧、陆荣廷、林葆怿、孙文。歌。（印）

据《军府维持中行电》，载一九一九年七月十四日上海《民国日报》第二张第六版

与岑春煊等复吴佩孚赞同开国民大会宣示交涉情形电

（一九一九年七月六日刊载）

青电诵悉。外交失败，民气激昂。当局者不能谅民之心，而惟防民之口。伏阙陈东接踵入党人之狱，嗫声刘胜盈庭，无净谏之词人，而云亡国必无。幸某等大声疾呼，竭力□□□，护持民气，赏惠士林之绩，较战胜郊原、折冲樽俎为多。凡有血气，谁不感激。至于请开国民大会，宣示交涉情形，尤能明外交真相，释民众之疑团。同人等欲尽匹夫责任，自当协力追随。特电赞同，仍希教益。岑春煊、伍廷芳、陆荣廷、唐继尧、林葆怿、孙文叩。

据《岑伍各总裁复吴佩孚电》，载一九一九年七月六日长沙《大公报》（二）

致广东军政府请省释工学界被捕代表电

（一九一九年七月十八日）

闻警厅因国民大会拘捕工学界代表，将加以殊刑。方今文明各国，不闻有压抑民意之政府，我粤为拥护政府所在之地，岂宜有此等举动？尚冀所闻不实，万一有之，请即予省释。盖民气以愈激而愈烈，若专恃威力，横事摧残，不惟为粤

人之所公愤，亦即全国之所不容也。幸审图之，即候电复。

据《致广东政府嘱省释工学界被捕代表电》（录自国民党党史会藏《总理对各方复电撮要》），载秦孝仪主编：《国父全集》第五册，台北，近代中国出版社一九八九年出版

与岑春煊等复龚心湛告已宣告不签德约之原因电

（一九一九年七月十八日）

北京龚仙舟先生鉴：奉真电，具见慎重外交。此间已宣告全国，使天下晓然于不签德约之别有原因。尊处电询专使何种手续适用，谅已得复。仍望电知，以便一致对付，此复。岑春煊、伍廷芳、陆荣廷、唐继尧、林葆怿、孙文。啸。（印）

据《岑春煊伍廷芳陆荣廷唐继尧林葆怿孙文电》，载一九一九年八月十六日长沙《大公报》（二）

复许卓然等嘉慰团结御侮电

（一九一九年七月十八日）

安密。转许卓然①、杨持平、张干之、潘雨峰诸兄鉴：顷接东电，并据民钟、亚佛②面陈近情，知兄等捐除小嫌，同心御侮，谋同志之团结，策国事之进行，大义照〔昭〕然，深用嘉慰。其善后事宜，可即与汝为军长妥筹进行，庶协力救国，发扬吾党之光荣，有厚望焉。巧。

据《复福建许卓然等嘉慰团结御侮电》（录自国民党党史会藏《总理对各方复电撮要》），载秦孝仪主编：《国父全集》第五册，台北，近代中国出版社一九八九年出版

---

① 许卓然时任闽南靖国军第二路司令。
② 即冯亚佛，时任粤军总司令部秘书长。

致杨庶堪吊唁周淡游逝世电

（一九一九年七月二十日）

成都杨省长鉴：接铣电，惊悉淡游①溘逝。迩年党中英俊，相继摧折。淡游夙事奔走，万里入蜀，方冀展足，遽闻凶讯，感痛何言，后事既得仙峤主持，稍慰远念。临电怅惘。号。

据《复电撮要》，台北、中国国民党文化传播委员会党史馆藏

致陕西等南北各军将领重申恢复国会
行使职权为和平救国之法电

（一九一九年七月）②

漳州陈总司令转陕、川、滇、黔、鄂、湘、赣、闽、粤、海南北军各督军、各司令均鉴：今日为求救国，敌国人无不希望合法、永久之和平。但合法、永久之和平，断不能求之于个人权利关系之和议。须知国内纷争，皆由大法不立。在法律，国会本不能解散，若不使国会复得完全自由行使其职权，则法律已失其力，根本先摇，枝叶何由救正？内乱何由永绝？况国家以外患而致艰危，一切有损主权、危及国脉之条约，其订立本未经国会之同意，故亦惟恢复国会完全自由行使职权始能解除之。盖订约、解约之权，本在国会，擅订固属违法；不以未经国会同意为基础而言解约，亦无可解之理由。故和议初开，文即以恢复国会完全自由行使职权为惟一条件，必令此后南北两方蔑视合法国会之行动，一切遏绝，凡与

---

① 即周淡游，早年同盟会会员，辛亥在沪参与光复浙江活动。一九一八年奉孙文命至四川，襄助省长杨庶堪管理财政事务。次年五月病逝于成都。

② 原电未署日期。按五月十三日南北议和中止后，在列强指使下酝酿复会，孙文认为续议"理固无由可成"，乃于七月二十日令胡汉民辞去南方议和代表职务。今酌定此电发出时间为七月。

合法国会不相容之机关组织，悉归消灭，则和平立谈可致，外患内忧皆不足虑也。国民对我主张多数赞许，乃不幸议和数月，竟无结果。今虽日言续议，理固无由可成，抑且外法律以言和平，其和平岂能永久？外患又何由可息哉！今日言和平救国之法，惟有恢复国会完全自由行使职权一途。苟此而不行，则是已将八年来我国民苦心维护之民治，根本推翻。文惟有与我同志重行根本之解决，以改造一更合民意之政体，必使外患消除，内乱永绝。文非好言破坏也，欲谋救国，不得不然。抑且民方倒悬，亦断无束手待毙之理。诸君虽处境不同，置籍于中华民国则一，栋折榱崩，岂能无惧？希以中华民国国民之资格，受此忠言，一致通电，主张共谋救国之业。苟使国会得恢复完全自由行使职权，永久合法之和平，于焉可得，则文之至愿也。若有沮格此议，以便其私者，则和平破坏之责，自有所归。尤望诸公以救国之本怀，捐弃猜嫌，与文共达此重新改造中华民国之目的。国步方艰，时不待人，苟且迁延，为厉滋大，诸公爱国，幸速图之。

据《为恢复国会行使职权致各军电》（录自国民党党史会藏原稿），载秦孝仪主编：《国父全集》第五册，台北，近代中国出版社一九八九年出版

致陈炯明告无线电机定在上海购买及各埠筹饷统寄上海分发电

（一九一九年七月）①

无线电机拟买拾架，共价四万元，定在沪与华昌立合同，在沪交价，以归统一。初托美东同志②筹款代办之议，着即取消。各埠筹饷，统寄上海分发可也。孙文。

据《致陈炯明告无线电机定在上海购买电稿》（录自国民党党史会藏电影印件），载秦孝仪主编：《国父全集》第五册，台北，近代中国出版社一九八九年出版

---

① 原电未署日期。据一九一九六月二十九日孙文复陈炯明函称"无线电机事，已嘱美洲同志购办矣"。而该电有"初托美东同志筹款代办之议，着即取消"，则该电当在六月二十九日后发出，今酌定七月。

② 指美国东部中华革命党支部同人。

与岑春煊等联名复北京当局反对撤回八条全文电

（一九一九年八月七日刊载）

（前略）宥电均悉。诚时局之不幸，以民生之不幸，国际上之危迫如此之甚，彼此既抛其信仰，降心言和，而又一停再停，抚心自问，实无词可告无罪于国人，故引咎于全国父老之前，则春煊等无所逃避。若如翰电欲因提出八条之故，欲以词胜理有所归咎，是则鄙人所不敢承者。夫南北两总代表之派出，本各允以全权，勿论提出何案，两方当局只可于会议后加以裁定，断不能于会议前遽加干涉。且既名会议，勿论提案如何，要自有磋商讨论之余地。自沪上开会以来，此间始终认定全权与会议两义，绝不从而牵涉其间，此海内所共见者。而北方则一面开会，一面攻陕，停战命令之效力至今犹未能完全证实。况此次唐总代表提出八条，不过一二日间，北方当局之逐条痛驳，北总、分代表之辞职及赴宁待命，种种警报相迫而至，不惟南代表意见不见容纳，即北代表之权能亦无从行使。全权之谓何？会议之谓何？同一辞职，南方则极力挽留，北代表已纷纷离沪矣。然则和议之所以有停顿，谁令致之？自有国人公判，无待勉词。春煊所要释此者，以北代表纷纷离沪，疑有重大变迁，重为民累耳。今奉宥电，始知北方具有同情，此国脉、民命断而复续之会，如天之福，和局不致破裂，抑又何求？惟继续和议，非有交让之精神，更无接近之和会，此无可疑者。来电要求撤去八条全文，或表示确实让步之意。窃以为今日之和会非若城下寻盟，只有一方之意思，彼此既不能强以必能，又何能禁其不提？提与承之间尚有会议在焉。窃论"撤回"两字不成论据。又和基成于交让，既撤回代表，明明示人以不让，又安能责人之让？以今日之混沌，所谓切实让步，亦不知从何说起！若来电爱护国家、尊重和平之要旨，果出至诚，窃谓当先定继续和议主要办法，然后进议条件，开诚相见，自有解决之方。如何？即请酌量。岑春煊、伍廷芳、陆荣廷、唐继尧、林葆怿、孙文、刘显世、莫荣新、谭浩明叩。

据《军府对于和谈之要电》，载一九一九年八月七日上海《民国日报》第三版

致广州参众两院辞军政府总裁电^①

（一九一九年八月七日）

参议院公鉴：去〔前〕岁文以国会经非法解散，民国中断，偕同海军至奥，宣言护法。国会议员相继到粤，开国会非常会议，组织军政府，推文为陆海〔海陆〕军大元帅^②，以国事相付托。就职数月，以武人掣肘，大业中沮，良所歉怀。去岁国会非常会议，遂有改组军政府之议。文以为改独任制为多头制，委托不专，责任不时，必无良果，未敢苟同。不幸意见未蒙采纳，改组议定，仍举文为总裁。两院代表诸君复再三敦迫，谓文不就职，军政府组织不完，故勉派代表^③列席军政府政务会议。所以委曲迁就，以尊重国会之意旨者，原冀不坠护法初心。当时，北方非法国会选徐世昌为总统，经文嘱所派代表提议申明讨伐之令，而军政府诸武人明示赞同，暗为延搁，讨伐令遂无形消灭。及国会议决改军政府名称为护法政府，又拒不执行。文嘱所派代表力争，卒归无效。文于是得诸武人并无护法诚意之确证。及伪廷势绌停战，文嘱代表与伍总裁^④共主张合法和平、永久和平，以为国民庶可少息。而军政府内不法武人，蔑视国会所信任之代表与经两院议决之《和平会议条例》，以军政府总裁之地位勾结叛人，或私订牺牲国会之密约，更有不经会议径电各省，以征求意见之名唤起不利国会之主张者，暨阴私显露，尚以个人函电来往自解。文于是知诸武人图私利，不顾国法之决心。至最近粤省人民以爱国之热诚与安地方之至意，基于约法上之自由为表宣民意之集会，军政府之陆军部长^⑤指挥军警枪击公民，捕其代表，欲置死地，用日本对朝鲜所未用之手段，敢犯伪政府所不敢犯之民意；虽经文嘱代表再三忠告以当从民决，仍置若罔闻。更知不法武人已以割据西南为志，故于人民参与政治之举力图破坏，务

---

① 此时，广州军政府已完全受桂系军阀及政学系控制。本书收录者为孙文致广州参议院电，而同时又以相同内容致电众议院，所拟标题即据此。

② 当时称"海陆军大元帅"，原文误作"陆海军大元帅"。

③ 所派全权代表为徐谦。

④ 即伍廷芳。

⑤ 即莫荣新。

使民国名存实亡。彼借国会所授之权以行国民所深恶之政治，移对付非法政府之力以残虐尽力救国护法之人，毒害地方，结连土逆，欺骗国会，蔑视人权。文决不愿与之共饰护法之名，同尸误国之罪。兹特辞去军政府总裁一职，以后关于军政府之行功概不负责。望国会同人努力奋发，使用国会之最高权，为国家求根本上正当之解决，庶不负诸君子护法初衷，是则文之本志也。孙文。阳。

据《孙中山辞军政府总裁职电》（阳），载广州《参议院第二会期临时会公报》第十五号，一九一九年九月出版①

致孙科嘱促伍廷芳父子来沪电

（一九一九年八月九日）②

父已辞职。唐未就职，虽电无效。此时上策，伍先生父子③宜速来沪，乃有办法可想。望将此意转达。父。佳。

据《致孙科嘱促伍廷芳父子来沪电》（录自国民党党史会藏原件），载秦孝仪主编:《国父全集》第五册,台北,近代中国出版社一九八九年出版

致湖南国民大会解释辞总裁职电

（一九一九年八月三十一日）

郴州湖南国民大会鉴：南中往事，国人共见，纵勉附虚名，于事何济？今文虽辞职，个人救国之责，仍未敢自懈，要当黾勉前趋，廓清危乱，以答诸君之意。卅一。

据《致湖南国民大会解释辞总裁职电》（录自国民党党史会藏《总理对各方复电撮要》)，载秦孝仪主编:《国父全集》第五册,台北,近代中国出版社一九八九年出版

---

① 另见《孙中山辞军政府总裁电》，载本月八月八日上海《神州日报》（一）、（二）；《孙中山先生辞总裁电》，载同日上海《民国日报》第三版。三者个别文字互有出入。

② 原电未署日期。孙文辞政务总裁职为八月七日，此电发于辞职后，今酌定八月九日。

③ 即伍廷芳、伍朝枢。

复刘治洲等望毅然取消误国之军政府电

（一九一九年九月二日）①

　　林子超先生转刘治洲②并各先生公鉴：电留甚感。文以护法之局无望，特脱离军政府，得以自由行动，另图根本之救国耳，非置国事于不顾也。所望诸公行使最高职权，毅然取消误国之军政府，毋使强盗利用，以致一误再误，庶不负国民之所托也。如公等能此，文当惟力是视，以从公等之后，而图根本之解决也。孙文。冬。

据胡汉民编：《总理全集》第三集，上
海，民智书局一九三○年二月出版

复唐继尧望深察民意维持护法电

（一九一九年九月七日）

　　云南唐督军鉴：支电悉。过承奖饰，非所克当。鄙意大局日危，国民所企，乃在有护法之精神。今兹躯壳何存，而甚者乃假以图便其私？其所作为去民意愈远，此诚为议者之所愤慨，文复何能隐默？且意亦非以洁身自立为贤也。公此时方系中外重望，如何宏济艰难，必有异于常人者。尚祈深察民意所在，矫正一切，无任企盼。阳。

据《护法之役致唐继尧电》（三十一），载黄季陆编：《总
理全集》下册，成都，近芬书屋一九四四年七月出版

---

　　①　胡汉民编《总理全集》将此电列在一九二一年。据电文"电留甚感。文以护法之局无望，特脱离军政府，得以自由行动"等内容，时间当在一九一九年。孙文致电广州国会参、众两院正式辞政务总裁职在八月七日，辞职后给刘治州等冬电，当是指九月二日。

　　②　刘治洲时任广州国会参议院议员、广东政务会议秘书。

复广州军政府告决心辞军政府总裁职电

（一九一九年九月九日）

　　广州政务会议诸公均鉴：歌电悉。文志已决，义不再留。救国文之本怀，尽力则不必在军府中也。所有八月十日以后发出文电署有文名者，概不能负责。以后希勿再加入文名，以昭实际。孙文。佳。

据《孙先生与军府往返电》，载一九一九
年九月十二日上海《民国日报》第三版

复王文华嘱与杨庶堪石青阳合力解决川事电

（一九一九年九月十六日）

　　王殿轮先生鉴：殿密。电悉。近顷国势危殆，北方固不足道，南方亦鲜振奋，其甚者更借护法以便私图，遂失民望。来教独能审察世界大势与社会思潮，有发展民族精神、增进人类幸福之抱负。而执事才力固足以左右时局，为当世所共信者，方来建设，岂异人任。闻着手运动，已著成效，不觉为之神旺。沧白、青阳幸得依倚，若能解决川事，既为大局改造之基础，苌筹伟略，方始发抒。临电欣企不尽，请并转沧白、青阳，一致努力。孙文。铣。

据《致贵阳王文华勗努力解决川事电》（录自国民党党史会
藏《总理对各方复电撮要》），载秦孝仪主编：《国父全
集》第五册，台北，近代中国出版社一九八九年出版

与胡汉民联名致田中节子唁电

（一九一九年十月三十日）

惊悉令尊①仙逝，谨电至悼。孙文、胡汉民。

> 据影印原件，载中华民国各界纪念国父百年诞辰筹备委员会、学术论著编纂委员会编：《孙文先生与日本关系画史》，日本东京、中华民国国父孙文先生百年诞辰纪念会，一九六六年十一月出版

致芮恩施望予以道义上的支持电

（英译中）

（一九一九年十一月十九日）

仅只通过您，美国总统和人民才能够看清中国的实情。您的责任实为重大。在中国，是民主制还是军阀制获胜，主要依靠阁下在这阶段对我们无援百姓的道义上的支持。

> 据芮恩施著：《一个驻华的外交官》（一九二二年纽约版）译出

---

① 日人田中节子父田中昂，从事印刷业，一九〇七年镇南关之役为革命军印制军票而与孙文结识，讨袁期间更广交旅日中国党人，曾在东京携其妻女与孙文等互访。一幅流传下来而广为人知题作《帝政取消一笑会》的照片，即摄于一九一六年四月九日田中昂寓所门前。缘因三月二十二日袁世凯被迫取消帝制，孙文闻讯后决定假座田中昂寓所开一小型庆祝会，并商议继续讨袁事宜。从照片上看，与会者除孙文、宋庆龄、胡汉民、戴季陶等以外，尚有廖仲恺、何香凝及子女廖承志、廖梦醒一家，田中昂夫妇及其女田中节子一家，萱野长知夫人和多名日本友人等。

复徐树铮嘉许撤销外蒙自治并盼协助恢复国会电[①]

（一九一九年十一月二十六日）

北京徐又铮[②]先生鉴：比得来电，谂知外蒙回面内向。吾国久无陈汤、班超、傅介子其人，执事于旬日间建此奇功，以方古人，未知孰愈。自前清季世，四裔携贰，几于日蹙国百里。外蒙纠纷，亦既七年，一旦复归，重见五族共和之盛。此宜举国欢忻鼓舞之不已。然还视闾阎，颂声寂然不作。此无他，内部之关系过于边陲，心腹之忧患重于枝末故也。国于天地，恃法律而存在。自国会被非法解散，而民国基础动摇。连年战争，以重累我四亿〔万〕万人民者，至今未艾。北方恃权者，徒以为使三五武人、政客，得遂其利益之要求，天下遂可无事。此不惟蔑视民意，其不通乎法治之本原，抑已甚矣。故文以为今日转危为安，拨乱反治，无过于依照约法使国会恢复其自由之职权，即外交之失败其遗害于国家之生存者，亦可由是而矫正消灭。夫治国而反以乱之，爱国而反以害之，此不智者之所为也。睹其失败，因循覆辙而不能改，非才勇之士所宜出也。今我国民莫不集矢于卖国之行动，而曩之与接为拘者，岂果抱此不仁之心，抑岂更无自拔之路？惟不知诉之于法律，国会为根本解决，则祸终不息，而责无所逃。文与执事夙昔未尝通一介之信使，今乃电及，其或予我以尽言之机。而执事或亦观察国中之政象，而怒然有不安于心者，文因敢白其所见。执事能立功于国境，何必不能解罪于国民？大局转圜，事在俄顷耳。不然，内忧未宁，外患方亟，卧榻之侧，可以寒心。执事虽劳，能保不为他人做嫁衣者，而谁敢为执事贺？专复，即企鉴察。

---

① 一九一九年八月，库伦都护使陈毅与外蒙古王公商订各项条款，拟外蒙古撤销自治。时徐树铮任西北筹边使兼西北边防军总司令，力谋经营外蒙，恢复国土。十月，徐抵库伦，不满陈毅所订条件，令外蒙古官府径行呈请取消自治。十一月二十二日，北京政府令宣布撤销外蒙古自治。二十四日徐树铮自库伦返抵北京，并电告孙文撤销外蒙古自治及取消俄蒙诸条约等情。此系孙文对徐树铮来电的复电。

② 徐树铮，字又铮。

孙文。宥。

据《复徐树铮盼协助恢复国会电》（录自国民党
党史会藏原件），载秦孝仪主编：《国父全集》
第五册,台北,近代中国出版社一九八九年出版

复廖湘芸林修梅望一同动作
扫除广西游勇以去内患电

（一九一九年十二月二十九日）

养电。军事贤劳，近日兴居何仍，念切。时局为斯，有志救国之士非抱定方
针，不辞艰险，猛勇奋斗而为之，则大局前途终不易有一线光明之望。而湘中同
志各军，以此时南北武人与绿林盗匪方在交相争持之际，暂得保无事。然彼等分
赃割据之议成，即不难以其余力来相逼迫，至此尽图挽救之方，则其势愈难。诸
同志非前进莫退守，非奋斗莫可图存。一至望执事与同志各军赶行筹备，一同动
作，先扫除广西游勇以去内顾之忧，而免心腹之患，然后乃可另议其他。昔孔明
未出师中原，先擒孟获，以今视昔，共事正复相同。岳州、长沙之役，湘中同志
所身历而亲见之者。故今日唯一之计，非先除游勇，无从建立民国也。

据《复廖湘芸林修梅望速筹齐力扫除广西
游勇以去内患电》（录自国民党党史会藏
原件），载秦孝仪主编：《国父全集》第五
册，台北，近代中国出版社一九八九年出版

复吴醒汉望与湘西军联络讨桂电

（一九一九年十二月）

施南吴师长鉴：新成密。各电均悉。唐克明①在夔，尚能发电自由，相逼太

---

① 唐克明时任鄂西靖国军第一军军长。

甚，恐激变，缓图为上。财政一节，沧白名为省长，实亦甚困，即电知，恐不能代筹。文处沪，一介无所取与，更不能设法，请兄仍从地方财政着手整理。治军之道如治家然，坐食山崩，势必溃变。故欲固军心，必示军士以绝大目的，令其抱绝大希望，然后可与共患难。方今绿林肆毒于西南，不去绿林，西南必溃。兄处冲要，地瘠民贫，不能奋斗，即不能生存；奋斗无目的，亦不能成〈功〉。湘西已经统一，向目的地进行。希兄即与湘西联络一致动作。此间当派人来，与兄面陈一切。李旅长此次有功，无任欣慰，请代致意，努力前途，共谋大业。先此电复，诸希垂察。孙文。

据《复吴醒汉昜与湘西军联络讨桂电》（录自国民党党史会藏原稿），载秦孝仪主编：《国父全集》第五册，台北，近代中国出版社一九八九年出版

致北京政府劝勿与日本直接交涉山东问题电

（一九二〇年一月二十三日）

迭据刊载日使向北京政府交涉，声称：协约国对德条约已发生效力，日政府自己完全继承租借胶州权并德国在山东各种利权等语。查我国拒绝签字和约，正当此点。如果谬然承认，则前此举国呼号拒绝签约之功隳于一旦，即友邦之表同情于我者，至此亦失希望，后患何堪设想。如果日使提出上列各节情事，亟应否认，并一面妥筹应付方法，再查此案我国正拟提出万国联盟申诉。去年盛传日使向北京政府直接交涉，当即电询，旋准尊处复电：青岛问题关系至重，断不敢掉以野〔轻〕心，现在并无直接交涉之事等语。此时更宜坚持初旨，求最后胜利。究竟现在日使有无提出，尊处如何对付，国脉主权所关，国人惴惴，特电奉询，统盼示复。

据《中国大事电》，载上海《东方杂志》第十七卷第四号，一九二〇年二月二十五日出版

与岑春煊等致北京政府主张取消《军事协定》电

（一九二〇年二月七日）

自欧洲和会外交失败，山东问题予吾国以莫大之惩创。其尤为全国人民所痛苦呻吟者，莫如《军事协定》一端。查去岁对德战争告终，国际会议开始，尊处为《军事协定》继续延长期间之声明，一错铸成，至今为厉。迩者欧战已完全告终，《平和条约》亦已施行。就事实论，凡尔赛之和约既签，则所指出批准《平和条约》云者，已无复问题。即以所谓协约国军队同时撤退而言，和约既签，彼此即言归于好，协约名词，已无存在余地。且驻欧军队久已弛防，即驻俄之兵，亦同时撤退，终了之期已过，尚安用此协定何为？就理论言，《军事协定》指为防敌而设，今敌已不存，防于何有？若必牵引附会，强指俄之广义派为敌，则与前此协同防敌之主旨殊属不符。况中俄原属友邦，边地相衔，亘万余里。此次俄国人民之政争，又完全属彼邦内政，我无干涉之理。吾国乃犹假借名目，故树一帜，毋乃不智。事实如彼，理论如此，此种协定，实无丝毫存在理由。半载以来，全国各界函电纷驰，要求废除《军事协定》，异口同声。煊等外察大势，内顺舆情，敢进忠告。尊处果以国家为前提，请取消《军事协定》，一切密约，宣布中外，当机立断，属望台端。谨布愚忱，立候明教。

据《中国大事电》，载上海《东方杂志》第十七卷第五号，一九二〇年三月十日出版

复陈炯明勉早下决心率粤军回粤电

（一九二〇年二月二十日）

巧电悉。滇、桂冲突，实意中事。然由印泉①起变，则出意外。观此今后种种变局，其有造于粤人复粤者甚多，未审兄能早日决心率粤军回粤，以收渔人之

---

① 李根源，字印泉。

利否？如兄已决心，文当能使两粤内部数处先发动，以扰乱而牵制之，然此必兄能随即回粤方济于事，否则徒劳也。如何？望切实答复。孙文。（二月二十日发）

据《复陈炯明询有否决心率师回粤电》（录自国民党党史会藏原稿），载秦孝仪主编：《国父全集》第五册，台北，近代中国出版社一九八九年出版

致刘显世望出兵柳州以捣桂贼巢穴电[①]

（一九二〇年二月二十七日）

贵阳刘汝舟督军鉴：□密。接湖南来电称：陆荣廷派兵至永州，复派代表至尊处，商改编湘西靖国军归彼势力范围。是否属实，虽不可知，惟此次莫荣新挟李根源抗命，不啻破坏西南，形同叛逆。陆荣廷以老奸巨猾，佯为不闻，实欲乘此驱逐滇军，取消国会、军政府，单独投降。近且益肆猖獗，令刘志陆围攻潮州赣军，缴械解散，以杜福建粤军入路；屯兵永州，挟谭延闿以防湘西靖国军之攻桂林，狼子野心，志不在小。文为西南大局，不忍坐视，已电在粤海陆军同志，起救协和，共除桂贼。我公为大局计，为冀赓并协和计，若令一军出柳州，以冲陆贼巢穴，则彼直无所逃命耳。前此廖湘芸因名号不正失败，文已命其重张旗鼓，复出洪、溆，以收永、桂[②]。务祈我公电令驻湘西黔军各将领，凡遇廖军到处，即希妥为接洽，并望协同动作，以期早靖桂氛，而定西南大局，是为至祷。如何？盼复。孙文。沁。

据《致刘显世盼出兵柳州以捣桂巢穴电》（录自国民党党史会藏原稿），载秦孝仪主编：《国父全集》第五册，台北，近代中国出版社一九八九年出版

---

①　二月二十三日，莫荣新以广东督军兼军政府陆军部长名义，下令撤销驻粤滇词巡视北江防务离开广州，准备集合滇军反抗改编。同日，李根源在桂系支援下，由广州返回韶关，劝告滇军服从改编，形势颇形紧张。为安定西南大局，孙文致电贵州督军刘显世，请出兵柳州夹击桂军。

②　指湖南洪江、溆浦、永州（零陵）与广西桂林。

致唐继尧促速出兵百色攻桂贼老巢电

（一九二〇年二月二十八日）

　　蓂赓兄鉴：协和此次以维持兄之威信，故间道出始兴，所走之路，与广韶铁路为平行。桂贼利用铁路之便，为拦路、抄侧、尾追三面之攻击，协和能脱险而抵始兴，实天幸也。然始兴亦绝地，桂贼今用数倍之众围而攻之，非速救，恐仍不免。昨接兄漾电，具体之言，只有已以全权委托协和一语。夫协和冒九死一生而蹈绝地，实为兄也。当此千钧一发之时，所望于兄者，火速出兵耳，非全权也。况滇军已有一部附李根源，则权已分裂，尚何全之足云。文为大义计，为兄并协和计，已着陈竞存出兵相救。惟桂贼对于竞存早有戒备，则竞存一路，恐难达目的。查桂贼之徒众，现分二大部：一围攻协和，一防制竞存，其老巢则甚为空虚。闻桂贼之意，以为兄之兵力皆在川、粤，且多为李根源勾结，其中必有不为兄用者。彼料云南必不能出兵，故对兄有此轻侮之举。兄为自救计，宜火速出兵百色，其数无论多少，必能夺其胆气，而摇其根本，盖此为彼之弱点也。如兄百色之兵已动，文必令钦、廉乡团并起以扰之，而绝西江之交通。如此，则彼攻协和，防竞存之兵不能不回救老巢，而协和之围可解，竞存之阻可消，便可合攻广州。广州一下，彼众必解体矣。兵法曰：攻其所必救。今扑其老巢，非兄莫属，而胜负亦在此一着。桂贼灭，而兄之威信乃可复也。望勇决图之，万勿迟疑，幸甚。文。勘。

据《致唐继尧促速出兵百色攻陆莫老巢电》（录自国民党党史会藏原稿），载秦孝仪主编：《国父全集》第五册，台北，近代中国出版社一九八九年出版

致某君促回粤驱桂电[①]

（一九二〇年三月二日）

　　琼州孤悬海外，影响不大，必高、雷、钦、廉起后，琼队内渡以助，合力攻南宁，始足制其死命。广、肇亦可起，以牵动省城。以上各属需费数万，请火速电汇来沪，以便着人回粤立即发动，然后潮、梅应之。潮、梅一动，兄当拔队入粤，则桂贼可平矣。唐处[②]当另电着彼出兵百色，第恐彼无力耳，然亦无足轻重也。孙文。冬。

据《指示讨桂机宜电》（录自国民党党史会藏亲笔原稿），载秦孝仪主编：《国父全集》第五册，台北，近代中国出版社一九八九年出版

致石青阳告购飞机事电

（一九二〇年三月二日）

　　顺庆石青阳师长鉴：三月二日收到段蓬仙君交来汇票八张，共伸银叁万五千两正，为买飞机用之一部分。俟款到足时，乃与前途交涉立约。今先电闻。孙文。冬。三月二日。

据《致石青阳告购飞机事电》（录自国民党党会史会藏原件影印件），载秦孝仪主编：《国父全集》第五册，台北，近代中国出版社一九八九年出版

---

① 此电似系致漳州陈炯明。
② 指唐继尧处。

致陈炯明告购枪弹已有办法电

（一九二〇年三月十五日）

漳州陈总司令鉴：密。近有可靠之路，有步枪二千、马枪五千、子弹七百万，总共价沪洋二十万元。银先存仝银行，然后立约，二个月内可以交货。如欲购之，请即备款与前途交易。盼复。孙文。删。

据《致陈炯明告有处可购枪弹欲购请即备款
与前途接洽电》（录自国民党党史会藏亲笔
原稿），载秦孝仪主编：《国父全集》第五
册，台北，近代中国出版社一九八九年出版

复孙科告已着邓子瑜黄福芝与李绮庵接洽讨桂电

（一九二〇年三月十六日）①

着邓子瑜、黄福芝与李绮庵接洽，酌称为讨贼军第几路司令便可。委任状须待起义立功后，乃能论功发给。其起义时期动作，段与李安邦一致。此复。父。铣。

据《致孙科告已着邓子瑜等与李绮庵接洽
讨桂电》（录自国民党党史会藏原件），
载秦孝仪主编：《国父全集》第五册，台
北，近代中国出版社一九八九年出版

---

① 原电未署日期。据一九二〇年三月二十九日、三十一日孙文致李安邦、李绮庵的函、电内容推断此电应在一九二〇年三月十六日。

复唐继尧促合川滇黔全力图桂以援救李烈钧部电^①

（一九二〇年三月十七日）

云南唐总裁鉴：申密。兄既具最大决心，前途光明，准可实现。文已加电各处，力促援协〈和〉，惟急待商者如下：一、此次事变名为莫荣新助逆，实则陆荣廷以老奸巨猾之手段，行使其破坏护法，窃据西南，投降复辟首领之预定计划。不幸莫等胜而协〈和〉败，陆则统有两广，势必拥李根源返滇，与兄为敌。即协〈和〉胜而莫等败，陆则以罪名加莫等，而自处调和地位，仍不失其两广地盘。故此举必具决心，以剿平游勇、奠定西南为唯一之目的，无调和之可言。二、为达最后目的，必须合川、滇、黔全力图之。然熊克武不去，则不能纾后顾之忧。去熊计划，已命吕、向、石、颜、黄、卢、刘、廖^②各同志早作准备，想已与兄接洽，今当促其速举。请兄电令驻川滇军助而促之，熊可麾而去也。熊去则废督，川省所有之众，可指挥如意矣。三、竞存决行动员，因方声涛捣乱，妨害后方，故稍稽迟。来电云，求韵松共起为助，殆未知韵松之近来隳落。此后如致电韵松，宜令其顾全大局，毋滋纷扰。四、悦卿为人不如玉堂，而海军动须巨款，今欲使其出力，只有给钱，取其可用者用之。文已着手运动。五、已电王殿轮协同湘南大举。兄对于军事计划，希随时电告。此复寒电。孙文。篠。

据《致唐继尧商榷五事电》（录自国民党党史会藏原稿），载秦孝仪主编：《国父全集》第五册,台北,近代中国出版社一九八九年出版

---

① 二月二十八日李烈钧部达始兴，是日孙文电唐继尧，勉其火速出兵援李，唐不答。自三月上旬至中旬，滇军两派在韶关、始兴之间时有接触，滇、桂两军亦相互开战。

② 即吕超、向育仁、石青阳、颜德基、黄复生、卢师谛、刘湘、廖子明。

复王文华希促湘南将领率军南下韶关电

（一九二〇年三月十七日）

贵阳王殿轮总司令鉴：殿密。足下主张正义，欣慰之至。但婉劝莫督以大局为重，则是未知桂贼之用心。此次事变名为莫荣新助逆，实则陆荣廷以老奸巨猾之手段，行使其破坏护法，窃据西南，投降复辟首领之豫定计划。假如莫等胜而协和败，两粤完全为陆势力，恐根源亦为李耀汉第二，何有于国会、军政府？即协和胜而莫等败，陆则归罪莫等，而自处调和地位，仍不失两粤地盘。强盗用心，肺肝如见。故为今之计，惟有以剿平桂贼、奠定西南为唯一之目的。足下逼近贼巢，一举足于冲破桂贼之腹。刻下竞存实行动员，先收湘南、广、肇方面。湘南居韶州上游，与桂军积有恶感，若足下就近电促湘南将领，率军南下，直抵韶州，非惟解协和之危，且制广州之命。其他钦、廉方面，亦可摇动南宁巢穴者，亦着着进行。甚望足下统率精锐，就近与唐、刘二公①协商出师方略。西南成败在此一举，若舍此不图，贻误滋大。希察纳赐复。此复元电。孙文。

据《讨莫之役致滇湘黔闽浙粤各省当局要电》，载胡汉民编：《总理全集》第三集，上海，民智书局一九三〇年二月出版

复廖湘芸望与张敬尧切实计划并将
湘省军事情形随时电告电

（一九二〇年三月十七日）

长沙督军署转廖湘芸兄鉴：高密。前接张督军元电，谓兄将来沪，今言派员，想系图谋进行之故。张督军英勇亢爽，诚意自矢，我极佩之。望即与绪先兄切实

---

① 即唐继尧、刘显世。

计划，并随时将进行情形电沪。此复删电。篠。

据《致廖湘芸嘱随时报告军事情形电》（录自国民
党党史会藏原稿），载秦孝仪主编：《国父全集》
第五册，台北，近代中国出版社一九八九年出版

致陈炯明指示讨桂计划电①

（一九二〇年三月十八日）

一、云南已决定出兵。二、湘南可望援应，请由兄处发一电与谭延闿，晓以大义，请他协力与滇、粤一致讨桂。三、海军可以毋虞，此间当设法制之。四、沪上粤商筹款难望。五、港商甚望粤军回粤，请兄致一函与余育之，托彼纠合港商筹款。此函寄工商银行小儿孙哲生转交便妥。六、粤中计划，前本欲先起钦、廉以扰南宁，次起潮汕为兄前驱，三起广属以助兄取省城。今事急先起广属，次起潮汕，三起钦廉。七、兄款未到，颇有迟滞，近已另为设法矣。孙文。

据《指示电谭延闿促其与滇粤一致讨桂等事电》（录自
国民党党史会藏亲笔原件），载秦孝仪主编：《国父全
集》第五册，台北，近代中国出版社一九八九年出版

致王文华促出师捣毁桂系巢穴电②

（一九二〇年三月二十六日）

贵阳王殿轮总司令鉴：殿密。尊通电历数某会包办投降，目为西南蟊贼，词严义正，足寒奸胆。惟为根本解决之障碍物，西南方面不在某会而在游勇，篠日

---

① 原件受电人不详。据三月二日孙文致陈炯明电有"以上各属需费数万，请火速电汇来沪"等句，而此电"兄款未到，颇有迟滞"当指此事，故受电人应为陈炯明。

② 三月二十五日，李烈钧所部滇军克复南雄。军政府出面调解。莫荣新亦表示让步，承认恢复滇军名义，改派不愿接受改编的杨益谦、鲁子材为驻粤靖国滇军第一军正、副总司令，以示笼络，并孤立李烈钧。两部均移驻湖南边境，北江战斗停息。孙文获此消息，即致电贵州将领王文华。

复足下元电曾经论列。尔时甚望足下出师，并电促湘西南同志将领，合力捣游勇巢穴。此电未知达否？不幸协和中辍，杨、鲁①退兵，两广地盘完全落于游勇之手。彼旦夕所谋直接与复辟首领讲和，不惮盗卖西南以求逞其私者，至此乃实现矣。吾辈不欲言救国则已，如言救国，则此根本为害之游勇，非先扑灭不可。或有以先剿游勇，有似内讧，恐为敌人所乘，不如北进讨贼，易得多数之同情。不知兵家之所忌，最在后顾之忧，昔孔明未出祁山，先擒孟获，盖内患不清，则外侮无由御。今两广完全为游勇占有，即欲前进，后方之补充接济，将何取资？况贵州与黔、桂犬牙相错，尤足扰害后方者乎？足下智勇过人，知必抱最大决心，以先扫游勇为清内患之唯一任务也。文已与冀虔、协和迭电商榷，均荷赞同，共筹讨贼，汝舟②兄亦曾电告。千钧一发，伟画如何？立候电示。孙文。宥。

据《致王文华征询对清除两广游勇意见电》（录自国民党党史会藏原稿），载秦孝仪主编：《国父全集》第五册，台北，近代中国出版社一九八九年出版

致某君告不必收买海军并望勇决猛进电③

（一九二〇年三月二十七日）

梯云④尚未到，若到，则此款当然可交来。惟以钱而与以省长，此风不可开。海军不必买，只能得省城，则彼必来。今日之要，在兄能勇决猛进，余事皆可顺手，不必分心顾虑也。文。

据《指示不必收买海军要能勇决猛进余事皆可顺手电》（录自国民党党史会藏亲笔原件），载秦孝仪主编：《国父全集》第五册，台北，近代中国出版社一九八九年出版

---

① 即杨益谦、鲁子材。
② 刘显世，字汝舟。
③ 此电似致陈炯明。
④ 伍朝枢，字梯云。

致某君公告勿须顾虑海军勉速进广州电①

（一九二〇年三月二十八日）

　　海军绝无可虑。就使方、魏②作祟，亦无能为力，只在我能破桂贼耳。倘桂贼胜，则彼必依桂，还以全闽亦不能动也。若我胜，则其中必有一大部分，仍唯我命是听。总之兄军能扑广州，则海军我可负完全责任。请放心速进。孙文。

据《指示海军绝无问题促速进广州电》（录自国民党党史会藏亲笔原件），载秦孝仪主编：《国父全集》第五册，台北，近代中国出版社一九八九年出版

致某君促速回粤驻桂电③

（一九二〇年三月三十日）

　　粤民望兄，如望云霓，此行回粤，必可成功。介石、仲恺有船即来。传闻协和已攻下大桥，离韶城四五十里，桂贼死六七百，伤者过千云。陆贼已急电岑调和，此可见贼胆已寒，贼焰已衰，可一击而破矣。速进。孙文。

据《指示速进兵攻桂电》（录自国民党党史会藏亲笔原件），载秦孝仪主编：《国父全集》第五册，台北，近代中国出版社一九八九年出版

致李绮庵李安邦嘱相机发动为粤军回粤作先军电

（一九二〇年三月三十一日）

　　绮庵、安邦兄同鉴：电汇万元为安邦计划用。筹备后须与协和代表徐鹤仙接

---

① 此电似致陈炯明。
② 即方声涛、魏邦平。
③ 此电似致陈炯明。

洽，查确协和无调和乃可动。若协和已调和则息。再则，绮庵须另备钦廉、潮汕同时发动，为粤军回粤之先导可也。孙文。卅一叩。

据《致李绮庵等嘱相机发动响应粤军回粤电》（录自国民党党史会藏），载秦孝仪主编：《国父全集》第五册，台北，近代中国出版社一九八九年出版

致孙科等告汇万元交李安邦用并指示李绮庵李安邦回粤起事方略电

（一九二〇年三月下旬）①

电汇广东银行万元，收交李安邦用。前有借单一纸，在李绮庵手，向之收回取消可也。下电译交绮庵、安邦同鉴：兹电汇万元为安邦计划用。筹备之后，须与协和代表徐鹤仙接洽，查确协和无调和乃可动。若协和已调和息兵，则绮庵须另备钦廉、潮汕同时发动，为粤军回粤之先导可也。下电译交徐鹤仙鉴：兹着李绮庵、李安邦回粤起事，以解协和之围。请与接洽，将协和实情相告，以定进止为荷。文。转致子超先生，不来亦可。

据《电汇万元交李安邦并指示李绮庵粤军回粤方略电》（录自国民党党史会藏亲笔原件），载秦孝仪主编：《国父全集》第五册，台北，近代中国出版社一九八九年出版

---

①　原电未署日期。查此电内容与三月三十一日孙文电李绮庵等指示回粤方略文义相近，且与三月二十九日孙文致李安邦等电部分内容吻合，故酌定此电发于一九二〇年三月下旬。

致某君告在粤发动讨桂起事计划电①

（一九二〇年三月下旬）②

一、万元到时，当派人回粤发动，颇有把握。在广州则个月内可动，钦廉则两个月乃可。如协和尚可支持，则先发广州；如协已散，则先发钦廉而后广州。二、钦廉动，必当促潮汕继之，而兄又当继潮汕后而入粤。广州则以兄将到省城时方动，则效力乃大。三、海军不易夺，只能收买，此非大款不可，置之不理，想亦无后患，不必虑也。四、着北方不扰南闽，当可办到。五、现正设法，欲使在厦浙军全部来助。六、子云处，姑着周子贞一试。

据《指示讨桂方略电》（录自国民党党史会藏原件），载秦孝仪主编：《国父全集》第五册，台北，近代中国出版社一九八九年出版

致陈炯明促速进兵东江与李烈钧联络进扑广州电

（一九二〇年三月下旬）③

香港来电，海军愤兄攻方④，已与莫合派兵船，护"泰顺"轮载刘达庆兵来闽攻兄。海军不足畏，所患者仍为桂贼耳。闻兄曾阻海滨⑤图刘志陆，不先发制人，反使刘得从容灭伍⑥，及隔绝其部下之革命党人与外间通消息，致敌势固张，同志胆寒，殊为失策，此后汕头不可图矣。桂贼今请岑与协和调和作缓兵计，一

---

① 此电似致陈炯明。
② 原电未署日期。据三月三十一日孙文致李绮庵、李安邦电中，提及"电汇万元为安邦计划用"，而此电则有"万元到时，当派人回粤发动"，故此电时间当为三月下旬。
③ 原电未署日期。据电中"桂贼今请岑与协和调和作缓兵计"内容，酌定为一九二〇年三月下旬。
④ 即方声涛。
⑤ 邹鲁，字海滨。
⑥ 即伍毓瑞。

面以大兵欲先灭兄。今刘志陆、刘达庆、沈鸿英及海军作三面围攻，而夏述唐、吕公望为内应，倘彼计得行，兄立陷于四面楚歌矣。兄为自救计，当破釜沉舟，勿恋防地，速集中军队为一大突进于东江流域，与协和联络而扑广州。广州一下，桂贼必瓦解，而海军可就范围矣。广属甚空虚，文已派李安邦起事，信其必有影响也。望兄速图利之。文。

据《致陈炯明促速进兵东江与李烈钧连络进扑广州电》,（录自国民党党史会藏亲笔原件），载秦孝仪主编:《国父全集》第五册,台北,近代中国出版社一九八九年出版

致唐继尧促按计划火速举行援粤兵事电

（一九二〇年三月下旬）①

蓂赓兄鉴：港函。协和以侵日抵肇〔始〕兴，莫等散布协允调停之说，故各方稍持观望。来电以全权委协和，办法甚是。惟协和近为桂军、印军②包围，消息不通，无从接洽。潮、澄伍旅③又被刘志陆逼令缴械解散。今所恃以救协和者，各路民军耳。非有正式大军以持其后，民军力薄，能救协和与否，尚不可必。近闻陆复派兵至永州，派代表至贵阳，有收复湘西民军势力之计划。请致电湘西各军，勿为所诱。要之，老贼心一而力齐，我则兵众而号令动作皆不一致，前途利钝未可逆料。又川事当即解决，即使不能遽行移兵而去熊④，亦大足为粤声援，不宜置于粤事之后。刊载尊处又出师百色，此诚上着，亦救协和之急着。如尚未行者，宜火速举行。兄果出兵百色，文必促竞存同时入粤，及令钦、廉速起制之，

---

① 胡汉民编《总理全集》将此电时间定为一九一八年。据该电言及李烈钧赴始兴，伍毓瑞部被缴械，四川军人"驱熊"诸事，此电应在一九二〇年三月下旬。

② 指李根源部。

③ 指赣军伍毓瑞部。

④ 即熊克武。

则游勇可灭也。孙文。

据《讨莫之役致滇湘黔闽浙粤各省当局要
电》,载胡汉民编:《总理全集》第三集,
上海,民智书局一九三〇年二月出版

致徐鹤仙告已派李绮庵回粤解李烈钧之围电

（一九二〇年三月）

徐鹤仙兄鉴：已派李绮庵兄回粤解协和之围，即请转致协和兄，以励士气。
孙文叩。

据《致徐鹤仙告已派李绮庵回粤解李烈
钧之围电》（录自国民党党史会藏亲笔原
件）,载秦孝仪主编:《国父全集》第五册,
台北,近代中国出版社一九八九年出版

致张敬尧希接济廖湘芸械弹电

（一九二〇年四月一日）

顷接廖湘芸电称：彼与桂派接战，连日不利，以械弹两缺，不能再振，以贯
切〔彻〕初志云云。窃思桂派欲图足下，亦非一日矣，是足下与湘芸有利害共同
之势，倘湘芸竟至一蹶不起，则足下之地位，亦必难保。为利害计，务望足下力
予接济，俾湘芸械弹不缺，以竟前功，早进桂境，以引起两广之内应，则山贼可
扑灭也。幸速图之，并转致湘芸。孙文。东。

据《致长沙张敬尧希接济廖湘芸电》
（录自国民党党史会藏原稿）,载秦孝
仪主编:《国父全集》第五册,台北,
近代中国出版社一九八九年出版

致李绮庵徐鹤仙询广嘱起义筹划情况电

（一九二〇年四月二日）

绮庵兄鉴：汇哲生交安邦万元，想已收到。广属筹划如何？有把握否？钦廉若确能起事，当再筹五千来。务望赶与竞存同时动作，幸甚。下电译交东京酒店徐鹤仙鉴：函悉。竞存后路现已肃清，即日动员回粤，望速传达协和，振作士气，同时攻击可也。孙文。冬。

据《致李绮庵徐鹤仙等指示讨桂及汇款电》（录自国民党党史会藏《总理与李绮庵来往函电》），载秦孝仪主编：《国父全集》第五册，台北，近代中国出版社一九八九年出版

致张佐丞等指示出师计划电

（一九二〇年四月二日）

佐丞转同志各将领诸兄鉴：顷悉诸兄已决议解决四川问题，甚喜甚慰。惟四川问题解决之后，宜先统一南方，然后对付北敌，方为万全。若南方未统一以前即出师武汉，是以四川一隅而对付北方全体，且后面更有桂贼助敌以扰我，则胜算未可操也。北敌向分两派，冯派向守中立而与桂贼结，段派向主用兵。是南北之争，其在前线作战者，殆全属吾党与段派耳。近来段派大有觉悟，已与我党调解，愿归和好。是此时北敌全数可以按兵不动，我正可乘时以清内奸；内奸清则南方可以统一，而段派当可就轨道也。且目前之为患者，心腹为大，外敌为小。而吾党现有之力，攻桂为易，攻北为难。此孔明所以未出中原先擒孟获，吾党今日正宜师之。幸为留意。孙文。冬。（四月三日发）

据《张佐丞指示时局方针电》（录自国民党党史会藏亲笔原稿），载秦孝仪主编：《国父全集》第五册，台北，近代中国出版社一九八九年出版

致陈炯明嘱毅然猛击桂贼电

（一九二〇年四月四日）

　　竞存兄鉴：闻协和已与桂贼调和归省，如此不武，殊出意外。然桂贼无能，亦于此见。今兄后路已肃清，正宜毅然猛击，先发制人，毋为人制，则必操胜算，万勿以协和息兵而馁。盖此正兄独立以建功立名之良机也。各路之响应视兄之进止为定，不审兄之决心有无因协和而中变，望为切实答复，以便转致响应者。文。

据《致陈炯明勖进攻桂逆电》（录自国民党党史会藏亲笔原稿），载秦孝仪主编：《国父全集》第五册，台北，近代中国出版社一九八九年出版

复李绮庵暨粤舰队同志指示进袭广州桂军电

（一九二〇年四月六日）

　　绮庵兄鉴：微电悉。海军果确，则省城可袭，北舰可夺。二事得手，大功便成，不待粤军之回矣。如省城不能袭，只能夺北舰，亦可先握花地、河南及黄埔、虎门各要塞；然后一面合各路围攻省城，一面以舰队进攻西江，节节取之，至梧州为止，握而守之以堵桂贼之出路。若二事皆不得手，则以舰队收三水以下各邑为根据，而合水陆进攻西江如前，以待粤军之回，则大功可成也。下电译交粤舰队同志公鉴：顷得丁、陈①代表电，悉诸公有志杀贼，以救桑梓，三千万同胞将有出水火之望，快慰何似。进行方略请与安邦、绮庵详商，谋定后动，务期一举破贼可也。孙文复。鱼。

据《复李绮庵及粤舰队指示击敌方略电》（录自国民党党史会藏《总理与李绮庵来往函电》及原稿），载秦孝仪主编：《国父全集》第五册，台北，近代中国出版社一九八九年出版

---

　　① 指丁培龙、陈策。

致李绮庵询军事近情并转陈策委定舰队正副指挥电

（一九二〇年四月十日）

　　绮庵兄鉴：欠煤当在港设法为便，连发动费需款几何？竟存广属一动，即必出兵，兄能先动否？如不能动，则候竟存定期再报。下电译转陈策君鉴：令电委丁培龙为正指挥，黄达观为副指挥，统率舰队，协力讨贼。孙文。灰。

据《致李绮庵询军事近情并转陈策委定舰队正副指挥电》（录自国民党党史会藏《总理与李绮庵来往函电》），载秦孝仪主编：《国父全集》第五册，台北，近代中国出版社一九八九年出版

致孙科指示汇款用途及起兵计划并转致李烈钧望速离粤来沪电

（一九二〇年四月十五日）

　　今日由广东银行电汇二万元，以五千元备钦廉用，五千元备买煤用，三千元备汕头用，二千元备朱本夫所谋之路用。以上皆当与绮庵详慎查明，确有把握，乃可支用。又支五百元，由绮庵交马伯麟用，余款作香港筹备用，由你酌量开支。各路筹备之后，钦廉可先发，相机自由动作；潮汕次发，当与粤军共同动作；广属后发，水陆一致动作。父。下电详交鹤仙转协和兄鉴：云南远水恐难救粤中近火。现闻湘南有望，请兄设法速离粤来沪，转入湘南，统率一部赴韶，与滇军联合，约定竟存同时进攻，桂贼必败。文。

据《致孙科指示汇款用途及军机并附致李烈钧电》（录自国民党党史会藏亲笔原件），载秦孝仪主编：《国父全集》第五册，台北，近代中国出版社一九八九年出版

致李绮庵指示汇款用途及起兵计划电

（一九二〇年四月十五日）

绮庵兄鉴：今日由广东银行电汇二万元，以五千元备钦廉用，五千元备买煤用，三千元备汕头用，二千〈元〉备朱本夫所谋之路用。以上皆当与由绮庵详慎查明，确有把握，乃可支用。又支五百元由绮庵交马伯麟用，余款作香港筹备用，由你酌量开支。各路筹备妥当，钦廉可先发，相机自由动作；潮汕次发，与粤军共同动作；广属后发，水陆一致动作。孙文。删。

据《致李绮庵指示汇款用途及军事方略电》（录自国民党党史会藏《总理与李绮庵来往函电》），载秦孝仪主编：《国父全集》第五册，台北，近代中国出版社一九八九年出版

复李绮庵指示收复广东军事方略电

（一九二〇年四月二十日）

绮庵兄鉴：皓电悉。若要他方一致动作，始能持久者，则不宜先发，须待各方筹备，然后由此电约乃可发。发时须照前电，钦先潮次广后。此议非得极佳之机，或遇万不得已之故，切勿更改。竞存动期未定，然若潮汕得手，彼必随时回粤。煤价不能多备，尽此五千，请告陈君①酌量善用可也。文。号。

据《复李绮庵指示帝国事方略电》（录自国民党党史会藏亲笔原稿），载秦孝仪主编：《国父全集》第五册，台北，近代中国出版社一九八九年出版

---

① 即陈策。

复某君嘱设法招致邓鼎峰并转移唐继尧电

（一九二〇年四月二十日）

巧电悉。一、子和①巧日往粤，日内当有确耗。二、陆战队半为邓鼎封〔峰〕所带，此人可以设法招致。三、兄处计划万不可因蔓赓转移，当进而转移蔓赓乃可。文。号。

据《致某某勖转移唐继尧电》（录自国民党党史会藏亲笔原件），载秦孝仪主编：《国父全集》第五册，台北，近代中国出版社一九八九年出版

致李绮庵嘱静候陈炯明出兵及
查复林百民究否可靠电

（一九二〇年四月二十三日）

绮庵兄鉴：竞存必动，惟期未定，广属须静候。闻刘志陆部下林百民有意来向，请绮庵派人密访此人如何。究可靠否？查关即复。孙文。梗。

据《致李绮庵嘱查复林百民究否可靠电》（录自国民党党史会藏《总理与李绮庵来往函电》），载秦孝仪主编：《国父全集》第五册，台北，近代中国出版社一九八九年出版

与伍廷芳等联名通告谭人凤逝世讣电

（一九二〇年四月二十四日）

北京徐菊人先生、靳冀青先生，天津黎宋卿先生、熊秉三先生、刘霖生先生，

---

① 即饶子和。

广州岑云阶先生、林悦卿先生、李协和先生，郴州谭组安先生，漳州陈竞存先生①，各省督军、省长、护军使、镇守使，各师、旅、团长，议会、商会、教育会、各团体、各报馆均鉴：

前长江巡阅使、粤汉铁路督办谭公石屏②，于四月二十四日五时疾终上海法租界浦石路昌余里五十号寓邸。治丧友人：孙文、伍廷芳、唐绍仪、章炳麟、胡汉民、汪兆铭、林森、吴景谦、居正、李执中、周震鳞、曾继梧谨闻。敬

据《谭公人凤讣电》，载一九二〇年四月二十五日上海《民国日报》第一版

复卢永祥嘉奖废督之议并谴责
镇压爱国学生运动电③

（一九二〇年四月二十五日）

杭州卢子嘉④先生大鉴：漾电悉。督军制不适于共和，一语破的。废督之要求，在今日已成为有力之舆论。惟身任督军而肯牺牲个人权利以救国者，实以此为第一声：言人之所不敢言，舍人之所不能舍。天牖其衷，人心悔祸，谅必有群起而和之者矣。抑更有进者，废督军乃消极之行为，而救国则积极之意义。他人或有责执事先行其言，以为今日督军之表率者，而愚意则不止于此。昔日本之维新，其号召全国者，厥惟尊王倒幕一义。今吾国国体不同，所尊者自异，而要倒者则同。督军恣行割据，祸国殃民，无殊于日之幕府，故欲号召全国，亦惟一义：曰尊民废督。《书》曰："民为邦本。"《孟》曰："民为贵。"吾国早有先觉之古

---

① 以上诸人是：徐世昌（号菊人）、靳云鹏（字冀青）、黎元洪（字宋卿）、熊希龄（字秉三）、刘揆一（字霖生）、岑春煊（字云阶）、林葆怿（字悦卿）、李烈钧（字协和）、谭延闿（字组庵、组安）、陈炯明（字竞存）。

② 谭人凤，号石屏。

③ 一九三〇年四月二十三日浙江督军卢永祥通电提议废除制度，并呈请北京政府先在浙江实行。此为孙文之复电。

④ 卢永祥，字子嘉。

训。苟能废督军而黜武力，是即民意之所归；于以尊之，以成民治，和平之根本即在是。执事若真欲舍身救国，即应树尊民废督之义，起而号召。文虽不敏，请从其后。再者，今之学生，无拳无勇，然犹全国罢课，奔走呼号，此亦如原电所谓"抱爱国之热诚，为爱国之运动"也。不图沪、杭军警宣布戒严，如临大敌，仇视学生，横加殴捕。此等军警之残民以逞，在他省屡〔原〕不足怪，惟皆隶于执事之麾下，适为漾电之反应，至觉可惜。果欲废督，当自约束军警以尊民始。率复布臆，惟亮察焉。孙文。径。

据《孙中山奖责卢永祥电》，载一九二○
年四月二十六日上海《民国日报》第十版

致徐鹤仙嘱促李烈钧来沪电

（一九二○年四月二十五日）①

译交徐鹤仙鉴：前致协和电收否？何久不答？湘南可出全力攻桂，最好协和往湘南指挥，与竞存互相策应，同时进攻，则桂贼可平，而西南大局可以解决矣。务请协和速来沪，此间可设妥法安全通过各地。如何？即复。文。有（二十五日）。

据《致徐鹤仙嘱促李烈钧来沪电》（录自国民党党
史会藏亲笔原件），载秦孝仪主编：《国父全集》
第五册，台北，近代中国出版社一九八九年出版

致李绮庵指示作战方略电

（一九二○年四月下旬）②

绮庵兄鉴：林良儒即仲循者，前电误告其兄名耳。慎密探查之，闻其人以权

---

① 原电年月不详。据其内容及四月十五日孙文嘱孙科译交徐鹤仙转李烈钧电，本件应写于一九二○年四月二十五日。

② 原电未署日期。据四月二十日孙文电李绮庵谈及起事方略时谓："钦先潮次广后"、"切勿更改"。此电则称"钦改期甚是"，可见此电时间当在二十日后，现酌定为下旬。

利为归。如能设法消其阻力，亦佳也。钦改期甚是，惟到时务望果决猛进；如得手，则广属与舰队当继之。此时粤军必能回也。孙文。

据《致李绮庵指示作战方略电》（录自国民党党史会藏《总理与李绮庵来往函电》），载秦孝仪主编：《国父全集》第五册，台北，近代中国出版社一九八九年出版

致许崇智指示应付桂军攻漳方略电

（一九二〇年五月十四日）

汝为兄鉴：近日桂贼罪恶已显，西南各省同志皆欲去之。惟各存观望，不敢先发。李协和迫而走险，先试其锋，以千数百人当桂贼二万余众，桂贼尚无如何。倘协和稍为持久，各军冒险应之，则桂贼必可淘汰。惜冀赓望竞存先动，竞存又要冀赓先动，遂失良机，而使桂贼惊魂复定。今桂贼为生存计，知非先灭粤军不可，自与协和调解后，已聚全力以对粤军。今闻彼布置已定，日来已集大股于潮汕，为先发制人之计，其攻漳之期不远。文料彼一进攻，恐竞存不能抵御，漳州或致失陷。所幸我之计画亦将就绪，如桂贼深入闽南，则吾必能伤其要害于广州，及制其行动于潮汕。所虑者则漳州一失，恐致粤军全部解体耳。今特预先告兄，望兄有以备之。万一漳州失陷，请兄切勿张惶，务须镇静处之，集中部众于上杭、武平一带，为一突进东江之举，则必能转败为胜也。盖东江之防营、乡团及绿林皆已布置，到时必能欢迎助力。我则或到厦门与臧军①共同动作，或去珠江流域指挥皆未定。如兄尚能保存一部分粤军，则吾党必可再复广州也。湘西廖湘芸已增加数倍之力，不久再出攻桂；湘南谭延闿正在交涉中，或可转其联桂之心以攻桂；滇、黔则必不坐视，将必出兵相助。如此，则不患桂贼之势力不倒，所患者彼败后其余众复为游勇以害民耳。故先约滇、黔预备以堵其入山之路。予拟六月初离沪，往闽往粤，尚在未定。如至此时桂贼尚未攻闽，吾决先击之，望兄集中

---

① 即厦门镇守使、段系师长臧致平部。

所部以候令。余事由礼卿①另为详报。孙文。寒。

据《致许崇智指示应付桂逆作战方针电》（录自国民党党史会藏原稿），载秦孝仪主编：《国父全集》第五册，台北，近代中国出版社一九八九年出版

致某君告海军动态电

（一九二〇年五月二十五日）

港敬电云：魏子浩带"海琛"、毛仲芳带"永丰"昨日开往汕头，海军陆战队暂由林悦卿兼领云。海军自饶子和回粤后，尚无一切实报告，其态度仍不明瞭。望兄注意。文。

据《指示海军讨桂电》（录自国民党党史会藏亲笔原件），载秦孝仪主编：《国父全集》第五册，台北，近代中国出版社一九八九年出版

致谭延闿促速决定讨桂军事准备电

（一九二〇年五月二十八日）

谭组庵先生鉴：靖密。西南护法，而桂系始终乱之，往昔行为，已为公论所不赦。最近对于滇军，贼谋益露，国会既去，军府无名，使人无复投鼠忌器之患。闻赓已决从滇边进兵，贵州定与携手，竞存亦拟回戈图粤。湘当其中，若与首尾相应，则彼必败亡。且湘为桂所左右，纵胜北方，无异为渊驱鱼，前事已可为鉴。计宜共力先绝后患，于理于势，俱无疑义。兄与所部为国奋斗，久历艰瘁，今有机可乘，必能遂除民害，望速决定。军事准备，倘有可以为力之处，不敢辞谢。专电敬候好音。孙文。勘。

据《致谭延闿促速决定军事准备电》（录自国民党党史会藏原稿），载秦孝仪主编：《国父全集》第五册，台北，近代中国出版社一九八九年出版

① 吴忠信，字礼卿。时任许崇智部支队司令。

复唐继尧嘉许通电解除督军职务电

（一九二〇年六月九日）

来电诵悉。比年以来，国家多故，民生疾苦，日以加甚，于是废督裁兵之议，遂成时势之要求，而为国民一致之主张。然此为有权位者所不乐闻也。独卢君永祥，曾一度宣言，天下犹相与称其立论之公，而不忍遽责其践言之缓。今执事毅然行之，以为天下倡，且不以独善为已是，而更欲行其所信于力所能及之地，谋国之忠，为议之勇，诚无愧于护法之柱石矣。韩愈有言：小人好议论，不欲成人之美。今之訾议者，动谓滇督之号虽去，联帅之权犹在，异名同实，于事何益？曾不知督军为定职，与联帅之临时设置，事平即已者，其性质截然不同。今督军于吏治民事，无所不干涉，省长供其颐指，与尊电所述联帅专心戎务，不问地方政事，以养成民治基础者，尤不可同日而语。故悠悠之口，可以置若罔闻。惟望执事削平大难，贯彻主张，俾平民政治，由云南而普及于全国，则国民幸甚。孙文。佳。

据《孙总裁复唐总司令电》，载一九二〇年六月十日上海《民国日报》第三版

复刘显世嘉许响应废督电

（一九二〇年六月二十四日）

贵阳靖国联军刘副司令鉴：篠电悉。废督之议，酝酿数年，徒以积重难返，致辜民望。今唐公与执事以身作则，毅然行之，诚所谓德不孤必有邻者。民国肇建，于今九年，奸宄屡作，兵革未息。彼拥兵自卫者，固不足道，即以拨乱反正自期者，亦以军事旁午，心有专注，以民治所不暇顾，坐是之故，治丝愈棼。得唐公与执事有此一举，然后尊崇民治之本心乃大白于天下。滇、黔本为护法之根据，行见风声所树，全国景从，而凡同立于护法旗帜之下者，尤宜当仁不让，乃得以顾名思义也。颇闻有龂龂此议者，以为不便邪图，因而妄作蜚语者，文于前复

唐公电中，已辞而辟之。切望执事早芟大难，以定邦本，循民治之正轨，谋亿兆之安宁，是所至幸。孙文。敬。

据《孙中山复刘显世篠电》，载一九二〇年六月二十五日上海《民国日报》第十版

致李绮庵邓子瑜指示讨桂用兵方略电

（一九二〇年六月二十八日）

绮庵、子瑜兄同鉴：钦廉尚无发动消息①，恐不能办。款用之几何？如不能办，该处款能收回几何？桂贼集重兵于东江，子瑜所联络营兵、乡团当能活动，如不能，则当改响应为发难，与各路同时并起，以牵敌之后路。如何之处？复。孙文。俭。

据《致李绮庵等询军事近况电》（录自国民党党史会藏《总理与李绮庵来往函电》），载秦孝仪主编：《国父全集》第五册，台北，近代中国出版社一九八九年出版

致李绮庵嘱定期必动切勿失约电②

（一九二〇年六月二十八日）

绮庵兄鉴：徐总司令（固卿）③乘"广利"来，所定之期必动，切勿失约，幸

---

① 一九一九年夏，黄明堂受桂系排挤，所部离开琼崖后编入广东省及公署警卫队。后明堂往漳州见陈炯明，陈委明堂为粤军第四路军司令，黄奉命再回钦、廉招集旧部图起事。孙电即指此。

② 一九二〇年六月初，孙文因陈炯明迟迟不动员粤军出师讨桂系，曾电孙科等催促广东省内各部先行发动，以使桂系统治动摇及促使依附桂系的实力派起分化。孙科、李绮庵、陈策等决定七月十五日晚十二时由"江固"等三舰先发动讨桂。此系孙文告李绮庵等准期发动电文。

③ 徐绍桢，号固卿。

甚。一失约，则七月十五日以后由总司令另行招集大众，以图发动可也。孙文。勘。

据《致李绮庵告准期发动切勿失约电》（录自国民党党史会藏《总理与李绮庵来往函电》），载秦孝仪主编：《国父全集》第五册，台北，近代中国出版社一九八九年出版

致陈炯明告朱执信已赴漳州电

（一九二〇年六月二十九日）①

漳州：执信已来。介石有病，需两礼拜始能出院，出后，当劝之来助。先发制人，乃救亡上策，切勿中变。幸甚。孙文。

据《致陈炯明告朱执信赴漳州电》（录自国民党党史会藏原稿），载秦孝仪主编：《国父全集》第五册，台北，近代中国出版社一九八九年出版

复李绮庵嘉勉克复阳江并告鹤山
有警望设法堵截电

（一九二〇年七月二日）②

江门李总指挥鉴：成密。俭电悉。阳江克复，足壮军威。惟昨闻鹤山有警，尚望设法堵截，毋使内犯。尊电迭劝各方注重统一机关，具见苦心，尚望力任调和，共济时艰。孙文。冬。（印）（二日）

据《致李绮庵告鹤山有警设法堵截电》（录自国民党党史会藏原件），载秦孝仪主编：《国父全集》第五册，台北，近代中国出版社一九八九年出版

---

①　原电未署日期。一九二〇年六月二十九日孙文派朱执信赴漳州，此电酌定为同日所发。

②　原电未署日期。按一九二〇年六月二十八日李绮庵致电孙文谓"广东阳江已克复"，请"劝各方注生统一机关"，合力共作。孙文特复此电，时间当为七月二日。

复李绮庵指示军队名义及指挥权限电

（一九二〇年七月七日）

绮庵兄鉴：陷电悉。（一）事后当需款与担任起后可由地方筹款之议，不能不应。（二）各军只得称路，已再三申明，来函犹欲称军，决不能许可。徐总司令①已到港，一切指挥皆为彼命是听，兄不可总指挥。以后关于各路权限，悉由总司令定夺。望转各同志，务要遵照为是。孙文。阳。

据《复李绮庵规定军队台义并画清指挥权限电》（录自国民党党史会藏《总理与李绮庵来往函电》），载秦孝仪主编：《国父全集》第五册，台北，近代中国出版社一九八九年出版

复李绮庵令速预备响应粤军返粤电

（一九二〇年七月九日）

绮庵兄鉴：齐电悉。甚慰。总司令十日左右可到，到后当赶速发动。潮汕与广属各起粤军，亦同时返攻，望赶速预备一切。孙文。佳。

据《复李绮庵令速预备响应粤军返粤电》（录自国民党党史会藏《总理与李绮庵来往函电》），载秦孝仪主编：《国父全集》第五册，台北，近代中国出版社一九八九年出版

---

① 即两广各路招讨军总司令徐绍桢。

致陈炯明告刘志陆部炮兵营长接洽响应及
江防舰队来归望放胆回粤电

（一九二〇年七月十一日）

　　竞兄鉴：仲兄①往漳，曾致函述及刘志陆炮营营长事。今得港消息，彼约三办法：一、兄进攻潮汕时彼即响应。二、如事前调出前线，则与粤军接时即倒戈。三、如以上两事皆办不到，则毁炮以消阻力等语。此间派梅放洲到汕联络，彼现尚在汕，可差熟人访之，便知详确情形也。广州李安邦确能响应，江防舰队全体可来归。请兄放胆回粤，而先以全力击破刘志陆之众，则破竹之势成，而三日粮两战弹，亦可于此得之矣。何日开始攻击？望先电闻。孙文。真。

据《致陈炯明告知刘部炮兵营长接洽响应江防舰
队全体来归请放胆回粤电》（录自国民党党史会
藏亲笔原稿），载秦孝仪主编：《国父全集》第
五册，台北，近代中国出版社一九八九年出版

复梅放洲告待各方准备就绪并举讨桂电

（一九二〇年七月十三日）

　　放洲兄鉴：得电甚喜。可着静候，以待各方准备，同时并举，则桂贼可灭也。到时再电。孙文。元。

据《致梅放洲指示讨桂电》（录自国民党党史会
藏原稿），载秦孝仪主编：《国父全集》第五
册，台北，近代中国出版社一九八九年出版

---

① 即邓仲元，时任粤军参谋长。

致陈炯明告与饶子和洽谈海军助粤攻桂条件电

（一九二〇年七月十四日）

　　竞兄鉴：今日饶子和来谈甚久，说彼日内回粤，当竭力调解海军，使之释怨转圜，助粤攻桂，欲知兄处条件如何。文答以此事我可代竞存负责定之：一、海军当助粤军攻下汕头，汕头下后，竞存即回潮汕，悦卿可到漳州。二、海、粤两军一致行动合攻广州，广州下后，另议计划进取。饶对此甚满意，云到粤后四五日当有切实回答。倘海军能转圜，则广州自在掌握，而由海道出一奇兵于钦廉，以扑桂贼之老巢，亦易如反掌，诚便利也。如不能转圜，亦宜积极进行，不必畏也。惟对于悦卿部下，暂宜取缓和态度，以待饶之调解，结果如何，然后再酌。孙文。寒。

据《致陈炯明告与海军方面谈转圜条件并指示机宜电》（录自国民党党史会藏亲笔原件），载秦孝仪主编：《国父全集》第五册，台北，近代中国出版社一九八九年出版

复刘泽荣指出须扫荡军阀政权
才能实现人民自由电[①]

（俄 译 中）

（一九二〇年七月十六日）

　　莫斯科刘绍周先生：莫斯科华工大会七月五日来电，我于七月十日在上海收

---

　　① 刘泽荣（Лю Цза－жун），又名刘绍周（Лао Сиу Чжао 为英文转译，原系粤语发音），自幼随父赴俄，一九一七年春创建中华旅俄联合会，十月革命后于次年改组为旅俄华工联合会并任会长。一九二〇年六月十八日全俄华工第三次代表大会在莫斯科举行，刘任大会主席，选举列宁和孙文为大会名誉主席。二十五日大会发表宣言，并电邀孙文访问苏俄。七月五日大会再次致电孙文暨全国各界，吁请中国迅即承认苏俄。以上二电，均由刘经手发出。此系孙文对七月五日来电的答复。

到，并已立即向全国公布。但请允许我指出，当前中国只不过是名义上的共和国，政权仍掌握在专制的军阀手里，人民是没有自由的。还应该进行一次革命，以扫荡这些权势集团，您来电中提及的第四点内容①才能够实现。此复电因上海电报局拒绝拍发，只好托在纽约的马素（Ma Cy）②先生转给您。孙逸仙。

据 "Новый документ революционной солидарности Советского и Китайского народов" ，—《 Народы Азии и Африки 》，1963，No.1，Москва［《苏中人民革命团结的新文献》，载莫斯科《亚非人民》一九六三年第一期］③（周兴樑译、蔡鸿生校）

复唐继尧告讨桂各军齐起可一举扑灭桂贼电

（一九二〇年七月十八日）

蓂赓兄鉴：铣电悉。知兄处尚着着进行，甚喜！竞存处现筹备已竣，到时当能分桂贼大半之力。海军初以方事④，几至与竞存决裂，今已设法和解，想可一致攻桂。如此，东面有粤军为中坚，海军为辅助，西面有兄大军以临之，钦、廉、广、肇更有民军以牵制之，桂贼必难兼顾，当可一扑而灭也。证之此次协和以千余人出巡，桂贼利用铁路以十倍之众作三面攻击，而协和犹能安全到始⑤与该处之滇军会合，桂贼复软而求和，可见桂贼之战略斗志殊不足畏也。孙文。巧。

据《致唐继尧告桂贼可一扑而灭电》（录自国民党党史会藏亲笔原件），载秦孝仪主编：《国父全集》第五册，台北，近代中国出版社一九八九年出版

---

①　此指七月五日来电中转录代表大会通过的"请求于同胞之案"第四点，内容如下："请求我国即行设法，使在俄侨民之欲回国者，得以利便言旋，归途无阻，实为至幸。"（《侨俄华工普告国人电》，载七月十三日上海《民国日报》第三版）

②　马素，国民党员。该电报由马素发给哥本哈根（Kobenhavn）苏俄驻丹麦全权代表利特维诺夫（Максим М. Литвинов），再转发莫斯科。

③　此原系英文电报，被译成俄文，原电文未见。

④　指前陈炯明与亲桂滇军军长方声涛在闽粤边境发生冲突一事。

⑤　即广东省始兴县。

致饶子和责其舰队追击输诚之江防舰队电

（一九二〇年七月二十一日）①

粤江防舰队于铣日输诚，集中澳外准备讨贼，讵被贵舰队"豫章"、"同安"等舰追击，曷胜骇异。日前兄在港面约以海军取闽，粤军逐桂，各守中立为条件；纵不然，必不助桀为虐。况该条件已经文于文日电负责代粤军完全答应。今忽食前言，信义安在？请明白答复是盼。文。马。

据《致饶子和责违约背信电》（录自国民党党史会藏原稿），载秦孝仪主编：《国父全集》第五册，台北，近代中国出版社一九八九年出版

致李绮庵指示讨桂作战方略电

（一九二〇年七月三十一日）②

绮庵兄鉴：钦廉能起，甚佳。竞存不日动，各宜先后继起。舰队若遇被令分防，宜立即集中江门，与附近各营同时起事，立起少步队与数小舰进攻三水，握而守之，以断其交通之路；以大队水陆并进，取香山、顺德，握而守之，以容奇为舰队根据，以大良为步队大营，以甘竹、勒楼、黄连、紫泥菉、蕉门一带之水为防线，水陆军握而守之，为持久计。此防布置妥当，即分军进取虎门、东莞、石龙一带为右翼，以绝彼东江之交通。然后分东西路水陆夹攻：西路取道官窑石门，水路以攻石井；东路取道广九铁路，进攻长洲、牛山各炮台，得手进攻河南花地，与西路联络，而包围佛山陈村敌军，尽缴其械。如此省城可不攻而下矣。

---

① 原电未署日期。按此电所指"粤江防舰队铣日输诚"，当系指一九二〇年七月十六日周之贞等联络粤舰队起义一事。故此电应发于一九二〇年七月。

② 此电底本定在六月三十一日。但六月仅三十日，又粤军在漳州誓师、分三路回粤讨桂，在八月十二日，与电中"竞存不日动"相吻合。故此电应是发于一九二〇年七月。

此作战方略之大要也，务望与舰队同志谨识而执行之。觉生①现改派往湘指挥，如兄等能临机应变，实行方略，则不必派人来，否则，另择人来总粤事。子瑜②款筹得即汇。孙文。卅一。

据《致李绮庵指示作战方略电》（录自国民党党史会藏《总理与李绮庵来往函电》），载秦孝仪主编:《国父全集》第五册,台北,近代中国出版社一九八九年出版

复粤军将领告李厚基部未拨粤军子弹原由电

（一九二〇年八月五日）

江电悉。拨弹既有要领，则竞兄决心必可充分施行矣。甚慰。昨日李③代表余筹来见，察其言外之意，闽李之所以不拨者，以在厦浙军曾与南北海军有约图闽，恐竞存一发，彼等亦乘机而动，则殊难对付。故必要浙军撤回后，乃拨粤军子弹。如今浙军不日可以全数撤回，彼当在沪雇船云。此说与来电所说相符。以后支节，只陈部浙军问题耳。此问题若能解决，则子弹必不假也。文。歌。

据《关于李厚基代表接洽与粤军合作电》（录自国民党党史会藏原稿），载秦孝仪主编:《国父全集》第五册,台北,近代中国出版社一九八九年出版

致陈树人告粤军回师驱桂捷讯电

（一九二〇年八月十九日）

陈树人④先生鉴：粤军讨桂，铣日、篠日连得大埔、黄冈、饶平等处，全线

---

① 居正，字觉生。
② 即邓子瑜。
③ 即李厚基。
④ 陈树人时任加拿大国民党总支部负责人。

压入敌境百余里，桂贼溃降无数。请转电各分部及金山。① 孙文。皓。

据《致加拿大陈树人告粤军胜利电》（录自国民党
党史会藏《布告录》），载秦孝仪主编：《国父全集》
第五册，台北，近代中国出版社一九八九年出版

致颜德基望速出师戡定川局电②

（一九二〇年八月中旬）③

颜师长鉴：密。闻川局复变，甚诧。熊、刘勾结，何以竟未防及？今事已至此，惟有迅速出师，协同戡定。吾人之驱逐熊氏者，实因于救川救国之计根本不能相容。今既干戈相见，再无所用其犹豫，以陷入进退失据之境。兄为吾党健者，又同盟军主要分子，甚望剑及履及，以竟全功。假令熊氏死灰复燃，则前之同盟反对者，必无相容之余地。兄共患有年，见事明敏，幸踊跃毋失时，至盼至勉。（八月）

据《致颜德基促速定川局电》（录自国民党党史会
藏《总理函稿》），载秦孝仪主编：《国父全集》
第五册，台北，近代中国出版社一九八九年出版

致粤军将领嘱促伍毓瑞部攻桂电

（一九二〇年八月中旬）④

潮汕伍部⑤多数同志，早已跃跃欲动。兄此时宜速与伍切关磋商，着彼攻桂

---

① 即美国旧金山。

② 颜德基原系川军熊克武部第七师师长。一九二〇年七月初与吕超、刘湘、石青阳等参加唐继尧组织的"同盟倒熊"活动，并迫熊于是月十日离开成都。

③ 原电未署日期。据电中"闻川局复变"、"熊刘勾结"等语，当系指熊克武退出成都后，与依附北军之刘存厚部勾结，举行苍溪会议、组成"靖川军"一事，熊且于八月上中旬连下广元、昭化及顺庆、合川等地，分两路对成都取钳形反攻态势。此电日期据此酌定为八月中旬。

④ 原电未署日期。粤军八月十二日誓师讨桂，八月二十日攻入汕头，据电文内容推断，酌定在八月中旬。

⑤ 指伍毓瑞部。

党。如伍不愿动，则可由文着其部下自动。

据《为促潮汕伍部攻桂致某电》（录自国民党
党史会藏原件），载秦孝仪主编：《国父全集》
第五册，台北，近代中国出版社一九八九年出版

复陈炯明等祝捷电

（一九二〇年八月二十一日）

汕头粤军陈总司令鉴：请转粤军各路司令暨前敌诸将领均鉴：得悉陈总司令
电，知粤军分路进兵，所向大捷，连得名城险要，使敌闻风而溃。良由执事等指
挥素定，谋勇兼优。捷报传来，欣喜无量。由此绥定百粤，预祝最大之成功。孙
文。箇。

据《讨莫之役致滇湘黔闽浙粤各省当局
要电》，载胡汉民编：《总理全集》第三
集，上海，民智书局一九三〇年二月版

与唐绍仪伍廷芳联名复滇黔川三省军政长官
告即赴重庆组织政府电[①]

（一九二〇年八月二十一日）

飞急。云南参众两院议员、唐总裁，贵阳刘总裁，成都吕总司令、杨省长，
并转川军各长官，重庆王总司令、黄总司令、廖师长，简州川、滇、黔联军顾、
赵、叶军长，袁、胡总副指挥，田梯团长，杨、邓、项、耿、朱、金、胡旅长，
四川护法救国军卢总指挥，杨纵队长、邓旅长，绥定颜师长均鉴：诸公养、陷、

① 前此因川滇军冲突，熊克武部于七月十日退出成都，在川各军推吕超为川军总司令，
川局略定。滇、黔、川三省各界迭电沪上各总裁、各议员速赴重庆，组织合法政府。孙文与唐
绍仪、伍廷芳获电后，极表赞同，并急电答复该三省军政长官。旋四川情势因熊克武得川北刘
存厚援助而转变，且粤军由闽回粤顺利，孙等遂未赴重庆。

东、梗、皓、鱼各电均悉。天祸民国，丧乱频仍，南中护法，于兹三载，不图奸人内讧，致兆离析，大法未伸，嗟痛何似。乃者国会在滇，宣言移渝，重建中枢；复欣诸军克仗斧钺，肃奠巴蜀。昔殷少康以一旅重兴商祚，华盛顿率十三州建设美邦。前徽未远，敢自后人？文等谨当随诸君后，共奠邦家，以新国命。专此奉复，并希审照。孙文、唐绍仪、伍廷芳。马。

据《孙唐伍三总裁复滇黔川三省军政长官电》，载一九二○年八月二十二日上海《民国日报》第三版

复赵又新促出兵救川并望唐继尧挥师击桂电

（一九二○年八月二十三日）

重庆黄总司令①译转泸州赵军长②鉴：式密。支亥电诵悉。川乱原因，洞见症结。兄以出师为救川救国，标本之论，确切不移，无任佩慰。即望亟行准备，并商告各军一致主张，俟协和到川时，即可实行出兵。现得竞存来电，自铣日与桂军开战，粤军连日大捷，业将潮、梅各属、汕头重镇完全收复。现在前进惠州，闻惠州桂军已有内变，不难克复；惠州既得，则广州可传檄定矣。甚望此时冀公能以一部出击广西，使桂贼首尾受敌，一举歼灭。巩固西南，回戈北指，奠定中原，奋斗先锋，非兄莫属。尚希时惠好音。盼切。孙文。梗。

据《复赵又新促出师救川并望唐继尧出师攻桂电》（录自国民党党史会藏《总理函稿》），载秦孝仪主编：《国父全集》第五册，台北，近代中国出版社一九八九年出版

---

① 即黄复生，时任滇、川、黔靖国联国援鄂军第一路司令。
② 即赵又新，时任驻川滇军第二军军长。

复朱执信嘱促各地民军立刻发动
并附致周之贞促速动电

（一九二〇年八月二十九日）

　　执信兄鉴：函电皆悉。李、魏①尚有意效顺，则广州无难下也。各地民军，宜着立刻发动，以验真假。下电转之贞兄鉴：兄承宝安响应之责，今潮、梅已下多日，正合时机，务望速动，与虎门、东莞同志一致行动，以扰惠州后路。文。艳。

据《致朱执信嘱促各地民军速发并附致周之
贞促速动电》（录自国民党党史会藏亲笔原
件），载秦孝仪主编：《国父全集》第五册，
台北，近代中国出版社一九八九年出版

致伍学晃嘉许筹助军饷并嘱与朱执信
斟酌拨款接济各地民军电

（一九二〇年八月三十日）

　　下译交伍学晃②。学晃兄鉴：此次率先筹饷，以助粤军，热诚义侠，实深钦佩。现闻桂贼聚全力于惠州，以图抵抗，恐惠州一时未易攻下。此时能致桂贼于死地者，在令各地民军纷起，扰彼后方。而尤以钦、廉、高、雷起事，扑彼南宁老巢为要着。请兄与执信兄酌夺，分别拨款接济，务使各地能立即纷起，使彼首尾不顾，则惠州可破，而省城必下。千钧一发，幸即图之。孙文。

据《嘉勉伍学晃筹助军饷并嘱与朱执信斟酌分
别拨款接济各地电》（录自国民党党史会藏亲
笔原件），载秦孝仪主编：《国父全集》第五
册，台北，近代中国出版社一九八九年出版

---

① 即李福林、魏邦平。

② 亦作伍学煜，时任军政府筹饷委员。

致粤军将领促着伍部攻桂党电

（一九二〇年八月下旬）

潮汕伍部多数同志，早已跃跃欲动。兄此时宜速与伍切实磋商，着彼攻桂党。如伍不愿动，则可由文着其部下自动。

据《为促潮汕伍部攻桂电》（录自国民党党史会藏原件），载秦孝仪主编：《国父全集》第三册，台北，近代中国出版社一九八九年出版

致陈树人嘱向各埠及旧金山转告粤军收复汕头电

（一九二〇年八月下旬）①

粤军贺〔哿〕日收复汕头，请转各埠及金山。孙文。

据《致陈树人告粤军收复汕头电》（录自国民党党史会藏《布告录》），载秦孝仪主编：《国父全集》第五册，台北，近代中国出版社一九八九年出版

致某君着即汇款来沪以还短期债电

（一九二〇年八月）

即汇二万两来沪，以还短期债。此款入粤军开消〔销〕。孙文。

据《为促汇款来沪以还短期债电》（录自国民党会藏原稿），载秦孝仪主编：《国父全集》第五册，台北，近代中国出版社一九八九年出版

---

① 原电未署日期。粤军于二十日收复汕头，据此酌定发于八月下旬。

复唐继尧请令在湘滇军攻桂并告粤军捷讯电

（一九二〇年九月六日）

　　唐总裁鉴：密。感电诵悉。公急于粤事，至抽调在川滇军合力讨桂，至为感佩。惟桂贼已空其老巢，精锐尽赴惠、广，图最后抵抗，其濒湘一带，皆极空虚。以现在形势，只令在湘滇军移师攻之，已足制其死命。请公即日电在湘将领，返旆南征，使彼腹背受敌，粤事即指顾可定，山贼亦不能更为边患。此举关系至重，企速裁夺，立盼好音，以振起西南全局。再，粤军收复潮、梅后，右翼进克老隆、龙川、河源，中路进占永安①，左翼由海、陆丰直抵平山、三多祝，距惠城四十里，并此报捷。孙文。鱼。

据《复唐继尧请调在湘滇军工攻桂电》（录自国民党党史会藏原稿），载秦孝仪主编：《国父全集》第五册，台北，近代中国出版社一九八九年出版

致陈炯明告桂军虽倾巢而出实无可虑电

（一九二〇年九月十五日）

　　竞兄鉴：今日刊载，顺德被民〈军〉攻陷，知事逃。又谭浩明电调炮兵第三营第八连回桂，李子青率桂军四营来粤助战，五日抵罗定，此足见响应续有。桂省尚要炮兵回防，来者不过零星数营，其倾巢而出与我一拚者，实无可虑也。文。删。

据《致陈炯明告敌虽倾巢而出实无足虑电》（录自国民党党史会藏原稿），载秦孝仪主编：《国父全集》第五册，台北，近代中国出版社一九八九年出版

---

① 今广东省紫金县。

复李明扬嘉勉兴师讨桂电

（一九二〇年九月十六日）

　　赣军李梯团长鉴：密。元电诵悉。并抄转伍、唐两总裁矣。执事奉命，踊跃兴师，见义勇为，实深嘉尚。此后师行所届，获地克城，自有因粮之便，文等亦当竭力接济，决不使赴义之师有枵腹之困。前途努力，企听捷音。此复。九月十六日。

据《复李明杨嘉慰兴师杀敌电》（录自国民党党史会藏《总理函稿》），载秦孝仪主编：《国父全集》第五册，台北，近代中国出版社一九八九年出版

复四川省议会谢欢迎军政府入川电

（一九二〇年九月十六日）

　　四川省议会鉴：敬电奉悉。西南自桂逆破坏，法统几乎中绝，幸贵省及时戡定，奠我宏基。自应本改造之精神，建民治之极轨，文虽不敏，愿随其后。忝承电促，感奋交并。特复。孙文叩。铣。

据《复四川省议会勉护法电》（录自国民党党史会藏《总理函稿》），载秦孝仪主编：《国父全集》第五册，台北，近代中国出版社一九八九年出版

致陈炯明告桂军已无斗志望毅力猛进电

（一九二〇年九月十八日）

　　竞兄鉴：今日刊载民军占鹤山，桂军缴械降。又番禺有民军起事，破坏石龙、

省城间之铁路。又日领消息，军政府与督军署拟迁肇庆。由此观之，彼贼已无与我一拚之心矣。望毅力猛进，以博〔搏〕最后之五分钟。文。巧。

据《致陈炯明告敌无斗志速作猛进电》（录自国民党党史会藏亲笔原稿），载秦孝仪主编：《国父全集》第五册，台北，近代中国出版社一九八九年出版

复李厚基盼王永泉旅合兵攻惠电

（一九二〇年九月二十四日）①

余田侯参议鉴：筹密。转呈李督军鉴：漾电敬悉。王旅②及厦门方面军队，已出发助防，俾粤军先无后顾之忧，铭佩奚似。此次粤军回粤，屡战获胜，俱赖尊处接济援助之力，已深感荷！惟我师转战月余，不无疲乏，而桂贼则尽倾两省之兵，死力相抗，故惠州未能即下。今王旅以精兵助我，声威立壮，尤企早清内患，即赶至前方，闽、粤合兵，一得惠州，则广、肇各地不成问题矣。今日得湘省祃电，云湘、赣两军已出发在途，计五日内必入粤边云云。此亦可分敌人兵力，知注并及。孙文。敬。

据《讨莫之役致滇湘黔闽浙粤各省当局要电》，载胡汉民编：《总理全集》第三集，上海，民智书局一九三〇年二月版

复李烈钧促令所部速攻柳桂并询川事电

（一九二〇年九月二十四日）

重庆李参谋部长鉴：黄密。元电奉悉。桂贼尚顽抵于惠州府城，粤军连战，

---

① 此电胡汉民编《总理全集》收在一九一八年。据电文中有"惠州未能即下"等语，则此电当发于一九二〇年援闽粤军返粤后围攻惠州之际。又电文中称"我师转战月余"，电末又署"敬"日，故此电应系发九月二十四日。

② 即王永泉旅。

颇见疲劳。赣军已开动，甚善。此间得李梯团长①自湘元电，云不日出发。即于巧日汇去一万元，迄今未得复电，不知已行届何地。惟今日得湘中周道腴②电，云湘军及赣军都已在途，五日可抵粤境，即望电令急攻；加派之别军，亦望兼程并进。接惠生③来电，兄将调杨、张④各部由左州直冲柳、桂，得此一着，桂贼必歼，请迅即行之。川事如何？至念。滇、川、黔相互之间，得兄为之中绾，内部定能巩固，想对熊、刘有余力也。孙文。敬。

据《复李烈钧促令所部速卫柳桂并询川局近情电》（录自国民党党史会藏《总理函稿》），载秦孝仪主编：《国父全集》第五册，台北，近代中国出版社一九八九年出版

复谢持嘱促李烈钧调兵攻桂并告朱执信遇难及询川事近状电

（一九二〇年九月二十四日）⑤

重庆黄总司令转惠生兄鉴：守密。青电据悉，已致电德基矣。惠阳铣日攻下⑥，但惠州府城尚未得手。连日未接战报，想迭有胜负。因桂贼陆续增援，李根源亦助逆，粤军久战颇疲，故待助甚急。今日刊载根源已败，未知确否？兄电谓协和将调鲁、张、杨⑦各部，由左州直冲柳、桂，此着极佳，请就近催其实行。前星期虎门独立，邱渭南、执信前往主持，正为快意。不料一部民军内变，竟将执信击杀，闻报之下，痛惋难言，虽尽歼桂贼不足以偿也。今日得周道腴电，湘军七千人及赣军均已在途，约五日可入粤。此次组安决心尚好，亦情势使然耳。川

---

① 即李明扬。
② 周震鳞，字道腴。
③ 谢持，字慧生，又字惠生。
④ 即张怀信、杨益谦。
⑤ 原电未署日期。电文中有"今日得周道腴电"等语，据一九二〇年九月二十四日孙文复李烈钧电，也有是语，故此电应系发于同日。
⑥ 查攻占惠阳为九月七日，此说十六日攻下，时间疑有误。
⑦ 即鲁子材、张怀信、杨益谦。

事似须将滇、川、黔相互之间极力妥协，乃可应敌。近状如何？布〔希〕速告。

据《复谢持嘱促李烈钧调兵攻桂并询川局近情电》（录自国民党党史会藏《总理函稿》），载秦孝仪主编：《国父全集》第五册，台北，近代中国出版社一九八九年出版

致吴忠信催速回沪电

（一九二〇年九月二十六日）

粤军总司令行营转吴礼卿兄鉴：长江机会渐趋成熟，皖局尤佳，请兄速回沪助理进行，切勿延迟。至要至要。孙文。宥。

据《致吴忠信催速回沪电》（录自国民党党史会藏亲笔原稿），载秦孝仪主编：《国父全集》第五册，台北，近代中国出版社一九八九年出版

致李福林魏邦平请解除莫荣新部武装电

（一九二〇年九月二十九日）

福林、丽堂两兄鉴：得丽兄沁电，为之狂喜，剿除桂孽，还我河山，兄等之功也。闻莫贼尚有要求，缓兵待救，我宜急击勿失，盖为我粤安全大局计，俱不能容此丑类，以遗后患。莫贼更罪无可逭，除恶务尽。贼兵非解除武装，勿俾轻走。请与朗廷①兄努力毋懈。领事团既向莫严重警告，彼必无力无胆与我抗也。孙文。艳。

据《孙伍唐三总裁反对调停》，载一九二〇年十月九日上海《民国日报》第三版

---

① 汤廷光，字朗廷，亦作朗亭。

与伍廷芳唐绍仪联名致林葆怿等促率海军讨桂电

（一九二〇年九月二十九日）

译送林总裁、汤朗亭、林籁亚、饶子和、魏子浩诸先生鉴：桂贼绝灭公理，残我粤人，私媾和议，谋危西南大局。从前暗害玉堂总长，证据确凿。海军于公谊私仇，均宜讨伐。今者丽堂、福林两兄，声罪致讨，悦公①宜率海军，开炮助战，勿留余孽以祸中国。粤人幸甚！大局幸甚！孙文、伍廷芳、唐绍仪。艳。

据《电促海军实行讨桂》，载一九二〇
年十月九日上海《民国日报》第三版

致周震鳞促调湘赣各军迅速入粤电

（一九二〇年九月二十九日）②

周道腴先生鉴：道密。沁日魏邦平以所部及江防舰队进省，与海军、李福林联合，限莫贼二十四时退出，闻莫尚抵抗，省垣已有战事。惟湘、赣各军，应早入粤边，吾辈望之如岁，请促其兼程并进。北江空虚已甚，可以顺流而下。此时形势，若只遥为声援，非所望也。孙文。艳。

据《讨莫之役致滇湘黔闽浙粤各省当局
要电》，载胡汉民编：《总理全集》第三
集，上海，民智书局一九三〇年二月版

---

① 即林葆怿。

② 此电胡汉民编《总理全集》定在一九一八年。查广州警察厅长魏邦平、广惠镇守使李福林等率部在广州南岸宣布独立，以迎粤军回粤，事在一九二〇年九月二十七日。故此电应是一九二〇年九月二十九日所发。

与伍廷芳唐绍仪联名致林葆怿等暨各界反对与桂系军阀调停电

（一九二〇年九月三十日）

　　译送广东林总裁、汤海军次长暨海军全体将士、李镇守使、魏总司令、虎门吴司令、教育会、总商会、七十二行、九善堂、各界联合会、机器总会、学生联合会、报界公会、香港华商总会、东华医院、公使馆公鉴：桂贼视我粤地方为彼私产，视我粤人民为彼奴隶，贪淫残暴，无恶不为。数年以来，我粤同胞已痛深创巨。最近粤军回粤，持粤人治粤主义，人民望风归附。而桂贼倾其巢穴，以阻我师，且贼兵所至，奸淫焚杀，动数十村，不堪言状。是以魏、李各军，仗义而起，联同海军，直取省城，志在歼厥罪魁，救民水火。露布传来，天下动色。惟闻莫贼尚有要求，以缓我师而望外救。查莫等罪在不赦，无调和之可言；其余众解除武装，亦不能附有何等条件。一日纵敌，遗患无穷，狼子野心，势难姑息。即我有一部分之牺牲，歼灭奸凶，永除祸害，亦当为全粤父老所共谅。为此飞电我军，急击勿失，并布告粤城各界知之。孙文、伍廷芳、唐绍仪。卅。

　　　　　　　　据《孙伍唐三总裁反对调集》，载一九二〇年十月九日上海《民国日报》第三版

致臧致平嘉勉出师援粤电

（一九二〇年九月下旬）①

　　子荫②兄鉴：转臧致平师长鉴：自闽、粤交涉以来，深荷援助，至为纫感。

---

　　①　胡汉民编《总理全集》将此电定为一九一八年。据电称"近顷粤垣发生巨变"，当系指一九二〇年九月二十七日魏邦平、李福林在广州南岸宣布独立一事。故此电日期当在一九二〇年九月下旬。

　　②　黄大伟，字子荫。

竞存入粤，幸不辱命，俱麾下之力。近顷粤垣发生巨变，桂贼后方动摇，因拼命力战，以牵制我师而图自救。我军久战疲乏，故攻惠未能得手。闻麾下已请命李督开前助战，荩筹胜算，良足斡旋大局。今得闽电，知李督亦已同意，许麾下助战杀贼。计粤、桂合战后甚疲，一得精锐参加，成功必大。况麾下谋勇兼优，岂惟破惠，直可由兹底定百粤。师行贵速，敬盼露布捷单。孙文。

据《讨莫之役致滇湘黔闽浙粤各省当局要电》，载胡汉民：《总理全集》第三集，上海，民智书局一九三〇年二月出版

致陈炯明许崇智着移师广州以定粤局电

（一九二〇年十月一日）

　　竞存、汝为两兄鉴：省城除观音山一部已属完全占领。昨据翟汪①电，彼部已占清远、从化。现岑、温②逃沙面，托领事调和停战为缓兵计，久恐生变。兄等宜全军速移向长宁③，取道从化，长驱进省，以定粤局，然后再行处置后方之穷寇可也。如行动为麻子④所缠，能灭则灭之，否则以权利联之。明日遣程潜往汕，赶赴前线，专为此事，可酌量图之。孙文。东。

据《致陈炯明等着速移全军进省后角处置穷寇电》（录自国民党党史会藏亲笔原稿），载秦孝仪主编：《国父全集》第五册，台北，近代中国出版社一九八九年出版

---

　　①　肇军总司令李耀汉部属，曾任代理广东省长、肇阳罗镇守使等职，前为桂系排挤，今起而逐桂。

　　②　即岑春煊、温宗尧。

　　③　今广东省新丰县。

　　④　即李根源。

致谭延闿请迅饬所部直下北江驱桂电

（一九二〇年十月一日）

　　周道腴先生鉴：道密。转谭总司令鉴：据李国柱来信，曾迭请出兵攻桂。查李从事革命有年，极为可靠，该部组织，煞费苦心，今当桂贼猖狂之际，多一份兵力即多一份功效。况闻该部已有编并计划，文意即可令其协同攻桂，俾使向外发展，于粤于湘，两得其益，谅可行也。文。再据港电：自魏、李①独立，海军同时逼莫离省。全局当可解决，乃有倡调和之说，莫利用之以缓兵，且要求条件，离间粤人，以遂狡计。除由文与唐、伍②诸公电告魏、李，速驱莫贼以安粤局外，特恐贼心不死，重以糜烂粤人，实不堪命。请念救兵如救火之义，迅饬所部，直下北江，驱除桂贼，岂惟粤人受赐，全局实利赖之。孙文。东。

据《致谭延闿请迅饬所直下北江电》（录自国民党党史会藏原稿），载秦孝仪主编：《国父全集》第五册，台北，近代中国出版社一九八九年出版

致孙科嘱将飞机寄省或运澳门存放电

（一九二〇年十月一日）

　　支日将飞机两架寄"广生"船来省。如省不稳，则在港设法上陆，或托利古公司代收运澳存放。因汕头前去过两架，今各船皆不肯再运该埠，故不得不冒险寄省也。父。东。

据《致孙科着将飞机寄省或运澳存放电》（录自国民党党史会藏亲笔原稿），载秦孝仪主编：《国父全集》第五册，台北，近代中国出版社一九八九年出版

---

　　①　即魏邦平、李福林。
　　②　即唐绍仪、伍廷芳。

致李厚基请速令王永泉旅臧致平师出师讨桂电

（一九二〇年十月二日）①

培之督军鉴：此次竞存回粤，得公之助，故能所向无敌，桂贼丧胆，四方响应。至虎门为民军占领以后，海军亦改态度助粤，于是魏邦平、李福林乃得占领广州，而莫荣新降服。粤事本可从此解决，独惜竞存不能同时以大军至省，而莫贼乃生狡狯，正图离间粤人。海军亦以是生心，欲由海军全握粤权，于是有以"海圻"舰长汤廷光为粤督之议，而绅商各界只图苟安，多附和之。魏、李本为部下所迫，今有调和之说，正中彼怀。倘此事终成事实，则不独竞存苦战四十余日之功终归幻影，而公一番玉成之力亦等空谈。且海军必得陇望蜀，借调和而收拾桂系残部，大唱闽人治闽主义，而与公为难矣。今日为竞存挽回九仞之功，非有一师以上之生力军助战，不能歼灭东江之敌。此股一灭，则桂力全消，而魏、李不能不就竞存之范围，海军亦必随风转舵，如此则粤局可定，而闽局亦安矣。若公以为然，请速令王②旅兼程取道大埔、梅县以赴前线，并速令臧师③取道潮汕，助我左翼，则胜算必操，可无疑义。救兵如救火，不能一刻或延，如何？急切盼复。孙文。冬。

据《讨莫之役致滇湘黔闽浙粤各省当局要电》，载胡汉民：《总理全集》第三集，上海，民智书局一九三〇年二月版

---

① 此电胡汉民编《总理全集》列为一九一八年，秦编《国父全集》则定为一九二〇年十一月二日。按此电当发于十月二十九日粤军克复广州之前；且粤军于八月十二日誓师返粤，至十月二日，与电文"苦战四十余日"之数相近。故此电发期应为一九二〇年十月二日。

② 即王永泉。

③ 即臧致平。

复颜德基望速定川局出师长江
并告粤军占领广州电

（一九二〇年十月四日）

绥定颜师长鉴：式密。来电所述，具见苦衷。现在又与同盟军协力讨贼，剑及履及，益见坚持主义，终始无渝。所望急将川局奠定，共出长江，企图远大，则于川于国两有其利。广州已被我军占领，莫荣新负固观音山，旦夕可平，并告。孙文。支。

据《致颜德基促速定川局出师长江电》（录自国民党党史会藏《总理函稿》），载秦孝仪主编：《国父全集》第五册，台北，近代中国出版社一九八九年出版

复翟汪望协助魏邦平李福林扫除桂军毋误调停电

（一九二〇年十月四日）

翟浩亭先生鉴：浩密。东电悉。淡然权利，一矢精诚，此为成功基础，至为佩慰。现莫氏负固待援，希即协助魏、李迅速扫除，毋误调停，致滋棘手。切盼。孙文。支。

据《复翟浩亭望协助魏李勿谈〔误〕调停电》（录自国民党党史会藏《总理函致》），载秦孝仪主编：《国父全集》第五册，台北，近代中国出版社一九八九年出版

致孙科着传令琼州各军直捣南宁并嘱对美商军器一事须防骗局电

（一九二〇年十月六日）

一、传令琼州各军①，即渡雷州，会合高、雷、钦、廉同志，直捣南宁，以破桂贼老巢。二、美商军器一事②，恐有不实，须防骗局。三、水飞机两架已转载，纸交 Jowsing 名字收，可通知卓文③。父。鱼。

据《致孙科着传令琼州各军直捣南宁电》（录自国民党党史会藏亲笔原稿），载秦孝仪主编：《国父全集》第五册，台北，近代中国出版社一九八九年出版

复陈炯明告款已汇出并嘱声东击西攻取石龙电

（一九二〇年十月八日）④

广东老隆陈总司令鉴：支电悉。款已陆续分汇，由港转汕，前后共十五万三千六百元。最后一批十万八千元，艳日湘芹⑤由港带汕，此时想已达前线矣。惠州若一击不下，宜即变计，与乡民协同掘壕，围其东南面，分军队防守要点，与乡民策应，与敌相持。然后分小队二支取道新丰，一西袭英德，一南取从化，声言由此路以取省城。俟此二路发生影响，即引敌兵于北江方面，乃以大队由龙门、

---

① 指前由李根源率赴琼崖的驻粤滇军赵德裕等部。

② 指莫荣新前曾向美商购械，此时美商有意转售于陈炯明军一事。

③ 即朱卓文，时任大元帅府航空局长。

④ 此电秦编《国父全集》定在九月八日。据电中谈及前后汇款事及围攻惠州等情，谓"最后一批十万八千元，艳日湘芹由港带汕"，"赣军李明扬部定佳日返粤"云云。查古应芬系九月底携款离港，于十月二日抵汕头；赣军李明扬部九月下旬离赣赴粤，佳（九）日当是预定返粤日期。故此电应发于十月。

⑤ 古应芬，字湘芹。

增城以取石龙。石龙一得，则惠州可不战而降，彼之军实，我可尽得矣。报传乐昌、坪石有战事，北江每日有数百伤兵至省云。湖南已决意出兵攻桂，赣军李明扬部定佳日返粤。陆贼对人言，宁失广西，断不愿失广东。故惠州为彼死守之地，我不宜老师于此，宜四出活动，保全朝气，则贼必立沮丧溃败也。孙文。齐。

据《复陈炯明嘱声东击西攻取石龙电》（录自国民党党史会藏原稿），载秦孝仪主编：《国父全集》第五册，台北，近代中国出版社一九八九年出版

致卢永祥望拨助臧致平师子弹电[①]

（一九二〇年十月九日）[②]

　　杭州督署石小川先生鉴：觉密。译呈卢督军大鉴：粤垣因各方面之障碍，魏、李未能急用武力驱除莫氏，自非由粤军剿除桂系在惠州之重兵，使其失恃，全局未易解决。此次培督[③]节节相援，实赖执事间接助力，至为感荷！最近臧师长更决定开赴前线，与粤军合力讨贼，惟闻子弹不甚充分，求尊处为之接济。此举关系重大，粤军久战稍疲，一得精锐参加，破惠无疑，而省局亦迎刃可解。三省谊切同舟，早在洞鉴，望即赶拨臧师所需子弹，俾得助战，以成大功。有如欧战，美国援兵一到，德人即溃败无余。两方合战俱疲，有生力军援助，其效力至大。事机迫切，专电陈请，立盼明教。孙文。佳。

据《讨莫之役致滇湘黔闽浙粤各省当局要电》，载胡汉民编：《总理全集》第三集，上海，民智书局一九三〇年二月版

---

　　① 卢永祥，时任浙江督军，与闽督军李厚基同属皖系，因段孙合作关系，故有以饷械援助粤军讨桂贼之举。

　　② 此电胡汉民编《总理全集》称为一九一八年，据电文内容可知该电当发于一九二〇年九月二十七日魏邦平、李福林在广州宣布独立至十月二十二日粤军攻克惠州之间，电未署"佳"，即也应系十月九日。

　　③ 即李厚基，字培之。

致黄明堂等嘉慰起义讨桂电

（一九二〇年十月九日）

香港分电钦州黄镇守使①、江门陈督办鉴：闻兄等起义，与陈竞兄②一致讨贼，忻慰无量。桂贼祸粤，凡有血气，莫不切齿，望即率劲旅协同竞兄将各贼悉数驱除，还我乡土，使粤人回复自由，则兄等之功为不没矣。孙文。佳。

据《为讨桂之要电》，载一九二〇年
十月十八日上海《民国日报》第三版

与唐绍仪等联名致湖南各界着促湘军出师讨桂贼电

（一九二〇年十月九日）③

东茅巷严庄周道腴④先生鉴：道密。译转省议会、教育会、总商会、学生联合会、各界联合会、各报馆鉴：西南护法，亦越数年，确以桂贼专以并吞湘粤为谋，遂至密结和条，牺牲正义，粤人被其荼毒久矣，即如湘省连年兵祸，屡败垂成，皆为桂贼操纵其中。冲锋陷阵，则属湘人，克地获城，则归桂贼，举凡湘省之迭遭蹂躏，皆惟桂贼执其咎。今粤人不忍粤之永劫，五日之内恢复潮梅，且取惠州，已可雪耻仇而申正义。闻桂贼将倾尽老巢来粤，希图负固，湘桂界连，乘虚可入，正宜三湘精锐星夜进攻。此不特助粤之成，亦即以除湘患，且为护法计，不可不共靖内患，为民治计，亦不可不无尽盗氛。除另电谭督军、赵总指挥⑤暨

①　即黄明堂。

②　即陈炯明。

③　底本未明确说明发电时间，仅在文末标出一"青"字代表九日。按据电文内容及当时情势，酌为发生于一九二〇年十月。

④　周震鳞，字道腴，湖南籍革命党重要成员之一，先后加入中国同盟会、中华革命党、中国国民党，在孙文领导下从事护法运动，时居长沙。

⑤　即谭延闿、赵恒惕。

各师旅长请其迅速出师外，湘省人民，夙怀义愤，希即一致申讨，以壮义声。孙文、唐绍仪、伍廷芳。青。

据《孙中山等促湘助粤电》，载一九二〇年
十月十二日新加坡《新国民日报》第十页

致李厚基促速令臧致平师援粤电

（一九二〇年十月上旬）①

余田侯参议鉴：密。转呈李督军鉴：前电谅达左右，未蒙赐答，至切悬盼。粤省局以海军徘徊，故魏、李不能急攻逐莫。桂贼知后方动摇，则亟以死力反攻粤军，欲令我军受创，且不能分力援省，彼乃回兵图魏、李，故连日粤军不甚得手，此为成败紧急之关头。盖彼已首尾受敌，我有全胜之势，惟粤军久战甚疲，彼亦窥我弱点。若粤军援〔无〕助，则彼贼得伸缩自如，渡过难关，转败为胜。目前救急之着，专在麾下，有如欧战，美国援师一到，德人即溃败无余。以两方久战俱疲，故生力精锐之援师成功至大。闽、粤安危一体，臧师、王旅早办助防，开往前线助战，只须更进一步。臧师善战，尤为桂贼所畏惧；臧师长、王旅长亦素秉承麾下意旨，决心杀贼。敬望麾下即速电令臧师出发，开至前线，粤军得此，则破贼无疑。若彼贼前方大兵溃败，省局亦迎刃而解。成败得失，只数日间事，想我公此时必不忍使粤事败于垂成，而吝此最后之援助。事机至迫，惟企速行。专电陈请，立盼捷音，并祈复电。再，北京已无力约束各省，公以锐师破惠，大局竟解决，彼必不敢责难。而臧师、王旅在外，适可而进，公固不患无词以相抵也。孙文。

据《讨莫之役致滇湘黔闽浙粤各省当局
要电》，载胡汉民编：《总理全集》第三
集，上海，民智书局一九三〇年二月版

---

① 此电胡汉民编《总理全集》标为一九一八年。电文中"前电谅达左右"，据内容判断，当指一九二〇年十月七日孙文致李厚基请令王、臧部出师讨桂电。又一九二〇年十月九日孙文致卢永祥望拨助臧致平师子弹电称臧师长已决定开赴前线，可知此电当发于十月二日至九日之间，今酌定为十月上旬。

复赵德裕等促出师琼崖电

（一九二〇年十月上旬）①

香港转靖国联军赵总司令、蔡、何②、莫梯团长、蒋司令均鉴：东电敬悉。诸君扶持正义，一致讨贼，于粤有敌忾之功，于滇报夺军之耻，风声所树，义愤同钦。即希速出琼崖，共清珠海。特电驰劳，伫听捷音。

据《致赵德裕等促速出师琼崖电》（录自国民党
党史会藏原件），载秦孝仪主编：《国父全集》
第五册，台北，近代中国出版社一九八九年出版

致卢永祥望接济陈炯明部子弹电

（一九二〇年十月十一日）③

佳电想已达典签。顷得竞存来电，言七九子弹告乏，闽督已无可拨，请求尊处济以百万，解由闽督转交。此事不落痕迹，而粤军受惠至大。故敢代陈，幸为援助，无任感盼，并候复教。孙文。真。

据《讨莫之役致滇湘黔闽浙粤各省当局
要电》，载胡汉民编：《总理全集》第三
集，上海，民智书局一九三〇年三月版

---

① 十月一日，滇军赵德裕都在海南宣布独立，致电孙文表示拥孙逐莫。此电未署日期。据本年十月六日孙文致孙科电"传令琼州各军即渡雷州"等语，酌定此电发出日期为十月上旬。

② 即赵德裕、蔡炳震、何福昌。

③ 此电胡汉民编《总理全集》列在一九一八年。据该电催促卢永祥以子弹支援陈炯明，以解陈部七九子弹"告乏"一事，应系一九二〇年援闽粤军返旆作战之时。

复湖南省议会盼促湘军出师援粤电

（一九二〇年十月十二日）①

长沙省议会鉴：庚电悉。此次粤人驱逐桂匪，实迫不获已。贵省人民及统兵长官，多数主张出师援粤，义声所播，溥海同钦。目下战事正在进行，匪势仍未潜销，所望共抒互助精神，以清西南余孽。上月王育寅派员来称，愿率所部攻桂以抒粤患，颇嘉其知义。当嘱务与湘中将领一致进行，并派林君修梅前往察看助理矣。护法军兴，扰攘数载，民生之憔悴亦甚矣。顾欲减缩痛苦之期限，惟有相率而起，速清内奸。桂匪祸粤，非名〔片〕言所能罄。湘人好义，实出自第二天性，尚乞督促进行，不胜盼祷。孙文。侵。

据《讨袁之役致滇湘黔闽浙粤各省当局要电》，载胡汉民编：《总理全集》第三集，上海，民智书局一九三〇年二月版

致李烈钧促速来沪决定机宜电

（一九二〇年十月十三日）

重庆李协和②部长鉴：黄密。粤事相持未决，湘军又徘徊不进，故前电极望兄由湘入粤，肃清两广。湘中我方可靠军队亦有万余，尚敷调遣。惟今时局忽生剧变：一、李纯确于昨日自杀身死。二、西刊载北京谋复辟，张作霖兵逼京津，曹锟南逃。三、林葆怿真日与北方海军联名通电，宣告统一。四、浙、闽为自卫计，皆有动机。五、鄂中段系军队，已陆续发动；赣陈③又与赣南军队恶感甚深，与赣西、赣北镇守使均有猜忌。似此长江机会绝佳，亟宜统筹全局，确定大计。

---

① 此电胡汉民编《总理全集》编于一九一八年。据电述援粤攻桂事为一九二〇年。
② 时在重庆代表孙文筹开国会、组织政府，并代唐继尧主持川东事务。
③ 即江西督军陈光远。

现得竞存报告，李根源军队被我截获子弹三百箱，并击毙团长一名，李军大困，粤事渐可解决。长江形势，今较粤为急为重，务请兄迅驾来沪。决定机宜。至盼，并速电复。

据《致李烈钧促到沪商决大计电》（录自国民党党史
会藏《总理函稿》），载秦孝仪主编：《国父全集》
第五册，台北，近代中国出版社一九八九年出版

复陈炯明告南北变局并望振作士气
力争讨桂最后胜利电

（一九二〇年十月十三日）

老隆陈总司令竞存鉴：真电悉。甚喜。此时宜乘时扑灭麻子，以振军威，而寒贼胆。传闻桂贼欲将惠州交与李根源，调回林虎、马济以对李、魏。有从桂军中来者，云目击桂军士气沮丧已极，战斗力差极，若我军能再振作士气，仍取攻势，则最后之胜利，必归诸我也。昨日李纯自杀于南京，张作霖兵逼京津，曹锟南逃，将有复辟之举。真日林葆怿、蓝建枢通电，南北海军统一。此最近南北之变局也。孙文。冬①。

据《讨莫之役致滇湘黔闽浙粤各省当局
要电》，载胡汉民编：《总理全集》第三
集，上海，民智书局一九三〇年二月版

致陈炯明促猛扑北江强取石龙电

（一九二〇年十月十四日）

竞存兄鉴：本省响应之事，因"江防"被海军击怕后已失去最重要之力，又

---

① 冬，即为二日，原文疑系笔误。电称"昨日李纯自杀于南京"，据苏督李纯于十月十二日在南京自杀，故此电发期当为十月十三日。

以粤军动后，此间财力悉以供大军之用，不欲分耗于小举。然前所谋及者，今已陆续生效，则不能起之处，亦费桂军数营之力。彼贼已有风声鹤唳、草木皆兵之恐，处处设防，断不敢尽抽其兵于一处也。据近日报上广州消息，乐昌、坪石确已开战事，遂溪、新兴已失，香山小榄轮渡不通，四邑①有警，此皆二十日内响应之影响也。又传桂省已分东西北三面设防，防滇、黔、湘之进攻。陆裕光有折回桂之消息，陆、岑有向北乞救、愿取消两广自主之举。其主要人物一切举动，悉属手忙脚乱，而兵士已无斗志，孤注一拼，彼贼实已无此能力矣。望兄再振其锐气，分小队猛扑北江，以大力强取石龙，则惠州可不攻而下。近日李根源部下及钦廉绅士俱有代表来，欲谋响应。已促他等回去，相机即动，想不日必有影响也。孙文。寒。

据《致陈炯明促猛扑北江进取石龙惠州电》（录自国民党党史会藏亲笔原稿），载秦孝仪主编：《国父全集》第五册，台北，近代中国出版社一九八九年出版

致李厚基促速令所部与粤军会攻惠州电

（一九二〇年十月中旬）②

福州督署余田侯谘议鉴：筹密。译转李督军后〔鉴〕：海军各舰决意北归，开向厦门，与北舰合力，以图占领马江各要塞，现已准备出发等语。查北廷买收海军，屡用巨款，以闽籍人多，图闽之说亦早有所闻。最近桂贼虑海军助粤，更多用贿赂与之联络，恐将次第见于事实。此间已电省港同志，竭力设法阻止，俟得当再报。惟海军中人素来胆怯，且无陆军为助，则更退缩观望。其在诏安、汕头坐观粤军攻取潮汕，不敢为桂贼及方声涛之助，可见一斑。近日惟见粤军形势

① 即广东台山、恩平、开平、新会四县。
② 此电胡汉民编《总理全集》定在一九一八年。据一九二〇年十月十一日上海《申报》载：海军统一问题，业由双方将领协商就绪，专候军费实行拨付，所有在粤海军，一律开出粤境，服从北京政府，云云。此电谓"海军各舰决意北归，开向厦门，与北舰合力"等语，即系指此。故此电时间应为一九二〇年十月中旬粤军尚未攻下惠州之时。

稍钝，阴谋又露，其易为利用、易为威慑如此。今日为闽、粤共存之计，惟有催促藏师、王旅同时并进，火速攻破惠州，使桂贼重兵溃败，粤垣大局定见解决，则海军无援，其势亦必不敢逞。兵法有"以攻为守"者，此类是也。若非扩张目前之势力，使彼不敢相逼，而我仅言自守，则北方有反对我者，不难于其时以一纸命令买海军之欢心，此时我亦失先发制人之机矣。事势万急，而胜算在我，故急电奉闻。望速裁定，以挽大局。孙文。

据《讨莫之役致滇湘黔闽浙粤各省当局要电》，载胡汉民编：《总理全集》第三集，上海，民智书局一九三〇年二月版

与唐绍仪等联名公告岑春煊陆荣廷和北方订约均属无效之宣言①

（一九二〇年十月二十三日）

北京徐菊人先生、靳翼青先生，各省、各议会、各报馆均鉴：粤军回粤，两月以来，全省九十余县，为粤军收复及响应附义者，计逾八十。就省会言，各车歪炮台、中流砥柱等要塞、菁华所在之西关一带、河南全岛，及海防、江防全数舰队，均隶粤军范围。莫荣新困守老城，负隅抗拒，岑、陆计穷力蹙，惧失地盘，先后派遣代表，星夜晋京，促签条件，卑鄙龌龊，摇尾乞怜，殆欲趁此在粤生机垂尽之时，求与北方订约，冀得现在或今后之援助。以事实论，岑、陆匪特不能代表西南，广东一省，已十九为粤军所有。以法律论，七总裁缺其四，广州已无军政府。岑、陆私人签订之条件，直等废纸，绝对不生效力。倘或北方不察，贸然与签，固不能拘束西南，亦足贻笑中外。文等护法救国，矢志靡他，酷爱和平，岂在人后？北方果诚意谋和，不仅图纸上空文之统一，则固不必与秘密勾结暮夜乞怜之辈，订定条件；应将一切法律事实问题，付之沪上和会，公开解决。迭经

---

① 粤军十月二十二日攻占惠州城，桂军溃退，广东局势解决在望，岑春煊、陆荣廷却以军政府名义代表西南，企图与北京当局签订和约，孙文等人因此通电反对。

文等郑重宣言，邦人君子，其共鉴之。孙文、唐绍仪、伍廷芳、唐继尧。

据《四总裁第三次宣言》，载广州《军政府公
报》光字第一号，一九二〇年十月二十三日

复陈炯明告勿轻视桂军务促臧致平师速来援粤电

（一九二〇年十月二十三日）

　　竞兄鉴：马电悉。战局有此转机，诚属大幸。此后粤军势力当不可摇。魏、李之适时响应，实为粤军之救命汤。然桂军之退，万不可掉以轻心，测其用意，必为集中大力，先将魏、李击灭，然后对付粤军。粤军久战疲劳，不堪再遭失利，兄以为独力能解决粤局，实恐不然。务望促臧师全部速来为要，盖非此，粤局必难遽定也。千万毋忽。孙文。漾。

据《致陈炯明戒勿轻视桂军务促臧致平速
来援粤电》（录自国民党党史会藏亲笔原
稿），载秦孝仪主编：《国父全集》第五
册，台北，近代中国出版社一九八九年出版

致赵恒惕等望赞助林修梅讨桂电

（一九二〇年十月二十五日）①

　　长沙赵总指挥，宋、廖、鲁旅长，林处长②各司令、各团、营长，周道腴、李懋吾先生，各报馆均鉴：粤军讨贼，义师景从。然寇势虽穷，尚未去粤。倘邻省同张挞伐，何难歼厥渠魁？前据周君震鳞等电称，贵省各军多主张出兵援粤，

---

　　①　此电胡汉民编《总理全集》定在一九一八年。据电中前据周震鳞等电称"贵省各军多主张出兵援粤"，此指长沙湖南省议会在一九二〇年十月致孙文"庚电"，表示湖南人民及统兵长官多数主张出师援粤"驱逐桂匪"事。又据十月十二日，孙文复湖南省议会电内容，此电当发于十月二十五日。

　　②　即赵恒惕、宋鹤庚、廖家栋、鲁涤平、林支宇。

近复征诸舆论，则更对于援粤万众一心。即谭总司令仗义执言，亦有粤人治粤之鱼电。夫桂匪非能容纳人之忠告，若不临以武力，直所谓对盗贼谈仁义也。文窃以为不然。曩者王育寅派员前来，自请援粤。文以其颇知大义，遂令林修梅亲往该处视察一切。顷据来电，公推林修梅为湘西靖国军总司令。林修梅就职后，复有攻桂之通电。湘中民气，素有激昂慷慨之称。林君起义衡州，艰难百战；今又勇于讨贼，登坛誓师，此湘军之光荣，亦前民之矩获。望赞此义举，毋使林君独为其难，且树之风声，尤能得民意之助，他日荡涤瑕秽，攘除奸凶，公等之功，皆在民国矣。孙文。有。

据《讨莫之役致滇湘黔闽浙粤各省当局要电》，载胡汉民编：《总理全集》，上海，民智书局一九三○年二月版

致赵恒惕请协助讨桂电①

（一九二○年十月二十五日）

长沙赵师长鉴：删电计达。窃此次粤人力谋自决，与湘中将士本自爱爱人之理为援粤之谋，此皆人类最合理之行动，亦即中国政治前途之曙光也。文为粤人计，为中国全局计，以为非此更无生路，故于执事有删电之要请。今惠州虽已克复，然桂匪之占据粤境，尽极残暴者，其地域尚广。粤人之视桂匪，比虎疫、蛇毒尤甚。为今之计，惟有速求解除粤人此等恐布〔怖〕观念，缩短其时间，收敛其区域，使之无再为一晷一寸之延长，故不得不望湘人之互助。且此举亦惟平昔富于公义心、勇敢心之湘人及湘军乃能堪之。故劝执事勿再瞻徇小节，提挈诸志士，与林君修海为一致之行动。天道好善，必能佑执事与威尔逊总统享同一之盛名于东方也。人类伦理上之最高善，决不能以孤立之抽象名词代表之，惟能随时努力抵抗或征服社会所公认之真不善如桂贼者，乃真善耳。文弗不知日日抗颜强

① 一九二○年十月，陈炯明于粤东举兵驱逐盘踞广州的桂系势力，林修海等人于湘西响应。为了争取手握重兵的湘军第一师师长赵恒惕支持，孙文曾前后数十次致电赵恒惕，请一致驱桂，未有效果。十月二十五日，孙文再次致电赵恒惕，重申前请。此为该电由来。孙文于十月二十六日另有致湖南省议会电，主旨大致相同，但措辞有别。

聒，求人以所不喜者之为无谓，顾亦因笃信善与人同之理，不遑自恤耳。惟执事其图之。孙文叩。径。

据《孙中山劝诱赵恒惕》，载一九二〇年
十一月十二日天津《益世报》第三版

致湖南省议会望促湘省军事及行政当局
与林修梅一致申讨桂系电

（一九二〇年十月二十六日）①

　　长沙湖南省议会议员诸君均鉴：新成密。元电计达。窃此次粤人力谋自决，与湘中军士力谋援粤而助其自治，皆人类最合理之冲动，实为中国政治之一线生机。贵省当局亦既有鱼电与粤人之自主矣。然桂匪始终不悛，则湘人为维护人格计，托林君修梅回湘肩此重任，并电致赵师长等，劝其与林君一致。今惠州、石龙虽已克复，然桂匪之占据粤境，备极残暴者，其地尚广。粤人现视桂匪之在粤，比虎疫、蝮蛇之近在盘匜枕席间者尤甚。为今之计，惟有速求解除粤人此等恐怖观念，缩短其时间，缩小其区域，勿使再为一晷一寸之延长，故不得不亟望湘人之互助。且此举亦正惟平昔富于公义心、勇敢心之湘人及湘军，乃能堪之。故甚望贵省军事当局，勿再有所瞻徇，与林君为一致之行动。尤望贵议会代表人民之真意，促进贵省行政当局，维持其宣言，庶美国国会宣言助欧之名誉，不能专美于西方也。人类伦理上之最高善意，决不能以孤立之抽象名词代表之，亦非与世推移所能取得，惟能及时努力抵抗，或征服社会所公认之恶魔如桂匪者，乃真善耳。惟诸君实利图之。孙文。（廿六）

据《讨莫之役致滇湘黔闽浙粤各省当局
要电》，载胡汉民编：《总理全集》第三
集，上海，民智书局一九三〇年二月出版

----

　　① 此电胡汉民编《总理全集》定在一九一八年。据电称"今惠州、石龙虽已克复，然桂匪之占据粤境，备极残暴者，其地尚广"等语，应系指粤军已占惠州（一九二〇年十月二十二日）而未克广州之时（粤军十月二十九日克复广州），故时间应一九二〇年十月二十六日。

复陈炯明指示作战方略电

（一九二〇年十月三十日）

俭戌电悉。致悦卿等电已照办。惟彼辈最后态度，亦视兄力为转移。此后战略宜大变更：集中全力速趋省城为上策；集中全力以赴灭麻子为中策；缩短战线，握要固守，以保势力而待援军亦为一策。惟不忍舍去地土，与敌相持，分薄兵力，则为下策。望兄速酌施行。孙文。卅。

据《复陈炯明告三种战略电》（录自国民党党史会藏亲笔原稿），载秦孝仪主编：《国父全集》第五册，台北，近代中国出版社一九八九年出版

与唐绍仪等联名否认北方宣布伪统一通电①

（一九二〇年十月三十一日）

北京徐菊人先生、靳翼青先生，各省议会、督军、省长，各报馆均鉴：窃文等尝以南北构争数年，海内困苦，而友邦劝告，亦望早息兵争。文等夙爱和平，因而与北方开诚相见，企外交、法律一切问题得正当之解决。盖西南兴师，所以护法救亡，非有个人权利之见。故和会公开，将示天下无所私隐，中虽一度议无结果，然和会正式之机关并未废止。文等亦既于六月三日、七月二十八日、十月二十三日再三宣言通告中外，以为北方苟有诚意谋和，决无有舍正式公开之和会，而与一二不负责任之人私相勾结，认为得当之理。最近粤军回粤，岑、莫败亡，乃相率逃窜之余，辄为取消自主之说，其情可怜，其事可笑。初不意北方竟引为口实，遽闻有伪统一之宣布，似此举动过于滑稽儿戏，直无否认之价值。惟深察

---

① 孙文于十一月二十九日在广州重组军政府，十二月四日发行的《军政府公报》光字第一号补刊该电文，但未录上款。英文版译文另见一九二〇年十一月二日上海《时报》（五）所载《军政府四总裁之宣言》。

北方之用意，实思以伪统一之名义，希图借取外债，以延长其非法政府之命脉。文等用不惮烦，更为正式宣告：须知岑春煊早丧失地位、资格，而军政府依然存在，初不因岑等个人反覆，致生问题。此次北方宣言，文等绝不承认，内而国民，外而友邦，勿为所欺。北方既毫无诚意，而用此种狡狯无聊之手段使大局更起纠纷，咎有所在。为此通告中外知之。孙文、唐绍仪、伍廷芳、唐继尧电。卅一。

据《孙中山等否认取消自主电》，载一九二〇年十一月二日上海《申报》（十）

致许崇智嘉慰克复广州电

（一九二〇年十一月初）①

　　火急。广州潮州会馆许汝为军长鉴：新成密。顷得粤讯，知兄于东日抵省，元气旺盛，至为欣慰！桂贼窃据粤东，盗憎主人，非徒粤民饮恨，吾党革命事业，实滋梗厉。幸赖兄等回戈，亲冒矢石，肉搏争先，血战二三月之久，遂能放逐蛮酋，用康屯难，固公理之战胜，亦策略之靡遗。民国九年粤军战史，第一功当属兄矣。会当把晤，为兄策勋。尚希再厉戈矛，迅图扫穴，出桂人于强盗之手，使两粤联为一气，固我初基，进而解决大局，庶三民主义得有贯彻之日。文愿与诸兄共勉之。

据《致许崇智嘉奖克复广州电》（录自国民党党史会藏《总理函稿》），载秦孝仪主编：《国父全集》第五册，台北，近代中国出版社一九八九年出版

---

① 原电未署日期。按粤军于一九二〇年十月二十九日克复广州，粤军第二军军长许崇智于十一月一日进入广州。据电文称"顷得粤讯，知兄于东日抵省"，则此电当发于许进入广州之初，故酌定为十一月初。

复孙科嘱交涉接受桂军前向美商所购军械电

（一九二〇年十一月二日）

冬电悉。若钦廉如报上所言黄志垣〔桓〕① 已在该处独立，则桂贼已尽失海口，无地可以接收军器矣。然此等〈军〉器亦正合吾人之用，可与前途交涉云。现款一时难得，但在沪可觅银行担保，俟粤局定后，则当先以关余还之。可约其船先驶入汕头停泊。若交易不成，当通知沿海一带同志防备，免其偷接，并请李锦纶②向美领抗议可也。父。冬。

据《致孙科着交涉接收桂贼所购军器电》（录自国民党党史会藏亲笔原件），载秦孝仪主编：《国父全集》第五册，台北，近代中国出版社一九八九年出版

与伍廷芳联名复靳云鹏申明恢复
和议解决南北纠纷主张电

（一九二〇年十一月五日）

北京靳翼青③先生鉴：奉卅一日尊电，藉悉壹是。窃以西南兴师，服膺两义，护法救国，中外闻知。曩岁文等鉴于海内望和之殷，友邦劝告之切，亦尝披肝沥胆，与北方对等议和。事会纷歧，停顿匝岁，每一念至，辄用疚心。近者岑、莫避窜，情急求和，北方不察，竟据以宣言统一，中外各报，咸肆讥评，谓为滑稽，良非无故。执事自问，当亦哑然。中国通病，在一伪字。执事斧柯在手，正宜力矫积习，导人以诚。文等之愚，以为欲解南北纠纷，图全国事实上之统一，必自

---

① 黄志桓时任钦廉镇守使，为响应粤军回师驱桂，率部宣布独立。
② 李锦纶时任粤海关监督兼广东交涉员。
③ 靳云鹏，字翼青。原属皖系，为段祺瑞"四大金刚"之一，当时倾向直系，任北京政府国务院总理。

赓续和议，该军事协定，乘时取销，各种密约，完全废止，法律问题完满解决始。否则，求统一而去统一愈远，言和平而破坏和平愈甚。天下其谓之何？辱承明问，敢布区区。言尽于斯，诸维亮察。孙文、伍廷芳。歌。

据《两总裁电质靳云鹏》，载一九二〇年十
一月九日上海《民国日报》第二张第十版

致陈炯明嘱量才录用丁基龙陈策
和善遇李安邦李绮庵电

（一九二〇年十一月上旬）①

竞存鉴：粤军未返旆时，江防有丁基龙、陈策两同志纠合舰队，约同李安邦、李绮庵举事，以破坏桂贼势力。事虽不成，然已足令桂贼失措，不无微劳。丁、陈为海军难得之同志，欲谋粤局巩固，以防北方运动，宜量才录用之，以固江防团体。二李则现带民军，亦望善遇之。孙文。

据《致陈炯明嘱善待丁基龙陈策李安邦李绮庵电》（录
自国民党党史会藏亲笔原稿），载秦孝仪主编：《国父
全集》第五册，台北，近代中国出版社一九八九年出版

致陈炯明告桂军计划促速攻肇庆并
嘱委朱卓文为飞机队司令电

（一九二〇年十一月上旬）②

竞兄鉴：今得湘、赣、燕等处秘密消息，我军在惠相持之际，桂贼电使纷驰

---

①　原电未署日期。据电称"粤军未返旆时"及"欲谋粤局巩固"等语，此电当是发于一九二〇年十月二十九日粤军占领广州之后。今酌定为十一月上旬。

②　原电未署日期。按粤军于一九二〇年十月二十九日攻占广州，北京当局于三十日发表统一通电，孙文等于次日宣言否认伪统一。此电称"四期之作战"，当系指十一月十五日出兵攻肇庆之计划。据此酌定此电发于十一月上旬。

于三处乞援，定有计划，以惠州为战略之退却，而固守省城或肇庆。北方则派某某取道赣南而趋东江，派张宗昌取道湘南而趋北江。二路援军一到，桂贼则反攻。今幸我军追击之猛，民军牵制之力，使彼一退而不可收拾，北方为之失望，我可得一息安全。惟北方随有宣布统一之令，此实为援桂之先声，粤局此时犹未得以为安也。四期之作战，以速为妙，否则桂贼惊魂一定，必有反攻，而北敌则随之而至，粤恐成为垓下矣。此时一面宜解散桂之嫡派降军，以清后患；一面宜厚抚民军，以致多助。使民军速进桂边，以扰彼归路，然后以大军临之，一溯西江以取梧、浔，一由海道集中钦州，以取邕、龙，则桂贼可全灭矣。最妙使藏军从汕航钦，能办到否？再朱卓文前由此间委为飞机队司令，今两方已联络，应由兄处委他，并接济其饷费，以归统一。孙文。

据《致陈炯明告桂逆阴谋促速猛进并嘱委朱卓文为飞机队司令电》（录自国民党党史会藏亲笔原稿），载秦孝仪主编:《国父全集》第五册，台北，近代中国出版社一九八九年出版

复谭延闿赵恒惕解释王育寅出师援粤事
并请勿以兵戎相加电

（一九二〇年十一月上旬）①

长沙周道腴先生：道密。转谭总司令、赵总指挥鉴：歌电悉。王育寅原电，此间尚未接到，究竟内容如何，无从悬揣。惟前者粤桂战事发生之时，湘中将领多主张援粤讨桂。育寅亦曾派人来此接洽，愿率所部前驱，以其向义心切，当即

_____

①　原电未署日期。此电胡汉民编《总理全集》定在一九一八年。按前王育寅起兵为父报仇，攻占大唐、慈利等地，为湘督谭延闿所不容；林修梅亦因受谭排挤，互有宿怨。一九二〇年十月，以林修梅、王育寅为正副司令的湘西靖国军，要求假道援粤，十五日林修梅部进攻常、澧，湘省守军迎战失利后，谭延闿即派第一旅宋鹤庚部攻林，至十一月二日，宋部败林而占兹利，王育寅逃往汉口。孙文在此电中谓"勿遽加兵"，当系指上述谭部进攻林、王一事。又孙此电系对谭、赵歌电（五日）的复电。据此，此电当发于十一月五日后。今酌定为十一月上旬。

嘱其与各将领联络进行，并派林君修梅前往查察是否出于诚意。兹接来电，似与前项事实稍有歧异。如果育寅仍系依据前情，出师援粤，似未可指为悖谬。且其人前以复父仇，行动稍有逾轨，于情尤有可原。应请两公体察情势，勿遽加兵，并将育寅原电迅速转示，以便商处。一面仍由文径电林君，从速查复。特此电闻，并希见复。孙文。

据《讨莫之役致滇湘黔闽浙粤各省当局要电》，载胡汉民编：《总理全集》第三集，上海，民智书局一九三〇年二月版

致何成濬说明北京政府假统一之真相并嘱与谭延闿联络电

（一九二〇年十一月上旬）①

雪竹兄鉴：我军艳日克复广州，莫、林、沈②诸逆俱逃。马济拟率残部绕道北江回桂，粤事当可稍定。岑、陆见难再容于西南，遂公然降〈北庭〉。北庭亟欲假统一以借外债，为征服异己之图，遂置护法各省之主张、中外共认之和会于不顾，悍然以伪总统一纸命令，宣布统一。此不独视西南为一二桂贼所私有，蔑视我护法团体之人格，外人不察，滥予援助，北庭愈有所恃，以遂其毁法卖国之私，和平将永无望。故某等为护法救国计，不得不有十月三十一日之宣言。组庵护法决心，至所佩仰，前沪刊载其反对桂系单独媾和，义正词严，尤足慑服群奸。此次对于北庭统一伪令，想必有坚决之表示，以慰群望。会间希为致问，并盼示复。孙文。

据《致何成濬告粤军克复广州电》（录自《会书》之九《文电》），载秦孝仪主编：《国父全集》第五册，台北，近代中国出版社一九八九年出版

───────────────

① 原电未署日期。据电称"我军艳日克复广州"、"马济拟率残部绕道北江回桂，粤事当可稍定"及"某等为护法救国计，不得不有十月三十一日之宣言"等语，则此电应发于十一月上旬。

② 即莫荣新、林虎、沈鸿英。

复林直勉准辞旧金山国民党总支部
总干事职并由刘芦隐接任电①

（一九二〇年十一月十二日）

直可回，芦隐②准署总干事。孙文。（十一月十二日）

据《复林直勉准辞驻三藩芦总支部总干事
职电》（录自《党务杂纪》第七号，民国十
年十二月一日中国国民党驻三藩市总支部刊
行），载秦孝仪主编：《国父全集》第五册，
台北，近代中国出版社一九八九年出版

复唐继尧促出师桂边电

（一九二〇年十一月十五日）

云南唐总裁鉴：申密。歌电奉悉。北庭三十日发表伪统一令，自欺欺人，腾
笑中外。尊电谓不独关于国家正义主张，吾辈为保存人格计，万不能中道背驰。
肝胆之言，我心如一。已联列尊衔暨秩庸、少川两公通电否认，计邀省览。现广
东虽复，若不改造广西，仍多后患，兹正促令诸军，鼓勇前进。惟滇、桂密迩，
可与粤成犄角之势，旋师稍息，尚望转向桂边，并图犁扫。桂定，则滇、粤脉络
贯通，西南可成强固之局。彼盗国者虽百方控纵，莫能破我中权矣。希图利之。
十一月十五日。

据"特载"《复唐继尧电》，载南京《中
央党务月刊》一九二九年九月第十三期

---

① 林直勉原呈请辞去美洲旧金山国民党总支部总干事职务，孙文电准辞呈。
② 即刘芦隐。

致蒋介石请即返沪面商要事电

（一九二〇年十一月十六日）

宁波濠河头新顺行蒋介石先生鉴：刻有要事面商，请即返沪。孙文。铣。

据原电影印件，广州、广东省立中山图书馆藏

致成谷采等望立即击桂电

（一九二〇年十一月二十三日）

译交中环康乐道中四十六号四楼尚信李兴高先生收。谷采、柱洲、德裕三兄均鉴：吴倚沧兄到沪，详报各情，知滇军志存讨贼，欲与粤军取一致行动，扫除游勇，巩固西南，实深欣慰。至于名义一节，惟诸君之意是从。此时惟望立即击桂，以为表示诚意。文当负完全责任，与竞存方面疏通，可保得美满之结果。兹并汇上小费三千元，交成谷采兄收。望速进行，幸甚。孙文。漾。

据《致成谷采等盼立即击桂电》（录
自国民党党史会藏原稿），载秦孝仪
主编：《国父全集》第五册，台北，
近代中国出版社一九八九年出版

致陈炯明暨粤军各将士勉西征讨桂电

（一九二〇年十一月下旬）①

广州陈总司令并分转各军司令、指挥、统领暨诸将士鉴：新成密。桂贼恃其凶悍，盘踞两粤，假窃名义，实作内奸，西南护法之不达目的，彼实厉阶。今幸

———————————

① 原电未署日期。似发于十一月二十五日孙文离沪赴粤前后，今酌定为十一月下旬。

我师回戈一指，大盗立摧，士气则凌厉无前，人心则壶浆以待。此非独粤人之幸，实民治前途之福。惟念诸君擐甲戎行，躬冒矢石，虽凭义愤，允著勋劳，特以诚恳之词，用劳袍仇之友。此际桂人尚殷请命，西征在即，秣厉尤劳，勉完康济之功，用造承平之局，实嘉赖焉。

据"特载"《致粤军各将领》，载南京《中央党务月刊》一九二九年九月第十三期

复何成濬望转促谭延闿出兵攻桂电

（一九二〇年十一月）

长沙督军署转何雪竹先生鉴：濬密。真电悉。组安与我同心，至为欣慰！惟粤省虽复，不亟将桂省根本改造，则游匪死灰复燃，终成后患。况彼既附北，而居我湘、粤之背，联鄂即可覆湘，联赣即可祸粤，此形势之显然者也。组安既准定出师，务请即由郴、永①突入广西，扫彼老巢，清吾内患。西南兴师已阅数载，虽中多波折，然局势近乃转佳。盖借名窃利者，今已揭穿假面；而真正主张正义者，正可成纯粹之团体，一致行动，以解决大局，较之左支右绌者尤愈也。即望转告组安，戮力扶持，使省民自治之义，得推及兄弟之邦，庶可相扶共进，不陷于踽凉之境。组安洞明治乱，所见当同也。

据"特载"《复何雪竹》，载南京《中央党务月刊》一九二九年九月第十三期

复赵恒惕望协力驱桂电

（一九二〇年十一月）

长沙赵总指挥鉴：新成密。歌电奉悉。桂贼强横是恃，自取灭亡，于兹益信军阀无存在之理。执事殷望联省组织，亦实救时之策。惟民治畅行之日，必在强

---

① 指湖南省郴州、零陵。

梁摧尽之时。执事手绾乡邦，已达湘人自治目的，尚祈推己及人，抑强扶弱。如桂人今图自治甚急，乃尚为强盗所压，非藉外援，莫能突起。且此贼未除，民治基础亦难巩固。切望贾其余勇，协力驱除。吊伐之师与侵略者根本不同，想执事必能成此宏愿也。

据《复赵恒惕盼出师援粤电》（录自国民党史会藏《总理函稿》），载秦孝仪主编：《国父全集》第五册，台北，近代中国出版社一九八九年出版

与唐绍仪等联名宣布军政府在广州
继续行使职权之通告

（一九二〇年十二月一日）

各省省长、总司令、督军、省议会、各团体、各报馆均鉴：本军政府于十一月二十九日在广州重开政务会议，继续执行职务，特此通告。孙文、唐绍仪、伍廷芳、唐继尧。东。

据《军政府通告重开政务会议继续执行职务电》，载广州《军政府公报》一九二〇年十二月四日"通告"光字第一号

与唐绍仪等联名为重组军政府发表政见宣言

（一九二〇年十二月一日）

各报馆均鉴：文等前因北方军阀毁法祸国，乃在粤建立护法政府。中经奸人扰乱，致阻进行。兹则障碍既除，建设伊始，谨为宣言以告国人曰：民国成立，于今九年，始以袁世凯称帝，继以督军团叛国，张勋复辟，祸乱相寻，建设事业，百未一举。今当以护法诸省为基础，励行地方自治，普及平民教育，利便交通，发展实业，统筹民食，刷新吏治，整理财政，废督裁兵，进国家于富强，谋社会之康乐。共和政治，民为主体，同心协作，有厚望焉。孙文、唐绍仪、伍廷芳、

唐继尧。东。（印）

据《公电》，载一九二〇年十二
月五日上海《申报》第六版

与唐继尧等联名复卢焘等嘉慰与
西南护法各省一致行动电

（一九二〇年十二月二日）

贵阳卢代总司令暨胡、谷、张、窦各旅长①鉴：养电悉。诸君出任艰巨，对
于大局计划，仍与西南护法各省一致主张，甚为佩慰！望即本此决心，共策进行。
孙文、唐继尧、伍廷芳、唐绍仪。冬。

据《四总裁复贵阳卢代总司令焘等诸君
出任艰巨仍与西南护法各省一致主张
电》，载广州《军政府公报》光字第
二号，一九二〇年十二月八日

与唐绍仪等致赵恒惕望迅驱桂贼电

（一九二〇年十二月三日）

长沙。赵总司令鉴：先生以宏才硕望，出膺巨任，至湘民有托，极惬风怀。
尚祈本夙昔之主张，迅驱桂贼，出吾人于水火，庶民治有策源之地，西南无心腹
之忧。硕画如何？诸希匡济。孙文、唐绍仪、伍廷芳、唐继尧。江。（印）

据《孙唐伍唐致赵总座电》，载一九二
〇年十二月五日长沙《大公报》（六）

---

① 即卢焘、胡瑛、谷正伦、张春甫、窦居仁。

复赵恒惕告任陈炯明陆军部长程潜陆军部次长

（一九二〇年十二月八日）

　　长沙。赵总司令鉴：新成密。江电敬悉。程颂云①兄学识勋绩，素见重于国人。昨日政务会议，议决任陈总司令竞存为陆军部长，拟任颂云兄为陆军部次长，协力整理军政。除径电颂兄请即来粤就职外，特电奉复。孙文。齐。（印）

据《孙文齐电》，载一九二〇年十二月五日长沙《大公报》（六）

致徐世昌告嗣后再有冲突西南不负责电

（一九二〇年十二月十八日刊载）

　　广州联省政府成立，各总裁及各部长均已任定，前途自当巩固团体〔结〕，以谋护法进行。但今有不能已于言者，各总裁未曾至粤以前已分电北方，力主和议。乃听之又久，中央始终不悟，嗣后即再演成冲突，或竟同归于尽，西南亦不负责。

据《孙文致徐总统电》，载一九二〇年十二月十八日天津《大公报》第一张（三）

与伍廷芳等联名致吴景濂盼速
偕留沪议员来粤开会电

（一九二一年一月四日）

　　法界②渔阳里一号吴莲伯先生鉴：子超于冬日抵粤，盼速偕留沪议员来粤开

---

①　程潜，字颂云。
②　即上海法国租界。

会。孙文、伍廷芳、唐绍仪、王伯群。支。

据《与伍廷芳等联名致众议院吴景濂盼速偕留沪议员来粤开会电》(转录《中华民国法统递嬗史》),载秦孝仪主编:《国父全集》第三册,台北,近代中国出版社一九八九年出版

致蒋介石促速来粤臂助援桂军事电

(一九二一年一月七日)

转介石兄鉴:援桂克日出师,请兄速来臂助。兄本允赴粤追随,勿再迟延为幸。盼复。孙文。阳。(印)

据毛思诚编:《民国十五年以前之蒋介石先生》第六编,一九三六年十月出版

致某君辟琼崖租法谣言电

(一九二一年一月十七日)

琼崖租法,奸人造谣,并无其事。孙文。篠。

据《为辟琼崖租法谣言电》(录自《党务杂纪》第七号,一九二一年出版),载秦孝仪主编:《国父全集》第五册,台北,近代中国出版社一九八九年出版

致西南各省嘱派代表来粤磋商要事电

(一九二一年一月二十五日刊载)

请派代表来粤,俾将三种要项解决:(一)改组政府。(一)详议护法方针。(一)联合西南团体之办法。将来能有何等效力,实难预卜。

据《孙文电请各省派代表》,载一九二一年一月二十五日天津《大公报》第一张第二版

致西南各省要员宁为玉碎争我人格通电

（一九二一年一月二十六日刊载）

个人此次赴粤实为默察民心，群起护法只在酝酿之中，无人提倡，终难获有成绩。是以毅然不避艰险，随诸各首领出担巨任，深望向在团体省份出兵出资，竭力辅助，乃多有漠视之弊。嗣后在粤，公仆愿与起义各省相约，宁为玉碎，争我人格，专冀北方之省悟。

据《孙中山训诫西南各省》，载一九二一年
一月二十六日天津《大公报》第一张第二版

与唐绍仪伍廷芳联名致唐继尧望
即命驾来粤共图进行电

（一九二一年三月四日）

云南唐总裁鉴：此间政务诸待协商，望即命驾来粤，共图进行，无任延伫。孙文、唐绍仪、伍廷芳。支。（印）

据《孙唐伍各总裁致云南唐总裁望即命驾来
粤共图进行电》，载广州《军政府公报》
光字第二十四号，一九二一年三月五日

致蒋介石催来粤筹划西征电

（一九二一年三月二十九日）

介石兄鉴：西征关系重要，一切须在事前筹划，兄来更速进行，幸即趣装。孙文。艳。

据毛思诚编：《民国十五年以前之蒋介
石先生》第六编，一九三六年十月出版

致蒋介石等催速来粤商筹北伐大计电

（一九二一年四月五日）

介石、静江、季陶、展堂、仲恺诸兄鉴：昨开大会，以外交紧急，不可无政府应付，已决议设立建国政府，并通过克日北伐案。万端待理，务恳诸兄速来商筹大计。精卫兄如可分身，亦望一临，无任企盼。文。歌。

据毛思诚编：《民国十五年以前之蒋介石先生》第六编，一九三六年十月出版

致各国驻北京公使申明北京政府为非法政府电

（一九二一年四月十二日刊载）

现闻贵团致训令驻京公使，以关余款应交付中国政府，如何支用，外人绝不得干涉等语。贵国政府尊重我国主权，深为感佩！但所指定交付之人，乃认北京政府为足代表中国，此点之误会，容有未达我国内情之故。其结果所及，使贵国承认中华民国之好意未能贯彻，且予我国民前途以莫大之阻障，不得已声叙理由，希达贵国政府，注意之点如下：（一）中华民国之成立根据约法国会，国会者，民国主权之所寄也，故一九一三年四月八日民国国会开会之日，贵政府即承认民国之成立，嗣后开会两次，会期先后不满二年，屡为袁世凯及其后武人等暴力所解散。至一九一七年正式总统期满后，中华民国事实上已无合法之总统，而首都北京一隅迄为非法的武装的内乱犯所蟠踞。（中略）吾人为维持国法、伸讨内乱，乃有广州政府之组织，而迭经通电申告中外。（二）广州政府者，依国会所选合议之总裁摄行总统职权者也。不幸政府中少数金壬与北方暗相勾结，自一九二〇年使其余总裁一时出走，而国会亦迁播。今此辈叛徒既经驱除，国会仍于广州集会，护法系统续而未断。北京既未有合法政府，国会所在地之政府当代表中华民国更无疑义。（三）本上所陈，关余者应交付民国主权所在正当之政府，不应交与北京政府明甚，但吾人数年来以尊重友邦交谊，不愿为严重之抗议。自一九一

九年以来，勉允北京总税务司支配之办法，即按西南所在各关收入之比例，全数一三七〇〇是也（原文如此，未详以何数为单位）。近乃并此数省全行委交北京政府之说，则武人等得此款后即用为屠割吾人，或供推翻国体之用。此吾人为自卫计只得申请，所望诸友邦之深为注意也。（四）（中略）夫吾人深感各友邦渴望吾国之统一与和平，吾人尤深谂吾国之和平关系于全亚及世界之和平，则吾人不得不深望吾友邦了解真正和平之所在，及可以达到统一之真正办法，是关余交付问题，实维持正义、渴望真正统一之所表示，而望友邦之勿为助暴之举也。以上各端，吾人本正义之所在、救国之决心，而为自卫之宣言，对于关余之委与北政府为决然之抗议，所望友邦之了解而为正当之援助。若必不获已，或应自卫之必要而执不得已之处置，尤非吾所愿言者也。迫切陈词，至希力扶正道是幸。

据《孙文等致驻京各使电》，载一九二一年四月十二日天津《大公报》第一张第三页

致蒋介石告军事紧急盼速来粤助理电

（一九二一年四月十八日）

　　密转介石兄：军事紧急，昨已下动员令。汝为病新愈，非兄来计划助理一切不可。接电速来。文。巧。

据毛思诚编：《民国十五年以前之蒋介石先生》第六编，一九三六年十月出版

复陈炯明表示当选总统责不容辞
望相助为理同观厥成电①

（一九二一年四月十九日）

　　广州广东省长兼粤军总司令陈竞存先生鉴：来电诵悉。贺词藻饰，感愧交

---

　　①　一九二一年四月七日，国会非常会议众、参两院在广州举行联合会，通过《中华民国政府组织大纲》，并选举孙文为非常大总统。此系对陈炯明贺电的答谢。

并。猥承国民授权、议会公选，义无返顾，责不容辞。兄与文夙具同心，誓戡国难，此后建设，倚畀尤殷。所以振民治之精神，奠邦基于磐石者，诸待相助为理，愿与同观厥成。尚希传语各将士，代宣此意，并慰勤劳。特复。孙文。效。（印）

据《孙总统复陈总司令电》，载一九二一年四月二十一日广州《广东群报》第三页

复上海全国各界联合会申谢电贺当选大总统电

（一九二一年四月二十一日）

上海中华民国全国各界联合会鉴：皓电诵悉。远承奖诲，无任感愧。既经公选，义不容辞，敬当依国民授权，议会付托，黾勉厉行。贵会为各界代表，尚希时锡嘉言，俾资考镜，遥瞻沪渎，不尽驰溯。孙文。箇。

据《孙大总统复全国联合会电》，载一九二一年四月二十九日广州《广东群报》第三页

复李烈钧嘉勉拨乱反正电

（一九二一年四月二十二日刊载）

兄本文患难之交，久资臂助，拨乱反正，尤期共勉。

据《本馆专电》，载一九二一年四月二十二日上海《民国日报》第二版

复李选廷申谢电贺当选大总统电

（一九二一年四月二十七日）

云南第六混成旅长李选廷先生鉴：远劳电贺，无任感愧。根本大计，自以正

式政府为重，既荷公选，愿竭棉力，拨乱反正，幸共勖之。孙文。感。（印）

据《孙大总统复云南李旅长电》，载一九二
一年五月十四日广州《广东群报》第六页

复何海清等申谢电贺当选大总统电

（一九二一年四月三十日刊载）

云南第一区卫戍司令何海清先生、第二区卫戍司令李友勋先生、第三区卫戍司令杨蓁先生鉴：远劳电贺，无任感愧。根本大计，自以正式政府为重，既荷公选，敢竭绵力，拨乱反正，幸共助之。孙文。

据《孙总统复滇省各将领电》，载一九二
一年四月三十日广州《广东群报》第六页

致徐世昌促其退位电

（一九二一年五月五日）

北京徐菊人先生鉴：韩退之有言曰：鼎不可使挂车，马不可使守闾。惟人亦然，非其才而用之，则用之者与为之用者，皆受其殃。中国之民主政治至于今日，其为痛苦，所不俟言，然此痛苦，非民主政治之自身所使之然，由运用民主政治者非其人故也。民国纪元以还，政治之权操于袁世凯之手。袁世凯之为人，即在君主专制之朝，亦将为王莽、董卓；以民国付之，其倒行逆施，有必然者。君平日自命当继袁世凯之后，论者或亦以君与袁世凯同科。然平心论之，袁世凯者，乱世之奸雄，君则承平时一俗吏耳。使君早生数十年，或足以杜受田、祁隽藻之流，以趋伦应付，保全令名；不幸所处时势不适于君，故君立晚清之朝而清以亡，立袁世凯之朝而袁世凯以亡。天下后世，或将以君为凶人，然原其心术，或不幸灾乐祸至是。特"鼎折足，覆公悚〔𫗧〕"，则不能为君讳。夫以君之才，立于专制君主之朝，为一臣仆，犹不能有所展布；况任中华民国之重乎？世界之民主政治，既非君所尝闻；中国之何以实行民主政治，又非君所能解，贸贸然受此重任，而偗然不以为意，其为害于国家，夫何足怪？夫中国今日政治之窳败，由于骄兵悍将、贪官污吏之肆无忌禅〔惮〕，此人人所知也。此骄兵悍将、贪官污吏，实袁世凯所翼而长之；至于今日，君则依其肘腋而仰其鼻息。六年有毁法之乱，君居天津参与督军团逆谋，是为君依人肘腋之明证。七年有非法选举之乱，君名为受人拥戴，实则供人傀儡，始终为军阀所颐指气使，不敢枝梧，是为君仰人鼻息之明证。最近蒙乱洊逼，实有人唆使，与复辟阴谋有关，道路所传，君亦与闻其事。识者知君无此胆气，不过当年故智，俯仰随人，成则分功，败则不任咎耳。君曾以此伎俩，一误前清，两误袁世凯，今将三误中华民国矣。君纵不以屑意，而天下之人，具有耳目，具有血气，决不忍君之所为，故已相与投袂而起，拯此中华民国，俾不致覆亡于君之手。此后之中华民国，置于国民全〈体〉之怀抱；建设中华民国之责任，荷于国民全体之仔肩。于选任公仆之际，以为民主政治，惟忠于民主政治之人始能知其所以然而为之不二，故遂以文承其乏。文虽不敏，诚不忍中国之民主政治有名无实，寝假并其名而亡之；既受国民之付托，则惟尽力所能至，以实现中华民国于世界。今日之事，君宜自省，名之不正，君所已知。君之不能有益于中华民国，而反以害之，亦君之所已觉。即日引退，以谢国人，则国人必谅君之不获已，且善君之能改过也。爱人以德，故为此言。若夫怙恶不悛，必不惜以国家之生命，易一己之虚荣，则非所望于君矣。孙文。歌。

据《孙总统促徐世昌引退》，载一九二一年五月十四日上海《民国日报》第一张第三版

致北京国立八校辞职教员欢迎来粤共商进行电[①]

（一九二一年六月七日）

闻伪政府摧残教育，致大学专门各校同时停止，实深愤慨。在此伪政府之下，

---

① 一九二一年六月三日，北京大学等国立八校教员马叙伦等，因北京政府长久积欠应拨与各学校之经费，随教育部次长马邻翼赴北京政府请愿。靳云鹏拒不接待。请愿教员与卫兵冲突，伤及外人。同日，北京十五新学校数百名学生也前往北京政府请愿，亦无结果。次日，北京各报通电全国，呼吁声援。七日，孙乃电劝该等学校教职员南下。

必无发展教育之希望，所有各校职教员全体可移至广州，共商进行。

据《孙总统维护全国教育会》，载一九二
一年六月八日广州《广东群报》第三页

致各界通告关于召开联省政府代表会议电

（一九二一年六月十五日）

　　民国成立，十载于兹，叛乱相寻，迄无宁岁。始则袁世凯称帝，继则督军团毁法、放逐总统、迫散国会，不旋踵而有复辟之乱。自是厥后，我中华民国遂无正式政府之存在。文及伍、唐各公痛共和之颠覆，大法之凌夷，爰集南中，建设军府，与伍、唐诸公共负护法戡乱之大任。不幸岑春煊、陆荣廷等背信弃誓，牵制破坏，荏苒数年，正义不伸，大法未复，戡乱救国，迄未成功。而徐逆世昌，乘时窃据，以伪乱真，举国傍徨，莫知所措。自平粤军返粤，岑、莫潜逃，薄海人民，望风鼓舞，本改造之决心，行政府之改造。近桂省陆、谭又复称兵，本内外之舆情，佥谓民国成立以来，国本飘摇，民生凋敝，武人专制，法纪荡然，皆由民国元年授权袁氏，付托非人。始基不固，致流毒无尽，旁致材官走卒，因拥封坼；亡清妖孽，僭立大号，欺蒙中外，淆混观听，以聚敛为内治，以卖国为外交。贪墨盈庭，□□□□，教育停课，财政破产。侈言统一，而晚唐藩镇、五代割据之威信不尽；借口和平，而萧墙构兵、争夺相杀之事实不绝。近更外蒙乱作，复辟之说复炽，共和命脉，不绝如缕，人民久困□水，一切内治外交，纵有方策，谁为设施？盖彼帝余孽、满清废僚，但知利禄之争，岂知建设之术？又或标举自托称联省，膜视国家，势同割据。不知国积于省，省属于国，国之不存，省于何有？缓急倒置，益兆分崩。今为根本解决计，非扫除群逆，无以开刷新之机；非实行联省，不克树统一之基，建民治之楷。秉此意见，请愿叠求。文受民委托，职责所在，讵容诿卸。复定于九月一日开联省政府代表会议，应请迅派代表会议，务期发扬民治之精神，涤除专制之余秽，排息纷纭，而谋建设。海内贤达，谅表同情，谨此奉闻，尚希示复。孙文。咸。

据《孙文电召联省会议》，载一九二一
年六月三十日长沙《大公报》（三）

致蒋介石告委陈祖焘代表致祭太夫人电①

（一九二一年六月十六日）

介石兄鉴：闻太夫人仙逝，哀悼之至。兹委陈祖焘代表致祭，并询孝履。孙文。铣。

据《致蒋中正告委陈祖焘代表致祭太夫人电》（录自国民党党史会编《总理与总裁重要文电初集（附总理墨迹）》，台北，新中国出版社一九五二年六月初版），载秦孝仪主编：《国父全集》第五册，台北，近代中国出版社一九八九年出版

致蒋介石望即来粤助战电

（一九二一年六月二十三日）

竞存、汝为已赴前敌，军事吃紧，望即来粤，墨绖从戎。孙文。梗。

据毛思诚编：《民国十五年以前之蒋介石先生》第六编，一九三六年十月出版

复黄大伟等嘉慰攻克高州电

（一九二一年七月七日）

高州黄、钟、胡各司令鉴：微电悉。该司令等合力分路攻克高州城，毙敌无算，智勇兼备，良深嘉慰，急宜乘胜追击，肃清群盗，会师邕管，以况全功，是所厚望。大总统。阳。（印）

据《孙总统奖励诸将》，载一九二一年七月九日广州《广东群报》第三页

---

① 蒋母王氏于一九二一年六月十四日病逝。孙文决定委陈祖焘（字果夫，陈果夫系常用名）为代表致祭。

复邓铿等嘉慰克复阳山电

（一九二一年七月七日）

　　阳山邓总指挥、吴旅长、赖梯团长鉴：微电悉。阳山既克，敌军全灭，连县之复，自在指顾。该总指挥等智勇兼优，深堪嘉慰，务益励将士，奋迅图功，靖我边疆，廓清邕管，是所厚望。大总统。阳。（印）

据《孙总统奖励诸将》，载一九二一年七月九日广州《广东群报》第三页

致谷正伦等嘉慰出师援桂电①

（一九二一年七月九日）

　　贵军奉令出师，扶植桂人自决，深堪嘉慰。望即猛进柳、桂，肃清邕、浔，助成改造之荣。

据《滇黔军大举援桂》，载一九二一年七月十七日上海《民国日报》第四版

复卢焘望戮力同心共除桂贼电

（一九二一年七月十三日）

　　贵阳卢总司令鉴：豪电悉。执事痛心国难，仗义执言，爰命师徒，共除盗贼，佩甚佩甚。文以为吾国今日政象之纷乱已极，欲求政治修明，必先去其为政治上障碍者。桂匪陆荣廷等，实西南之巨蠹。其罪恶昭著，具如豪电所云。尚期戮力同心，相与擒渠扫穴，然后东出武溪，北定幽燕，奠国家于泰山磐石之安，进人

---

　　① 此件为孙文奖励镇远谷正伦司令、晃州胡若愚司令，由总统府秘书处奉谕发电。

民于康乐和亲之域，则执事所造于民国者大矣。孙文。元。（印）

据《孙大总统之两电》，载一九二一年
七月十五日广州《广东群报》第三页

复陈炯明嘉慰占领藤县电

（一九二一年七月十三日）

梧州陈总司令鉴：文日捷电快悉。我军占领藤县，军威振撼浔江，鼓行而西，必可势如破竹。该总司令指挥若定，奖率三军，扫穴擒渠，大功可待。他日拨乱还治，该总司令所造于国民者大矣。前敌各将士，咸能用命，迭克各城，夹旬以来，备极劳苦。本大总统喜捷书之叠至，思士卒之辛勤，冒暑远征，实深系念，着该总司令传令嘉慰。大总统元帅。

据《孙大总统之两电》，载一九二一年
七月十五日广州《广东群报》第三页

致李烈钧告相机处置沈鸿英及对付滇黔军办法电[①]

（一九二一年七月十四日）

沈鸿英现已势蹙归降，惟其人反复无常，万难深信。现其军队已开往桂林、柳州、庆远一带，若滇黔军到达桂、柳、庆时，尽可相机处置。滇黔军第一步，于桂、柳、庆地方，必须先到占为根据，若时间延滞，被他人先入据者，则我可令其退防，如不遵办，虽以武力处分，有所不惜。现李师广、赖肇周[②]赣军两梯团已饬其开赴富川、恭城，期与胡若愚、李友勋、谷正伦等部队取联络。

据吴宗慈：《护法计程》（续），载黄季
陆主编：《革命文献》第五十一辑，台北，
国民党党史会，一九七〇年六月出版

---

① 此件系孙文面谕蒋伯器电知李烈钧。
② 李明扬，字师广。赖世璜，字肇周。

复陈炯明嘉奖迭克平南等县电

（一九二一年七月十八日）

梧州陈总司令鉴：据寒、铣电称，我军寒日克平南，铣日占浔州。又据删电称，刘师长震寰真日克昭平，元日占平乐等情。查浔州克，则南宁可立下；平乐克，则桂林不待攻，援桂之功，已收过半。此次我军乘胜克捷，固由前敌将士奋勇可嘉，尤见该总司令善任知人，算无遗策。肃清之日，即在须臾，倾盼捷音，特加奖劳，并着宣慰前敌诸将士为要。大总统。啸。（印）

据《省报所述粤桂战讯》，载一九二一年七月二十一日《香港华字日报》第三张第四页

复顾品珍嘉慰宣言援桂电

（一九二一年七月二十四日）

云南顾总司令鉴：佳电悉。宣言援桂，伐罪救民，当豺狼在邑之秋，励风雨同舟之志，理三循诵，大义凛然。昨据前方报称：我军克复南宁，陆、谭①均已出亡等语。桂局已完全解决，惟环顾全国，各人日夕所薪望之拨乱反治，尚非一蹴所能几〔及〕，则同策进行，益当努力也。孙文。漾。（印）

据《孙总统复顾品珍电》一九二一年七月二十五日广州《国华报》第七页

复刘震寰嘉奖克复荔浦四县并望乘胜歼寇电

（一九二一年七月三十日）

平乐刘师长鉴：宥电既捷，荔浦、修仁、蒙小〔山〕、恭城四县又次第克复。

---

① 即陆荣廷、谭浩明。

该师长驰骋疆场，迭奏奇功，深堪嘉劳。惟大盗既去，余孽尚多，宜乘破竹之威，尽扫负隅之寇，是所厚望。大总统。卅。（印）

据《粤闻》，载一九二一年八月三
日《香港华字日报》第三张第四页

复洪兆麟嘉慰攻克横县并望乘胜歼寇电

（一九二一年七月三十日）

梧州洪师长鉴：径电悉。该师长攻克横县，俘获甚多，勇将旌旗，足寒贼胆，深堪嘉劳。惟大盗既去，余孽尚存，宜乘破竹之威，尽扫负隅之寇，是所厚望。大总统。卅。（印）

据《粤闻》，载一九二一年八月三
日《香港华字日报》第三张第四页

致蒋介石促赴南宁相助电

（一九二一年八月五日）

西寇击破易，收拾难，须多一月，始得凯旋。我军经入邕宁，明后日余当驰往巡察，速来相助。孙文。歌。

据毛思诚编：《民国十五年以前之蒋介
石先生》第六编，一九三六年十月出版

复赖世璜嘉勉进逼阳朔并望速攻桂林电

（一九二一年八月八日）

据支日已抵平乐，前部进逼阳朔，劳苦远征，良堪嘉尚，着与刘、吴诸部迅速会攻桂林，务将沈、秦逆党划除净尽，庶全桂得早肃清，至为殷盼。

据《孙中山勉赖世璜》，载一九二一年
八月九日广州《七十二行商报》（四）

复谷正伦嘉慰占领柳州并望协同滇军肃清余盗电

（一九二一年八月十三日）

该部众连日剧战，占领柳州，追击溃众，并夺获器械无算，足见该司令调度
有方，深堪嘉慰。仍盼协同滇军肃清余盗，毋使妨害进规中原大计，是为至要。
诸将士溽暑遄征，并着传谕勉劳。

据《总统奖勉请将电》，载一九二一年
八月二十三日上海《民国日报》第六版

复李友勋嘉慰占领柳州并望与
黔军合力扫除余孽电

（一九二一年八月十三日）

该司令统率有方，将士用命，得以占领柳州，良深欣慰。仰即督饬所部与黔
军将士，协谋合力，扫除余孽，以使进规中原，促成统一，是所厚望。蒋、马二
支队长及诸将士冒暑遄征，并着传谕嘉奖。

据《总统奖勉请将电》，载一九二一年
八月二十三日上海《民国日报》第六版

复赖世璜嘉勉占领阳朔并望与各军合力进规桂林电

（一九二一年八月十三日）

该第三支队占领阳朔，所向有功，足见该梯团长调度有方，殊堪嘉尚。仰迅
与各军协谋合力，进规桂林。诸将士溽暑遄征，并着传谕勉劳。

据《总统奖勉请将电》，载一九二一年
八月二十三日上海《民国日报》第六版

致陈炯明奖勉收复南宁电

（一九二一年八月十七日）

　　南宁陈陆军总长兼粤军总司令鉴：顷得虞电，欣悉执事于当日入驻邕垣。旌旗所指，氛祲全消，皆由执事刚柔兼裕，仁智兼施，故能兵不血刃，收复省会。渠魁宵遁，悍将输忱，数旬之间，砥定桂省。现在各路义师，星罗棋布，不可无中枢以总其成。已明令各该统兵长官，遇有关于地方军事事宜，悉商承该总长办理，以一事权而肃纲纪。执事职掌军政，功高望重，尚望不辞劳怨，毅力主持为要。孙文。

据《大总统奖勉陈总司令》，载一九二一
年八月二十六日上海《民国日报》第四版

致李友勋嘉勉收复柳州并告广西军政
民政分别由陈炯明马君武主持电

（一九二一年八月十七日）

　　该司令统率所部，与黔军协同转战，收复柳州地方，秩序晏然不惊，足见指挥若定，因应适宜，殊堪嘉尚。惟刻下桂境义师云集，关于地方善后事宜，不可无中枢以总其成。前经畀陆军总长陈炯明以办理广西军事善后事宜全权，该司令即饬所部以原官名义，维持地方秩序。嗣后遇有军事善后事宜，应即商承陈总长主持。其地方民政即商由马省长办理，以明系统，而免纷歧，庶不负义师胜残除暴、扶植桂人自治之本旨。该司令宣力有年，闻望夙著，当能共体此意也。

据《大总统训勉李友勋》，载一九二一
年八月二十五日上海《民国日报》第四版

复某君嘉奖潘正道电

（一九二一年九月七日）

马电悉。该总司令仗义兴师，略地得械，深堪嘉慰。该部将士，为国勤劳，著一体传谕奖勉。

据《大总统嘉奖潘总司令电》，载一九
二一年九月八日《广东群报》第三页

致顾品珍告北伐策略并望令邓泰中部速进
共同作战及再抽调滇军支援北伐电

（一九二一年九月十五日）

万万急。滇顾总司令鉴：民密。佳电悉。公忠体国，良深佩慰！湘军援鄂，事前不与我谋，至于失地丧师，危及我西南屏蔽。洵如来电所云，在湘为危急存亡之秋，在我犹有千钧一发之势。政府出师北伐，久有成算，际兹形势骤变，尤为刻不容缓。惟吴佩孚欺世盗名，国中人士在昔鲜不为其惑。今虽揭去假面，而已拥重兵，非合西南全力攻之，虑未易收统一之效。此间已积极准备，不日即可移师湘境，相机分路进攻。川军沿江东下之师，已占宜昌上游各地。邓泰中司令志在国家，勇敢善战。执事既令其移师北伐，改道出湘，希电令迅速前进，共同作战。滇省如能再有抽调，厚我兵力，尤所切盼。孙文。删。（印）

据原电影印件，昆明、云南省档案馆藏

复顾品珍询北伐出师准备情形电

（一九二一年九月三十日）

千万急。顾总司令鉴：民密。养电悉。主张及时准备北伐，苌筹硕画，良深

欣佩。此次出师，兵力务求厚集。邓司令①所部兵数及编制□□如何？何日由何地开拔？并希速告。至赴湘路程，以取道义兴沿黔桂边境直出桂林，由全州入湘与诸军会合，较为利便。仍希就尊处军队开拔地点，酌定路程，见复为妥。孙文。卅。（印）

据原电影印件，昆明、云南省档案馆藏

致海外同志告组织中央筹饷会望
踊跃捐输助成统一电

（一九二一年九月）

各埠诸同志兄公鉴：文不避艰险，手创民国，迄于今日，已阅十年。无如祸变相寻，而真正之共和犹未实现，早夜以思，怒焉如捣。兹者正式政府成立，文复受国民之付托，戡乱建设，责于一身。自当再接再厉，澄清宇内，以免国政之蜩螗，解人民之困累。今桂贼就歼，西南奠定，正宜移师北指，扫荡群魔。顾六师一发，饷糈宜充，百政待兴，费用尤巨。热心之士特组织中央筹饷会，筹集义捐，以济国家之急，业经政府批准。凡我国人，务宜合力共进，踊跃捐输，以助成统一，毋令全功亏于一篑也。海天遥隔，无任厚望。孙文。

据"特载"《致各埠同志快邮代电》，载南京
《中央党务月刊》一九三〇年四月第二十一期

致各省总司令望就近联防以保省界电

（一九二一年十月二日刊载）

联军北伐问题不能再延。然查南方各界意见仍未划一，此固护法之憾事。恐因渊源斯点发生互相龃龉之事，救民宗旨反成祸民，希于联军派出后，各均就近

---

① 即邓泰中。

联防，以保省界。如何入手之处，并望电复，以备存查。

据《孙文北伐之目的》，载一九二一年
十月二日天津《大公报》第一张（三）

复陈炯明希乘胜廓扫余孽以竟全功电

（一九二一年十月四日）

南宁陈陆军总长鉴：东电悉。自南宁收复，陆、谭诸贼相率奔窜，政府宽大为怀，但令缴械，不予穷追。讵意该贼等冥顽性成，负固龙州，冀图抗命，致将士久劳征戍，人民频苦烽烟，每念边陲，辄为叹息。兹幸犁庭扫穴，克奏肤功，既嘉诸将士之勇敢善战，尤佩兄之决策定计，调度有方也。仍希督饬前方将士，乘胜廓扫余孽，期绝根株而竟全功为盼。孙文。支。

据《大总统嘉奖援桂将领》，载一九二一
年十月十二日上海《民国日报》第六版

复黄大伟嘉慰攻克龙州电

（一九二一年十月四日）

龙州黄子荫司令鉴：东电悉。陆、谭抗命，负固龙州，冀燃死灰，再祸南服。迭经该司令节节进剿，血战匝旬，卒得捣其巢穴，克奏肤功，足澂〔征〕果敢善战，调度得宜。捷报传来，毋任嘉慰。廓清余孽，在指顾间，是所厚望。孙文。支。

据《大总统嘉奖援桂将领》，载一九二一
年十月十二日上海《民国日报》第六版

复蔡钜猷嘉勉拥护政府电

（一九二一年十月十八日刊载）

常德蔡镇守使鉴：李总长①转达来电，具悉一切。此次湘省援助鄂人自治，为敌所乘，在吴逆虽能取快于一时，然民治潮流终莫能御。政府决举西南全力，克日北征，分道出兵，会师武汉。湘军向以英武闻于世，何难一战而洗曹沫之羞？来电所陈，不忘在莒，尤表示其拥护政府之诚意。当尝胆卧薪之日，正惩前毖后之机。讨贼救亡，政府所望于湘军者甚厚也。（大总统印）

据《大总统奖勉蔡钜猷》，载一九二一年十月十八日上海《民国日报》第六版

复陈炯明告将赴南宁及已有军队护送电

（一九二一年十月十八日）

广西各大城镇，均宜亲到演说，加以抚慰，沿途已由许军②派兵一团护送，可无意外之虞。

据《孙中山由梧赴邕之经过》，载一九二一年十一月十六日长沙《大公报》第三版

---

① 即李烈钧。
② 即许崇智部。

致中国国民党墨西哥支部开幕贺电

（一九二一年十月）

休启宏基，永建民权。此祝墨国支部开幕纪盛。文。

据《贺驻墨西哥支部开幕电》（录自国民党党
史会藏抄件），载秦孝仪主编：《国父全集》
第五册,台北,近代中国出版社一九八九年出版

复李烈钧嘉慰处置叛军得当并准加委滇军军官电

（一九二一年十一月一日）

　　急。桂林李参谋总长鉴：迭电悉。杨部①擅自开动，别事企图，内启友军之疑，外授敌人以隙，实属不顾大局。执事曲突徙薪，措置如法，获免燎原，具征智珠在握，毋任钦佩。益之②大节凛然，有谋有勇，不愧干城之选，领袖滇军，定能胜任愉快。胡、王旅长以次，悉庆得人，均应照委，以资倚畀，委任状随寄。竞存日内进梧，俟与一晤，即行出发。执事国事贤劳，不遑宁处，郊迎殊非所安。我军将领来电欢迎，热诚可感。军书旁午，不及一一复答，并望代为致意。孙文。东。

据《大元帅致李参谋总长东电》，载
广州《陆海军大元帅大本营公报》
第一号，一九二二年一月三十日

---

① 指杨益谦部。
② 朱培德，字益之。

致蒋介石告将与许崇智往桂林望速来臂助电

（一九二一年十一月六日）

介石兄鉴：余拟于十五日与汝为往桂林。请节哀，速来臂助一切。孙文。麻。

据毛思诚编：《民国十五年以前之蒋介石先生》第六编，一九三六年十月出版

复广州国会非常会议告已布告否认伪廷滥发国库券抵押国内外银行借款电

（一九二一年十一月十五日）

广州国会非常会议、林议长暨各议员鉴：齐电悉。伪廷滥发国库券，抵押国内外银行借款，增人民之负担，紊全国之金融，饱私人之贪囊，长军阀之凶焰。贵会议代表人民公意，通电反对，钦佩无极。本大总统月前探悉此事，已于九月十四日布告否认，并由秘书各处录电省矣。谨此电复，希为察照。孙文。删。（印）

据《总统由梧出发之行旌》，载一九二一年十一月二十七日上海《民国日报》第一张第三版

复廖仲恺汪精卫嘱与徐树铮洽商军事并告我军用兵方略电

（一九二一年十一月二十二日）

万火急。广州财政部次长廖仲恺暨精卫先生鉴：亲译。总密。电悉。徐君①

---

① 即徐树铮。

来，慰我数年渴望。且我等已积极进行，由粤至桂，往返动需月余，虑于彼此所事有所妨碍，兹请两兄及介石为我代表，与切商军事之进行。现我军决于旧历史后用兵，吴逆若来，则用小包围之法，击之于衡、宝一带，彼若退守武汉，则用大围之法，以荆汴①长岳为正面攻击，由汉水出萍〔襄〕樊为左翼，由赣出九江、黄州为右翼，三路以制其死命，两者皆以有他军为援，应为我之大利。闽王②攻赣之背面，鄂孙③乱吴之后方，尤须应时，请先注意于此。形势既利，浙卢④、皖马⑤即可据长江下游，而豫赵⑥、鲁田⑦共起，使直系更无归路。自来战略因于政略，吾人政略既同，斯为南北一致，以定中国，其庶几也。此电已兼示汝为。孙文。养。（印）

据原电影印件，广州、广东省立中山图书馆藏

复蒋介石促来桂商榷作战计划电

（一九二一年十一月二十三日）

广州总统府谢秘书长转俎〔介〕石先生：总密。电悉。作战计划昨电略告廖、汪两兄，可询之。一切仍俟兄来商榷，望即偕季陶兄来。孙文。梗。（印）

据原电影印件，广州、广东省立中山图书馆藏

---

① 疑系"沙"之误。
② 指福建北军师长王永泉。
③ 指驻湖北之直系长江上游总司令兼北军第二师师长孙传芳。
④ 指浙江督军卢永祥。
⑤ 此处疑误，应是指安徽督军张文生。
⑥ 指河南督军赵倜。
⑦ 指山东督军田中玉。

致周震麟嘱与湖南各界接洽四事电

（一九二一年十二月三日刊载）

第一，详询赵恒惕，如果以自治为重，应表示欢迎联军。第二，与旅湘、鄂省民军首领磋议联络。第三，再对湘省议会及绅商团体表白联军北伐决不扰湘。第四，邀集湘南各路统兵长官担任北伐前路。

据《孙电周震麟接洽四事》，载一九二一年十二月三日天津《大公报》第一张第三版

致马君武令整顿吏治抚绥地方电

（一九二一年十二月十日）

南宁马省长鉴：迭据永古中三属联合会、永福县议参〔参议〕会、桂林南乡六塘团绅秦永奚等，全县西延难民代表王云阶等先后上书陈苦匪、苦兵、苦官各情形，览之殊堪悯念。查桂人憔悴于盗阀之下，十年来痛苦已深，故各军扶义而西，民之望之谓可以出水火而登衽席。军兴之际，戎马仓皇，关于地方之治安，吏治之整顿，或有未能兼顾之处，今已荡平群盗，亟当尽力于抚绥，则土匪应如何肃清，兵士应如何约束，各县知事应如何刷新一切，此皆当务之急。仰即切实办理，务令间阎获享安宁之福，民治得有发展之机。是所至望。孙文。蒸。（印）

据《大元帅致广西马省长蒸电》，载广州《陆海军大元帅大本营公报》第一号，一九二二年一月三十日

复顾品珍卢焘请勿生疑电

（一九二一年十二月十三日刊载）

滇黔派出联军后，决无其他意外。唐、刘①亦不希望回省，请勿生疑。

据《孙文复顾卢电》，载一九二一年十二
月十三日天津《大公报》第一张第三版

复顾品珍嘉勉率师北伐电

（一九二一年十二月十三日）

贵阳卢总司令转云南顾总司令鉴：巧两电均悉。执事辞卸兼职，专理军政，躬率劲旅，驰赴北方，俾地方举分治之实，疆场收合作之功，体国公忠，洵属超越流辈，毋任欣佩。所委各司令，皆一时干城之选，底定中原，胥于此举是赖。划定区域，分防专责，尤为战略上要着。当就各省坏〔壤〕地及交通上之便利，妥为区划，再行分达。孙文。元。

据《大元帅致云南顾总司令元电》，载
广州《陆海军大元帅大本营公报》
第一号，一九二二年一月三十日

致某君谈攻桂意见电

（一九二一年□月二十二日）②

赵德裕从高雷攻桂，□调既难，且无以解湘省之疑虑。协和③有决心，宜即

---

① 指唐继尧、刘显民。
② 电文末"养"指二十二日，据底本《专电：来字号二》的编排情况可知于一九二一年，惟难以断定在何月。
③ 李烈钧，字协和。

以□作战，桂必用重兵，防粤进易，彼方无劲敌也。孙文。养。

据《先生来电》，见中国国民党本部
总务部《专电：来字号二》（九年十
一月十日起），原稿本，上海图书馆藏

致廖仲恺等告俄国实行新经济政策电

（一九二一年十二月下旬）①

俄国经济状况，尚未具实行共产的条件，故初闻苏俄实行共产，甚为诧异。今与马林谈，始知俄国的新经济政策，与我们的实业计划，相差无几，至为欣慰。

据蒋介石：《苏俄在中国》，台北，黎明文化
事业股份事业有限公司一九八二年二月出版

致吉礁坡中国阅书报社庆贺成立十周年电

（一九二一年十二月）

振三民之木铎，导五权之先河。孙文。

据《贺吉礁坡中国阅书报社十周年纪
念电》（录自《会书》之九"文电"），
载秦孝仪主编：《国父全集》第五册，
台北，近代中国出版社一九八九年出版

---

① 写作日期未详。据内容可知此电应发于孙文会晤马林之后，今酌定为一九二一年十二月下旬。

致实兆远益智书报社庆贺成立八周年电

（一九二一年十二月）

宣传主义，启牖文明。孙文。

据《贺实兆远益智书报社八周年纪念电》（录自《会书》之九"文电"），载秦孝仪主编：《国父全集》第五册，台北，近代中国出版社一九八九年出版

致赵公璧谈沪屋电

（一九二一年）①

赵公璧兄鉴：沪屋杂物太多，其中乱费日□，□且非内人亲为不可。确难租。

据《先生来电》，见中国国民党本部总务部《专电：来字号二》（九年十一月十日起），原稿本，上海图书馆藏

致顾品珍等望赶紧拔队北伐电

（一九二二年一月十三日）

万急。云南顾总司令、北伐先遣军范司令、第一路杨司令、第二路蒋司令、第三路杨司令②鉴：前接顾总司令艳电称：各路动员已准备完竣，准下月初旬次第开拔等语，极用欣慰！现在时机迫促，滇省道途修阻，希即赶紧拔队前进为盼。孙文。元。

据《大元帅致云南顾总司令暨范杨蒋杨四司令元电》，载广州《陆海军大元帅大本营公报》第一号，一九二二年一月三十日

---

① 电文末无日期标示。据底本《专电：来字号二》的编排情况，仅知在一九二一年。
② 即顾品珍、范石生、杨希闵、蒋光亮、杨蓁。

致陈炯明责其不附从北伐电

（一九二二年二月二日）

如不北伐，将移桂新部回粤改造粤省。

据《上海快信摘要》，载一九二二
年二月九日长沙《大公报》（二）

复全国国民外交大会历数徐世昌罪状电

（一九二二年二月七日）

　　上海全国国民外交大会鉴：来件收悉。贵会特伸大义，否认北庭，并经发布宣言，拥护正式政府，甚感甚感！徐世昌以满清余孽，洪宪遗臣，为复辟之罪魁，实叛国之首祸。而乃与其私党运用阴谋，盘踞北京，僭窃伪号，民国而有历事五朝之冯道俨然称尊，此中华人民皆当引为深耻者也。贵会今日之组织，实痛心疾首于外交之失败。夫卖国之举，无一非徐世昌之所为，承诺二十一条，当时为袁政府之国务卿者徐世昌也。高徐、顺济之路权，以其借款而充伪总统选举之运动费者，亦徐世昌也。昔国人误于因循，徐世昌乃乘间而售其术，迨凡尔赛会议、华盛顿会议，均由徐世昌而失败。国人始悔噬脐之莫及，觉补牢之太迟，奔走牺牲，欲以民气为外交之后盾。顾徐世昌不知悔过，反使军警施其暴力，压抑人民。盖亡国之大夫，不可与图存；又况石敬瑭、张邦昌之居心，吴三桂、李完用之行事，尤足惧耶。最近之鲁案直接交涉，及九千万盐余借款，在徐世昌亦不过视为故常而已。若夫梁士诒者，帝制犯也，可以同恶相济，则以之为伪阁总理，盖又徐世昌与共和宣战也。他若蹂躏教育，摧残实业，且任其野蛮之军队，纵火而劫宣武，决堤而溺嘉蒲，率兽食人，又其余事。故欲列其罪状，罄竹难书。总而言之，有徐世昌，必不容有民国；有民国，绝不可有徐世昌，此理易明。贵会亦见及于此，足征国人之觉悟。吾国存亡之机，我军胜负之数，胥系于此一念间矣。文三十年来，本革命之精神，为救国之事业，忠于主义，始终不渝。去岁受国民付托之重，责以戡乱图治，扫除凶逆，改造社会，不敢不勉。特为四万万人讨卖国之贼，故不得已而用兵。甚愿贵会弘此远谟，发为谠论，使天下咸喻政府伐罪吊民之意，得竟吾人拨乱反正之功，则贵会所造于民国者甚大。孙文。阳。（印）

据《大总统督师北伐复电》，载一九二二
年二月二十二日上海《民国日报》第十版

复全国各界联合会请一致北伐电

（一九二二年二月七日）

上海全国各界联合会鉴：侵日代电诵悉。贵会痛心国难，慷慨建言，以秣马厉兵、肃清中原而相属望，何敢不竭忠殚虑，厉我戎行，顺宇内之推心，拨乱世而反之正也。文自广州出发以赴戎机，至于桂林，搜讨军实，今已部署粗定，将戒〔届〕师期矣。然陈师鞠旅，人民所望诸政府者甚深；而戮力同心，政府所求诸人民者尤切，亟盼全国各界爱国之士一致进行，各尽所能，赞助政府。若谓因循自误，苟且偏安，人非至愚，安能忍而与之终古？文忠于主义三十余年，本革命之精神，断战胜乎一切。此次督师北伐，亦即吾人根本改造之道耳。况今日之中国，诚如来电所谓事急时迫者，则为国讨贼，迟迟其行可乎？敢布腹心，即希公鉴。孙文。阳。（印）

据《大总统督师北伐复电》，载一九二二
年二月二十二日上海《民国日报》第十版

致刘震寰着速剿灭林俊廷部电

（一九二二年二月九日刊载）

林俊廷一月十二日尚通电愿随卢焘北伐，骗得十五万元到手即叛抗，反复奸滑。务速剿灭，不可再中其缓兵之计。

据《上海快信摘要》，载一九二二
年二月九日长沙《大公报》（二）

致美国记者大利指出近年日本干涉中国内政的事实并申明和平统一中国的方针电

（一九二二年二月十五日刊载）

　　华盛顿会议关于中国内部及国际上之地位，实无如何物质上之感受。盖限制裁军条约既成后，虽为世界上可庆之事，然以事实上言之，则日本在远东占有优势及特殊之地位，固未尝少变。且其能力及权势更足使其高压之策，有加无已。前此美国海军势力之扩张，本为约束日本之要因，今既弃同敝屣，则蒙其害者惟中国耳。夫近年中国历次之变乱，日本皆尝偏助其一方，其政策不外欲使中国常陷于变乱之境，此实最著之事实。然余对于此次日本在华会永不干涉吾国内政之宣言，则深望其不致徒托诸空言也。至于解决中国问题，则国内倾向余统治下之统一运动，今已逐日得势。盖北京政府之孱弱腐败，皆足增助吾人政府革新之进步，余信此种渴望之统一，大足以催促列强撤消北京政府之承认。此北京政府于法律及事实之官能，不久消失净尽，而中国人民固已公然弃绝之矣。余之政策在于以各种和平方法统一国家，但列强之外交政策，如继续承认北京方面为统治机关，则殊与吾人之北伐军相左，实非余之愿望。大抵中国于今年内可以完成统一，将来之政府决不挟有军阀之性质，而纯为宪法上之民意所造成，此固吾人奋斗而得之者。民政上之最高权当建立军权之上，而中国和平之发展及进步，将于此觇之矣。

据《美记者莅粤考察政治》，载一九二二年二月十五日上海《民国日报》第六版

致粤军救护队饬赴桂林电

（一九二二年二月二十日）

饬粤军红十字救护队克日调拨桂林，听候差遣。

据《大本营军队陆续开拔》，载一九二二年二
月二十一日上海《民国日报》第一张第三版

致李福林告全军准三月中全开拔望仰速筹备进行电

（一九二二年二月二十日）

十五日会议各问题均解决，全军准三月中全开拔，集中柳州，仰速筹备进行。

据《上海快信摘要》，载一九二二年
二月二十六日长沙《大公报》（二）

致粤省告此次北伐有破釜沉舟之志电

（一九二二年三月十五日）

此次北伐，有破釜沉舟之志，除旧布新，更示吾人以决心。

据《上海快信摘要》，载一九二二年
三月二十二日长沙《大公报》（三）

致某君表示北伐决心电

（一九二二年三月十六日）

此次北伐，本有破釜沉舟之志，除旧布新，更示吾人以决心耳！

据《国内专电》，载一九二二年
三月十七日上海《申报》（四）

致陈炯明等吊唁邓铿电[①]

（一九二二年三月二十三日）

广州陈总司令、财政部廖次长、古厅长[②]鉴：梗电悉。仲元遽以创死，伤哉！平日忠于国事，勇于奋斗，前途之望，正复无限。壮年遽殒，不止粤中惜此人才也！身后宜从优异，倘有所志未竟之事，亦企完成之，以慰英魂。临电不胜凄怆。孙文。漾。（印）

据《邓仲元先生归窆地》，载一九二二年
四月二日上海《民国日报》第二、三版

---

① 一九二二年三月二十一日傍晚，深受孙文倚重的广东总司令部参谋长兼粤军第一师师长邓铿（字仲元）自港返穗，至大沙头广九火车站下车时，忽遭凶徒枪击重伤，二十三日晨不治辞世。后凶手被抓，但幕后指使者始终未能查获。经孙文特批，"邓仲元墓"附设于广州黄花岗七十二烈士陵园内。为了纪念邓铿，在后世除广州创办仲元中学外，全国各地还设有多种类型的学校以及图书馆、医院、托婴所、亭园等等。

② 广东总司令陈炯明、民国政府财政部次长廖仲恺、广东省政务厅长古应芬。按：当时陈炯明已被撤销粤军总司令而保留民国政府陆军总长职务，故孙文以广东总司令部作为陆军部之别称，又称陆军总长陈炯明为广东总司令。

致古巴同志恳亲会贺电

（一九二二年三月）

历尽艰虞，此志不懈，诚谊相孚，无分内外。孙文敬祝。

据"特载"《中国国民党左巴同志恳亲会贺电》，
载南京《中央党务月刊》一九二九年一月第七期

复陈炯明告联合段祺瑞原因电

（一九二二年四月六日刊载）

吾之所以赞成与段氏携手者，以段之势力牵制关外势力耳。无非利用其一时，而护法根本计划依然不变。

据《孙陈对奉态度》，载一九二二
年四月六日长沙《大公报》（三）

致陈炯明望速取消退隐之志终始国事电

（一九二二年四月二十七日）

提前万急。陈总长鉴：湘芹等归述各事，深中肯要，弟极赞同：（一）总部已饬陆军部以总长名义赶紧接收。（二）昨日湘芹等未返，已派李济深、冯祝万解饷八万，接济南凯旋军伙食。叶、杨等部则拟使驻防肇庆、西江及灵山一带，巩固两粤。（三）滇、赣军已严饬按照原定计划，迅速开赴韶关，粤军第二军及第一路军队已陆续由火车站开进，省城秩序，责成第三师担任；第二师之一部，拟挈同北伐。此外尚有目前须急商办之重要事件，非兄速回，不能就绪。如陆军部当即如何拓张组织？粤中军队当如何编成北伐，分别留宁？饷弹各项，当如何计划补充？种种均须兄为我统筹负责，庶几师出有功。弟拟刻日移大本营于韶关，

亟盼兄来决定一切。革命既无半途而废之理，十年患难，道义之交，一旦相弃，纵弟不求谅于人，兄则何忍为之？望兄速取消退隐之志，投袂而兴，终始国事，庶几执信、仲元得以瞑目。惟兄察之。孙文。感。

据《大总统致陈总长电》，载一九二二年五月三日广州《广东群报》第三页

致唐继尧告日内至韶督师望相助电

（一九二二年四月二十七日）

久要不忘，至为佩钦〔钦佩〕。奉、直交哄，天予吾人以统一之好机，文决定日内至韶督师，示不失信于内外，将伯为助，是所望也。

据《讨贼军出发之声威》，载一九二二年五月八日上海《民国日报》第三版

复唐继尧告日内赴韶关督师望相助电

（一九二二年五月四日）

滇允北伐，久要不忘，文决日内赴韶关督师，望相助。

据《本社专电》，载一九二二年五月五日上海《民国日报》第二版

致杨庶堪指示与浙督卢永祥商讨会攻江苏事项电

（一九二二年五月十二日）

沧兄：展密。一、已电达浙卢，派兄就商大计。二、答卢及应商者如下：甲、协和、汝为皆当留主持中央事务，不使洊赣攻。乙、已屡促竞存出任军事，竞语精卫云，要我同时分踄出具粤中，实若饷弹不足，莫如专用于一方面，较有把握。

丙、切盼浙、闽皆与戒〔我〕军同时一致动和。丁、浙能于我军攻赣时即攻江苏，据南京为上策。我军得赣后会攻江苏为中策。然中策非戒〔我〕志也。我计由九江夹攻武汉。戊、海军可助卢守沪，亦可助嫦〔长〕南京，不知卢欢迎否，能助饷否？三、第二各节，望切探速复。文。伏〔侵〕。

据原电影印件，广州、广东省立中山图书馆藏

复叶举等表示对陈炯明始终动以至诚电

（一九二二年五月二十三日）①

广州叶督办，魏卫戍总司令，熊、翁、何、钟、陈、邱、陈、杨、罗、李、姜、太、贺、余、袁、纪、王、陈各旅长、司令鉴：新克密。得电，惠词恳切。国家多事，非贤者高蹈之时；况竞存遄征，实关大局安危。故自上月漾日以来，每呕欲挽之复出，电报秘叠，信使不绝于道。顾竞存虽允继任陆军，犹未取决退志。最近桂寇披猖，粤防告警。竞存切念时艰，亦再借箸为筹，或当幡然而退〈返〉②，不卸仔肩。巧日已托精卫商以〈中路〉③联军总司令之重任。此皆入春以来，与竞存之预约，可使内外兼维。同日文更有电往商。盖文于竞存，始终动以至诚，而不肯稍参客气。以竞存生平大义，炳著中外。君子爱人以德，若操之过蹙，不任有回旋余地，殊非待士之道。烈山寻介，重〔薰〕穴求玉，长此相迫，文所不忍，亦君等所当知者。知君等袍泽谊深，爱乡爱国，故言之切切。专此布复。孙文。

据李睡仙等编：《陈炯明叛国史》，《新
福建报》经理部，一九二二年十一月出版

---

① 长沙《大公报》一九二二年五月三十日（二）《上海快信摘要》刊载此电节要，标明此电发于二十三日。

② 据上海《民国日报》一九二二年五月二十六日第二版《本社专电》补。

③ 据长沙《大公报》一九二二年五月三十日（二）《上海快信摘要》改。

致蒋介石告粤局危急请即来助电

（一九二二年六月二日）

立转介石兄：粤局危急，军事无人负责，无论如何，请兄即来助我。千钧一发，有船即来。至盼。文。冬。

据毛思诚编：《民国十五年以前之蒋介石先生》第六编，一九三六年十月出版

致陈炯明告合力攻赣

（一九二二年六月上旬）①

现全力攻赣，饬粤军勿胁迫，致受牵制，如得手，即全入赣，败亦离粤，不问国事。

据《上海快信摘要》，载一九二二年六月十七日长沙《大公报》（二）

致护法舰队各舰告陈军若至期未退海军可炮击电

（一九二二年六月十七日刊载）

予十二日向广东各界及各报记者嘱其以舆论之力，于十日以内令陈炯明部下之军队退出三十里以外。若至期尚未撤退，则海军可以开炮向陆上陈军攻击。

据《孙陈部下起冲突》，载一九二二年六月十七日北京《晨报》第二版

---

① 原电未署日期。今据刊载原文"十一日香港电：孙电陈炯明"酌定为六月上旬。

致叶举令粤军退出广州电

（一九二二年六月十七日）①

令粤军退出广州，限二十四小时答复，否则再击，较前为烈。

据《广东军民对粤省政变之态度》，载一九
二二年六月二十三日天津《益世报》（三）

致蒋纬国促蒋介石速来粤电②

（一九二二年六月十八日）

宁波江北岸引仙桥十号蒋纬国先生：介密。事紧急，盼速来。孙文。巧。

据原电影印件，广州、
广东省立中山图书馆藏

致各省告专待北伐军回戈平乱电

（一九二二年六月三十日）

粤都之变，幸天相民国，我犹不死，遂有十七日炮轰之举，以表护法政府尚非全坠。今设行营于黄埔，专待北伐大军之回戈，则乱贼实不足平，前以姑息养奸，今则彼罪通天，惟有诛戮而已。望各省同志，幸勿失望。孙文。

据《孙陈相持之粤中形势——中山之状语》，载
一九二二年七月六日长沙《大公报》（二）

---

① 刊载原文称："孙文率舰自炮击广州后，即用无线电致叶举。"此电未署日期，据报称："接此电后，叶举即开军事会议，决置不理，至十八日下午已到期亦无事。"今酌定为十七日。

② 此件系促蒋介石速赴粤的电报。用蒋介石次子蒋纬国，系为保密故。

复利介诸同志请将存款尽汇应急电

（一九二二年七月九日）

利介诸同志：电款均悉，至佩热忱！北伐军已克韶、梅，逆势日蹙。请将存款尽汇应急。孙文。佳。

据《复利介诸同志嘱将存款尽汇应急件》（录自国民党党史会藏原件），载秦孝仪主编：《国父全集》第五册，台北，近代中国出版社一九八九年出版

复中国国民党芝加哥分部告捐款收到望续筹军饷电

（一九二二年七月十日）

伍千伍百元收，承助至佩！现率舰队进驻省，以会许军。望续筹电沪。孙文。蒸。

据《复芝加哥分部望续筹军饷电》（录自国民党党史会藏原稿），载秦孝仪主编：《国父全集》第五册，台北，近代中国出版社一九八九年出版

复中国国民党大溪地分部告捐款收到望续助饷电

（一九二二年七月十日）

大溪地同志：二万佛郎收，谢后援。望续助。孙文。蒸。

据《复大溪地分部盼续助饷电》（录自国民党党史会藏原稿），载秦孝仪主编：《国父全集》第五册，台北，近代中国出版社一九八九年出版

复吉隆坡同志告捐款收到及率舰进驻白鹅潭电

（一九二二年七月十一日）

（一）转占梅兄，款收。（二）现率舰驻鹅潭候许军。孙文。真。七月二十日复吉隆坡陈占梅。

据《复吉隆坡同志告汇款已收并率舰进驻
白鹅潭电》（录自国民党党史会藏原稿），
载秦孝仪主编：《国父全集》第五册，台
北，近代中国出版社一九八九年出版

致北京政府告即铲除叛逆与北和议电

（一九二二年七月十九日刊载）

彼日内即将叛逆（指陈炯明）铲除，终须与北和议。

据《专电》，载一九二二年七月十
九日天津《大公报》第一张第三页

致李烈钧等告叛军拟派舰进白鹅潭攻击我各舰电

（一九二二年七月二十二日）

闻叛军贿买"肇和"、"永翔"二舰来白鹅潭攻击各舰，诚所谓匪夷所思，叛军谋害总统，盖无所不用其极矣！无论"肇和"舰吃水甚深，不能驶入省河，即使能之，则海军将士，深明大义，必不为其所买。无奈叛军谋害心切，不计可否，徒见其枉费金钱，多耗人民脂膏而已。

据蒋介石：《孙大总统广州蒙难记》第
五版，上海，民智书局一九三六年四月

复黎澍告北方欠诚意电

（一九二二年七月二十四日）

北方欠诚意，须觉悟后方能接洽。

据《国内专电》，载一九二二年七
月二十五日上海《申报》（四）

复中国国民党芝加哥分部各捐款已收望续助饷电

（一九二二年八月一日）

款已收，承竭助至感。现将韶关、翁源、英德等外逆军击破。惟我军冒暑奋斗，劳苦倍加，尚望海外同志源源续助，以励士气。孙文。东。

据《讨陈之役复海外国志告捐款收到及军事近情并
望继续筹助各电》（一）《复芝加哥分部电》（录自
国民党党史会藏原稿），载秦孝仪主编：《国父全集》
第五册，台北，近代中国出版社一九八九年出版

复黄海山告捐款收到望续助饷电

（一九二二年八月一日）

感、世款均收，承助至感。现将韶关、翁源、英德等处逆军击破。惟我将士冒暑奋斗，劳苦倍加，尚希海外诸兄源源续助，以励士气。照电收转。孙文。东。

据《讨陈之役复海外同志告捐款收到及军事近情并
望继续筹助各电》（二）《复小吕宋黄海山电》（录自
国民党党史会藏原稿），载秦孝仪主编：《国父全集》
第五册，台北，近代中国出版社一九八九年出版

复□兆兰告捐款收到望续助饷电

（一九二二年八月一日）

　　兆兰兄鉴：承石、何、胡兄共来星币两千，至感。韶关以下逆军为我击散，粤局不日可定。惟饷需甚急，尚希力筹续助。孙文。东。

据《讨陈之役复海外同志告捐款收到及军事近情并
望陆续筹助各电》（三）《复星加坡同志电》（录自
国民党党史会藏原稿），载秦孝仪主编：《国父全集》
第五册，台北，近代中国出版社一九八九年出版

致中国国民党泗水支部盼速筹款应急电

（一九二二年八月二日）

　　万急。并转荷属各支分部鉴：北江军事，均甚得手。惟海陆军糈，待济良急。特恳火速续助，或暂借应急，无任盼切。孙文。冬。

据《讨陈之役复海外同志告捐款收到及军事近情并
望继续筹助各电》（四）《致泗水支部电》（录自
国民党党史会藏抄件），载秦孝仪主编：《国父全集》
第五册，台北，近代中国出版社一九八九年出版

致中国国民党仰光支部盼速筹款应急电

（一九二二年八月二日）

　　万急。请转各支分部鉴：北江军事，均甚得手。惟海陆军糈，待济良急。特恳火速续助，或暂借应急，无任盼切。孙文。冬。

据《讨陈之役复海外同志告捐款收到及军事近情并
望继续筹助各电》（五）《致仰光支部电》（录自
国民党党史会藏抄件），载秦孝仪主编：《国父全集》
第五册，台北，近代中国出版社一九八九年出版

致中国国民党驻荷属党部盼速筹款应急电

（一九二二年八月二日）

万急。转荷属各支分部鉴：北江军事，均甚得手。惟海陆军糈，待济良急。特恳火速续助，或暂借应急，无任盼切。孙文。冬。

据《讨陈之役复海外同志告捐款收到及军事近情并望继续筹助各电》（六）《致驻荷属党部电》（录自国民党党史会藏原稿），载秦孝仪主编：《国父全集》第五册，台北，近代中国出版社一九八九年出版

致陈嘉祐告南雄失守电

（一九二二年八月五日）①

电报陈总司令②：南雄昨日失守。文。

据《致陈总司令告南雄失守电》（录自国民党党史会藏抄件），载秦孝仪主编：《国父全集》第五册，台北，近代中国出版社一九八九年出版

复中国国民党古巴支部告捐款收到望续助饷电

（一九二二年八月五日）

款收。俟许军到省，粤局即定。惟军饷紧急，希续助。电沪林焕廷收转。孙文。微。

据《讨陈之役复海外同志告捐款收到及军事近情并望继续筹助各电》（七）《复古巴支部电》（录自国民党党史会藏原稿），载秦孝仪主编：《国父全集》第五册，台北，近代中国出版社一九八九年出版

---

① 原电未署日期。因南雄系于一九二二年八月四日失守，故此电当发于八月五日。
② 即陈嘉祐，时任讨贼湘军第一路司令。

复檀香山同志告捐款收到望续助饷电

（一九二二年八月六日）

电款均悉。诸兄协助讨贼，海陆军士闻之倍奋。现我军将抵韶关，第用兵之际，需款仍钜，望续电焕①转，俾先靖粤局而安桑梓。孙文。麻。

据《讨陈之役复海外同志告捐款收到及军事近情并望继续筹助各电》（八）《复檀香山同志电》（录自国民党党史会藏原件），载秦孝仪主编：《国父全集》第五册，台北，近代中国出版社一九八九年出版

致宋庆龄告切勿信谣言电

（一九二二年八月七日）

有敌造种种惨谣，切勿信之。

据《孙总统政躬安康》，载一九二二年八月十日上海《民国日报》第十版

为离粤赴沪致各将领电令②

（一九二二年八月九日）

南雄李总长、胡文官长、许军长，并转仁化滇军朱总司令、乐昌湘军陈司令、翁源黄司令、李司令、赣州赣军彭总司令、平乐滇军张总司令、庆远卢总司令、黔军谷总司令、梧州桂军刘总司令、粤军关师长、魏师长、四川酉阳石总司令均

---

① 即林焕廷。

② 孙文于八月九日午后离穗经港赴上海，行前发此电令。此电一九二二年九月十一日重庆《国民公报》中《孙中山离粤时之电令》内容相同，惟缺衔。

鉴：文于六月十六日率舰应变以来，与叛军相持二月之久，正期与我各将领会师广州，歼此叛逆；徒以孤军粮绝，变生肘腋，故文于本日不得已离粤来沪，相与我护法同志讨论善后与中国统一计划。惟讨贼之志未终，平乱之责犹在，特令李总长统率各省义军，集合粤境，同心戮力，讨此叛逆，以彰国法。望各将领懔遵毋违。此令。孙文。佳。

据一九二二年八月十五日《广州民国日报》

复中国国民党古巴支部告捐款收到望续助饷电

（一九二二年八月十五日）

叁千元收。文来沪谋中国统一计划，至平乱事，由许、李①负责。请各同志接续助款，以竟全功。孙文。删。

据《讨陈之役复海外同志告捐款收到及军事近情并望继续筹助各电》（九）《复古巴支部电》（录自国民党党史会藏抄件），载秦孝仪主编：《国父全集》第五册，台北，近代中国出版社一九八九年出版

复北京政府告无北上必要电

（一九二二年八月十七日刊载）

西南势力现集上海，实无北上必要，个人亦未定行踪。

据《专电》，载一九二二年八月十七日天津《大公报》

---

① 即许崇智、李烈钧。

复中国国民党旧金山总支部询寄
香港货物交何人收电

（一九二二年八月十七日）

铣电悉。商妥再报。惟该货寄港交何名收？先复。文。篠。

据《讨陈之役复海外同志告捐款收到及军事近情并望继续筹助各电》（十）《复三藩市总支部电》（录自国民党党史会藏抄件），载秦孝仪主编：《国父全集》第五册，台北，近代中国出版社一九八九年出版

复曹锟吴佩孚重申化兵为工主张
并勉以勿为军阀政蠹电①

（一九二二年九月三日）

　　保定曹仲珊先生、洛阳吴子玉先生②均鉴：艳电奉悉。难〔藉〕审体国公谦，翩然憬悟，回环雒诵，良用钦迟。护法数载，卒荷赞同，薄海具瞻，匪惟私幸。至冀守正不阿，一切依法解决，不为少数政客私见伪行所蔽，法统诚立，纠纷自解，而国〈事〉乃有可为也。化兵为工之策，自信为今日救国不二法门。盖举世多讼言裁兵，不得其方，弊且立见，此策易简，朝决夕行，无虞滞碍，实施次第，当更为偕箸之筹。一得之愚，或将为数世之利也。国人症结，不独成见，在乎诈伪相乘，各私其属，阳假嘉名，阴图倖利，鬼蜮政蠹之为，国人厌弃固矣。军阀窃柄，尤易滥用权威，僭越非望。公等怵于民瘀国艰，当与共雪斯耻，推诚共济，

　　① 此为孙文对曹锟、吴佩孚艳电（一九二二年八月二十九日来电）的复电，自上海发往保定。
　　② 曹锟，字仲珊。吴佩孚，字子玉。

何难不纾！时危事棘，岂胜企祷。专此布复，并鸣谢悃。孙文。江。

据《曹吴与孙中山往来电》，载一九
二二年九月四日上海《时报》（二）①

复北京政府告果能与南方共谋统一当维持政局电

（一九二二年九月八日刊载）

北方果能辨明真正法统，与南方竭诚共谋统一，文当低首下心维持政局。北
上与否决无关系，厚意容当图谢。

据《孙中山在沪之近状》，载一九二二年
九月八日天津《大公报》第一张第三页

致黎元洪请速注意辨正法统电②

（一九二二年九月十二日刊载）

南北统一，早宜积极进行。厥以法统尚未辨正，前途纠纷不易解决。特请速
从此处注意，俾便南北共谋统一。否则长此迁延，前途难免不生枝节。

据《南北统一前途之焦点》，载一九二二年
九月十二日天津《大公报》第二张第二页

复刘成勋嘉慰奠定川局电

（一九二二年九月十三日）

成都刘总司令鉴：冬电奉悉。川局奠定，具仰奇勋，诸将乐推，出膺节钺，

---

① 另见台北中国国民党文化传播委员会党史馆所藏孙文亲笔电稿，个别文字稍异于底本。
② 该电系原电节要。当时国会方面发生了是恢复民六国会还是恢复民八国会的争端，国
民党系议员主张恢复后者。

尤为庆慰。蜀人苦兵祸久矣。建设闳业，凡足以与民休息更始者，至冀贤者锐志图之，俾可纾难而作其气。承以善后暨大局见访，雅意殷拳，钦迟靡极。育仁到时，会当竭怀以告。顷日并已派遣宋辑先上谒，代述鄙忱，唯进教之。诸将为国宣勤，亦希传语嘉励。执事导率，共襄伟绩，非独吾党之光，亦举国之幸也。时事日棘，幸崇明德，以副厚期。孙文。元。

据《孙总统嘉勉川将》，载一九二二年
九月十七日上海《民国日报》第六版

致曹锟吴佩孚望对民六民八之争作公道正义之处置电

（一九二二年九月十三日）

迭接来电，蒙奖过当。当文自民六国会遭非法解散后，即与诸护法议员辗转西南，无非欲藉法律以谋大局之解决。今幸诸公及时觉悟，非法命令得以取消，法统赖以重光，方冀数年来之纠纷从此解决。乃与我共艰难、功高之护法议员，竟被拒绝出席两院，则未免不符诸公恢复法统之初意。文恐真伪不明，法律仍无解决之希望，即使宪法为非法议员所制定，能否得中外之谅解，切实施行，则系一大疑问。文恐国宪施行之日，即南北再战之时，统一何望哉？倘诸公真有恢复法统、和平统一之诚意，则对此次民六、民八双方之争议，即应作公道正义之处置，万不可口是而心非，使法律无解决之希望，而反有破坏之举动。事关统一前途，尚望诸公留意焉。

据《孙中山致曹吴电》，载一九二二
年九月十四日长沙《大公报》（三）

致北京政府反对善后借款电

（一九二二年十月七日刊载）

不得进行善后借款，非俟和平后不能办理。

据《专电》，载一九二二年十月七
日天津《大公报》第一张第三页

复黎元洪告国会无所谓分离电

（一九二二年十月十八日刊载）

国会无所谓分离，承中央嘱托疏通，名义既分，殊难为力。

据《专电》，载一九二二年十月十
八日天津《大公报》第一张第二页

致徐谦请告冯玉祥北京国会为不合法电

（一九二二年十月）①

北京徐季龙先生：偶密。请告冯，北京国会为不合法。若仍声声以此非法国
会为言，当无商量之余地。倘北方武人知其冒牌之非，而有彻底之觉悟，以救国
为前提，吾等亦不坚持合法国会。盖国会分子多属无望，则当用革命手段以救国。
如能本此意与民党携手，则除绝陈之外，再无条件矣。孙文。

据原电影印件，载台北《传记文学》
一九八二年十一月四十一卷五期

---

① 原电未署日期。电中"请告冯"，冯当为冯玉祥。一九二二年九月，王宠惠出任北京政
府国务总理，徐谦应邀北上任司法总长。冯玉祥于同年九月被免除河南督理职务后，率所部移
驻北京。但一个月后，王宠惠辞职，徐谦也去职南下上海。又此电自上海发，时间当在一九二
二年十月。

致齐燮元萧耀南谴责北军杀害金华衮韩恢电

（一九二二年十一月七日）

　　南京齐抚万先生、武昌萧珩珊先生均鉴：刊载武昌杀金华衮，南京杀韩恢，皆密向上海租界诱捕，不与审判，遽处极刑；而杀之之名，则以金、韩曾隶民党，党人惶惑，奔走相告。文自来沪后，已密令各省党员，停止军事进行，黎、曹、吴暨抚万诸先生，信使往还，亦共商和平统一之方，开诚共见。不图斯时乃有任意捕戮党人之举，破坏和平，孰任其咎？盖自袁氏以惩治盗匪条例罔杀党人，数年以来，骈首相望。然此尚于国家变乱之际，谬肆淫威，未有阳言和平，阴行屠戮者。辛亥以前，癸丑以后，吾党人之横罹凶刃者，不乏其徒。然此时犹为各走极端，互相谋制，未有举世趋向和平，而军吏方以启发杀机，为其快意，窃为两公不取也。金、韩两君私人行止，别为问题，然当不至遽蒙死罪；若以往时谋国，概被以土匪恶名，则海内志士，人人自危，前途险恶，将有不堪设想者。共和国家，官吏视民命如草芥，此于两公令望，不无歉然。心所谓危，不敢不告，其何以示国人而销海内不平之气，唯两公实图利之。孙文。阳。

据《孙中山为金韩被杀致齐萧电》，载一九二二年十一月十日上海《时报》第三张第五页

复蒋介石嘱勿离闽并告即派廖仲恺前往相助电[①]

（一九二二年十一月十九日）

　　介石兄鉴：接函甚愕。我以回粤讨贼重任，托汝为与兄，无论如何困难，总须完成任务，方能释肩，万勿轻去，以致偾事。如有阻力，当随时为兄解除。仲恺即来相助。孙文。皓。

据毛思诚编：《民国十五年以前之蒋介石先生》第六编，一九三六年十月出版

---

　　① 蒋介石任东路讨贼军总司令部参谋长后，曾致函居沪的胡汉民、汪精卫，表示工作有矛盾，称"十日内如无进步，则无论如何，将去而返沪"。此电即为该函作答。

致张开儒朱培德望与沈鸿英切实提携讨贼电

（一九二二年十一月底）①

　　请译转张藻林、朱益之两兄鉴：闻我军②已决心东下，甚慰。冠南③兄迭次表示一致同仇，务望切实提携，迅速进行讨平逆贼。滇军在内运济维艰，冠南愿为我助，请向挪借桂币若干万，以解燃眉。彼此结合，利害同之，望各视力所能及，以尽互助之谊。孙文。

　　　　据《致张开儒米培往嘱与沈鸿英切实提携讨贼电》（录自国民党党史会藏原稿），载秦孝仪主编：《国父全集》第五册，台北，近代中国出版社一九八九年出版

致宫崎龙介悼滔天盟兄电

（日　译　中）

（一九二二年十二月七日）④

　　痛失滔天盟兄！

　　　　据电报送达纸原件，东京、宫崎蕗笒（宫崎寅藏孙女）家藏，中国宋庆龄基金会研究中心编《宫崎滔天家藏——来自日本的中国革命文献》（北京，人民美术出版社二〇一〇年十二月出版）译出

----

　　①　原电未署日期。按驻桂滇军决定东下讨贼时间系一九二二年十一月二十九，今酌定此电发于十一月底。
　　②　指驻桂滇军。
　　③　沈鸿英，字冠南。
　　④　一九二二年十二月六日，宫崎寅藏在东京寓所病逝。本件发自上海。此为东京电报送达纸上邮戳的日期（所印大正十一年即一九二二年）。

悼宫崎寅藏唁电

（日　译　中）

（一九二二年十二月八日）

惊悉滔天同志去世，谨致哀悼之意。孙逸仙。

据〔日〕近藤秀树编、禹昌夏译：《宫崎
滔天年谱稿》，载《辛亥革命史丛刊》
第一辑，中华书局一九八〇年九月出版

致蒋介石盼速来商议在闽接收美船新运军械电

（一九二二年十二月十日）

转介石先生：美运械船因讼事停沪过久，"超武"舰不能待，致相失。该船
现往香港，已电其将货转运福州，约本星期六可到，届时要秘密设法接收。盼兄
速来商议，并即返闽。孙文。蒸。

据毛思诚编：《民国十五年以前之蒋介
石先生》第六编，一九三六年十月出版

致在京议员告勿南下致分实力电

（一九二三年一月十日刊载）

据日来粤中情形观察，粤局解决指日可望。此后法统问题，后援之实力愈见
充裕。深望在京议员于此机会，团结一气，与南方同时对法统问题一致奋斗，俾
收解决之功效，幸勿南下，致分实力。

据《孙中山嘱护法议员勿遽南下》，载一九二
三年一月十日天津《大公报》第二张第二页

致李易标嘱乘胜摧破陈炯明部电

（一九二三年一月十二日）

陈炯明作困兽之斗，乘胜将其实力完全摧破，西林亦同此意。

据《上海快信》，载一九二三年一月二十一日长沙《大公报》（二）

致西南各首领嘱伸张民权制定宪法电

（一九二三年一月十四日刊载）

实行伸张民权，并一律制定宪法。

据《专电》，载一九二三年一月十四日天津《大公报》第一张第三页

致中国国民党南斐洲支部请即筹款电沪电

（一九二三年一月十七日）

南斐洲支部转各同志鉴：广州下后，即令各军追击贼军，以绝后患。惟需款至急，请即筹款电沪。孙文。篠。

据《致南斐洲支部盼接济军需电》（录自《中国国民党本部公报》第一卷第七号，中国国民党本部一九二三年三月十日出版），载秦孝仪主编：《国父全集》第五册，台北，近代中国出版社一九八九年出版

致杨希闵等嘱乘胜穷追陈逆残部电

（一九二三年一月十八日）

广州电局转肇庆电局沿途探送杨总司令、刘总司令、沈总司令、广州魏总司令①鉴：陈逆炯明祸粤残民，罪大恶极，前经明令申讨。该总司令等发难濛江，转战梧、肇，不匝月而桂、粤底定，具见该总司令等指挥有方，各将士奋勇用命，殊堪嘉许。仰即传令慰劳出力将士，准予择尤呈候核奖，伤亡士兵妥为抚恤。陈逆残部现尚盘踞惠州，据报密谋窜赣，希图勾结为患。查逆军屡败，士无固志，不难一战而定，该总司令等务须趁此声威，派兵穷追，勿令稍息残喘，功亏一篑，是为至要。孙文。巧。

据《致各军令穷追陈逆残部电》（录自《民信日刊》一九二三年一月三十日），载秦孝仪主编：《国父全集》第五册，台北，近代中国出版社一九八九年出版

致伍学熀杨西岩告委任邓泽如等职务及
与之共事必无隔阂电

（一九二三年一月十九日）

学熀、西岩兄并示科儿：前日电委邓泽如为广东省长，伍学熀为盐运使，杨西岩为财政厅长。徐固卿有要务，需驻北京。泽如为二十年来华侨同志中之健者，历次革命，皆竭诚勃助，且能深体商情，洞达治理，兄等与之共事，必无隔阂。孙文。皓。

据邓泽如：《中国国民党二十年史迹》，上海，正中书局一九四八年六月出版

---

① 即杨希闵、刘震寰、沈鸿英、魏邦平。

复李易标勉乘胜穷追陈军电

（一九二三年一月中旬）①

李总指挥易标鉴：庚电悉。执事与各军顺流而下，旬日之间，所向皆捷，羊城指顾底定，诚不世之勋也。闻陈家军有回东江之意，宜乘胜穷追，不令休息，西林亦同此意也。

据孟德居士编：《孙大元帅回粤记》，
上海，民权初步社一九二三年出版

致林森告特任为福建省长并祈整饬内政电

（一九二三年一月二十二日）

福州林省长鉴：兹特任执事为福建省长，祈整饬内政，浚启富源，以阜民生而臻民治之盛轨，八闽有厚望焉。孙文。杩。

据《许军回粤时之闽省情形》，载一九二三年
一月三十一日天津《大公报》第二张第二页

复温树德嘉慰配合联军收复广州并告抵港日期电

（一九二三年一月二十四日）

海军温司令鉴：巧电今日始达，无任快慰。广州联军迅速收复，赖兄以海军内应为多。粤省为文桑梓之地，果非文归，无以抚绥安辑，则亦不敢辞劳。兹拟二十七日乘"大洋丸"归，二十九晚可抵港，请派员往接。惟兄整饬舰队，奋励

---

①　原电未署日期。桂军沈鸿英部第一军军长李易标于一月九日攻克肇庆后，即分电孙文等，告知此事。据电称："羊城指顾底定。"故复电日期应一月九日至十四日之间，酌定为一月中旬。

精神，为文股肱心腹之寄，是所切盼。孙文。迥。

据孟德居士编：《孙大元帅回粤记》，
上海，民权初步社一九二三年出版

致温树德告回粤时间请派舰赴
香港迎候并派员至港布置电

（一九二三年一月二十四日）

沁（二十七）乘"大洋丸"回粤，即派"海圻"、"永翔"舰赴香港口外迎候；并派"海圻"副舰长李毓藩、副官长缪庆福到港布置，以策发全。

据《国内专电》，载一九二三年
一月二十七日上海《申报》（四）

复熊略翁式亮望悔悟来归电

（一九二三年一月二十四日）

兄等悔悟来归，文不咎既往。况中国前途，尚有障碍，行将要为指臂之使，安有瑕疵足言，疮痕脱落，即属完肤，是在兄等之自处耳。

据《国内专电》，载一九二三
年二月一日上海《申报》（四）

复王宠惠徐谦告化兵为工为和平统一办法
并请向张绍曾吴佩孚说辞电

（一九二三年一月二十五日）

王宠惠兄、徐季龙兄鉴：敬及上日数电均悉。文顷已通电宣言，根据去年六月六日通电，主张以化兵为工为条件，期和平统一之推行办法，先裁全国兵数之半，请第三国出而佐理此事；并任借款为举办之费，以昭征实，由全国农、工、商、学、报每界举一人为监督，以昭信用。请告敬舆①、子玉：果欲和平统一，此其捷径，且最善法；倘能在现内阁手中完此大业，则衮衮诸公，名足千古，民国将蒙其庥。请兄善为说辞，通电明早可见各报。孙文。径。（印）

据《孙张商洽裁兵问题》，载一九二三年一月三十一日上海《申报》（六）

致广东某官员暂缓开省议会电

（一九二三年一月二十七日刊载）

省〈议〉会问题未经法定机关解决前，暂缓开会。

据《国内专电》，载一九二三年一月二十七日上海《申报》（四）

致齐燮元冯玉祥告将赴粤电②

（一九二三年一月二十九日）

粤、桂两军容有误会，但绝非政学系与民党之争，当无意外发生。予在沪暂待数日，仍将赴粤。

据《粤局剧变后之各方举动》，载一九二三年一月三十日天津《益世报》（三）

---

① 张绍曾，字敬舆。

② 一九二三年一月二十六日，桂军沈鸿英部于广州发动事变，拘捕粤军将领魏邦平。直系将领江苏督军齐燮元、陆军检阅使冯玉祥乘机电劝孙文息争，不要赴粤。此为孙文的复电。

致齐燮元冯玉祥告暂待数日仍将返粤电

（一九二三年一月二十九日）

粤事变化，绝对非民党与政学战争，本人暂待数日，仍将返粤。

据《国内专电》，载一九二三年
一月三十日上海《申报》（四）

致全粤父老望安居乐业毋滋惊扰电

（一九二三年一月下旬）①

自陈逆炯明叛国称兵，残祸吾粤，七月于兹矣。文惟无知人之明，至重劳父老忧，实深抱疚，故自离粤以来，无日不亟图拯救。兹幸各军举义，诛锄暴逆，吾父老亦深明顺逆之所在。上下一心，为义师后盾，用是不俟兼旬，克靖粤难。全粤局主持有人，各军将士体念父老艰虞，自能力维秩序。至各省援军，亦皆仗义而来，为国宣劳。将来各有任务，实无丝毫权分之思，凡我父老，其各安居乐业，毋滋惊扰为盼。

据《致全粤父老讨伐陈炯明电》（录自《会书》
之九《文电》），载秦孝仪主编：《国父全集》
第五册，台北，近代中国出版社一九八九年出版

---

①　原电未署日期。据电称陈炯明叛变已历七月，且讨贼各军已"克靖粤难""全粤主持有人"，此电当系一九二三年一月二十二日已电委胡汉民为广东省长之后发出，故酌定为一月下旬。

致杨希闵望即省释魏邦平电

（一九二三年二月一日）①

闻魏邦平此次行动，虽不无观望之嫌，而平日为人，悉为商民爱戴，望兄商同冠云，即予省释，以慰众心。

据《杨希闵报告释放魏邦平》，载一九二三年二月二十一日上海《民国日报》第六版

致温树德嘱有事直接电沪电

（一九二三年二月七日）

宜就省河各舰，切实做法，服从文命，所有汕头数舰，及各面谣言，可置不理，有事直接电沪。

据《国内专电》，载一九二三年二月十九日上海《申报》（十）

复蒋纬国转蒋介石告返粤日期并促其速赴粤电

（一九二三年二月十三日）

江北岸引仙桥十号蒋纬国先生：介密。电悉。弟定寒晚或删早行，如兄赶不上，请坐他船速来。文。

据原电影印件，广州、广东省立中山图书馆藏

---

①　原电未署日期。据一九二三年二月二十一日上海《民国日报》第六版载杨希闵致上海岑春煊等人电中有"昨奉大总统东电……"句，由此推定孙致杨电为二月一日。

致温树德望勿为谣言所惑电^①

（一九二三年二月二十五日刊载）

　　某某到沪，一切已悉。文信任兄依然如故，幸勿自疑，致愦大事。各舰伙食当电港筹得酌发。当兄自疑不定之时，必有谗言乘间而入，言似为兄谋，其实误兄不浅。兄现宜就现泊省河各舰，切实努力做去，所有汕头数船及各〈方〉面谣言可以置之不理。

据《孙中山回粤中之粤局》，载一九二三年
二月二十五日上海《时报》第二张第三版

致蒋介石望速来粤并示行期电

（一九二三年二月二十五日）

　　转介石兄鉴：各要事须兄相助，万望速来，并示行期。文。有。

据毛思诚编：《民国十五年前之蒋介石
先生》第六编，一九三六年十月出版

致林焕廷促林云陔廖仲恺即回粤电

（一九二三年二月二十七日）

　　上海林焕廷：请云陔同仲恺^②即回粤，有要务付托，千万勿却。孙文。（二月

---

　　①　温树德时任广东海军舰队司令。

　　②　一月二十九日，廖仲恺与越飞一起离沪赴日会谈，预定"来往只三星期"，但至此时仍未归。

廿七日发）

据原件影印件，载谭延闿编：《总理遗墨》第一辑，一九二八年五月校印①

致张绍曾告欲求统一非由裁兵不可电

（一九二三年二月）②

观乎已过之和平会议，皆无良好成绩，安能望其解决统一事件，欲求统一，非由裁兵不可，此外不敢盲从。

据《孙中山致张揆电》，载一九二三年四月一日重庆《国民公报》

致岑春煊嘱即日南下协力收拾粤桂大局电

（一九二三年三月五日刊载）

即日南下，协力收拾粤、桂大局。

据《孙文主张裁兵及粤局》，载一九二三年三月五日北京《晨报》第二版

致上海国民党本部告汇款事电

（一九二三年三月二十七日）

兹由广东银行汇一万元，支代表③三月份薪水及公费，每人二千，共八千元。

---

① 校印时间据谭延闿跋。

② 底本未标明此电日期。二月初，张绍曾数度致电孙文，对裁兵及和平统一主张表示赞成，并建议召集国事协商会商量解决。孙文此电，当系为此而发，故酌定为二月。

③ 指当时在上海办理和平统一事宜的全权代表胡汉民、汪精卫、徐谦、孙洪伊。

又北京支部月费式千元。以后当每月照汇，收到复。孙文。感（已译发，用 SK，三月廿七日）

据原件影印件，载谭延闿编：《总理遗墨》第一辑，一九二八年五月校印

复胡汉民等告矢志和平统一电

（一九二三年三月三十一日刊载）

仍矢志和平统一，苟北方诚意，仍可洽商。

据《总统矢志和平》，载一九二三年三月三十一日上海《民国日报》第三张第十版

致某君着催廖仲恺等速来粤电

（一九二三年三月）

廖仲恺、朱和中电皆不到，当再电催速来。并切催介石，不可再延。文。

据《致廖仲恺蒋中正等催速来粤电》（录自国民党党史会藏《总理遗墨》），载秦孝仪主编：《国父全集》第五册，台北，近代中国出版社一九八九年出版

致蒋介石伍朝枢促速来粤电

（一九二三年三月）

电上海，催蒋介石、伍朝枢速来。文。

据《致蒋中正伍朝枢促速来粤电》（录自国民党党史会藏《总理遗墨》），载秦孝仪主编：《国父全集》第五册，台北，近代中国出版社一九八九年出版

致蒋介石促同安健速来粤电

（一九二三年四月一日）

函悉。款有，同安健速来。东。

据《致蒋中正促同安健速来电》（录自国民党党史会藏原件），载秦孝仪主编：《国父全集》第五册，台北，近代中国出版社一九八九年出版

致中国国民党旧金山总支部嘱将飞机速运香港电

（一九二三年四月二日）

同志公鉴：请将存放金山之飞机速付香港，以应急需。港政府近来对吾人态度颇好，机到港后，可另行设法接收，当可无虞，务望火速照办。寄何船？何日开行？电复。孙文。冬。（四月二日译发）

据原件影印件，载谭延闿编：《总理遗墨》第一辑，一九二八年五月校印

致林焕廷嘱交五千元给蒋介石为安家费电

（一九二三年四月二日）①

电汇五千元，由焕廷交。冬。

据原件影印件，载谭延闿编：《总理遗墨》第一辑，一九二八年五月校印

---

① 四月一日，孙文收到林焕廷请求电汇蒋介石安家费的来电，此为孙复电。原件未署年份，根据所用的大本营公用笺当为一九二三年。

致安庆各界告派张秋白前往致祭吴樾烈士电

（一九二三年四月三日）

安庆省教育会转烈士墓筹备处暨各界公鉴：兹派张秋白君前往致祭，准歌日抵皖，祈赐接洽。孙文。江。

据《致安庆各界派张秋白前往致祭烈士墓电》（录自《中国国民党本部公报》第十一号），载秦孝仪主编：《国父全集》第五册，台北，近代中国出版社一九八九年出版

致许崇智望促蒋介石来粤及重用陈翰誉电

（一九二三年四月四日）

此间拟出师东江，为夹击之计，需介石来助，望兄加电促之来粤。前敌之事，介石所能者，陈翰誉当能之，望重用之，必有补也。孙文。豪。

据《致许总司令崇智促蒋中正来助电》（录自国民党党史会藏《总理遗墨》），载秦孝仪主编：《国父全集》第五册，台北，近代中国出版社一九八九年出版

致居正质问黄大伟回沪事电

（一九二三年四月六日）

转居觉生兄鉴：子荫现尚有港，与陈逆往还，挟有多金，运动讨贼军将士。而兄前日来电，竟有子荫已回沪，一切未有问题等语。似此是何用意？请明答复。孙文。鱼。四月六日译发。

据原件影印件，载谭延闿编：《总理遗墨》第一辑，一九二八年五月校印

复李烈钧嘉慰移驻闽疆电

（一九二三年四月十二日）

　　饶平探送李边防督办鉴：得鱼、蒸电，知率所编各军移防，已为周妥，极用嘉慰。吾兄连年戎马，未获安居；而移驻闽疆，师行日远，相信贤劳，钦迟靡暨。幸努力前途，以副厚期。孙文。侵。

据《大元帅致李边防督办侵电》，载
广州《陆海军大元帅大本营公报》
第七号，一九二三年四月二十日

复张作霖允代辟谣诼电[①]

（一九二三年四月十二日）

　　奉天张雨亭先生鉴：蒸电辟复辟谣诼，并嘱宣布，转饬各报更正，具见矢忠民国，曷胜钦佩。国建共和十余稔矣，中经复辟之变，不旋踵而灭。国体既定，诚有非顽民所能颠覆者，执事之明，岂或屑此。不图乃有以是为中伤者，人心之险，良可浩欢（叹）。执事通电明志，国人皆将喜闻此祥和之言。文亦将视力所及，勉为执事剖白之，更冀本爱护共和之初衷，进而为解决大局之盛举，文虽不敏，至愿与时贤共之也。孙文。侵。

据《大元帅复奉天张作霖侵电》，载
广州《陆海军大元帅大本营公报》
第八号，一九二三年四月二十七日

---

　　① 四月十日，张作霖致电孙文（蒸电）称"近日报纸登载奉省有图谋复辟之说"是"无意识之遥诼"，力陈自己"但知爱护共和"，希望孙文代为剖白。

复程德全等告议售官产仅为佛寺旁隙地电

（一九二三年四月十四日）

　　程雪楼先生暨王、欧阳、周、狄、许、顾诸先生鉴：来电奉悉。此间议售官产，仅为寺旁隙地，佛寺、佛象均在保存之列，幸勿过虑。孙文。寒。

据《孙总统复为佛请命电》，载一九二三年四月十六日上海《民国日报》第三版

致古应芬指示讨伐沈鸿英部署电

（一九二三年四月十六日）

　　万火急。江门古主任鉴：（相密）一、沈逆鸿英分三路攻我省城，我滇军今早在白云山及西村①附近与逆军激战中。二、第一师全部及第四旅即刻开赴三水，协同我滇军第四师向芦苞、新街、源潭②前进攻击敌之后方；周之贞所部及第三师、海防司令陈策协同对肇庆方面警戒，并相机占领肇庆城。大元帅孙。铣。

据电文原件，北京、中国国家博物馆藏

致古应芬着江门军队速来三水向石井方面进攻电

（一九二三年四月十六日）

　　江门大本营主任：（△密）战事已开，刻在白云山一带激战中。江门军队宜速来三水，向石井③方面进攻，以击敌人之背。因敌已全数集中于此以图省城，

---

① 分别在广州北郊和西郊。
② 分别在广东三水、花都、清远。
③ 在广州北郊。

故我亦宜集于一处以对付之，至急至要。孙文。（民国十二年四月十六日发。）

致许崇智着按所定战略追剿沈鸿英部电

（一九二三年四月十六日）

汕头许总司令：（△密）沈逆鸿英图谋不轨，形迹已露，今晚果集队攻城。着东路各军火速集中河源，向翁源、韶州袭击，以断逆贼与江西之联络。刘震寰已集中增城，向从化方面前进；李福林集中龙眼洞，向花县方面前进；滇军由粤汉铁路并北江东岸一带向北攻击；江门海陆军向肇攻击，得手后姗向四会、清远追剿，以扫灭逆军。仰该总司令案〔按〕照所定战略，速赴棚宜。此令。孙文。（四月十六日午前四时）

致许崇智告沈鸿英叛乱进攻省城
着速饬精锐向翁源英德前进电

（一九二三年四月十六日）

汕头许总司令：（△密）沈逆昨夜谋攻城，今朝果然发动。幸滇军向有准备，不至贻误，现正在白云〈山〉脚一带激战中。逆军数日前已悉数集中源潭以下，其上至韶关，则兵力甚弱，但闻大庾到有北兵两旅，想此时尚未至韶城。兄宜火速饬精锐数旅，向翁源、英德方面前进，以截彼铁路之交通。此间已饬江门军队先取肇庆，再抄出西江北岸，以截敌之归路。倘东西能如期合围，则贼可灭矣。孙文。（四月十六日发）

致胡汉民等嘱质问北廷图乱电

（一九二三年四月十六日）

彼辈阳为言和，阴实迷信武力，且借以懈我之备，言之殊堪痛愤，望严予质问。否则，战事再起，破坏和平，责有攸归也。

据《总统质问北廷图乱》，载一九二三年
四月十八日上海《民国日报》第十版

致古应芬令火速加入白云山及石井兵工厂战电

（一九二三年四月十七日）

江门大本营（△密）。湘芹兄鉴：前令有江门军队担任北江西岸战事，乃今敌人悉集其力于白云山、兵工厂①一带，其志在夺取省城。虽一发则被我击退，然我反攻亦被其顽强抵抗。闻北兵两旅将到韶关，若彼有新力兵而我无之，则吃亏矣。故江门之军不可固执前定计划，当火速加入白云山、兵工厂之战，以期一鼓而灭敌。望兄速照此意施行。颂云②明日到三水指挥。孙文。篠。（以上电分一份用无线电发，一份用有线电发，务期速达。）（民国十二年四月十七日九时半发）

据电文原件，北京、中国国家博物馆藏

致许崇智告陈天太部已出四会电

（一九二三年四月十七日）

陈天太部已出四会矣。现战情已变，江门军当全数出三水芦苞，向高塘、新

---

① 指广州石井兵工厂。
② 程潜，时任陆海军大元帅大本营军政部长兼陆军讲武学校校长。

街方面进攻，以速扫灭袭击省城之敌为先，然后再为第二步进取。孙文。篠。十时半发。

据原件影印件，载谭延闿编：《总理遗墨》第一辑，一九二八年五月校印

致上海议和代表指示议和策略电①

（一九二三年四月十九日）

沈逆已被我击溃，白云山、兵工厂相继占领，近已追过江村②以上，各路兜剿，摧灭自易。该逆此次叛变，系受吴佩孚指使。黎、张、曹③如犹言和，非先罢免吴佩孚，不得认为诚意；如其游移，和议立可停止，免堕术中。撤销伪令④，今日已不成问题矣。孙文。皓。

据《粤变后孙中山之态度》，载一九二三年五月十七日，重庆《国民公报》

致徐谦告沈鸿英部已败退琶江口电

（一九二三年四月二十三日）

季龙兄鉴：沈逆已击退至琶江口⑤外。

据《粤省战事顺利》，载一九二三年四月二十五日上海《民国日报》第十版

---

① 原报道称受电者为"驻沪中山代表"，未标明姓名。按：当时孙文派驻上海的议和代表系胡汉民、汪精卫、徐谦、孙洪伊四人。

② 在广州北郊。

③ 即黎元洪、张绍曾、曹锟。

④ 指三月二十日北京政府颁发的任命沈鸿英为督理广东军务善后事宜的命令。孙文曾要求取消这一任命。

⑤ 位于广东省清远县江口镇。

复许崇智着仍率部由陆路到惠州肃清陈炯明
残部并拆卸汕尾子弹厂机器运省电

（一九二三年四月二十三日）

汝为兄鉴：梅培回，携函及箇电俱悉。数日以来，沈贼势力殆尽扫灭，今日源潭以下已无敌军踪迹矣。昨日韶关无线电消息，似该处之残贼亦预备他走。刻肇庆、四会、清远一带尚有小战，然不日必可肃清，至此形势一变。前着由海道运兵到省援应，今可不急矣。兄处队伍仍当由陆到惠，沿途肃清陈贼残部，并拆卸汕尾子弹厂，将机器运省，以归统一。此间滇军已令全数追击〈至〉韶关。如日来财政能解决，当乘势北伐，以为一劳永逸之计，来审兄意如何。孙文。漾。（四月二十三日发）

据电文原件，北京、中国国家博物馆藏

致程潜等着进攻肇庆各部队
转归梁鸿楷指挥调遣电

（一九二三年四月二十六日）①

并译转程总指挥潜、梁军长鸿楷、陈师长天太、周师长之贞、陈司令策均鉴：应密。进攻肇庆各部队，转归梁军长指挥调遣可也。孙文。宥。

据电文原件，北京、中国国家博物馆藏

---

① 此电及同日致梁鸿楷电均未署年月。按进攻肇庆战事在一九二三年四月下旬至五月中旬，故定为一九二三年四月。

致梁鸿楷询陈天太部兵力情况并嘱相机处置电

（一九二三年四月二十六日）

并译转梁军长：陈部①兵力究有若干？希该军长相机处置，免制肘腋。如彼尚有诚意，则当令其为攻肇先锋。兹特发给别令。如其不能先攻肇庆，则当离去后应调往四会防守，以明任务而专责成。别令应否处陈，盼酌之。孙文。宥。

据电文原件，北京、中国国家博物馆藏

致李烈钧嘱积极进行援赣计划电

（一九二三年四月二十九日）②

将前议援赣计划积极进行。

据《粤战近讯》，载一九二三年五月二日天津《大公报》第一张第三页

致汪精卫嘱向张作霖商助军费并告军情电

（一九二三年五月三日）

精卫兄：雨亭函已收到。渠主协和回赣、组安回湘，与鄙见极同。唯协和需五十万元，组安需二十万元，此间因战事剧烈，费款至巨，力难兼顾，拟由兄力向雨公商助见复。协、组得款，均可立发，别无他顾，已专函雨公言之矣。我军连日大胜，北军两旅，均已击溃，已占领琶江，日内可得韶关。唯江东〔东江〕

①　指陈天太所部。
②　此电所标时间系香港发电日期。

余孽，尚思蠢动，已严备，当不至为巨患也。孙文。江。

据《致汪兆铭嘱向张作霖商助军费并告
军情电》(录自国民党党史会藏原稿)，
载秦孝仪主编:《国父全集》第五册，
台北，近代中国出版社一九八九年出版

复林建章勉共纾国难完成和平统一电①

（一九二三年五月七日）

上海海军林司令鉴：佳电迟至昨午始达。雒诵回环，欣慰无量。以为此时全国兵士皆如在沪海军袍泽，其将领皆如执事者，则和平统一<u>盛业</u>，不难指挥立定。年来国事蜩螗，由于一二军阀之凭藉武力，恣行攘夺，实由于多数军人，昧厥卫国保民之天职，甘为强权所利用，而供无主义之牺牲。尊论一语破的，读之令人快慰。方今和平统一，已为全国人心所蕲向，少数冥顽之徒，乃必背道而驰，于川、闽、粤诸省，均已屡试其技，野心未达，而吾民颠沛流离之苦，已激增至不忍见闻矣。文迭次宣言，标明主旨，凡赞助和平统一者皆吾友，反抗和平统一者皆吾仇。如执事之明达，与在沪海军之彻悟，文当竭其棉〔绵〕薄，相与戮力同心，共纾国难。南来海军诸将士，亦极表同情，幸勖前途，以竟全功。临电钦迟，至深企祷。孙文。阳。

据《大元帅致上海海军林司令阳电》，
载广州《陆海军大元帅大本营公报》
第十一号，一九二三年五月十八日

---

① 一九二三年四月八日，海军第一舰队从青岛抵上海，会同原驻沪各舰，推举林建章为海军领袖，反对直系军阀孙传芳入闽。四月九日，林建章致电孙文，谓矢志卫国保民，顺应群众意志，并言以闽人治闽为先，达联省自治之主旨。此为孙之复电。

致杨希闵等嘉奖各军将士电

（一九二三年五月十日）

　　韶州杨总司令，杨、杨、范、蒋①师长鉴：顷据韶关无线电报局称："沈逆逃窜，我军已于今早进驻韶城"等语。此次沈逆倡乱，勾引北敌，盘踞北江，倾危大局。赖我军将帅忠勇，士卒用命，推〔摧〕破强敌，克复名城，奠安粤局，功在国家。本大元帅欣慰之余，深用叹赏。所有此次战役出力人员，著该总司令先行传令嘉奖，以励有功。其负伤、阵亡诸将士，并着从速造报，优加抚恤。至各士兵血战兼旬，劳苦可念，所需饷项，应即发给，着一并造具饷册前来请领。并着该总司令激励将士，跟踪追击，以竟全功，有厚望焉。大元帅。蒸。中华民国十二年五月十日。

据《大元帅致中央直辖滇军总司令杨希闵暨各师长蒸电》，载广州《陆海军大元帅大本营公报》第十一号，一九二三年五月十八日

致许崇智嘱注意叶举洪兆麟部行动电

（一九二三年五月十一日）

　　汕头许总司令：△密。叶举、洪湘臣等逆已于十日到惠州，成立粤军总指挥部，现已大举来犯石龙、增城，望为注意。孙文。（五月十一日）

据原件影印件，载谭延闿编：《总理遗墨》第一辑，一九二八年五月校印

---

　　①　即杨希闵、杨池生、杨如轩、范石生、蒋光亮。

复徐谦等嘱必北方放弃武力统一乃可议和电①

（一九二三年五月十一日）

蒸电悉。战胜，对北自仍可言和。此次获沈军前后密码，中有曹锟致沈电多通，亦积极主战。以后勿轻听其甘言，必其觉悟不能以武力统一，乃可从长商议也。孙文。真。

据《孙总统不改变平和主张》，载一九二三年五月十三日上海《民国日报》第十版

复越飞谢苏联对援助的允诺并告将派
代表赴苏电

（英 译 中）②

（一九二三年五月十二日）

贵国五月一日回电③使我们感到大有希望。一、我们当感谢贵国的慷慨允诺；二、我们同意贵国的一切建议；三、我们将用大部分精力去实施这些建议，并派

---

①　一九二三年五月初，担任孙文派驻上海办理和平统一事宜全权代表的徐谦与刚从广州归来之杨天骥谈话，得知孙文曾表示可再与北方言和，便于五月十日致电孙文询问，此为孙之复电。

②　此件英文手稿有马林手迹注："五月十二日自广州发出。三天后派信使赴维里杰处。怎样安排斯托扬诺维奇。可能在爱内德办事处或维里杰处。赴莫斯科的代表可能是张继或蒋介石将军。极力坚持改组党和政治宣传。建议把我留在这里，任命我们为你的情报员或南方的顾问。"

③　一九二三年五月一日，越飞自日本热海致电孙文，表示苏联准备给予中国人民的解放运动提供包括专家和教官、物质和技术的援助。

代表赴莫斯科详细磋商①。

据李玉贞译：《新发现的孙中山与苏俄政府间的往来函电》（译自斯内夫利特档案第234/3106号孙中山电与斯内夫利特英文手稿），载北京《近代史研究》一九八八年第二期

复古应芬等嘉奖攻占肇庆各将士电

（一九二三年五月十八日）

三水古主任并转魏总指挥，梁军长，李、郑各师长，陈、谭各司令②：叠接捷报，欣慰无已。此次克复肇城，各将领劳苦功高，士卒忠勇用命，殊堪嘉奖。仰该总指挥会同该主任调查各部伤亡官兵人数及功勋卓著者，即日呈报，俾资奖赏，破城详情，及获得战利品若干，尚希查明速复。大元帅。巧未。

据《大元帅致大本营驻江办事处全权主任古应芬巧电》，载广州《陆海军大元帅大本营公报》第十二号，一九二三年五月二十五日

致许崇智令固守潮汕电

（一九二三年五月二十三日）③

汕头许总司令鉴：△密。东江战事甚为得手，不日当可肃清。此时形势与沈逆围攻广州时不同，故潮汕万不可放弃，当固守之，以待此间战况之发展，则逆

---

① 一九二三年八月十六日。孙文派蒋介石（团长）、张太雷、沈定一、王登云一行四人的"孙逸仙博士代表团"离沪前往莫斯科。

② 即魏邦平、梁鸿楷、李济深、郑润琦、陈策、谭启秀。

③ 原件无年月。惟内容与一九二三年五月二十三日孙文致海军将士电大致相同，故时间亦当为一九二三年五月二十三日。

贼必无能为。此时能固守潮汕，便是胜利，须识之勿忘。孙文。漾。

据原件影印件，载谭延闿编：《总理遗墨》第一辑，一九二八年五月校印

致海军将士望与许崇智协同固守潮汕电

（一九二三年五月二十三日）

汕头许总司令：△密。译转海军各将士鉴：现在我军已肃清西、北二江，现正用力扑攻东江余孽，已节节胜利，不日当可肃清。近闻洪逆兆麟图攻潮汕，务望各将士与许总司令协同一致，巩固潮汕，毋使逆贼得逞为要。孙文。漾。（中华民国十二年五月廿三日）

据原件影印，载谭延闿编：《总理遗墨》第一辑，一九二八年五月校印

致达夫谦越飞告将立即改组国民党
并望支付已承诺捐款电①

（英译中）

（一九二三年五月二十三日）

驻北京〔代理〕全权代表和越飞：我将立即开始改组党，在广州、上海、哈尔滨办日报，在北京、上海办周报，在上海设立通讯社，在广州办月刊，在北方士兵中尽快开展宣传。望支付已承诺的援款中的第一次付款，请立即电告莫斯科。关于在西方边界组织军事力量的事，代表们很快将赴莫斯科详细磋商。关于铁路

---

① 达夫谦，苏俄外交官。一九二二年八月随越飞使团来华任参议。一九二三年一月越飞离北京，由达夫谦暂行代理执行事务。孙文原电未署日期。此据马林笔记中关于收发的记录确定。此电系打字稿，由孙文英文签名。

协定事，为使张①接受，已再次向奉天代表提出强硬建议。孙逸仙（签名）

据《孙中山致达夫谦和越飞的电报》（译自马林档案第234/3107号英文打字件），载李玉贞主编：《马林与第一次国共合作》，北京，光明日报出版社一九八九年九月出版

复魏邦平等嘱停止追击入桂之败敌电

（一九二三年五月二十五日）

肇庆魏总指挥、古主任、梁军长、李师长、郑师长、陈海防司令②鉴：古主任、陈司令敬电③均悉。我水陆军队追击逆敌，已至封川江口，西江余孽即可肃清，皆由将士忠勇，迅奏肤功，殊深嘉尚。本应穷追痛剿，以绝根株，惟念桂人皆吾赤子，粤境既已奠定，不欲更烦兵力，以苦吾民。我军应于粤边暂取守势，以待桂人之觉悟。如桂人幡然向义，自除败类，则两粤一家，更无畛域；即或自知悔悟，不复从逆称兵，我军亦当宥其既往，不更进攻，以示大公。仰各军队长官遵照出示，晓喻广西军民一体周知为要。大元帅。有。

据《大元帅致西江讨贼军总指挥魏邦平等有电》，载广州《陆海军大元帅大本营公报》第十三号，一九二三年六月一日

复刘纪文嘉奖挫败李耀汉部各军官兵电

（一九二三年五月二十五日）

江门大本营办事处刘纪文鉴：敬亥电悉。李逆耀汉附逆倡乱，糜烂地方，经我军迭予痛剿，仍复顽强抵抗。此次我水陆各军包围攻击，大挫逆氛，乘胜追剿，指顾肃清，皆由各官长调度有方，士卒踊跃用命，闻之嘉慰。杨旅长锦龙往来应

---

① 指张作霖。
② 即魏邦平、古应芬、梁鸿楷、李济深、郑润琦、陈策。
③ 二十四日，古应芬、陈策分别致大元帅电告捷，报告敌军已被击败，退入广西境内。

战，不避艰险；梁旅长①及其余各部队长官奋勇克敌，出力异常，均着先行传令嘉奖，以励有功。仍饬令督队穷追，净绝根株，毋留遗孽为要。大元帅。有。

据《大元帅致江门刘纪文有电》，载广州《陆海军大元帅大本营公报》第十三号，一九二三年六月一日

致杨庶堪告已到石龙电

（一九二三年五月三十日）

广州大本营杨秘书长鉴：文已到石龙，各部队均向博罗前进。孙文。三十日下午七时发。

据《孙总统巡视石龙情形》，载一九二三年六月六日上海《民国日报》第三版

致孙洪伊指示联曹方针电

（一九二三年五月）

电上海伯兰兄：前在沪所定联曹主张，托兄并晢〔皙〕子②竭力进行，目的所在，即图曹、吴之分离，而曹能舍去武力之迷梦。及至掳获沈鸿英之密电，乃知乱粤之举，曹亦与谋，如此则联曹之根本悉行打消矣。从此对于联曹，则不得不提出鲜明之条件，即彼能绝吴乃能联之，否则必在吾党同击之列，望兄照此办去可也。孙文。

据原件影印件，载谭延闿编：《总理遗墨》第一辑，一九二八年五月校印

---

① 即梁士锋，时任东路讨贼军第三路司令。
② 杨度，字皙子。

致大本营告许崇智部拟克日向惠州前进电

（一九二三年六月八日）

接许崇智阳由黄麻坡致刘震寰手书，称智军得河源后，昨午抵黄麻坡，准即晚进驻柏塘，准备克日向惠州前进。

据《国内专电》，载一九二三年
六月十一日上海《申报》（四）

致廖湘芸令借调电船运粮电

（一九二三年六月十五日）

湘芸兄鉴：昨过东莞城，见有浅水电船一只，挂王字旗者，泊在该处。近日东江兵站需此等船运送粮食甚急，望兄查明该管之人，即转饬将船交石龙兵站差遣，以利戎机，幸甚！关于此事，已有通令令备军长官办理矣，此王字一船，望兄专责，必要办到为荷。孙文。删。（电邮两发，中华民国十二年六月十五日）

据原件影印件，载谭延闿编：《总理
遗墨》第一辑，一九二八年五月校印

复焦易堂告已派汪精卫赴沪可与筹商一切电

（一九二三年六月二十三日）

易堂兄鉴：删电悉。已派精卫赴沪，关系大计，可与就近筹商一切也。文。漾。

据《国会南下中之孙焦往来电》，载一九二
三年七月三日天津《大公报》第一张第三页

致中国国民党旧金山总支部等海外党部望速汇款接济上海东部经费电

（一九二三年六月二十六日）①

美国三藩市、加拿大总支部，雪梨②支部：据上海本部函称："财政支绌，前恃广州接济，沈、陈两逆叛后，军饷紧急，无可挪移，本部益窘"等语。现时北京扰乱，本部在沪应付时局，需款尤急，希将所属年捐党金，速行扫数电汇沪本部，以资接济而维党务。孙文。宥。

据《总理致海外各总支部电》，载上海《中国国民党本部公报》第一卷第十九号，一九二三年七月十日出版

致两院议员促全体南下自由集会电③

（一九二三年六月二十七日）④

北京民党议员通讯处转两院议员鉴：艰苦备尝，始终不渝，民党精神，惟寄国会。此次时局陡变，大盗横行，暴力之下，已无国会行使职权之余地。亟应全体南下，自由集会，以存正气，以振国纪。兹特派汪君精卫驻沪招待，刘君成隅〔禺〕、符君梦松北上欢迎。请毅然就道，联袂出京，无任盼切。

据《孙文又来拉拢国会》，载一九二三年六月二十八日北京《晨报》第三版

---

① 底本原无月份，此据秦孝仪主编《国父全集》第五册（台北，近代中国出版社一九八九年出版）标出。

② 即今悉尼。

③ 此系孙文出发给在北京的国民党议员王用宾、彭养光、王恒、焦易堂等转两院议员的电报。

④ 原电未署日期。今据《晨报》一九二三年六月二十八日三版《孙文又来拉拢国会》"孙文昨电致北京该党议员通讯处……"而酌定。

复章炳麟谓与段祺瑞合作未能行吾党主义
不如亲访俄德以定欧亚合作计画电①

（一九二三年六月二十九日）②

俭电悉。自兄行后，我已将中国大局长为考虑，觉得与段③合作不过比较上或善耳，仍不能彻底以行吾党之主义，故对段之事只有十分水到渠成、毫无障碍方可允之。若尚要费力，则不如将现在时局放去一切，另图根本之改革。故拟粤中军事大定之后则亲赴俄、德一行，以定欧亚合作之计画，以为彻底之革命。望兄注意：如段事不洽，则对国会对黎、曹④皆主不问，并请速回为荷。孙文。艳（六月廿九发）

据亲笔电稿，北京、中国国家博物馆藏

致越飞请推迟有关中东路的谈判电

（德译中）

（一九二三年六月三十日）⑤

东京越飞收：关于北京的事，这是我们前些时候工作的结果。既然危机已出现，我们就权且任其发展，它无疑会导致我们所期望的美满结果。我们之间合作的时机很快臻于成熟，所以我们必须为最后的行动作好准备。但同时我们绝不可

---

① 章炳麟于六月二十八日自沪致电孙文（即俭电），批评他对曹锟、孙洪伊等所采取的轻信态度，望其"厉行刚断，斥拒奸邪，以明大义，而全誉望"。孙文即于次日复电。

② 原电稿无年份，兹据章、孙来往电文所述内容确定为一九二三年。

③ 即段祺瑞。

④ 即黎元洪、曹锟。

⑤ 原电未署日期。此为马林收到孙电的时间。孙文嘱马林拍发给越飞，拍发日期为七月二日。

做任何有损我们计划的事。故此文坚请贵政府将有关中东路的谈判推迟至适当时候。文急需经费以解决广州事，届时方能抽身为最后解决全中国问题制定出西北计划。

据《收孙中山致越飞的电报》（原电为英文，译自马林档案231/3061号德文打字件，载李玉贞主编：《马林与第一次国共合作》北京，光明日报出版社一九八九年九月出版

致杨希闵望坚守源潭电

（一九二三年七月一日）

源潭一失，不特文须离粤，公亦须逃之海外，生死关头在此一举。

据《粤省战局之变幻》，载一九二三年七月十日北京《顺天时报》（二）

复上海国民党本部告已与曹锟决绝电

（一九二三年七月五日）

电悉。沈鸿英未叛以前，因力谋和平统一，曾与北方有所接洽，此不但对曹锟为然，对其他各方亦有同样之接洽。自首次克服韶关，搜得沈鸿英电稿，证实犯粤之事，曹实主谋，遂与曹决绝，迄于今日绝未有所往还。此为彼方制造空气，勿遽信之，是所至盼！孙文。印。歌。

据《孙文否认联曹》，载一九二三年七月十四日北京《晨报》第二版

致上海中央干部会议告杨度
奉有密命与直系接洽电

（一九二三年七月五日）

干部会议诸兄：杨度①本奉有密命与直系接洽，特无代表名义耳。孙文。歌。

据《致上海中央干部会议告杨度奉有密命
与直系接洽电》（录自国民党党史会藏原
稿中），载秦孝仪主编：《国父全集》第五
册，台北，近代中国出版社一九八九年出版

复上海中央干部会议嘱告国会议员勿
选曹锟为总统并速筹南下电

（一九二三年七月七日）

务告国会议员，不可选曹锟为总统，并应速筹南下。

据罗家伦主编：《国父手谱》增订本下册（转
录国民党党史会藏中央干部会议记录原稿）台
北，国民党党史会，一九六九年十一月增订版

复上海中央干部会议告已与曹锟决绝电

（一九二三年七月九日）

中央干部会议鉴：齐电悉。沈鸿英未叛以前，本有与曹②接洽和平统一事之

---

① 时为孙文特派之为驻北方全权处理军政一切事务，惟中国国民党中干部鲜知其事。
② 指曹锟。

举，后得鸿英电底，证实犯粤之事，曹实主谋，遂电伯兰及杨度，与曹决绝久矣。曹有否冬电此间并未接到，若知悔祸，亦必其有彻底觉悟与极端表示，然后乃有和平会议之可言。今日□尚未与其人有若何之接洽，彼方制造空气，勿遽信之。孙文。青。

据《复上海中央干部会议告已与曹锟决绝电》(录自国民党党史会藏原稿)，载秦孝仪主编：《国父全集》第五册，台北，近代中国出版社一九八九年出版

复国会议员告如抵广州定为设法筹汇经费电

（一九二三年七月上旬）

诸君南迁，出于为国之诚，区区之金钱，谅不计及。此间拮据万分，无法筹汇，如抵广州，文无论如何，定为设法。

据《快信摘要》，载一九二三年七月十一日长沙《大公报》(二)

致孙洪伊答复曹锟乞和事电①

（一九二三年七月十二日）

上海孙伯兰兄：转来仲珊齐电已悉。前此我揭出和平统一之主旨，仲珊亦尝赞和，乃其见诸事实者，则乱闽祸川扰粤，以及种种行动，无一而不与和平为敌。今兹云云，其既有所觉悟耶？抑犹是前日之敷衍也？我与人以诚，不能逆億〔意〕不信，然不直则道不见，主张武力，谁为戎首？咎无所归，徒务空言，天

---

① 一九二三年七月八日曹锟致电孙洪伊请转孙文，表示愿意响应孙文号召，召开南北和会，实行兵工政策，实现和平统一。但曹实际上毫无和平诚意，仍坚持其武力统一南方的政策。孙文此电，即据此而发。

下其孰能信之！请即本此意以答仲册。孙文。侵。

据《大本营访问录》，载一九二三年
七月二十日上海《民国日报》第六版

复何东赞同召开南北领袖联席会议电

（一九二三年七月十九日）①

何东爵士鉴：予素来主张中国南北和平统一，今君倡议南北各方领袖应开平等联席会议，予极表赞同。孙文。

据《和平联席会议之回声》，载一九二三
年九月十九日上海《民国日报》第十版

复魏邦平等嘉慰讨贼将士并嘱宜
约束将士秋毫无犯电

（一九二三年七月十九日）

梧州魏总指挥、梁军长、李师长②并转各旅团营长、"永翔"舰赵参谋长③均鉴：迭电均悉。诸将士奋勇苦战，遂克名城，至用欣慰。溽暑行师，辛勤堪念，望并传令慰劳。讨贼伐叛，首重安民，宜约束将士，秋毫无犯，用副本大元帅顾念元元之至意，有厚望焉。大元帅。皓。

据《大元帅致魏总指挥等皓电》，载
广州《陆海军大元帅大本营公报》第
二十一号，一九二三年七月二十七日

---

① 原电未署日期。今据《大元帅赞成港商主张》（载一九二三年七月二十一日上海《民国日报》第三版）、《南北政局观》［载一九二三年七月二十一日上海《申报》（四）］的报道定为七月十九日。

② 即魏邦平、梁鸿楷、李济深。

③ 即赵梯昆。

致大本营告俟攻破惠州之后始行返省电

（一九二三年八月二日）

偕许总司令驻扎飞鹅岭，日夕召集联军各上级军官会议，讨论围攻剿抚战略，俟攻破惠州之后，始行返省。此交督战东江，期在破惠，克复潮梅，肃清东江余孽，使省局早日安静。现士气奋发激昂，大约破惠之期，引领可望。

据《大元帅前敌督敌昨讯》，载一九二三年八月三日《广州民国日报》第三版

复谢持嘱致函激励姜明经旅电

（一九二三年八月四日）

慧兄：感电悉。吴明浩往联姜①旅，可以文名义致函激励之。孙文。支。

据《复谢持告以联姜旅电》（录自国民党党史会藏原稿），载秦孝仪主编：《国父全集》第五册，台北，近代中国出版社一九八九年出版

就美国总统哈定病逝吊慰继任者柯立芝唁电②

（英 译 中）

（一九二三年八月六日）

吊慰柯立芝总统。……中美人民交谊笃厚，始终不渝。

据《路透社七日港电》，载一九二三年八月八日上海《民国日报》第二版

英文原文见本册第 669 页

---

①　即姜明经。

②　一九二三年八月二日，美国总统哈定（Warren Gamaliel Harding）出差加州时突患中风身故。因系在任内病逝，副总统柯立芝（John Calvin Coolidge, Jr.）得以照章递补为总统。

致韶州各界公民大会嘉许一致准备御敌电①

（一九二三年八月八日）

诸君子以沈逆北敌，复有勾结，希图南犯之耗，特开公民大会，议决能告各属民团，一致准备抵御，足见爱国爱乡，公忠义勇，至为嘉许。尚宜热心毅力，始终不懈，以民意之大顺，作无形之天堑，有厚望焉。

据《大元帅传谕奖励韶州公民》，载一九二三年八月十一日《广州民国日报》第三版

致臧致平及闽南同志望毅力
奋斗并告已派军援闽电②

（一九二三年八月十五日）

一、漳、泉虽失败，不必灰心，务期毅力奋斗，必有挽救。敌本不一致，今以得胜而骄，互争权利，更为易与，必归扫灭之途。二、此间已令滇军蒋光亮（全）部，王、胡③两师（九千之众），即日集中淡水，取道海陆丰，而出潮汕。此部滇军身经百战，一可当十，陈逆、林虎等闻之丧胆。三、汝为全部已陆续开向河源，取道梅县，而出潮汕。公等稍能坚持，则敌必全灭于闽粤之间也。四、亲自督许、蒋两军同来，非全灭此残敌不已。孙文。（八月十五日）

据原件影印件，载谭延闿编：《总理遗墨》第一辑，一九二八年五月校印

---

① 此电由大本营秘书处奉孙文谕，发给广州粤汉铁路局负责人陈兴汉，并由陈转送韶州绅商学各界公民大会。

② 八月一日，林虎、洪兆麟、黄大伟等叛军，猛攻许崇智、臧致平两军，并迅速侵占漳州、泉州，包围厦门。臧致平电孙文请援。孙即作此部署，并电告臧致平等人。

③ 即王秉钧、胡思舜。

复赵成梁着嘉奖克复南雄始兴之前敌将士电

（一九二三年八月十八日）

韶州赵师长鉴：铣电悉。南、始①克复，逆敌溃退，遥聆捷音，至用欣慰。前敌出力将士，仰即传令嘉奖，并饬令绥辑人民，保卫地方，力整军备，以资捍御，有厚望焉。大元帅。巧。

> 据《大元帅致中央直辖滇军第一师师长赵成梁巧电》，载广州《陆海军大元帅大本营公报》第二十六号，一九二三年八月三十一日

致上海中央干部会议指示对国会态度电

（一九二三年八月十八日）

一、劝民八议员勿争出席国会问题；二、劝国民党籍议员注意进行革命工作，勿误于因循调和之中。

> 据罗家伦编：《国父年谱》增订本下册（录自国民党党史会藏《中央干部会议纪录原稿》），台北，国民党党史会，一九六九年十一月出版

致李福林促即来博罗督战电

（一九二三年八月二十六日）

提前万万急。广州河南海幢寺李军长鉴：营密。兄部之郑旅、李团均于今日开往博罗下之苏材，希兄即来督战，勿延为要。大元帅。俭酉。文。

> 据原电影印件，广州、广东省文史馆藏

---

① 指南雄、始兴两地。

复刘震寰指示东征方略电

（一九二三年八月二十九日）①

提前万急。飞鹅岭刘总司令鉴：营密。宥酉电悉。敌人当然有计划，所幸其数不多，自易击灭。现绍基②已亲率五千精锐出击淡水，兄之后方断无危险。少泉③闻博罗被围，非常焦急，已征集所有，赶速出发，大约两日后可到。信之④亦与全部来援，大约三日后，其他西北江各队亦陆续调来。今日省城已运到米粮四十万斤，余尚陆续运来。此次东江之事，无人不焦急万分，断无见危不救，想不出十日，贼必消灭。我俟各军出发后，当再来梅湖，亲督攻城。故望兄急调一部渡白沙堆，一以绝敌人后路，一可保我航线。闻敌人粮食辎重，皆在风门坳附近，若兄能照此行事，可悉夺之，则博围可解，我军实亦加利莫大也。幸速图之。孙文。

据影印原件，载《中山墨宝》编委会编：《中山墨宝》，北京，北京出版社一九九六年一月出版

为关东大地震致裕仁慰问电⑤

（英译中）

（一九二三年九月四日）

东京摄政皇太子殿下：对于贵国首都及国土遭受生命财产损失的灾难，请接

---

① 原电未署日期。此据古应芬《孙大元帅东征日记》定。
② 杨希闵，字绍基。
③ 范石生，字少泉。
④ 蒋光亮，字信之。
⑤ 一九二三年九月一日，日本关东地区爆发大地震并引发火灾、海啸，造成十四余万人丧生，近两百万人无家可归，经济损失约达五六十亿日元，受灾最重的东京、横滨两市被摧毁。其时皇太子裕仁任日本国摄政，后为昭和天皇。本英文电报稿系孙文派人送往日本驻广州总领事馆请其代发，此外又曾向多位日本朝野人士发出慰问信。

受中国人民的诚挚慰问。当这场空前未有的浩劫发生时，我简直无法相信。但是，日本民族必将会以其固有的勇气和不屈不挠精神去对待它。孙逸仙。（一九二三年九月四日经由日本领事馆发出）①

据英文打字原件，北京、中国国家博物馆藏（黄彦译）

致日本政府慰问地震灾情电

（一九二三年九月五日前）

贵国遇灾，为前古未有，民国闻耗，举国哀悼。素闻贵国人民勇毅，余信不致因此而弱。

据《快信接要》，载一九二三年
九月十三日长沙《大公报》（二）

致卢师谛嘱即率全部开往淡水接防电

（一九二三年九月五日）②

樟木头探送卢军长师谛鉴：顷据许总司令、刘总司令③由惠、博来报告，略称：我东路第八旅及杨锦龙旅于三日在永湖遇敌军约三千人，激战一日夜，经将敌人击溃，夺获军用品无算，现淡水已无敌军等语。仰该军长即率全部开往淡水接防，以便许军进攻平山，勿稍延缓为要。孙文。歌。（印）

据原电影印件，广州、广东省文史馆藏

---

① 末行系孙文用草体英文亲笔书写。
② 原电未署日期。据东路讨贼军在永湖与敌军激战是在一九二三年九月，故此电时间应在一九二三年九月五日。
③ 即许崇智、刘震寰。

复上海中央干部会议指示应付政局方针电^①

(一九二三年九月五日)

精卫、慧生并转干部会议诸君鉴：一、黎南下，据浙卢意，只承认其私人资格，似未能遽组政府。闻此次乃由段系利用，亦未便置词，以拆台为取得吾党同意故也。由党宣布反对非宜，仍以不理为是。二、川、湘为吾党支配，搭台当不能得多数赞同，团结西南，必联其当道。力唱党义，乃为正办，余均苟且，不能共肩救国之任。诸兄良策，亦愿闻之。孙文。歌。

据《复中央干部会议指示应付政局变化电》(录自国民党党史会藏《中央干部会议纪事》原件)，载秦孝仪主编：《国父全集》第五册，台北，近代中国出版社一九八九年出版

复何东告愿意列席各领袖联席会议电

(一九二三年九月五日)

何东爵士鉴：阁下发起各领袖联席会议，弟届时当躬亲列席，专此奉闻。孙逸仙。九月五号。

据《和平联席会议之回声》，载一九二三年九月十九日上海《民国日报》第十版

---

① 黎元洪于一九二三年六月被直系军阀迫胁辞总统职出京到天津后，仍进行复职活动，希图南下上海，重开国会，重组政府。为此，国民党中央干部会议于八月三十一日和九月三日在上海两次讨论黎元洪南下问题。决定："一、反对黎元洪以总统名义组织类似政府之一切机关；二、重申总理前电，劝本党民八议员勿争出席。"

复谭延闿嘉慰湘军电

（一九二三年九月七日）

　　急。耒阳探转谭总司令鉴：迭电均悉。该总司令奉命入湘，兴师讨逆，出兵未及一月，已迭下名城，收复省垣，行师之速，立功之伟，足征该总司令指挥若定，诸将士有勇知方，至堪嘉尚；亦见仗义执顺，以临残逆，民意攸归，军威自壮，得道多助，易奏肤功也。宜乘胜分遣将卒，戡定全湘，西联川军，以待后命。溽暑用兵，前敌诸将士勤苦堪念，仰即传令慰劳，勖竟全功。大元帅。阳。

据《大元帅致湘军总司令谭延闿阳电》，
载广州《陆海军大元帅大本营公报》
第二十八号，一九二三年九月十四日

致胡汉民嘱令永丰舰与滇军协同击敌电

（一九二三年九月十一日）

　　速由无线电传令"永丰"舰长：澳头我军退却，但两日后可恢复。现杨总司令希闵亲率滇军，由龙岗出击淡水、平山之敌，该舰长搜击海上偷渡之敌，毋使漏网；并相机与杨总司令联络，协同动作。若无线电不通，着盐运使派"安北"舰传令，并助"永丰"击敌。再，绍基已赴龙岗、淡水矣，可慰也。

据古应芬：《孙大元帅东征日记》，上
海，民智书局一九二六年十一月出版

复加拉罕望实现中俄亲善并告
北京政府为非法政府电①

（一九二三年九月十六日）

苏维埃社会主义共和国大联合全权代表加拉罕君鉴：阁下对余与新俄友谊之尊重，使余深为感激。中俄两国之真实利益，使双方采取一种共同政策，俾吾人得与列强平等相处，及脱离国际帝国主义之政治、经济的压迫。余断言，一切对于贵国所持意见之批评，均不足阻余与贵国拥护此种实〈际〉利益。阁下抵华，备受同情与欢迎，因而越信实现中俄亲善之可能，此言诚是。余深信中国国民诚挚的希冀贵代表团之成功，尤以对于正式承认苏维埃政府，具有诚恳的愿望。但阁下最大之困难，即彼与不独完全不能代表民意，且已失去国家政府的外貌之政治团体进行磋商，彼辈之外交政策，实际上仰列强之鼻息，远甚于根据独立自主的中国之利益。北京招待阁下时，阁下已得中国阿谀外人之好例。彼请阁下以美国为模范，而阁下则驳之以"俄国永不追随美国；更决不签署于某一牒文，若临城为通牒者；俄国决不要求治外法权及强迫订约，在中国组织司法、行政机关；凡损及中国主权之种种利益，俄国均愿放弃；俄国对于中俄关系已建设绝对平等之原则"等语，可谓切当之致〔至〕。余代表中国国民，对于阁下向此北京主人的伶俐仆役，训以深堪志念的政治现实论，谨致赞扬与感谢之悦〔忱〕。孙逸仙。

据《孙大元帅与加拉罕电》，载一九二三年十月九日上海《民国日报》第三版

附：另一译文

我对新俄国始终不渝的友谊，得到您们高度的评价，使我深为感动。我确信，

---

①　九月二日加拉罕抵京后，致电孙文，望其促进中俄亲善，以谋求两大民族之自由与和平发展。此为孙之复电。原件未署时间，据《苏联对外政策文件集》第六卷《复加拉罕电》（莫斯科一九六二年出版），时间为一九二三年九月十六日。

对您所捍卫的思想体系的任何批评，不可能妨碍也没有妨碍我和您的共同看法：我们两国真正的利益要求制定一个共同的政策，这个政策使我们能够在和其他大国平等的条件下生活，并使我们从凭借武力及帝国主义的经济方法而行动的国际体系所强加的政治经济奴役中摆脱出来。您说得对，您到中国后显示出来的给予您的友好和殷勤招待使您重新感到有了信心。我深信，我的同胞真诚的希望您的使命成功，尤其是在关于正式承认苏维埃政府问题。但是，您的最大的困难在于负责与您谈判的政治集团，它除了绝对不能代表中国人民以外，且已失去国家政府的样子。它的外交实质上宁愿遵照某些外国列强的愿望和指示，也不把国家的独立和主权这个准则作为中国的切身利益。在被任命来和您进行谈判的北京代表①为您举行的招待会上，您已看到中国效忠外国利益这种奴颜婢膝行为的明显例子。他建议您按照美国的榜样制定苏维埃政策，而您以应有的方式回答了他，声明"俄国永远不会仿效美国的榜样，而且也不会在像临城照会这样的文件上面签字。俄国任何时候也不要求治外法权和领事裁判权，同样也不会在中国领土上设立法庭或行政机关。俄国放弃侵犯中国人民主权和利益的所有租借权和特权。俄国的宗旨在同中国的关系方面确立完全和绝对平等的原则"。我应该以中国人民的名义向您致敬，并感谢您给现在的北京主子这个忠顺奴仆上了难忘的现实主义政治的这一课。

据《苏联对外政策文件集》第六卷，莫斯科，
一九六二年出版（郭景荣译，蔡鸿生校）

致加拉罕告派蒋介石去莫斯科的任务电

（英 译 中）

（一九二三年九月十七日）

几星期以前，我给列宁、齐契林和托洛茨基分别送去了几封同样的信，信中介绍了蒋介石将军的状况。蒋介石是我的参谋长和可以信赖的代表。我派他去莫

---

① 北京政府的谈判代表为王正廷。

斯科是为了讨论我们在那里的朋友在这个国家帮助我的方式和方法。特别是，蒋将军将向你们政府和军事专家提出在北京的西北地区或更远的地区采取军事行动的计划。蒋将军可以全权代表我。

据艾伦·惠廷：《苏俄对华政策（1917—1924）》，斯坦福大学，一九六八年出版

复邹鲁否认徐谦为代表电①

（一九二三年九月二十二日）

　　坚密。马电悉。如有此事，当为季龙私人之意，于我无关。因季前往洛，乃为私人行动，非我代表。孙文。祃。（九月二十二日）

据《复北京邹鲁否认徐谦为代表电》（录自国民党党史会藏抄件），载秦孝仪主编：《国父全集》第五册，台北，近代中国出版社一九八九年出版

致胡汉民转谭延闿着调朱培德部来
惠州以聚歼接援逆军电

（一九二三年九月二十四日）

　　提前万急。广州大本营胡总参议鉴：公密。下电希致组安。文曰："衡州谭总司令鉴：组密。益之所部原似调湘，其前锋已抵湘境，嗣因东江战事仍未结束，博罗之逆虽窜，而惠城未下，林、洪两逆后由闽边移至，图解惠转，不得不并调朱部来惠，俟彼到时，聚而歼之，为一劳永逸之计。如东江解决，即各军皆可入湘以奠全局，不独朱部已也。大元帅。"此电拍发后并钞示禀丞为盼。大元帅。敬。（印）。文。中华民国□□年九月廿四日已发。

据电文原件，北京、中国国家博物馆藏

---

　　①　徐谦（季龙）本受命联络直系军人冯玉祥，而徐却赴洛阳吴佩孚处活动。孙文在得到邹鲁关于这方面的报告后，特复此电。

复胡汉民朱培德望将朱部克日调回聚歼来敌电

（一九二三年九月下旬）①

提前万急。广州大本营胡总参议、朱参军长鉴：公密。益兄箇、祃两电均悉。探报林、洪两逆均来援惠，我军不能不厚集大队，聚而歼之，为一劳永逸之计。望益兄迅将全部克日调回，所需各款，希展兄妥为筹付。切盼。大元帅文。

据电文原件，北京、中国国家博物馆藏

复何东告若各领袖联席会议为谋解决
国是之方者当亲自出席电

（一九二三年十月三日刊载）

电悉。承询各节，文意苟他党重要领袖将与文会议，谋所以解决国是之方者，不论何日何地，皆当谨践宿诺，亲自出席。目下时局之酝酿，将使统治机关有全体瓦解之虞，唯有以政治家之行为，因彼事势上权力上负有安邦利民之责者之同意，妥谋协定全国之条件，庶可挽大厦于将倾。否则此约不定，将见扰攘愈甚，使大好中原陷于凶顽武夫之野蛮政治下也。

据《孙中山最近复何东电》，载一九二
三年十月三日上海《申报》（十三）

复张国桢嘉奖克复河源将士电

（一九二三年十月五日）

急。博罗转东路讨贼军张总指挥鉴：东电悉。此次河源之战，各将士奋勇效

---

① 原电未署日期。按林虎、洪兆麟率军从闽边来援惠，事在九月下旬，与九月二十四日《致胡汉民电》内容相关，故酌定为九月下旬。

命，克复名城，本大元帅实深嘉慰，仰即传谕嘉奖。大元帅。歌。（印）

据《大元帅嘉奖克复河源将士之歌电》，载一
九二三年十月九日《广州民国日报》第三版

致汪精卫告已下令讨曹并电段张卢共约讨贼电

（一九二三年十月八日）

精卫兄鉴：本日下令讨曹琨〔锟〕，通缉附逆国会议员，并电天津段芝泉先生、奉天张总司令、浙江卢督办，约共讨贼。孙文。庚。

据《大元帅致汪代表要电》，载一九二三
年十月十五日《广州民国日报》第三版

致北京外交团要求否认曹锟为总统电

（一九二三年十月十日）

关于北京最近举行之所谓总统选举，余不能不特别请各友邦注意于中国全国人民一致反对曹锟为中华民国总统是也。曹锟未受教育，目不识丁，彼之被反对及否认，不但因一九一二年二月间之北京兵变，系彼之所为，即最近临城劫车案，彼为山东等省最高军事长官，亦负主要责任。但最大原因，则为彼之被选，系以违法及贿赂之情形致成之。此等情形，乃凡属思想举动文明之国家，所认为奇耻大辱者也。夫历史上未尝无卑污授受之事，但贿赂公行，强攫政权，恬不知耻，未有如此次曹锟被选之甚者。如人民对于此种行为，尚帖然默认，而不反对，则实无权再事生活，而为一自尊之国家。是故中国人民，认曹锟之当选为总统，为一种篡窃叛逆之行为，在理在势，皆须反对而讨伐之。吾国人民此项决心，将立见一具体之表现。此具体表现维何？即全国代表人民之诸领袖，正在组织一国民的政府是也。余今请各友邦及彼等驻北京之代表，勿为任何举动，即能使北京新篡窃者认为国际承认及赞助之表示者。列强如承认曹锟，将促进中国之内争及扰乱，中国人民将认列强为反对中国人民，有意破坏彼等反抗一种污辱国民人格之

举动之明显意志。孙逸仙。

据《致北京外交团请否认曹锟为总统电》（录自《会
书》之九《文电》），载秦孝仪主编：《国父全集》
第五册，台北，近代中国出版社一九八九年出版

致但焘促赴粤电

（一九二三年十月十日）

现拟设立法制局，请兄负责，盼速来粤。

据《中山邀但焘筹办法制局》，载一九二三年
十月十七日天津《大公报》第一张第三页

复全国学生联合会总会告已下令讨伐曹锟电①

（一九二三年十月十一日）

上海全国学生联合会总会鉴：青电悉。庚日已下令讨贼，联合义师，共纾国
难。仗义执言，全国同胞，晓然是非顺逆之所在，则深望于诸君子也。孙文。真。

据《孙大元帅讨贼》，载一九二三年
十月十四日上海《民国日报》第十版

复许崇智准改编第四师为第七旅
以莫雄为旅长电

（一九二三年十月十二日）

广州许总司令鉴：虞代电悉。所拟将第四师名目撤消，改编第七旅，以莫雄

---

① 十月九日，全国学生联合会总会致电孙文，要求兴师讨伐贿选总统曹锟。此为孙之复电。

为旅长各情，均事属可行，准予如拟办理。仰即知照。大元帅。侵。（印）

据《莫雄改编第七旅之帅电》，载一九二
三年十月十五日《广州民国日报》第六版

复谢持告开会可用干部会议名义召集电

（一九二三年十月十四日）

慧生兄：元电悉。开会可用干部会议名义召集。文。寒。

据《复谢持告开会可用干部会议名义召集电》（录自国
民党党史会藏《会议纪要》），载秦孝仪主编：《国父全
集》第五册，台北，近代中国出版社，一九八九年出版

复上海中央干部会议着暂以部长为主任电

（一九二三年十月十七日）

干部会议鉴：删电悉。一、章程可修改，将有大改革及扩张，望仍照前电，暂以部长为主任。二、裁员之际，不必添委。孙文。篠。

据《复上海中央干部会议着暂以部长为主任电》（录
自国民党党史会藏原稿），载秦孝仪主编：《国父全
集》第五册，台北，近代中国出版社一九八九年出版

致上海事务所告已委廖仲恺等为国民党改组委员电

（一九二三年十月十九日）

事务所诸同志鉴：已委廖仲恺、汪精卫、张继、戴季陶、李大钊为国民党改组委员。请孙伯兰密电北京李大钊即来沪会商。孙文。皓。

据《致上海事务所告已委廖仲恺等为国民党改组委员电》
（录自国民党党史会藏《会议纪要》），载秦孝仪主编：《国
父全集》第五册，台北，近代中国出版社一九八九年出版

致广东省长廖仲恺电

（一九二三年十月二十五日）

据沙田清理处林处长直勉杩日电称："顺德两县沙捐及特别军费，现值开收时期，若稍延迟，则下期收入，又恐落空。所有香属西海沙田，请朱县长派队保护，东海沙田，请周县长派队保护，以专责成，伏乞迅赐明令，俾各遵照办理"等情。据此，仰该省长查照，转饬顺德、香山两县长遵照办理。省长。艳。（印）

据《饬县保护开抽沙捐》，载一九二三年十月三十一日《广州民国日报》第六版

致许崇智等询博罗惠阳方面敌情电

（一九二三年十月二十五日）

汝为、绍基、显丞三兄同鉴：增城方面，我军已由平陵退至龙华。博罗、惠阳方面现在情形如何？敌之主力究在何处？此次决战究有把握否？望为详答。孙文。

据影印原件，载谭延闿编：《总理遗墨》第一辑，一九二八年五月校印

致蒋介石谢苏俄派鲍罗廷先到粤援助电①

（一九二三年十月二十五日）

谁是我们的良友，谁是我们的敌人，我们胸中都有十二分明了。……

友邦政府及政党，派代表鲍罗廷到粤援助之热心与诚意。……吾等与诸同志

---

① 此电未见全文，仅见当时访问苏俄的蒋介石致苏俄外长刘契林函的引文。该电时间据上述函称是一九二三年十月二十五日。

从长计议。

据毛思诚编:《民国十五年以前之蒋介
石先生》第六篇,一九三六年十月出版

致范石生促急往樟木头援救蒋光亮部电

（一九二三年十月二十八日）①

急电。石龙范军长石生。△密。小泉兄鉴:我军在东江北岸者,已获大胜,将敌人之主力军林虎部队击破。而蒋信之竟由平山一败而至平湖,几不可收拾,何其相差之远? 顷得信之电称:恐平湖、樟木头亦不能守,催救甚急。现龙门、增城方面既缓,望兄急往樟木头救信之可也。孙文。俭酉。

据影印原件,载谭延闿编:《总理
遗墨》第一辑,一九二八年五月校印

致许崇智等令刘震寰刘玉山
抽调劲旅抄袭陈军后路电

（一九二三年十月二十八日）

（急电。无线）许、杨、刘各总司令。密。汝为、绍基、显丞、益之、玉山各兄同鉴:我正面与左翼军方得大胜,而蒋信之忽败至平湖,事殊可怪,望显丞、玉山抽一劲部抄敌人后路为要。孙文。俭戌。

据影印原件,载谭延闿编:《总理
遗墨》第一辑,一九二八年五月校印

---

① 此电及以下致许崇智、廖湘芸、蒋光亮各电,均未署年月。按蒋光亮（信之）部不战而溃,致平湖为陈军占领,系一九二三年十月下旬事,该四电发于俭日（二十八日）,当系一九二三年十月二十八日。

致廖湘芸令固守虎门电

（一九二三年十月二十八日）

　　虎门廖司令湘芸兄鉴：我军正面与左翼正得大捷，而右翼之蒋光亮急败至平湖，事甚可怪，望兄对于东南方面严为警戒，切勿疏虞，且务要固守虎门为要。孙文。俭戌。

据影印原件，载谭延闿编：《总理遗墨》第一辑，一九二八年五月校印

致蒋光亮告敌情并勉再鼓余勇收拾部曲电

（一九二三年十月二十八日）

　　急电。蒋军长光亮。□密。信之兄鉴：闻兄一败不可收拾，何其怯也？平山之敌为洪兆麟、叶举等残部，殊无战斗力，敌本以此方面为守势，而其主力聚于老隆方面，日前向我河源攻击，来势甚凶，几不可遏。其后我军一反攻，便击破其主力之林虎。现在左翼与正面之敌，已狼狈向东北方退却，我许部已缴得陈炯光枪千余枝，缴得刘志陆枪六百枝，闻朱益之与第一师缴得林虎枪甚多，云现尚未得其确数。敌受此一大挫，不独无力再进，且已无力抵抗我矣。兄处想尚未知，故一退而不知止也。敌人正面与右翼已受此大败，岂尚有力以追击兄乎。幸稍定勿惊，再鼓余勇，以收拾部曲。小泉已在石滩，数日必可为兄缓急之助也。孙文。俭亥。

据影印原件，载谭延闿编：《总理遗墨》第一辑，一九二八年五月校印

致杨希闵等勉竭力扫荡残寇电

（一九二三年十月三十一日）

万急。博罗杨总司令、刘总司令、许总司令、朱军长、胡师长、李师长、各将领，石龙蒋军长、范军长、王师长、李、总指挥、各师、旅各将领，广州廖师长、各将领均鉴：师直为壮，克之以和，古有明言，罔不时若。陈、沈叛乱，粤局粗安，将士勋劳，永昭岭表。统军作战，各将领夙所研求，复多经验，自明真谛。残寇重犯，溯海来侵，主力既已惩奸，余敌自投法网。故此时之战局，在我方实有利，而在逆军则反之。甚盼各统将贾兹余勇，竭力扫荡，务使老隆方面之敌，悉就房圉；其由海岸来寇者，不获生还。此作战之义使然，诸将领固深知之。窃国待诛，群黎待拯，正诸君展布之时期也。特达数言，用当面晤，诸维勉之。大元帅。卅一巳。（印）

据《大元帅训勉前敌将官之电令》，载一九二三年十一月一日《广州民国日报》第三版

致刘震寰询梅湖重炮要件是否拆卸电

（一九二三年十月三十一日）

博罗刘总司令鉴：定密。梅湖重炮有拆卸炮闩及移去各件否？文。（民国二十年十月卅一日）

据影印原件，载谭延闿编：《总理遗墨》第一辑，一九二八年五月校印

致刘震寰嘱攻惠时须提防敌埋炸药电

（一九二三年十月）

刘总司令：□密。刻香港探报，惠州电灯局附近，敌人埋有六棺材弹药，以

图炸我军，攻惠时须小心提防为要。孙文。

据影印原件，载谭延闿编：《总理遗墨》第一辑，一九二八年五月校印

复谢持告江苏事已任钮永建办理电

（一九二三年十月）

上海谢惠生：OSS 密。江苏事已任钮惕生①办理，当然由彼统一事权，其他各部应劝归一致。若有万不得已而分道进行，则必得有成效者，乃可承认。此复。孙文。

据影印原件，载谭延闿编：《总理遗墨》第一辑，一九二八年五月校印

致许崇智等勉各军政人员勿擅离职守电

（一九二三年十一月一日）

万急。博罗许总司令、杨总司令、刘总司令、朱军长、李师长、各将领，石龙蒋、范两军长，胡、胡、王、李四师长、各将领，广州李军长、梁军长、廖师长、欧阳舰长、各将领，韶关赵师长、乐昌王师长、虎门廖司令、长洲马司令②、各军政机关长官钧鉴：治军首重纪纲，服务应知奋勉，况值兹大局扰攘、戎务倥偬之时，职责攸关，有宜更加惕厉者。嗣后各军队、机关人员，弗论驰骤疆场，折冲樽俎，运筹帷幄，供职地方，各宜尽瘁国家，恪共乃事，共维大局，早竟全功，勿得擅离，致荒职守。前途无量，其盍勉之。大元帅。东巳。

据《大元帅训勉将领电》，载一九二三年十一月二日《广州民国日报》第二版

---

① 钮永建，字惕生。
② 受电人依次为许崇智、杨希闵、刘震寰、朱培德、李济深、蒋光亮、范石生、胡思舜、胡思清、王秉钧、李根沄、李福林、梁鸿楷、廖行超、欧阳格、赵成梁、王钧、廖湘芸、马伯麟。

致许崇智等告抵石龙时间并嘱
如有军情速电石龙驻所电①

（一九二三年十一月四日）

府密。文江日午刻到石龙，如有军情战况，速电石龙驻所为要。大元帅。支。
（印）

据《大元帅到石龙后之所闻》，载一九二
三年十一月七日《广州民国日报》第三版

致范石生等嘉慰忠勇克敌电

（一九二三年十一月七日）

急。石龙大元帅行营古秘书长，分转范军长、蒋军长、胡、胡、王、李四师
长②、各军将领钧鉴：石龙把晤，快睹鹰扬。此次忠勇克敌，贼胆已寒，乘胜穷
追，肃清可待。鱼申返省，地方安谧〔谧〕，要皆贤良干国之征。念疆场辛劳，
倍增我拳拳耳。特电慰问。大元帅。阳辰。

据《大元帅慰问前敌将领电》，载一九二
二年十一月九日《广州民国日报》第三版

---

① 本电报发给驻博罗的许崇智、刘震寰、刘玉山及驻樟木头的范石生。
② 受电人依次为古应芬、范石生、蒋光亮、胡思舜、胡思清、王秉钧、李根沄。

致古应芬令石滩守兵调回原防电

（一九二三年十一月七日）

石龙古秘书长：△密。石滩福军①昨着尽开往增城，今李、罗两部②既往增城，则石滩守兵当调回原防，以备不虞，至要。文。（十一月七日晚十一时发）

据影印原件，载谭延闿编：《总理遗墨》第一辑，一九二八年五月校印

复蒋光亮嘉勉其与李根沄迭克要隘杀敌致果电③

（一九二三年十一月十一日）

蒋军长鉴：□密。佳、灰电具悉。曩者陈逆叛变，我兄以百战之师，间关援粤，大义凛然。余孽稽诛，战祸延长，徒苦民生，重劳师旅。此次逆贼倾巢来犯，深赖我兄暨诸将士忠勇奋发，迭克要隘，逆胆已寒，肃清余孽，指顾间事，岂惟东粤之幸，抑亦西南之光。李指挥根云〔沄〕，英姿飒爽，深明大义，杀敌致果，益见精毅。国家多故，盗贼恣睢，吾党责任益重且大，愿共勉之。大元帅。真。〈印〉

据《大元帅嘉勉蒋光亮之真电》，载一九二三年十一月十三日《广州民国日报》第三版

---

① 指李福林所部。

② 指李海云旅、罗家驳团。

③ 从前月下旬起，蒋光亮、李根沄等部作战不力，对博罗溃败负一定责任。孙文为了团结各军应付危局，仍在电中对蒋、李表示慰勉。

致许崇智等告已派兵巩固石滩
阵地并勉坚持奋斗电

（一九二三年十一月十二日）①

石滩分探送许总司令、杨总司令、刘总司令、范军长、朱军长、胡师长、王师长、李师长②鉴：△密。今日午前，石龙忽有溃兵汹涌而至石滩，文竭力制止无效，亦被溃兵冲动，不得已只有上车回省，另筹补救。到省接得石滩车站来电话云，石滩无事，请速派兵前往等话。刻已派廖师③前来巩固石滩阵地，并杨师长廷培沿铁路收容溃兵，事尚可为，望诸君奋斗，以收最后之成功。孙文。

据影印原件，载谭延闿编：《总理遗墨》第一辑，一九二八年五月校印

致李烈钧古应芬告已派兵前往石滩
及各路精兵已来省电

（一九二三年十一月十二日）

仙村、东浦各站探投李参谋长协和、古秘书长湘芹：文午后四时抵省，得石滩站长来电话：石滩无事，请速派兵往维持。刻已派廖师前往石滩，并派杨师长廷培沿铁路收容退兵。省中无事，现各路精兵已来省。孙文。（十二日）

据影印原件，载谭延闿编：《总理遗墨》第一辑，一九二八年五月校印

---

① 原电未署日期。按十一月十二日陈炯明叛军攻占石龙，讨贼军全军溃败，据此电内容，故定为该日。
② 受电人依次为许崇智、杨希闵、刘震寰、范石生、朱培德、胡思舜、王秉钧、李根沄。
③ 即廖行超部。

致谭延闿促回师救粤电

（一九二三年十一月十四日）

回师救粤。

据《国内专电》，载一九二三年十
一月十五日上海《申报》（四）

致廖湘芸令饬虎门各部迅速出击以歼残敌电

（一九二三年十一月二十六日）①

虎门廖司令鉴：△密。我追击军大破残敌于石滩之东，现已占据福田、石龙之线，残敌向惠州溃退。虎门各部着速出击，以扫荡石龙南东之残敌为要。孙文。寝戌。

据影印原件，载谭延闿编：《总理遗
墨》第一辑，一九二八年五月校印

致谭延闿鲁涤平告所请辞总指挥职毋庸议电

（一九二三年十一月二十七日）

湘军谭总司令、鲁总指挥鉴：鲁总指挥文酉电悉。此次湘军奉命来粤，正值北江告警。该总指挥受任危难之际，奏功旬日之间，破敌受降，厥勋甚伟。现在南韶奠定，正谋北伐进行，眷念前劳，尤资倚畀。亡秦分楚，益彰受蔑之荣，我武维扬，仍仗麾戈之力。愿宏远略，勉抑谦怀，所请辞去总指挥一节，应毋庸议。

---

① 原电未署日期。按一九二三年十一月二十二日讨贼军在击退陈炯明部对广州的围攻之后，于是日收复石滩。二十六日攻克石龙，陈军退回惠州。据此该电当发于一九二三年十一月二十六日。

孙文。感。（印）

据《帅电挽留鲁涤平》，载一九二三年
十二月十八日《广州民国日报》（三）

致上海事务所着将沪本部改为驻沪执行部电

（一九二三年十二月七日）

事务所诸兄鉴：本党中央执行委员会已在粤成立，沪本部与中央干部着即取消，另组驻沪执行部，以符新制。孙文。阳。

据《致上海事务所着将沪本部改为驻沪执行部电》（录
自国民党党史会藏原件），载秦孝仪主编：《国父全
集》第五册，台北，近代中国出版社一九八九年出版

致许崇智樊钟秀嘉慰击溃来犯之敌
并望乘胜猛追以定粤局电

（一九二三年十二月十三日）

急。广州分抄送许总司令、樊总司令均鉴：据前方报告，欣悉由温山下大岭嘴来犯之敌，侵日被我军猛击，纷纷溃窜等语。残敌收合余烬，冀燃死灰，赖各军先后协攻，遂寒逆胆，果敢精锐，嘉慰良深。仍望乘胜猛追，俾得早日会师，扫清巢穴，定粤局以向中原，有厚望焉。大元帅。元午。（印）

据《大元帅嘉奖许樊》，载一九二三年
十二月十五日《广州民国日报》第六版

复杨希闵等嘉慰奋勇疆场迭奏肤功
并望乘势穷追肃清丑虏电

（一九二三年十二月十三日）

杨总指挥并转刘军长玉山、李师长根沄均鉴：杨佳、真电均悉。逆军怙恶不悛，久劳挞伐，罪无可逭，法所必诛。我联军诸将土奋勇疆场，肤功迭奏，每怀勋伐，倚界殊殷。刘部马嘶之役，李部樟木头之役，均能大破悍逆，俘获甚多，并堪嘉慰。敌锋已挫，亟宜乘势穷追，使敌无收容整顿之余地，肃清丑虏，自可计日成功也，望统为策筹，并传谕各将士努力为之。孙文。元。（印）

据《大元帅电慰前方将士》，载一九二三年十二月十七日《广州民国日报》第六版

致刘震寰嘉慰勇挫寇锋并望乘胜肃清东江电

（一九二三年十二月十五日）

急。谢岗刘总司令鉴：阅青辰捷报，具悉敌众渐退，我军节节进攻，数月来风云弥漫，赖兄忠勇，迭建殊勋。尤复驰骤前方，贤劳可慰。寇锋已挫，仍望乘一鼓之气，肃清东江。中原多事，尚冀猛力奋勉图之。文。删。（印）

据《大元帅奖慰刘振〔震〕寰》，载一九二三年十二月十八日《广州民国日报》第六版

复天津银行公会告或辟南方港口自由贸易电

（一九二三年十二月十八日）

西南对关余，必据理力争，或不得已而辟南方港口自由贸易。所虑破坏基金之责，在北不在南。

据《孙中山将宣布广东为自由港》，载一九二三年十二月二十五日长沙《大公报》（三）

致美国政府抗议争夺广东关余电

（一九二三年十二月十九日）

我争应得关余，美舰压境独多，助恶长乱，深为公理惜。

据《本社专电》，载一九二三年十
二月二十一日上海《民国日报》

致英国工党领袖麦当路抗议争夺广东关余电

（一九二三年十二月二十一日）

伦敦下院林斯。麦当路：请将英皇驻华代表在羊城所用全力助成之严重时局转告英人，而尤以贵国工人为最要。以此间本政府现被国际强力之战事行动所恫吓，巡舰与炮舰几有二十艘之数，武装英兵已进驻沙面，此乃驻京外交团纳英使提议所实行之事业。而向英使进言者，为羊城先领进事①，即英领事与海关总税务司，彼固英籍人也。外交团之取此行动，盖因本政府（本政府自一九一七年以来，虽人员间有更换，实管辖南华土地重要部分，依然成立）要求取回在辖地内所收关税扣除应摊外人债额之余款。此种外债，多是一九一○〔一九一○〕年因拳匪乱事而施诸中国之罚款。如本政府辖地内之关税，不复如列强在华所施之条约外现行办法，尽数移交京政府，则京政府将无此款以组织及资助扰粤军队。本政府坚持其要求，欲以终止敌军之屡侵吾圉。关余之处置，纯属中国内政，外交团已切实承认之，则英国与别国代表现时对待本政府之仇视恫吓，实难解释其理论。仆今警告英人，诸君为在粤损害英国名誉者之主人翁，当知英政府所最烦恼之失业难题，非发展外国市场不能完全解决。中国为行销英货最佳市场之一，而此市场，只可以博得华人好意之政策获取之，而非炮舰政策之旧外交术所能收效。若以战事行动，威胁吾人，势难发生好意，有不啻宣示其牺牲正义公道，以殉强

---

①　原文如此。

力与权势之外交政策。孙逸仙。

据《香港新闻》，载一九二三年十二月二
十五日香港《华字日报》第一张第三页

致麦克唐纳尔请将英国驻华代表引发的
广州时局昭示英人电①

（一九二三年十二月二十一日）

广州政府现为十余艘巡洋舰、炮舰之联军所迫，势将决裂，武装军队已在沙面登岸，此举乃北京外交团从英使之请而为之，英使则从广州②英总领事及英籍中国总税务司之请。夫中国为英货最佳之市场，不能以旧时外交所用之炮舰政策博取之。而求之之道，唯有能得华人欢心之政策，务请注意及此。

据《粤人抵御外侮之坚决》，载一九二三年
十二月二十二日上海《民国日报》第二版

致蒋介石催速来粤报告苏俄之行
并详筹中俄合作办法电③

（一九二三年十二月二十四日）

译转介石兄：兄此行责任至重，望速来粤报告一切，并详筹中俄合作办法。台意对于时局政局所有主张，皆非至粤面谈不可，并希约静江、季陶两兄同来，

---

① 时任英国国会工党议员。
② 删去衍文"领袖领事"。
③ 一九二三年八月十六日，孙文派遣包括蒋介石在内的"孙逸仙博士代表团"由沪启程赴苏联考察政治、军事和党务，十二月十五日，代表团返抵上海。此电系促蒋介石速返广州，报告赴苏俄考察情况。

因有要务欲与商酌也。孙文。敬。

据毛思诚编：《民国十五年以前之蒋介
石先生》第六编，一九三六年十月出版

致许崇智廖仲恺盼速回粤筹商北伐及建设大计电

（一九二三年十二月二十八日）

东江敌势渐蹙，北伐及建设大计，诸待筹商，盼速回粤。

据《本社专电》，载一九二三年十二
月二十九日上海《民国日报》第二版

致美国国务卿请将军舰撤退电

（一九二三年十二月）

美国首倡华会①，主持公道，举世同钦。今竟主动派军舰赴粤，干预中国内政，实属违反华会精神。请将军舰撤退，以符中美亲善之旨。

据《美国对粤海关事软了》，载一九二四年
一月一日上海《民国日报》第二张第六版

致林焕廷嘱给飞机人员来粤旅费电

（一九二三年）

电上海林焕廷：给旅费，使飞机人员九人来粤。文。

据影印原件，载谭延闿编：《总理
遗墨》第一辑，一九二八年五月校印

---

① 华会，指一九二一年十一月十二日由美国发起、在华盛顿开幕的太平洋会议。

致周之贞等不准封用常行省乡渡船以免阻交通电

（一九二三年）

拟电周之贞、朱卓文并江门、肇庆、西江督办事：不准封用常行省乡渡船，免阻交通，而起谣言。文。

据影印原件，载谭延闿编：《总理遗墨》第一辑，一九二八年五月校印

致国民党北京支部请派代表六人
赴广州接洽党务电①

（一九二四年一月初）

请派代表六人赴广州接洽党务。

据《国民党在京党员派代表赴粤》（一九二四年一月六日《京报》），载张静如等编：《李大钊生平史料编年》，上海，上海人民出版社一九八四年八月出版

---

① 原电未署日期。据《国民党在京党员派代表赴粤》载："国民党北京支部之民治社，与某社近因接广州孙文来密电，请派代表六人赴广州接洽党务。特于日昨（四日）在某大学第三院大礼堂开全体党员大会，到会者约千余人，主席为某大学教授李某。除讨论报告外，当选定谭促逵、李大钊、许宝驹、谭克敏等六人为代表，赴广州出席国民党党务大会。"酌定为一九二四年一月初。

致汪精卫廖仲恺着即返粤商议建国政府大纲及北伐事宜电

（一九二四年一月五日）

即动程返粤，商议建国政府大纲事宜及筹划北伐大计。

据《大元帅电召汪廖回粤》，载一九二
四年一月八日《广州民国日报》第六版

致宋庆龄电①

（一九二四年一月十九日）

Mrs. Sun Yat sen：Sucessful iolainulev somilyhsu。文。

中华民国十三年一月十九日发

据胡汉民编：《总理全集》第四集"总理英文
笔迹"影印原件，上海，民智书局一九三〇年版

复叶恭绰告目前并未组织政府电②

（一九二四年一月二十三日）

马电悉。此间目前并未组织政府，仅将《建国大纲》提出交国民党全国代表大会讨论。现已通过，拟发往各省宣传，征求全国国民同意。此正欲与各方合作

---

①　此电内容系英文密电码。

②　一九二四年一月四日，孙文在大本营召开重要会议，首要议题是讨论"组织正式政府问题"。会上，路孝忱擅自代表奉方发言说"组织正式政府，东省首先服从"，立刻被奉方获悉，致函叶恭绰"否认"，叶乃致电孙文。为了表示与奉、皖合作诚意，孙文放弃了成立正式革命政府的计划。

之诚意也。文。漾。

据上海遐庵汇稿年谱编印会编：《叶遐庵先生年谱》，上海，编者，一九四六年十月出版

复加拉罕感谢致贺代表大会电①

（一九二四年一月二十四日）

　　北京全俄苏维埃代表加拉罕君：尊电致祝全国国民党代表大会，情词恳挚，不胜感谢！本会目的在继续辛亥革命事业，以底于完成，使中国脱除军阀与夫帝国主义之压迫，以遂其再造。夫以积弱而分裂之中国，而自然之富甲于天下，实为亚洲之巴尔干②，十年之内，或以此故而肇启世界之纷争。故为保障亚洲及世界之平和计，其最善及唯一之方，惟有速图中国之统一及解放。本会深信，全世界之自由民族必将予以同情，而俄国人民来此先声，尤为吾人所感激。中俄两国人民行将共同提挈，以迈于自由正义之途。文谨代表国民党全国代表大会，致敬于邻友全俄苏维埃。孙文。

据《中国国民党第一次全国代表大会纪事录》，南京、中国国民党第三届中央执行委员会秘书处，一九三〇年五月校印③

---

　　①　加拉罕（Лев Михайлович Карахан）于一九二三年九月抵北京任苏联驻华特命全权代表后，与孙文互有函电往还。本年一月十五日致电孙文，祝贺国民党代表大会开幕（十五日为原定开幕日期，后因故延期）。二十四日上午大会宣读该贺电，决定由大会主席团起草复电；下午大会讨论修改中文复电文稿并予通过，随即交由军政府外交部译成英文发出。本篇为大会通过的中文件。

　　②　巴尔干半岛（Balkan Peninsula）位于欧洲南部，黑海与地中海之间，二十世纪初成为西方列强争霸焦点及战争的军火库，一九一四年六月奥匈帝国皇储在萨拉热窝（Sarajevo，今波黑首都）遇刺即成为第一次世界大战爆发的导火线。

　　③　此书原为广泛收录有关代表大会资料的草稿本，孙文在其封面亲题书名《国民党全国大会纪事录》，旋改为《中国国民党第一次全国代表大会纪事录》，并笔批"交中央执行委员会审定"。书稿湮没数年，至一九三〇年四月始重新发现，此印本系经过整理、审校、取舍者。又，加拉罕收到者为英文电报，后被译成俄文，收入一九六三年在莫斯科出版的《苏联对外政策文件集》（Документы внешней политики СССР）第七卷。后者中译文可参阅李玉贞《孙中山与共产国际》一书（台北，"中央研究院"近代史研究所，一九九六年十月出版）。

致加拉罕哀悼列宁逝世电

（英 译 中）

（一九二四年一月二十五日）

当伟大的列宁离开苏俄朝气蓬勃的生活之际，我请求您向您的政府代达我的深切的哀悼。然而他的名字和对他的纪念将永世长存，人们将继续珍视他那种造成最高度的政治家和有创造力的领袖的英雄品质。他的著作也将永存，因为他的著作是建立在一定会掌握和统治未来人类的思想和希望的这样的社会观念上的。

据英文唁电原稿附载译文影印件，载一九五六年十一月六日北京《人民日报》第四版

致加拉罕哀悼列宁逝世电①

（一九二四年一月二十五日）

中华民国十三年一月廿五日，中国国民党全国代表大会致北京苏俄代表加拉罕君：本日国民党全国代表大会通过下列议案，请转贵党本部及贵政府：列宁同志为新俄之创造人。此时本大会之目的为统一全国，在民治之下增进国民之幸福，则其事业正为本大会之精神。本大会特休会三日，以志哀悼。中国国民党全国代表大会。

据《中国国民党代表大会会议录》第十一号（中华民国十三年一月二十五日上午），大会秘书处编印，铅印件②

---

① 本唁电由孙文提出并亲自宣读，通过后即译成英文发出。本篇为大会通过的中文件。
② 另见唁电英文原件影印及其中译文，载一九五六年十一月六日北京《人民日报》第四版。

致麦克唐纳贺英国劳工党成功电①

(一九二四年一月二十八日)②

中国国民党各省区及华侨代表大会，现开会于广州，通过议决案如下：查本党政纲关于促进民治、增益社会幸福诸大端，皆与英国劳工党之宗旨相同。今英国劳工党已获得在英国历史上空前未有之胜利，中国于潜势上实世界之最大商场，亟需机械工具为经济上之发展，故深足资助英国劳工政府，以解决种种经济问题，尤以失业问题为最要。惟中国政治上、经济上之发展，现因北京及中国大部为军阀与反动派所盘据，以致妨碍进行。兹特决议致电英国劳工党杰出之首领，庆贺其成功及其党之成功。并希望此后英国之对华政策，不复援助军阀与反动派，而能予中国之民治主义与解放运动，以自由发展之一切机会焉。中国国民党代表大会主席孙文叩。

据《国民党电贺英首相》，载一九二四年
一月二十九日《广州民国日报》第三版

致许崇智促速回粤电

(一九二四年二月十六日)

陈军早一日铲除，粤局即早一日奠安，吾弟岂能恝然？电致速来。

据《孙文积极筹饷》，载一九二四
年二月二十三日北京《晨报》二版

---

① 麦克唐纳时任英国劳工党首相。该电由孙科草拟，国民党第一次全国代表大会通过，以大会主席孙文名义签发。

② 原电未署日期。按广州《现象报》和北京《晨报》均有孙文于一月二十八日致电英劳工党首相的报道，今据此酌定。

致廖湘芸着即来省电

（一九二四年二月二十八日）

电虎门廖司令，着即来省。孙文。（中华民国十三年二月廿八日）

据原件影印件，载谭延闿编：《总
理遗墨》第三辑，出版时间不详①

致蒋介石不允辞军官学校校长并希即返粤电

（一九二四年二月二十九日）

沪执行部转介石兄，军官学校以兄担任，故遂开办。现在筹备既着手进行，经费亦有着落，军官及学生远方来者逾数百人，多为慕兄主持校务，不应使热诚倾向者失望而去。且兄在职，辞呈未准，何得拂然而行？希即返，勿延误。孙文。艳。

据毛思诚编：《民国十五年以前之蒋
介石先生》，一九三六年十月出版

复张作霖诚勿为伪和平所感电②

（一九二四年三月一日）③

曹、吴祸粤扰川，罪恶已极，今犹假托一平，愚弄天下，此间决定北伐，届

---

① 估计于二十世纪三十年代出版。

② 北京政府内阁总理孙宝琦派员赴奉天游说张作霖出席其倡导的"和平会议"。张致电孙文征询意见，此为孙之复电。

③ 原电未署日期。据一九二四年三月四日上海《民国日报》"一日广州电，大元帅复张曹吴……"酌定。

期望同仇敌忾，共扫幽燕，幸勿为伪和平所惑，致堕士气。

据《大元帅愿与奉张赋同仇》，载一九二
四年三月四日上海《民国日报》第三版

致安剑平望广为宣传吾党之主张电①

（一九二四年三月十日）

□□□□，深切时弊，应本此旨广为宣传，以□□吾党之主张，而尽言论之职责。

据《南府来电》，载《孤星》旬刊第五
期，一九二四年三月二十五日出版

致段祺瑞告特派郭泰祺到天津贺其寿辰电

（一九二四年三月十四日）②

段芝泉先生鉴：大寿伊迩，跻介无缘。特派郭君泰祺来津，代致贺忱，不胜遥祝。

据《为段贺寿电一束》，载一九二四年
三月十六日北京《顺天时报》（二）

---

① 此件由大本营秘书处奉孙文谕代电。安剑平，无锡人，上海大学社会学系学生，是《孤星》旬刊的主编。《孤星》旬刊为上海大学进步学生社团孤星社主办的刊物。孙文应安剑平的函请，亲题"孤星"二字寄去，《孤星》旬刊从第五期起改换孙文的题字。

② 原电未署日期。据三月十六日北京《顺天时报》云"前日段合肥六秩寿辰……有贺电若干（内有孙电）到津"推定。

致东江前线各军长勉同心一德破城杀贼电

（一九二四年三月十五日刊载）

惠州古称天险，历来并无失守，此迭次猛攻，转伤士卒，□由本帅无谋，累及军士□劳，良用恻然。惟念逆贼一日不除，则军士一日不安，国家一日不靖。此次经军事会议，决定变更作战计划，三路进兵，利用左右包抄之策，故左右翼军队人数比中路为较多，而其责任亦较重。各军长统兵有年，深暗〔谙〕军略，各兵士久历戎行，深明大义，当此孤军深入，间道并行，兵贵神速，相机应变，善用乡导，广行搜伏，本其忠勇，出以精明，各军士等务宜同心一德，为国复仇。破城杀贼，在此一举，再造邦家，于斯是赖！庶几戡定南疆，从事北伐，使民国无圉之惊，士民享升平之福。大功垂成，幸共勉之，有厚望焉！

据《孙陈两军相持之现状》，载一九二四年三月二十七日长沙《大公报》（二）

致胡汉民促偕蒋介石同来电

（一九二四年三月十五日）

展堂兄鉴：组安因军事，不便久代秘书长；仲恺专理党事，不能分心。须兄甚急，请偕介石同来。孙文。删。

据毛思诚编：《民国十五年以前之蒋介石先生》第七编，一九三七年三月印行

复叶恭绰嘱如病稍痊迅回粤办理财政统一电

（一九二四年三月十七日）

近日东江战事行将结束，军糈万急，财政整理，亟待臂助。如病势稍痊，迅

即回粤办理财政统一事宜。

据《帅座电慰叶恭绰》，载一九二四年
三月十八日《广州民国日报》（六）

致许崇智蒋介石告军队需人主持
望速回粤维持大局电

（一九二四年三月十八日）

上海。△密。汝为、介石两兄同鉴：东路尽调回省，湘军集中东江，日内开始向潮、梅进攻。乃高凤桂忽又投北，北江告急。省中东路部队无人主持，望兄等速回维持大局，幸甚。孙文。巧。（中华民国十三年三月十九日子时）①

据原件影印件，载谭延闿编：《总
理遗墨》第三辑，出版时间不详

致谢国光着详复军情并即率队协助攻克正果电

（一九二四年三月二十七日刊载）

据陈嘉祐电：龙华、永清先后克复，何以正果、麻蚌方面，竟至战事失利？其中情形未据详报，事关军务，岂容不实不尽？着该军查明电复，并即日率队驰救，务必协攻克复正果。

据《东江连日据战》，载一九二四年
三月二十七日北京《晨报》第三版

---

① 此当为发电时间。

致汪精卫命赴奉天酌商一切并为张作霖祝寿电

（一九二四年三月二十七日刊载）

代表赴奉，先行酌商一切，并顺为张①祝寿。

据《汪精卫衔命赴奉》，载一九二四年
三月二十七日《广州民国日报》（六）

寄汇北京支部经费电

（一九二四年三月二十七日）

兹由广东银行汇一万元，支代表三月份薪水及公费，每人二千，共八千元。又北京支部月费二千元，以后当每月照汇。收到复。孙文。感。（三月廿七日）

据原件影印件，载谭延闿编：《总理
遗墨》第一辑，一九二八年五月校印

致何成濬告留闽讨贼军及各种民军
应由臧致平直接指挥电

（一九二四年三月三十日）②

急。漳州，探送何总指挥雪竹兄鉴：漳州已下，闽局正事发展。为事权统一计，所有留闽讨贼军及各种民军部队，应由和斋③兄直接指挥调遣。除直接电告

---

① 即张作霖，时年五十虚岁
② 原电未署日期。据一九二四年三月三十一日《广州民国日报》第三版载"大元帅……昨并电令讨贼军总指挥何成濬"等语酌定为三月三十日。
③ 臧致平，字和斋。时任闽军总司令。

外，请兄传令各部队将领一体遵照。军实饷糈，正在筹发。孙文。

据《总攻击东江第一次捷报》，载一九二四
年四月六日上海《民国日报》第二、三版

致戴季陶邀南来勷理党务电

（一九二四年三月下旬）

南来，勷理党务，藉资臂助。

据《许戴来粤之近讯》，载一九二四年
三月三十一日《广州民国日报》（六）

致阿卜里刚反对旅行隔绝华侨于
一定区域之法律电①

（一九二四年四月一日）

墨总统阿卜里刚阁下：据敝国侨居顺诺拿省之人民呈诉，顺省议院将施行隔绝华侨于一定区域之法律。此律若经施行，敝国侨民实受莫大之虐待与损失。深望阁下竭力保护华侨在条约上应享之权利，两国邦交实利赖之。孙文。（印）（一日）

据《大元帅保护旅墨华侨》，载一九二四
年四月十五日《广州民国日报》（六）

---

① 一九二三年十二月十九日，墨西哥顺诺拿省通过一项法律，限令中国华侨与墨西哥人隔绝，并令侨民于四个月内移居墨西哥政府所指定的区域。

复鲍罗廷申明北庭不能代表中国电①

（一九二四年四月一日）

北庭本不能代表中国，须持合于民意之政府成立后，中俄方能提挈进行。

据《大元帅电复苏俄代表》，载一九二
四年四月三日上海《民国日报》第二版

致李济深等着即各守原防听候解决电

（一九二四年四月三日）

肇庆李处长济深，梧州黄师长绍雄、郑师长润琦，抄送刘军长玉山均鉴：元密。前以整军经武，曾饬直辖第七军军长刘玉山，将在省部队移驻三罗，协剿南路匪患。旋复由参谋处嘱暂驻都城，整顿待命，均经先后令达通知在案。乃迭据报告，该部到都城后，被各该部包围，勒缴枪枝等情。该部移驻都城，系政府命令，即有不是，亦应呈候本大元帅核示办理，何得同类相残，自扰自治？着即各守原防，听候解决，毋得妄动干戈，致干宪典。所有收缴枪枝，拘留人员，并着悉数发还礼释。特此电达，仰即遵照，毋违干咎。仍着具报，毋延。切切。大元帅令。

据《帅令西江军队息争》，载一九二四
年四月三日《广州民国日报》（三）

---

① 鲍罗廷在北京致电孙文，述与北京政府交涉破裂之经过，请国民党拿主意，并请孙文主持中俄交涉，孙特电复。

复杨希闵等嘉奖东江前敌滇军各将士电

（一九二四年四月十三日）

急。石龙杨总指挥并转朱军长、范军长、蒋军长①暨各将领均鉴：迭接捷书，欣慰无已。东江逆敌负固期年，赖滇军将士萃三迤英华，壮南天柱石，连番征战，备著勋劳。迨后联合各军，协驱丑虏，三军甫出，敌胆俱寒，义勇冠军，至堪嘉慰。博罗既下，惠州可克，残敌之狼狈甚于前，我军之勇慨则盛于曩昔也。所望乘胜穷追，芟夷后患，国人水火，大局未宁，吾人之责任尚重也。特复数言，告我诸将士勉焉。大元帅。元。

据《大元帅电嘉前敌将官》，载一九二四
年四月十四日《广州民国日报》第六版

致谭延闿等嘉勉叠克要隘并望
先竟肃清东部之功电②

（一九二四年四月十三日）

急。广州抄送谭联军总指挥并转宋总指挥③、各军长暨各师、旅长均鉴：自去冬石龙之役，滞我师徒，该军间关跋涉，仗义增援，巩固北门，克驱日虏，而东江之师亦振，裨益大局，嘉慰良深。近复伫苦停卒〔辛〕，忘身许国。方张挞伐，即报捷音，以资衡岳钟灵。宏兹英杰，固有应膺其大任者。逆军挠助之余，曷足当貔虎之气。尚望奋其武怒，先竟肃清东路之功。国家前途，仰速于吾人者，

---

① 即杨希闵、朱培德、范石生、蒋光亮。

② 这是孙文接到湘军克复龙门、响水两要隘的捷报后，给谭延闿等的嘉勉电。此外，特饬财政部发现洋一万元犒赏。

③ 即谭延闿、宋鹤庚。

方无暨也。特电致勉，并望告我诸将士。大元帅。元叩。

据《大元帅电嘉前敌将官》，载一九二四年四月十四日《广州民国日报》第六版

致李根沄嘉勉克复要隘并望先攻下惠州城电

（一九二四年四月十五日）

石龙速转滇军李师长根沄①览：元电欣悉，东江余孽稽诛，联军整军复进。贵师长通迈直前，克复要隘，风声所树，气壮全军。长驱之势既成，穷寇之追难缓，尚其鼓励将士先下惠城。贵师长年少有为，仗义伊始，勋功遂著，前途正未有艾也。大元帅。删。（印）

据《帅座电奖李根沄》，载一九二四年四月二十五日上海《民国日报》第三版

致杨希闵刘震寰着饬所部准英商电船
广西号通过出境电

（一九二四年四月十八日）

据伍部长朝枢呈称："据驻广州英领事函称：英商亚细亚火油公司代表符鲁特士，前两日乘该公司电船'广西'号离惠，中途为军队枪击，不能前进，请电令各军长官准予放行，免受困迫"等语。仰即转饬所部，如见该电船由惠州下驶，立予放行，并妥为保护出境为要。大元帅。巧。

据《帅令放行英商电船》，载一九二四年四月十九日《广州民国日报》第七版

---

① 李根沄时任滇军第七师师长兼东江前敌右翼代总指挥。

复宋鹤庚等嘉勉克复河源并告已饬接济饷弹及移拨无线电信电

（一九二四年四月十九日）

湘军谭总司令即转宋总指挥、鲁军长、谢军长、吴军长、陈军长①均鉴：驰骤贤劳，时深系念。前接捷电，曾复数行。兹得删电，益悉种切。河源既下，敌胆应寒。惠城孤军，夫焉能守！地形错杂，萑苻潜伏，妨碍故多。然以诸兄学识更富，经验处置，战局必获裕如，知早筹策及之也。第一路联军作战，本杀贼之心，较前尤勇。故开战三日，遂围惠城，附近之敌，肃清亦净。虽屡顽敌固守，已饬剿抚兼施，计可即下。湘军素称善战，甚盼一往直前。冠南曾克桂、柳。闽南局势尚佳。信〔新〕丰、和平局面，并已派赣军二千人，令往侧击警戒。贵军提师远戍，需用饷弹屡饬源源接济。无线电信已令在西江移拨，即可派来利用交通也。余事当与组安总戎筹计，诸兄尽可放心耳。文。晧。

据《大元帅勉湘军将领电》，载一九二四
年四月二十一日《广州民国日报》第三版

致守惠州城陈炯明部告诫悔罪输诚猛省自新电

（一九二四年四月十九日）

自陈逆构叛，俶扰纪纲，窃据偏隅，称兵犯上，劳师挞伐，迄今逾年。本大元帅为国为民，原以罪在渠魁，胁从罔治，方冀能自觉悟，赎彼往愆。乃自去春及今，战祸绵延，闾里骚然，民生憔悴。民何不幸，遭兹闵凶！每一思维，辄为惆怅！陈逆炯明，罪浮于盗，二三从寇，黩武累民，均为法所必诛，律无可逭。若夫一般将士，或一时迫势，惑于甘言，附和盲从，致蹈罪罟。本大元帅物与民

---

① 即宋鹤庚、鲁涤平、谢国光、吴剑学、陈嘉祐。

胞，方矜悯之，何忍不教而诛？所有在惠州城内军队，应不少识时将士，苟能悔罪输诚，本大元帅必予容纳，许以自新，一视同仁，决无歧异；若其怙恶不悛，歧途不悟，是则自取咎戾，应自惕也。特电诰诫，其猛省诸。大元帅孙。效。

据《大元帅之讨逆檄》，载一九二四年四月二十一日《广州民国日报》第二、三版

复刘震寰嘉勉西路讨贼军各将士电①

（一九二四年四月二十三日）

刘总司令并转各将领均鉴：迭接捷音，殊深嘉慰。东江残敌负隅者几一年，今敌势已摧，我气甚盛，安良除暴，在此一举。务望努力奋斗，协竟全功，前途之事至重也。特此电告，诸盼勉之，并转诸将士。

据《帅座嘉勉西路将士》，载一九二四年四月二十六日《广州民国日报》第三版

致樊钟秀令克日调所部回省城电②

（一九二四年四月二十三日）③

克日调回省城，仍返原防静候后命。

据《豫军暂缓南征》，载一九二四年四月二十四日《广州民国日报》第六版

---

① 原电未署日期。按四月二十六日《广州民国日报》载："接廿三日石龙转飞鹅岭快函云：大元帅迭接右翼西路捷报，特电嘉慰。"今据此确定时间。

② 孙文时因南路军情告急，不可无人主持，故特会樊钟秀率豫军出发南征。樊奉令后即檄调所部陆续出发。嗣孙以许崇智已返省，对于南路军事，具有把握，自无须豫军参加。遂致电樊，着其回省待命。

③ 原电未署日期。据四月二十四日《广州民国日报》"帅……昨已电樊部"酌定。

复梁鸿楷等令勿干涉广东筹饷总局
统一防务费电①

（一九二四年四月二十四日）

梁军长、张总指挥、林司令、杨、陈、卓、梁、王②各旅长均鉴：谋密。马电悉。防务统一，系筹饷局专责，该军长等勿庸干涉。至从前每日抵承若干，现批商承若干，应饬范督办查明呈复核夺。至该饷收入局时，自就拨还支配给养，仰即知照。大元帅。敬。（印）

据《大元帅复梁鸿楷等电》，载一九二四
年四月二十八日《广州民国日报》第六版

致彭寿山并转刘震寰着饬所部准英商电船
广西号通过出境电

（一九二四年四月二十六日刊载）

石龙西路总部主任并转刘总司令鉴：据伍部长朝枢呈称："据驻广州英领事函称：英商亚细亚火油公司代表符鲁特士，前两日乘该公司电船'广西'号离惠，中途军队枪击，不得前进，请电令各军长官准予放行，免受困迫"等情。仰该总司令即转饬所部，如见该电船由惠州下驶，立予放行，并妥为保护出境为要。大元帅。（印）

据《保护外商之帅令》，载一九二四年
四月二十六日《广州民国日报》第六版

---

① 驻防广东新会、台山等五邑的粤军梁鸿楷、张国桢等人，对广东筹饷总局接收五邑财政处表示异议，四月二十日，电呈孙文请维持原状，并请示以后防军饷费如何领拨。此为孙之复电。

② 即第四军长梁鸿楷、东路军总指挥张国桢、海防司令林若时、第一独立旅长杨锦龙、第二独立旅长陈锡乾、第一师第一旅长卓仁机、第八旅长梁若谷、旅长王经舫。

致胡汉民促速来粤电

（一九二四年四月二十七日）①

即日来粤，赞襄大计。

据《大元帅电召胡汉民》，载一九二四年
四月二十八日《广州民国日报》第六版

致广东石龙东征联军行营告
已派员收回电泰轮电②

（一九二四年四月二十八日）③

英领〈事〉对于此事极为道歉，已令该舰克日将"电泰"交还等情。现派后方
勤务股潘股长来省，会同交通局曾局长，向英领署收回，即拨与交通局应用。此令。

据《英舰交回"电泰"电船》，载一九二四
年四月二十九日《广州民国日报》第十版

复沈鸿英告需用子弹已饬如数造发电

（一九二四年五月一日）

需用子弹，业饬如数造发，饷不继，当并筹。自兄督师回桂讨陆，怀抱大白
于天下，盼兄努力。

据《快信摘要》，载一九二四年五
月十二日长沙《大公报》（二）

---

①　原电未署日期。据四月二十八日《广州民国日报》"大元帅……昨电沪召胡汉民"酌定。

②　前石龙运输分处运输电船"电泰"号，于四月十九日被英炮舰强行拖去，经联军总指
挥杨希闵电呈孙文交涉收回。

③　原电未署日期。据底本"昨日石龙行营接奉大元帅电令……"酌定。

致胡汉民请即返粤并电告船期电

（一九二四年五月八日）

近头痛，医言须静养。惟事繁，非兄来助不可，请即返，并电船期。

据《胡汉民决不愿干省长》，载一九二四
年五月二十九日《广州民国日报》第三版

复沈鸿英告已接济饷械勉毅力持久奠定桂局电

（一九二四年五月二十一日）

急。桂林沈总司令冠南鉴：迭接来电，曾经电复，应办之事均经饬办。兹得庚电，备悉贤劳。吾兄为大局除障碍，为桑梓谋幸福，热诚若此。文主持中枢，固乐为之筹策，俾得早告成功者。需用饷弹，除已饬解运者外，再饬续办。陆逆①已摧，如兄毅力持久，必能克之。嗣后奠定桂局，微特足弭鄙人西顾之患，从此两粤一家，更觉有裨于大局也。非惟盼望，亦所赖耳。文。马午。

据《大元帅嘉勉沈鸿英》，载一九二四年
五月二十二日《广州民国日报》第三版

孙逸仙致越飞电文

（一九二四年五月二十四日）

Polder Peking 和越飞先生：我将即刻着手重组国民党并成立《广州日报》、《上海日报》、《哈尔滨日报》、《北京周报》、《上海周报》、《上海新闻通讯》与《广州月报》等。此外，我还将尽快在北方军队中举行宣讲会。眼下我希望能尽

---

① 即陆荣廷。

快获取贵方所应允的支持，请电告莫斯科政府。我军西北方代表团将即刻前往莫斯科与贵方共同商榷组建军队一事。最后，已强烈建议我方沈阳代表对于东北铁路权益归属事宜所应持态度。孙逸仙

据 "Sun Telegraph to Polder Peking and Joffee", www. iisg. nl（International Institute of Social History, Amsterdam, Holland), May 24, 1924. ［《孙逸仙致越飞电文》，一九二四年五月二十四日，载荷兰阿姆斯特丹国际社会史学会网站 www. iisg. nl,］（方露译，高文平校）

致留沪国会议员申谢慰问电①

（一九二四年五月二十五日）

之前冒雨讲演感受风寒，辱承诸公函电慰问，感愧交并。现经德医调理，已告痊愈。用特专电奉告，以纾廑念，并表谢悃。仍愿诸公努力奋斗为国牺牲，文不敏，愿随诸公后。孙文。有申刻。

据《孙中山仍愿为国牺牲》，载一九二四年五月二十八日天津《大公报》第一张第三页

复驻京某粤籍议员告日内出师讨伐
陈炯明及粤局事电

（一九二四年五月三十日）

敬电悉。微恙已痊。和陈②一节，羌无故关。现汝为、展堂业已抵省。余定日内前赴东江督师。沧白赴沪，纯为策应川黔军事。省政暂由树人③代行。承注

---

① 一九二四年五月孙文因积劳过度，偶患微恙，帝国主义造谣诬称孙文逝世，致令海内外各方人士大为震惊，纷纷来电询问。此件为致电留沪国会议员，申谢慰问。

② 指与陈炯明谋和解事。

③ 即陈树人。

甚感，特此致谢。文。陷。

据《孙文口中之粤事》，载一九二
四年六月二日北京《晨报》第三版

致杨希闵着妥为招待过境臧致平部并将
该部官长姓名详报电①

（一九二四年五月三十日）

　　杨团长、段县长②艳电悉。臧部③过境，应代为粮秣，妥为招待。臧总司令、何总指挥④是否同行，应即探询，并将该部官长姓名，详询具报。特此电达，仰即转电该团长、县长遵照办理可也。孙文。印。陷。

据《帅令探询臧何行踪》，载一九二四
年六月二日《广州民国日报》第三版

致李济深黄绍竑着速将扣留接济沈鸿英之
子弹验放以利围攻桂林电

（一九二四年六月二十二日）

　　万火急。梧州李处长济深、黄副指挥绍雄〔竑〕均鉴：沈总司令⑤呈报：围攻桂林，迭告克捷情形，并恳接济饷弹，俾早竟功。当经令饬有司筹拨子弹二十万，饷洋十万元，并着邓代表士瞻先行解运子弹十万发赴桂，以应急需，由军政

---

①　一九二四年五月二十九日，翁源方面传闻臧致平部将由闽退入该县（后未入境，绕道出赣），杨、段即电呈滇军总司令杨希闵，询"应否准其入境"。杨将电转呈孙文，这是孙给杨希闵的指示电。

②　即滇军第一师补充旅第二团团长杨效钧、翁源县县长段克鉴。

③　即臧致平部。

④　即东路讨贼军留闽总指挥何成濬（又作粤军东路总指挥）。

⑤　即沈鸿英。

部给予护照及通行西江军队关卡查验放行各在案。顷据该部驻粤代表陈贞瑞呈称：该项子弹行经梧州，以未接电知致被扣留，请转饬迅速放行等情前来，合亟电达，仰即迅速验放，俾该代表赶运赴桂，以利戎机，勿延为要。大元帅。养午。（印）

据《帅令验放沈军子弹》，载一九二四年七月五日《广州民国日报》第三版

致沈鸿英勉为粤桂民众悉偿所愿电

（一九二四年夏秋间）①

道同则合，吴越奚分。盖执事督师旋，磊落之怀既大白于天下，岂仅文有所感。数岁扰攘，皆以两粤未趋一致。从兹以往，将见邦人平昔所希望者，悉如愿偿。惟执事勉。

据大元帅府参谋本部编纂、李烈钧总纂：《孙大元帅戡乱记》，广州，广东测量局一九二四年九月出版

致李福林着所部在周之贞部未奉令离防
前勿进驻大良及陈村电

（一九二四年七月八日）

广州李军长福林鉴：昨于漾〔阳〕日曾电令师长周之贞，于未率队开赴前方应战时，克日将该部驻扎容桂及马宁之军队，先行集中大良或陈村，听候许总司令命令。如该第二师未奉令离防以前，着该军长所部暂勿进驻大良、陈村②，毋违。切切。大元帅。庚电。

据《关于李周换防之帅令》，载一九二四年七月十日《广州民国日报》第三版

---

① 底本未说明致电时间，兹据其介绍当时情势酌定。

② 在广东顺德。

复蒋光亮嘉奖纳还财政权电

（一九二四年七月九日）

　　蒋军长光亮鉴：虞电慷慨陈词，洞明症结，目光如炬，正气干云，览竟殊深嘉慰。比年财政紊乱，达于极点，第丁兹多事之秋，自容有难言之苦。执事手提劲旅，讨贼卫民，血战频年，勋劳懋著。独能提倡说论，纳还财政之权，政府固嘉乃勋，地方亦钦明德。所冀武成大告，大局危赖其麻祥。慰此财政修明，袍泽咸引为圭臬。前途万里，有厚望焉。文。佳。（印）

据《大元帅嘉勉蒋光亮》，载一九二四
年七月十二日《广州民国日报》第三版

致苏联政府悼念巴甫洛夫电

（俄 译 中）

（一九二四年七月二十三日）

　　巴甫洛夫将军是俄国为中国自由而捐躯的第一位先烈。今殉职，本人不胜悲痛！他是邻邦的英勇、高尚的儿子，死得其所。他增进了俄中两国间的联系，使国民党愈加坚定其决心——不将争取民族自决权的斗争进行到最后时刻，誓不罢休！

据卡尔图诺娃著，中国社会科学院近代史所翻译
室译：《加伦在中国——1924—1927》，北京，
中国社会科学出版社一九八三年九月出版

致蒋介石着永丰江固舰押送商团械船电

（一九二四年八月十二日）

　　黄埔蒋介石司令鉴：△密。械船昨日因潮水不合，今日可来，由"永丰"、

"江固"押送，到后即促"永丰"回省，勿延留。"江固"监视可也。孙文。侵。（中华民国十三年八月十二日晨八点四十分）

据原件影印件，载谭延闿编：《总理遗墨》第三辑，出版时间不详

致蒋介石嘱检查商团械船电

（一九二四年八月十二日）①

黄埔蒋校长鉴：筹密。起货之外，另要细密检查其他货物有无违禁品，并将所载各货详为报告。孙文。（八月十二日晚九点三十五分）。

据原件影印件，载谭延闿编：《总理遗墨》第三辑，出版时间不详

复沈鸿英等嘉奖克复桂林将领电

（一九二四年八月二十八日）

万急。八步沈行营沈总司令、桂林邓指挥、陆师长、张、陈、莫三旅长②均鉴：顷接邓指挥等有电，欣悉桂林克复，地方安靖，至为嘉慰。陆逆③收合余烬，窃据汉城，劳我义师，于今半载。兄以貔貅之众，冒暑遄征，尝胆卧薪，停辛伫苦，卒能克复雄诚，挫其凶锋。邕桂既得，逆势益靡，尚望乘胜长驱，奠安全桂，并传谕诸将士咸使闻知。大元帅。全④午。

据《帅电嘉奖克复桂林将领》，载一九二四年九月二日《广州民国日报》第三版

---

① 原电未署年份。据内容判断系指起运商团枪械事，此事发生在一九二四年。

② 即沈鸿英、邓右文、陆云高、张希拭、陈春光、莫显成。

③ 即陆荣廷。

④ "全"似"俭"字笔误。按八月二十四日沈军克复桂林，有（二十五）日邓右文驰电报捷。孙文"顷接邓指挥等有电"后复电。据此推断，俭（二十八）日复电是可能的，今据此酌定日期。

复许崇智等告已令廖行超范石山分任
广州西关和城内治安电

（一九二四年八月二十八日）

非商民复业，无办法可言。帅府顷已下令滇军第二师长廖行超担任西关①治安，第二军军长范石山担任城内治安。

据《广州罢市解决详情》，载一
九二四年九月三日上海《申报》

致麦克唐纳严重抗议干涉中国内政电②

（英译中）

（一九二四年九月一日）③

伦敦拉姆齐·麦克唐纳阁下④：汇丰银行广州支行买办⑤近组织一所谓中国"化思时地"⑥党之团体，其倾覆本政府之目的现已披露。叛党拟俟由欧来粤之"哈佛"（译音）船⑦所运入口之军械到手即将实行之。该"哈佛"轮已于八月十

---

① 现属广州市荔湾区。

② 广州商团继续与革命政府对抗，将联防总部迁往佛山，强烈要求无条件发还军械及反对通缉陈廉伯，拒绝使用中央银行纸币，并在广州和全省各城乡举行罢市。麦克唐纳（James Ramsay MacDonald）为英国工党党魁，本年一月因大选获胜成立工党政府，出任首相兼外交大臣，十月下台。

③ 底本未说明致电时间，今据九月二十四日孙文致日内瓦国际联盟第五届大会主席马塔（Matta）的英文电中所说"我于九月一日致麦克唐纳先生抗议电"确定，该电载一九二四年九月二十六日香港《孖剌西报》（The Hongkong Daily Press）。

④ 本行文字据一九二四年九月五日香港《孖剌西报》所载英文电文增补。

⑤ 指陈廉伯。

⑥ 化思时地（Facisti），今译法西斯蒂。

⑦ 哈佛（Hav）轮，悬挪威旗，船主为丹麦人。

日行抵广州，即被本政府扣留。由是叛党及反革命党在广州藉罢市名目，即已呈现叛形状态。惟时余正拟适当方法戡定叛乱，即接英总领事致本政府一函①，内有数言如下："本总领事现接驻粤英国领袖海军军官来讯，谓经奉香港舰队司令命令，如遇中国当道有向城市开火之时，英国海军即以全力对待之。"夫中国反革命党既屡得英国历来政府之外交的及经济的援助，而本政府又实为今日反革命党之惟一抵抗中心，故余迫于深信此哀的美敦书②之主旨乃倾灭本政府云。对于最近此种帝国主义干涉中国内政之举，余特提出严重抗议。

据《大元帅致英国首相电》，载一九二四年九月四日《广州民国日报》（三）③

致麦克唐纳抗议干涉中国内政电

（一九二四年九月三日）

　　麦克唐纳阁下：汇丰银行广州支行买办（陈廉伯）近组织一所谓中国法西斯蒂党之团体④，其倾覆本政府之目的现已披露。叛党拟俟由欧来粤之"哈佛"船所运入口之军械到手即将实行之。该"哈佛"轮已于八月十日行抵广州，即被本政府扣留。由是叛党及反革命党在广州藉罢市名目，即已呈现谋叛状态。惟时余正拟适当方法戡定叛乱，不意忽接驻粤英总领事致本政府一函，内有数言如下："本总领事现接驻粤英国海军舰队领袖军官来讯，谓经奉香港舰队司令命令，如遇中国当道有向城市开火⑤之时，英国海军即以全力对待。"夫中国反革命党既屡

---

　　①　此指八月二十九日英国驻广州代理总领事霍比南（Bertram Giles）致大本营外交部广东特派交涉员傅秉常的函件。

　　②　哀的美敦书（ultimatum），即最后通牒。

　　③　电报原文当时刊登于香港各英文报，如"Sun Yat-sen and 'Imperialist England'：A Cable to British Prime Minister"，The Hongkong Daily Press，September 5，1924，page 5（《孙逸仙与"英帝国主义"：致英国首相电》，载一九二四年九月五日香港《孖剌西报》第五页）。今人另有白话文翻译，可参阅北京中华书局一九八六年七月出版的《孙中山全集》第十一卷所收《致麦克唐纳电》。

　　④　指商团军。

　　⑤　孙文曾拟军舰炮击商团军驻地的广州市西关地区。

得英国历来政府之外交的及经济的援助，而本政府又实为今日反革命党之唯一抵抗中心，故余迫于深信此"哀的美敦书"之主旨乃倾灭本政府。对于最近此种帝国主义干涉中国内政之举，余特提出严重抗议。孙文。

据《大元帅抗议外人干涉内政》，载一九二四年九月十日上海《民国日报》第二张第六版

复卢永祥告可派飞机师往助电[①]

（一九二四年九月五日）[②]

杭州卢督办鉴：△密。闻捷甚喜。此间日内有精练而熟于战斗之飞机师四人由欧洲到粤。如尊处需此项人才，可先派来应用，信其必能收大效果。如何？候复。孙文。微。

据原件影印件，载谭延闿编：《总理遗墨》第三辑，出版时间不详

致叶恭绰嘱即行返粤共策北伐电

（一九二四年九月五日）

即行返粤，并共策北伐一切进行事宜。

据《帅座电促叶恭绰回粤》，载一九二四年九月六日《广州民国日报》（六）

---

① 一九二四年九月三日，浙江都军务善后督办卢永祥率部与苏皖赣巡阅使齐燮元接战。四月，卢电孙文告该部已发兵，孙接电后即复此电。

② 原电未署日期。电文"闻捷甚喜"，系指江浙战争爆发，时间是一九二四年九月。

复卢永祥勉努力进行共维国是电

（一九二四年九月十日）

此间出师，准备妥洽，请努力进行，共维国是。

据《快信摘要》，载一九二四年九月二十一日长沙《大公报》（二）

复卢永祥告可合力讨伐曹锟吴佩孚电

（一九二四年九月十日）

杭州卢督办鉴：支电奉悉。义正词严，邦人诵仰。曹、吴祸国，稔恶贯盈，除暴锄奸，咸同斯愿。文已宣布国人，一致声讨，躬率师旅，以为前驱。兴师偕作，用寻白马之盟；敌忾同仇，直抵黄龙之洞。伫闻奇捷，以集大勋。文。蒸。

据《大元帅与卢总司令讨贼往还电》，载一九二四年九月十四日上海《民国日报》第三版

致唐继尧望即就职电

（一九二四年九月十一日）

云南唐省长鉴：民国俶扰，垂十三年。大盗恣横，乱国窃位。西南频起义师，皆以动止参差，大功不立。近者浙、奉举兵讨贼，战端已开。吾辈揭橥大义，倡率天下，已非一朝，尤宜及时奋兴，戡定大难。但军长懋辛等来粤具述伟略，同心戮力，实慰凤怀。爰于本日招集政务、军事联合大会，佥谓公勤劳国家，功勋丕著，宜有崇号，以董戎行。是用〔用是〕推公为副元帅，武〔式〕提挈之用，以成康济之勋。文聿求友声，欣兹多助，知乐推之有在，信吾道之不孤。群情喁

喁，未可从〔谦〕① 让。望即宣布就职，以慰跂仰之诚。将大率三军，北定中原。愿共驰驱，以建大业。专电奉达，伫望新猷。文。真。

据《大元帅致唐继尧电》，载一九二四年九月十七日《广州民国日报》（六）

致唐继尧告拟委任川滇黔联军总司令电

（一九二四年九月十一日）

急。云南唐省长鉴：顷电以众志乐推，请早就职，计已达览。川、滇、黔三省军队久在指挥之下，宜正名号，以资统率。拟川滇黔联军总司令请公担任，一切出仰（师）计划均请就近主持。文既移驻韶关，誓师北伐，望早定大计，克日兴师。伟画所关，并望指示。孙文。真。

据《西南各省讨贼之大团结》，载一九二四年九月二十三日上海《民国日报》第一张第三版

致唐继尧促早就元帅职并往川黔主持军队电

（一九二四年九月十二日）

战端已开，吾辈倡率天下已非一朝，亟宜及时奋起，戡定大难。本日政务会议推公为副元帅，众意公推，请早就职，川黔军队，久服指挥，请力往主持，文移师韶关，即日前进。

据《广东最近之两项重要消息——孙中山北伐》，载一九二四年九月二十二日长沙《大公报》（三）

---

① 据一九二四年九月二十三日上海《民国时报》第三版《西南各省之大团结》校正。

致卢永祥等告已抵韶关一俟各军
集中完竣即分路出发电

（一九二四年九月十三日）

　　十万火急。浙江卢督办、奉天张总司令、天津段芝泉先生、云南唐省长①鉴；自浙省兴师，此间已积极筹备，务期克日入赣，以分贼势。文于元日申刻抵韶，并将大本营移韶，以便统率。经分令各将领迅即会师，共张挞伐。一俟集中完竣，即行分路出发。先以奉闻。孙文。元酉。自韶关发。

据《大元帅出发北征记》，载一九二四
年九月十七日《广州民国日报》第三版

复卢永祥贺克复宜兴电

（一九二四年九月十四日）

　　万急。浙江卢督办鉴：顷得捷报，欣悉贵军已克宜兴，常州指日可下，宁城之冠，自不足平。从此乘胜北向，歼灭国贼，是在今日。谨电驰贺。孙文。寒。

据《大元帅出发北征记（二）》，载一九二
四年九月十八日《广州民国日报》第三版

致李济深电着来粤助前方军事之进行

（一九二四年九月十六日刊载）

　　来粤，俾指示一切，以期布置缜密，遥助前方军事之进行。

据《大元帅电召李济深回粤》载一九二
四年九月十六日《广州民国日报》（二）

---

　　①　即卢永祥、张作霖、段祺瑞、唐继尧。

复段祺瑞告已出师入赣期与浙奉义军一致讨贼电

（一九二四年九月十九日）

上海何总司令①请转天津段芝泉先生鉴：顷诵佳电，本悲天悯人之怀，申伐罪吊民之义，仁言周浃，义闻昭宣。曹、吴祸国穷兵，残民以逞，甘为戎首，举国痛心。文已移驻韶关，宣告邦人，出师入赣，期与浙、奉义军一致讨贼。公志存匡国，谊切同仇。惟己饥己溺之仁，作同泽同胞之气。驱共和之障碍，建民国之新元。辱荷德音，弥殷企颂。文。皓。

据《帅座电复段合肥》，载一九二四年
九月二十三日上海《民国日报》第十版

致黄明堂着率部克日赴韶候命电

（一九二四年九月二十二日）②

将全部克日开赴韶关集中，听候调遣。

据《黄明堂部准备出发》，载一九二四年
九月二十三日《广州民国日报》第六版

致胡汉民廖仲恺嘱与许崇智商量要事电

（一九二四年九月二十三日）

沿路车站探交胡留守、廖省长同鉴：到省即往与汝为兄商一要事。孙文。（以

---

①　即浙沪联军第一军总司令何丰林。

②　原电未署日期。据九月二十三日《广州民国日报》云"中央直辖第二军长黄明堂，昨奉大元帅电令"推定。

上明电交车站打并译交，十三年九月廿三日）

据原件影印件，载谭延闿编：《总
理遗墨》第三辑，出版时间不详

致许崇智着查办叛变商团及通陈炯明之人电

（一九二四年九月二十三日）①

急电。广州许总司令鉴：△密。宜速将陈贼电沪全文发表各报，并为严重
质问商团，限即日有完满答复。并限陈廉伯三日内回省辩明。否则，取消令无
效。款要即日交足，然后陆续还枪于改组之商团。如不能办，则六日内当尽缴
商团已有之枪，并分别查办通陈之人。展堂今日回省，可与磋商，妥善办理。
孙文。漾。

据原件影印件，载谭延闿编：《总
理遗墨》第三辑，出版时间不详

复卢永祥告北伐先遣队已出发电

（一九二四年九月二十四日）②

上海卢总司令鉴：□密。养电悉。事变之后，尚有驱除敌众确有把握之言，
足见成竹在胸，强毅超人一等，喜慰无极。此间先遣队已出发数日，拟以二旬突
袭敌人要害，以为沪军之声援。现在有志北伐而向赣边集中之军队约二万枪，十
日可以到达。刻正一面赶筹一月之粮食费。倘能如意，则旬日后便可进攻赣南。
此外尚有滇、粤、桂各军，本拟陆续出发，忽闻陈炯明有反攻羊城之举，遂被牵

---

① 原电未署日期。据《广州民国日报》一九二四年九月二十四日第三版《胡廖等已由韶
返省》载胡汉民、廖仲恺等"廿二日抵韶，廿三日即已回省矣"。电文中"展堂今日回省"即
指此事。故时间当为一九二四年九月二十三日。

② 原电未署日期。据电文"此间先遣队已出发数日"查考，系一九二四年九月二十日于
韶关北伐誓师典礼后分路进攻湘、赣之先遣部队。由此判断，本电时间是一九二四年九月。

制，暂留后方，致不能同时大举，殊可恨也。孙文。敬。

据《致卢永祥拟即出师北伐电》（录自国民党
党史会藏原稿），载秦孝仪主编：《国父全集》
第五册,台北,近代中国出版社一九八九年出版

致国际联盟主席莫塔电

（英 译 中）①

（一九二四年九月二十四日）

　　鉴于蓝赛，麦唐纳先生在国际联盟近几次会议上曾发表演说，提及乔治亚国②之独立、国际和平及正义等事，联盟或许有兴趣得知，我曾在九月一日就英国政府向我国政府发出最后通牒事，向麦唐纳先生提出抗议。英国政府扬言，如我政府采取必要之措施，镇压帝国主义者和反动分子煽动的广州叛乱，英国海军将采取敌对行动。对我提出的抗议，麦唐纳先生迄未答复。就我所知，他的沉默表示，英国对中国的政策仍将继续以帝国主义的干预行动，支持反革命活动对抗以建立强大而独立的中国为目的的国民运行。麦唐纳先生在协助广州的叛乱与反动分子之后，再以寻求高加索石油的"诚实经纪人"身分，前往日内瓦鼓吹乔治亚共和国的反革命，也就不足为奇了。孙逸仙。

据香港《孖喇西报》（*The Hong Kong
Daily Press*）一九二四年九月二十六日

---

　　①　底本注：原标题为"孙逸仙与英首相——一封致国际联盟的电报"（*Sun Yat Sen and The British Premier：A Calbe to League of Nations*），电文之前，该报并称"孙总统今天致电目前正在日内瓦举行会议的国际联盟第五届大会主席莫塔（Monsieur Motta），电文内容如下"。

　　②　乔治亚国，即格鲁吉亚。

复胡汉民嘱着谭延闿饬令湘军集中
南雄始兴出发北伐电

（一九二四年九月二十八日）

急。广州胡留守鉴：感电悉。△密。团械既有办法，当准照行，只望火速从事，使军队立即出发。着组安饬令湘军赶紧集中南、始，不可再滞韶关。因初拟湘军由原防进攻三南，故未筹韶关住所，各处现已住满矣。并促组安速来韶助理一切。孙文。俭巳。（中华民国十三年九月廿八日）

据原件影印件，载谭延闿编：《总理遗墨》第三辑，出版时间不详

致沈鸿英等嘉慰收复全州并望
迅歼余孽共定中原电

（一九二四年九月二十八日）

八步沈总司令、桂林邓指挥、陆师长、沈师长①鉴：邓指挥等马电欣悉。捷音屡奏，着定成功，卫国救乡，实深嘉慰。此间北伐，各军已入赣南，奉、浙同时告捷，大局发展，胜算可持。望冠兄督饬诸将，迅歼余孽，会师江汉，共定中原，以彰伟绩。前方将士，并希传谕嘉奖。文。勘。

据《帅电嘉奖沈军将领》，载一九二四年十月一日《广州民国日报》第六版

---

① 即沈鸿英、邓瑞征、陆云高、沈荣光。

致陈军各将领告已明令诸将出师北伐
望悔悟来归电

（一九二四年九月二十九日刊载）

本大元帅已明令诸将出师北伐，并亲驻韶关，以资节制。东江军队抗命经年，此时若能口思顺逆之辨，翻然悔悟，相率来归，本大元帅当许其自新。否则径率所部驰赴福建，以为浙江声援，亦必许其立功自赎。兹特命东江诸军撤惠州之围，并停止各路进攻，以示网开三面之意。

据《中山赴韶后之东江形势》，载一九二
四年九月二十九日长沙《大公报》（三）

致许崇智等指示滇粤桂军任务并望乘胜收复潮梅电

（一九二四年九月二十九日）

急。广州许、杨、刘三总司令①鉴：勘电悉。△密。东江防务专责成滇、粤、桂三军担任。滇军除赵成梁、朱世贵已在北江外，其他属于滇、粤、桂之部队，暂时概不调动。务期三兄与部下将领协同一致，引敌就近一鼓而扑灭之，即必当乘胜前进，收复潮梅，以固根本，然后再议。现在北伐部队，除湘军全部参加外，其他在东江之零星部队有愿来者，当限一星期内集中韶关，迟则不要。仰为转知。孙文。艳巳。（中华民国十三年九月廿九日）

据原件影印件，载谭延闿编：《总
理遗墨》第三辑，出版时间不详

---

①　即粤军总司令许崇智、滇军总司令杨希闵、桂军总司令刘震寰。

致许崇智蒋介石嘱发还范石生弹械电

（一九二四年九月二十九日）

急。广州许总司令、蒋参谋长鉴：△密。范小泉所购之驳壳枪一千枝并子弹可即发还。孙文。艳巳。（中华民国十三年九月廿九日）

据原件影印件，载谭延闿编：《总理遗墨》第三辑，出版时间不详

复许世英欢迎来韶关会谈电

（一九二四年九月二十九日）

火急。广州胡留守①转许俊人②先生鉴：艳电敬悉。请即枉驾，无任欢迎。孙文。艳午。

据《孙文等欢迎许也英来韶会谈电》（转录广州国民政府档案），载中国第二历史档案馆编：《中华民国史档案资料汇编》第四辑、南京，江苏古籍出版社一九八六年九月出版

致范石生告已发令照发械弹电

（一九二四年九月二十九日）

广州范军长鉴：△密。兄之械弹已发令照发矣。孙文。艳午。（中华民国十三年九月廿九日）

据原件影印件，载谭延闿编：《总理遗墨》第三辑，出版时间不详

---

① 即胡汉民。
② 许世英，字俊人。

致杨希闵等饬必固守虎门电

（一九二四年九月三十日）

　　杨、许、刘三总司令鉴：△密。东莞、宝安既撤防，但虎门必当固守，不可疏虞。否则，门户一失，恐牵动全局。且恐北舰直入省河，则广州危险也。孙文。（中华民国十三年九月卅日）

据原件影印件，载谭延闿编：《总
理遗墨》第三辑，出版时间不详

复沈鸿英嘉奖肃清桂境并望陈师湘边以俟后命电

（一九二四年九月三十日）

　　沈总司令鉴：漾电悉。桂境肃清，勋望卓著。昨于艳电详答，计已达览，望加意抚绥，陈师湘边，以俟后命。所有在事出力各员，及阵亡将士，应即查明分别呈候奖恤，以昭激励。文。卅。

据《大元帅复沈鸿英电》，载一九二四
年十月二日《广州民国日报》第六版

复叶恭绰告樊钟秀部已入赣不日可总攻电[①]

（一九二四年十月一日）[②]

　　上海叶誉虎先生鉴：艳两电悉。□密。我军先遣队樊部[③]已于卅日完全入赣

---

　　① 奉天方面催询驻沪之叶恭绰，关于粤方北伐行动，叶于九月二十九日两度电转报告孙文。此为孙之复电。

　　② 原电未署年份。按北伐前锋樊钟秀部于一九二四年九月攻入江西，与此电"樊部已于卅日完全入赣境"等内容相吻，此电当发自一九二四年。

　　③ 指豫军樊钟秀部。

境，拟从间道潜至赣中，以扰敌人后方。此路消息难通，故发现之时地，敌人当较我先知。我之总攻击不日可以进行，并转科儿①。孙文。十月一日。

据《致叶恭绰告樊钟秀部已入赣不日可总攻电》（录自国民党党史会藏原稿），载秦孝仪主编:《国父全集》第五册,台北,近代中国出版社一九八九年出版

致樊钟秀嘉慰北伐连捷电

（一九二四年十月二日）

北伐连捷，至感欣慰。将士劳苦，尤所悬念。不惜重赏，以竟全功。

据罗刚编著:《中华民国国父实录》第六册（转录《革命先烈先进传》),台北,罗刚先生三民主义奖学金基金会,一九八八年七月出版

复范石生嘉慰交还财政机关电

（一九二四年十月三日）

范军长鉴：东电悉。频年以财政不能统一，公私交困，各军给养，致难统筹，影响所及，不特东江余孽得偷残生，即北方枭贼，亦藉以势大。今兄独仗大义，慨然交还，风闻所播，全国景仰，欢慰曷极。惟交还之议，倡之有人，交还之事，行之者甚寡。知兄朴诚，不作虚语。但财政机关，分据既久，往往有不肖军吏，视为利薮，或阳奉而阴违，或欲取而姑与，则交还者其名，不交还者其实；甚或多方为哗噪，藉端要索，俾政府穷于应付，计吏疲于奔命，则交还甚于不交还。惟望兄热心毅力，贯彻初衷，上以遵从政府，下以援助计吏，俾得统筹时局，渐

---

① 指孙科。

裕军需，则战守有资，士气自旺，从此勘定大难，皆兄之功也。孙文。江。印。

据《大元帅复范石生电》，载一九二四
年十月六日《广州民国日报》第六版

致胡汉民希饬各机关须尽先筹发北伐各军伙食电

（一九二四年十月三日）

广州胡省长鉴：密。北伐各军次第出发，费需尤急。希即通饬各机关：平日所担任之军队伙食，关于北伐之湘军、豫军、直辖第一军、赣军、广东警卫军、北伐第二军及何总指挥①等军队伙食，须尽先筹发，不得短少拖延。孙文。江。（印）

据《北伐军攻克赣境要地》，载一九二四
年十月十四日上海《民国日报》第三版

复陈兴汉告北伐作战计划并嘱准备车辆运输电

（一九二四年十月五日）②

广州粤汉铁路局陈兴汉兄鉴：定密。电悉。工人、车辆尽离韶关，甚合机宜。我军现注大力于东江，北江当暂取守势，续渐引敌人南下，或要引至琶江亦未定，然后反攻，一鼓尽擒之。故兄对于车辆亦要预备，作同等之计画可也。孙文。微。

据原件影印件，载谭延闿编：《总
理遗墨》第三辑，出版时间不详

---

① 即何成濬。
② 此件所标年月份系据秦孝仪编《国父全集》。

复胡汉民嘱向津奉各方表明主义上决不敷衍电

（一九二四年十月八日）

广州胡留守鉴：总密。科量阳〈电〉悉。此间所持不在总统，而在《建国大纲》。许世英来已面告之。可本此意向津、奉各方表明，主义上决不敷衍。孙文。庚巳。（印）①

据《孙文等欢迎许世英来韶会谈电》（转录广州国民政府档案），载中国第二历史档案馆编：《中华民国史资料汇编》第四辑，南京，江苏古籍出版社一九八六年九日出版

复蒋介石令放弃黄埔孤岛赴韶关参与北伐电

（一九二四年十月九日）

万万火急。黄埔蒋校长鉴：△密。两函俱悉。以我推测，或不至如此危急。然我来韶之始，便有宁弃广州为破釜沉舟之北伐。今兄已觉得广州有如此危险，望即舍去黄埔一孤岛，将所有枪弹并学生一齐速来韶关，为北伐之孤注。此事电到即行，切勿留恋。盖我必不回救广州也。当机立断，切勿迟疑。孙文。青亥。（中华民国十三年十月九日）

据原件影印件，载谭延闿编：《总理遗墨》第三辑，出版时间不详

致胡汉民等令严厉处置叛变商团电

（一九二四年十月十日）

（万万火急。广州分送胡省长、杨总司令、许总司令、刘总司令、古部长、蒋

---

① 电末删去“〔电文抵示〕：照转誉虎、哲生。已转沪。九日”。

校长、李军长、李公安局长）。汉民、绍基、汝为、显丞、湘芹、介石、登同、朗如①诸兄同鉴：△密。商人罢市与敌反攻同时并举，是叛迹显露，万难再事姑息。生死关头，惟有当机立断。如果确有其事，则用干部及其他学生协同福军忠勇之士临门劝告。如有不从，即日将货铺充公。此事当向西关最反对政府之店户办起，并请将能作衣服之货物先行运韶。此事务乞照办，万勿犹豫，招自杀。陈贼②与逆商本不足平，只要诸兄心决胆定，勿为物议所摇，则革命前途幸甚。孙文。蒸辰。（中华民国十三年十月十日）

据原件影印件，载谭延闿编：《总理遗墨》第三辑，出版时间不详

致范石生廖行超指示处置叛变商团办法电

（一九二四年十月十日）

（广州分送范军长、廖师长○密）小泉、品卓两兄鉴：商人不肯就政府所定条例领枪，且供给陈逆③以百五十万，约定罢市，反攻同时并举，此非叛逆，尚何为叛逆？我当机立断，为严正之解决，先将著名最反对政府之团店警告。如再不从，则先将逆商货屋悉行充公，以警效尤。若犹不能制止，则仰两兄出示，令西关居民限三日内迁移出西关，免遭意外可也。孙文。蒸辰。（中华民国十三年十月十日）

据原件影印件，载谭延闿编：《总理遗墨》第三辑，出版时间不详

---

① 即胡汉民、杨希闵、许崇智、刘震寰、古应芬、蒋介石、李福林、李朗如。
② 指陈炯明。
③ 指陈廉伯、陈恭受。

致广州各公团告已令胡汉民等严行查办商团电

（一九二四年十月十一日）

广州。分送工人代表会、工团军、农民自卫军、警卫军、讲武堂、海员工会、粤汉路工人、油业工会、建筑工会、图强产科女校、劳工女人学校第四十余团体鉴：灰电悉。已令胡省长、许总司令、民团统率处李处长①严行查办矣。孙文。真。（印）

据《叛形已露之广州商团军》，载一九二四年十月十八日上海《民国日报》第一张第二版

致胡汉民着即宣布戒严并将政府
全权付托革命委员会电

（一九二四年十月十二日）

（限即刻转到，提前飞送。万万火急。）广州胡留守鉴：△密。刻仲恺到，并接电知省中已有非常之变。我以北伐重要，不能回省戡乱。请兄即宣布戒严，并将政府全权付托于革命委员会，以对付此非常之变，由之便宜行事以戡乱，则小丑不足平也。委员为汝为、介石、精卫、仲恺、友仁、平山。我为会长。兄不在列者，留有余地也。接电即发表，切勿犹豫致误为要。孙文。侵戍。（中华民国十三年十月十二日）

据原电影印件，《中山墨宝》编委会编：《中山墨宝》第八卷，北京，北京出版社一九九六年出版

---

① 即胡汉民、许崇智、李福林。

致李烈钧嘱续留日本为发起亚洲大同盟宣传电①

（一九二四年十月十三日）

日本东京李烈钧先生鉴：功密。昨复一电，相机行动。但详细考量，兄为派驻日本联络彼中朝野之士，为发起亚洲大同盟以抵抗白种之侵略而往，为久驻日本，宣传此旨之任务。今忽有回命之请，想彼政府胆小如鼷，不敢接纳吾人之大亚洲主义。果尔，则兄万不宜自行离日，当久驻而为积极之宣传，必待日本政府有明令下逐客而后行，方足揭破日本之真面目。孙文。元酉。（十月十三日）

据原件影印件，载谭延闿编：《总理遗墨》第三辑，出版时间不详

复许崇智着仍兼大本营军政部长并告
不允兵工厂归粤军电②

（一九二四年十月十三日）

答电。火急。广州许总司令鉴：3276密。蒸代电悉。军政部为中央政府之一柱石，裁之则无异解散政府。兵工厂为中央之机关，归之粤军则归为省有。将来大军占领武汉，他省引以为例，岂非永无统一之望？北伐目的在统一全国，今始北伐，而自破其目的，此大不可。着该总司令务要兼任，以维政府，有厚望焉。孙文。十月十三日。

据原件影印件，载谭延闿编：《总理遗墨》第三辑，出版时间不详

---

①　一九二四年九月李烈钧奉命赴日本，于二十三日离粤，经沪后，于十月初抵达日本，至六日始与日本政要会晤，但效果不甚理想，李乃有回国之请，孙遂于十二日复电告"相机行动"，次日再发此电。

②　一九二四年十月九日，孙文特命许崇智兼大本营军政部长。翌日，许电建议裁撤军政部，及将兵工厂改属粤军。此为孙之复电。

复李福林着即由民团统率长宣布商团罪状
并令各地民团协力防乱电

（一九二四年十月十三日）

　　（韶州大本营来电）十万火急。广州胡留守译转李军长鉴：总密。文电悉。枪已发还，罢市愈烈，商团叛形既露，应立即由民团统率长宣布其罪状，令各地民团协力防乱，毋为所惑。孙文。元亥。（印）（中华民国十三年十月十三日十二时到）

据电文原件，南京、中国第二历史档案馆藏

复胡汉民孙科告联合宣言宜慎不得由
沪代表用名义电

（一九二四年十月十三日）

　　提前。广州胡留守鉴：总密。并电转科儿。侵电悉。联合宣言宜慎，须呈稿核准乃可，不得由沪代表用名义至要。孙文。元亥。（印）

据《孙文关于联合宣言宜慎不得由代表用名义致胡汉民密电》（转录广州国民政府档案），载中国第二历史档案馆编：《中华民国史档案资料汇编》第四辑，南京，江苏古籍出版社一九八六年九月出版

复范石生望一德一心拥护革命电

（一九二四年十月十三日）

　　十万火急。广东范军长鉴：捷密。真代电悉。械已还，而罢市如故，可知商团不为还械，而为推覆革命之势力。兄为革命信徒，乃受其惑，是革命势力不由

敌推倒，而自拆倒也。今商团之反迹已明，政府为自存计，已付些（瘵）大权于革命委员会，以应非常之变。望兄此后一德一心，拥护革命，服从革命委员会之命令，以削除反侧。幸甚。孙文。元申。（印）

据原电影印件，成都、四川省文史研究馆藏

致胡汉民并译转杨希闵等令速行收缴商团枪枝电

（一九二四年十月十四日）

无限火急，提前飞转广州胡留守鉴：总密。并译转杨、许、刘、范、李、廖①诸兄。今日情况如何，收缴商团枪枝刻不容缓，务于二十四点钟内办理完竣，以免后患。否则，东江逆敌反攻，必至前后受敌。望诸兄负责速行，不可一误再误。盼复。孙文。盐酉。印。（中华民国十三年十月十四日下午九时到）

据电文原件，南京、中国第二历史档案馆藏

复叶恭绰郑洪年询卢永详去职原因并
转张作霖望接济军需款电

（一九二四年十月十四日）

（上海44请飞转）誉虎、韶觉兄鉴：〇密。元电悉。卢②去系何原因？又铮③登台必可大振，望各方为之助力。我军仍决入赣。下电转奉天雨亭总司令鉴：闻子嘉④已走。如是，则我辈更当努力为国奋斗。文到韶已一月，军队集中亦毕。惟自樊部⑤出发之后，财政竟陷于绝地，其他部队因此不能继出。而樊部独力奋

---

① 即杨希闵、许崇智、刘震寰、范石生、李福林、廖行超。
② 即卢永祥。
③ 徐树铮，字又铮。
④ 卢永祥，字子嘉。
⑤ 即樊钟秀部。

斗已致敌人疲于奔命。若我大军一出，江西直唾手可得也。其奈十日行粮亦不可得，坐失事机，深为抱愧。倘公能即接济三十万，则江西不足平，而长江可牵动。子嘉虽败，不足虑也。切盼好音。孙文。寒申。（中华民国十三年十月十四日）

据原件影印件，载谭延闿编：《总理遗墨》第三辑，出版时间不详

致杨希闵望勿包庇商团电

（一九二四年十月十四日）

（电省杨总司令1788。△密。万急。广州）绍箕兄鉴：兄固主张取赣之一人，乃竟有将赵师①调回之电，不胜诧异。商团之事如果无人包庇，则数十革命党便足压服有余，何必用到牛刀？若为解决内部，则今已非其时，不如舍粤图赣也。赣省实无抵抗力，一樊钟秀已足致彼疲于奔命。若我大军一出，直唾手可得耳。望兄图其远者、大者为幸。孙文。寒申。（中华民国十三年十月十四日）

据原件影印件，载谭延闿编：《总理遗墨》第三辑，出版时间不详

致廖仲恺请设法接济杨虎部电

（一九二四年十月十四日）

广州廖仲恺先生鉴：函可请到府上面交，同看后付丙，并观其意见如何，详答。杨虎所部三百人火〔伙〕食，请设法接济之。孙文。寒。（中华民国十三年十月十五日）②

据原件影印件，载谭延闿编：《总理遗墨》第三辑，出版时间不详

---

①　即赵成梁师。

②　此为发电日期。

复胡汉民着严惩商团电

（一九二四年十月十五日）

（韶州大本营来电）万火急。广州胡留守鉴：总密。删电悉。商团既用武力以抗政府，则罪无可逭，善后处分，必将商团店户、货物、房屋悉行充公。其为首之团匪，严行拿办，万勿再事姑息，除贻后患。其在省外之商团，当限期自首悔罪，永远脱离商团，否则亦照在省团匪一律惩办为要。孙文。删午。（印）（中华民国十三年十月十五日）

据电文原件，南京、中国第二历史档案馆藏

致胡汉民着迅速办理商团事件善后电

（一九二四年十月十五日）

（韶州大本营来电）万急。广州胡留守鉴：总密。商团缴械，想已办妥也。未入商团之商店，应严令即日开市，其已入商团者，应分别处罚：为首者没收财产，附从者处以罚金，论情罪轻重，由数百至万元，作北伐军费。宜及此时，迅速办理，免致日久生息。孙文。咸戌。（印）（中华民国十三年十月十五日午后七时三刻到）

据电文原件，南京、中国第二历史档案馆藏

致胡汉民等嘉慰平定商团叛乱电[①]

（一九二四年十月十五日）

胡留守、杨总司令、谭总司令、刘总司令、许总司令、范军长、胡军长、李

[①]　一九二四年九、十月间广州局势继续恶化，商团对革命政府态度强硬并实行武力对峙。十月十日发生流血事件，十五日商团武装被镇压。此为孙文于平定商团叛乱后当日发自韶关的电报。

军长、廖师长、吴司令①鉴：商团与陈逆②勾通，借索械为名，械既发还，罢市愈烈，且当街枪杀学生、工团及无辜平民至数十人之多。迨军队出而弹压，胆敢顽强抵抗，如临大敌。幸我军将士深明大义，一德一心，始能最短时间翦此凶顽，肃清陈逆内应。厥功非细，毋任嘉慰。现内应既除，敌气先馁，尚望整乘严防，歼灭逆寇。至省外各处商团，已饬省长③限期自首悔罪，若再抗违，即当一律处置，以杜后患。孙文。删。（印）

据《联军广州平乱记》，载一九二四年
十月二十二日上海《民国日报》第二版

致叶恭绰请促徐树铮来韶关襄助电

（一九二四年十月十五日）

上海叶誉虎：△密。浙局既完，又铮无事，即请来韶襄助。孙文。（中华民国十三年十月十五日）

据原件影印件，载谭延闿编：《总
理遗墨》第三辑，出版时间不详

致杨虎告军队伙食可向吴铁城借用及事妥 即同解邓介石杜琯英两犯回韶电

（一九二四年十月十六日）

（万急）。西村杨师长虎鉴：〇密。火〔伙〕食问吴铁城借用，事妥即回韶，

① 即留守广东代行大元帅职权胡汉民、滇军总司令杨希闵、湘军总司令谭延闿、桂军总司令刘震寰、粤军总司令许崇智、滇军第二军军长范石生、滇军第三军军长胡思舜、粤军第三军军长李福林、滇军第二师师长廖行超、广东警卫军司令吴铁城。

② 指陈炯明。

③ 胡汉民时兼任广东省省长。

并同解邓、杜①两人来营。孙文。铣亥。（中华民国十三年十月十六日）

据原件影印件，载谭延闿编：《总理遗墨》第三辑，出版时间不详

致胡汉民等告已着杨虎解杜琯英邓介石来韶电

（一九二四年十月十六日）

提前，万火急。广州胡留守、杨、刘、许总司令鉴：捷密。已着杨虎率其全部解杜、邓两犯来韶。铣已电暂不执行。孙文。铣亥。印。（中华民国十三年十月十六日下午十二时到）

据电文原件，南京、中国第二历史档案馆藏

致吴铁城着设法接济杨虎所部伙食电

（一九二四年十月十六日）

电吴。着吴铁城设法接济杨虎所部火〔伙〕食，事妥即令杨回韶。孙文。铣。（中华民国十三年十月十六日）

据原件影印件，载谭延闿编：《总理遗墨》第三辑，出版时间不详

致刘震寰望与诸军戮力共集大勋电

（一九二四年十月十六日）

万急。广州胡留守转刘总司令鉴：总密。闻足〔兄〕归省，具见患难与共之情，至为感叹。多事之秋，正当奋斗，望兄与诸军戮力，共集大勋。孙文。铣亥。

---

① 即邓介石、杜琯英。

印。（中华民国十三年十月十六日下）

据《孙文致刘震寰密电》（转录广州国民
政府档案），载中国第二历史档案馆编：
《中华民国史档案资料汇编》第四辑，南
京，江苏古籍出版社一九八六年九月出版

复胡汉民望速筹款北伐电

（一九二四年十月十七日）

万火急。广州胡留守鉴：总密。铣电悉。沪电希分别回答，并望速筹款北伐，万勿延误。孙文。篠未。（印）

据《孙文令建筹款北伐致胡汉民密电》（转
录广州国民政府档案），载中国第二历史档
案馆编：《中华民国档案资料汇编》第四辑，
南京，江苏古籍出版社一九八六年九月出版

致蒋介石嘱再运子弹来韶电

（一九二四年十月十九日）

黄埔蒋校长鉴：中密。请再运七九弹五十万、六五弹二十万来韶，至要至要。孙文。皓巳。（中华民国十三年十月十九日）

据原件影印件，载谭延闿编：《总
理遗墨》第三辑，出版时间不详

复胡汉民等告路孝忱部已调韶关整顿
并嘱惩乱经过宜有宣言电

（一九二四年十月十九日）

急。广州胡留守、许总司令鉴：总密。并转精卫、仲恺兄：电均悉。路孝忱

部队已调韶，严加整顿，无枪部队，均应一律解散。此次惩乱经过，宜有宣言，想已发布。孙文。皓巳。（印）

据电文原件，南京、中国第二历史档案馆藏

复胡汉民着勒令某部来韶关否则在省缴械电

（一九二四年十月十九日）

（韶州大本营来电）广州胡留守鉴：总密。准照办理，着留守勒令前来。否则，在省缴械遣散。孙文。效未。（印）（中华民国十三年十月十九日午后四时五十分到）

据电文原件，南京、中国第二历史档案馆藏

复蒋介石促速将子弹运韶并询新旧
枪枝如何处分电

（一九二四年十月二十一日）

黄埔蒋校长鉴：号电悉。△密。刻当注全力于北伐，故七九子弹应全数运韶，至少即日先运五十万来为要。对于新旧枪枝如何处分，尚未见兄答我，前函务期速复。（下转沪电）孙。马巳。（中华民国十三年十月廿一日）

据原件影印件，载谭延闿编：《总理遗墨》第三辑，出版时间不详

致蒋介石促速将子弹运韶电

（一九二四年十月二十一日）

黄埔蒋校长鉴：△密。再发六五子弹十万、驳壳子弹十万，与前电七九子弹

五十万，一并火速解韶为要。孙文。马戌。（中华民国十三年十月廿一日）

据原件影印件，载谭延闿编：《总
理遗墨》第三辑，出版时间不详

致胡汉民告朱卓文为查办员并着马
超俊来韶及厂事由黄骚代理电

（一九二四年十月二十一日）

朱卓文为查办员之一，马交代后，须来韶与查办员对质。厂事暂由黄骚代理。

据《帅令马超俊赴韶对质》，载一九二四年十
月二十六日上海《民国日报》第一张第三版

致蒋介石促速将子弹运韶并询存枪用法电①

（一九二四年十月二十二日）

（万急）黄埔蒋校长：△密。前电说尚有七九一百余万要留为东江之用，今
日来电忽云尚存八万，此究何解？此时北伐比东江尤急。赣州一下，东江必不敢
反攻。故着解五十万七九弹者，即指留为东江用之弹也。务望即日照数解来，免
误时机。又存枪到底如何用法，尚未见复。如兄无计画，则仍照初议全数运韶，
以待发落。孙文。养未。（十月廿二日）

据原件影印件，载谭延闿编：《总
理遗墨》第三辑，出版时间不详

---

① 原电未署年份。据电文关于运械至韶，攻打赣州等内容判断，此件时间应在一九二四
年。

复上海粤侨商业联合会等详述商团谋叛经过电

（一九二四年十月二十三日）

上海粤侨商业联合会、广肇公所、潮州会馆、肇庆同乡会、南海会馆、番禺会馆、顺德会馆、香山同乡会均鉴：号电诵悉。关怀桑梓，仁言利溥，至堪钦佩，但真相容有为诸君所未尽明者。查广州商转陈廉伯党徒把持，勾通逆军谋危政府，始则蒙运枪械，继则以武力齐迫罢市。政府虽查获谋乱证据多种，犹复曲予优容，准予发还团械，冀消反侧。乃商转竟于领得大部分团械之时，枪杀国庆日徒手巡行之群众数十人，剖肠剜心，备极残忍。一面分队武装出巡，强迫罢市，并潜引逆党土匪入西关作种种军事布置，预备大举。政府万不获已，乃下解散商之命〈令〉，并令各军驰往镇压。乃商团以为陈军不久可至，竟先向我军攻击，政府忍无可忍，下令反攻，幸不数小时，乱事即告敉平。讵商团于败窜之余，所引土匪放火劫掠，施其故伎，复残杀理发二人以数十计。是此次乱事，商团实尸其咎。事后，政府一面严饬申明纪律，禁止骚扰；一面责成有司妥筹善后，劳来安集，人心复安。在省百数十万市民，共闻共见，惟报纸或以远道传闻失实，或有供奸人利用者。诸君明达，事实具在，当勿任彼无稽谰言，肆其荧惑也。孙文。梗。（印）

据《大元帅详述商团谋叛经过——致旅沪粤省国乡电》，
载一九二四年十月二十七日《广州民国日报》第三版

致吴铁城嘱改良警察巩固后方电

（一九二四年十月二十四日）

电广州。吴铁城鉴：漾电悉。枪械既分配无余，则只有待之异日耳。若果能训练部众成为有纪律之师，则断不患无枪械之补充也。兄既再担任公安局长，则宜专心致志，以巩固后方，前方可不必兼顾矣。务望从此将省城警察改良，将四千裁为二千，加其饷给，使为有用有力之警察，与警卫军协同动作。如能办有成

效，则我当担任充分补充枪械便是。孙文。敬申。（中华民国十三年十月廿四日）

据原件影印件，载谭延闿编：《总理遗墨》第三辑，出版时间不详

致胡汉民译转汪精卫嘱黄恒事当待第二号信到方可决断电

（一九二四年十月二十五日）

即电广州胡留守：〇密。译转汪精卫先生鉴：黄桓①事当待第二号信到方可决断。孙文。有午。（中华民国十三年十月廿五日）

据原件影印件，载谭延闿编：《总理遗墨》第三辑，出版时间不详

致许崇智望速调张民达全部来韶电

（一九二四年十月二十五日）

（广州许总司令）汝为兄鉴：〇密。敬申电悉。北方既有此变化②，我非速到武汉不可。望兄速调张民达③全部来韶候命，至要。孙文。有。（中华民国十三年十月廿五日）

据原件影印件，载谭延闿编：《总理遗墨》第三辑，出版时间不详

---

① 黄桓时任广东电政监督兼广州电报局局长。
② 指冯玉祥于十月二十三在北京政变，囚禁曹锟。
③ 张民达时任许崇智所部粤军第二师师长。

致冯玉祥告此后筹维须谋根本之计电

（一九二四年十月二十五日）

□乱安民，举国展望，此后筹维，须谋根本之计，永奠和平。

据《快信摘要》，载一九二四年十
一月二日长沙《大公报》（二）

致胡汉民嘱为北京事变发布一宣言电

（一九二四年十月二十六日）

广州胡留守鉴：△密。北京事变，上海同志似无所适从，想各省同志或亦同之，不知吾党战争目的已具于《建国大纲》，无论如何，当然贯彻做去，乃同志善忘如此。今遇北方变故，似不得不再发一度宣言，以重提前事，令各同志不致因变而乱步骤。惟措辞论事当要应时，故望转请汪精卫等同来韶关议稿。兄有何意见可告精卫，以备采择为荷。孙文。宥辰。（中华民国十三年十月廿六日）

据原件影印件，载谭延闿编：《总
理遗墨》第三辑，出版时间不详

致段祺瑞告即北上电

（一九二四年十月二十七日）

天津段芝泉先生大鉴：大憝①既去，国民障碍从此扫除，建设诸端，亦当从此开始。公老成襄国，定有远谟。文拟即日北上，晤商一切，藉慰渴慕并承明教。

————————

① 指曹锟。

先此奉达，诸惟鉴照是荷。孙文。感。（印）

据《大元帅与段芝泉往还电》，载一九二四年十一月八日上海《民国日报》第二版

致冯玉祥等告即日北上电

（一九二四年十月二十七日）

北京国民军冯总司令、胡、孙副司令①均鉴：义旗聿举，大憝被摧。诸兄功在国家，同深庆慰。建设大计，亟须决定，拟即日北上，与诸兄晤商。先此电达，诸维鉴及。孙文。感。

据《孙文响应冯胡》，载一九二四年十一月一日北京《晨报》第二版

复黄绍竑嘉勉全桂底平并望协力肃清余孽电

（一九二四年十月二十七日）

南宁黄总指挥鉴：敬电悉。兄奋其武勇，全桂底平，殊堪欣慰。今曹、吴已倾，扰桂者无人，兄正可乘此时机，与沈总司令协力肃清余孽，安集流亡，共襄治理，不胜期望之至。孙文。感。

据《孙文慰勉全桂底平协力肃清余孽致黄绍雄电》（转录广州民国政府档案），载中国第二历史档案馆编：《中华民国史档案资料汇编》第四辑，南京，江苏古籍出版社一九八六年九月出版

---

① 即冯玉祥、胡笠僧、孙禹行。

致孙科告即日北上并请叶恭绰郑洪年
到天津等候电

（一九二四年十月二十八日）

（上海飞转）奉天孙哲生：△密。父即日往北，请誉虎、韶觉同到天津等候可也。俭辰（江日补发）。（中华民国十三年十月廿八日）

据原件影印件，载谭延闿编：《总
理遗墨》第三辑，出版时间不详

复胡汉民着即日返省筹商出席和平统一会议电

（一九二四年十月二十八日）

即日返省，筹商办法①。着汪精卫先行赴沪。

据《京局变化后之粤局趋势》，载一九二
四年十一月十二日长沙《大公报》（二）

致胡汉民令省佛商团罚款务于电到
三日内收清专解来韶电

（一九二四年十月二十九日）

省、佛商团罚款，务于电到三日内收清，专解来韶，毋得移作别用。

据《公安局限日收缴商团罚款》，载一九二
四年十月三十一日《广州民国日报》第六版

---

① 指由韶关返广州筹商北上参加冯玉祥、张作霖电请出席和平统一会议事。

致旅沪某西南要人电

（一九二四年十月三十一日刊载）

北方时局急转直下，亟应各方彻底合作，俾竟全功。已电促段合肥①早日入京，主持一切，自身亦决克日赴津，会合段、张，筹议善后。

据《大元帅将赴天津之电讯》，载一九
二四年十月三十一日上海《民国日报》

致冯玉祥告以曹锟须退位电②

（一九二四年十月三十一日）③

曹退方能商善后，拟即北上。

据《国内专电》，载一九二四年
十一月二日上海《申报》（三）

复冯玉祥等告即北上电

（一九二四年十一月四日）

北京冯焕章、王孝伯、胡立生、孙禹行④诸先生鉴：东电奉悉，至佩荩筹。此时所务，一在歼除元恶，肃清余孽；一在勒〔勤〕求治本，建设有序。诸兄开

---

① 指段祺瑞，段系安徽合肥人。

② 冯玉祥发动北京政变后，囚禁大总统曹锟。此电发自广州，底本仅谓"孙文电京"而未说明收电人，但其时各省要人致电北京催促曹锟下野者多系发给冯玉祥（包括张作霖电在内），故酌定孙文发电对象为冯玉祥。十一月二日曹锟宣布辞大总统职。

③ 底本刊载国内数十通专电皆注为十一月一日，而在张作霖、孙文、段祺瑞三电之前则加一"昨"字，故酌定为十月三十一日。

④ 即冯玉祥、王承斌、胡景翼、孙岳。

始伟业，必能克底于成。承邀入都，义当就道，日来已由韶返省，部署行事，数日之后，即轻装北上，共图良晤。先此奉复，诸维鉴察。孙文。支。（印）

据《大元帅出发前之各种布置》，载一九二四年十一月十三日上海《民国日报》第二版

复张作霖告即北上电

（一九二四年十一月四日）

奉天张总司令鉴：卅电奉悉。大军合围，元恶授首，为期不远，至佩伟画。芝老①被推统帅，就近统率联军，遥祝指麾若定，迅奏全功。文在此间部署军事，数日可毕，当即轻装北上，共图良晤。先此奉复，诸维鉴察。孙文。支。

据《大元帅出发前之各种布置》，载一九二四年十一月十三日上海《民国日报》第二版

复段祺瑞告以即行北上电②

（一九二四年十一月四日）

鉴于时局之趋势，于日内即行北上。

据《孙文将北上》，载一九二四年十一月八日北京《晨报》第二版

---

① 即段祺瑞。
② 此电自广州发往天津。

复加拉罕告即北上电

（一九二四年十一月五日刊载）

值此时日，正百度维新之际，拟将粤事清理后，两三日内即可北上。

据《孙文决定北上》，载一九二四年
十一月五日北京《晨报》第二版

附：复加拉罕告即北上电

大憝既去，百政昭苏，拟将粤事清理，即行北上。

据《国内专电》，载一九二四年十一
月六日天津《大公报》第一张第三页

致谭延闿允方本仁输诚并令合力破蔡成勋部电

（一九二四年十一月六日）

韶州谭总司令：歌亥电悉。总密。现吴、曹已倒，我当如前约，任方①为湖北总司令，合力破蔡②。江西交回赣人，大本营即日移赣州。如方不欢迎，则当先攻之。以后对付各方面办法，可悉由兄酌夺，不必再请示也。孙文。鱼未。（中华民国十三年十一月六日）

据原件影印件，载谭延闿编：《总
理遗墨》第三辑，出版时间不详

---

① 即方本仁。
② 即蔡成勋。

致旅沪西南某要人告已电促段祺瑞
入京及本人克日赴津电

（一九二四年十一月六日）

北方时局急转直下，亟应各方彻底合作，俾竟全功。已电促段合肥早日入京，主持一切。自身亦决克日赴津，会合段、张，筹议善后。

据《孙文表示与段、张合作》，载一九二
四年十一月七日长沙《大公报》（二）

复冯玉祥等嘉慰努力建设贯彻主义
并告日内北上电

（一九二四年十一月七日）

北京冯焕章、胡律宣、孙禹行、续桐溪、刘守中、景定成、凌毅、李石曾、李含芳、岳维峻、张之江、李鸣钟、鹿钟麟、邓宝珊、李云龙、刘蔼如、史宗法、何遂、李乾三、李仲三、周耀武、李养倬、胡德夫、刘廷森、张璧、刘世贤、刘士养、续亭范〔范亭〕、徐永昌先生同鉴：来电①敬悉。前闻诸兄驱逐元恶，为革命进行扫除障碍，已深庆幸。兹悉诸兄更努力建设，期贯彻十余年来未能实现之主义，使革命不至徒劳无功，尤为欣慰。文决日内北上，与诸兄协力图之。先此奉复。文。阳。

据《大元帅复冯玉祥等电》，载一九二四
年十一月八日《广州民国日报》第三版

---

① 指一九二四年十一月四日冯玉祥、胡景翼等二十余人具名及胡景翼单独具名的两份电报。

致段祺瑞告十三日启行经沪北上电①

（一九二四年十一月七日）

　　段芝泉先生鉴：曹、吴颠覆，余孽仍狂。出拯苍生，国人属望。文承联军诸公电邀入都，刻因军事部署〈就〉绪，准元日由粤启行经沪北上，藉图良觌。晤教匪遥，先此奉达。孙文。虞。

据《孙中山致段合肥电》，载一九二四年十
一月十一日天津《大公报》第一张第三页

致徐谦就当前政局提出处置方针电②

（一九二四年十一月八日）

　　旧国会须解散，宪法须改订，革除弊政宜严，对待政敌宜恕。冯君③主张与文完全一致，处置清室尤符民意。北京政治污浊，应充分洗涤，勿以苟且瞻徇，特遗后累。

据《国内专电》，载一九二四年
十一月九日上海《申报》（三）

---

　　①　此电自广州发往天津。

　　②　此电自广州发往北京。孙文曾先后任命徐谦为中华民国政府司法部部长、大理院院长，一九二三年派他为代表前往联络冯玉祥，此次北京政变前又派他为"冯军慰问使"长住军中，对冯玉祥有一定影响。

　　③　冯玉祥。下文叙"处置清室"一举，系指十一月五日冯玉祥限令废帝溥仪及清室眷属即日迁出旧皇宫，并永远革除旧帝号（宣统帝）。此举大得人心，翌日北京市民悬旗庆贺。

复冯玉祥等告准于十三日北上电

（一九二四年十一月八日）

北京冯焕章、王孝伯、胡立笙、孙禹行诸先生鉴：支、鱼电均奉悉。辱承敦劝，感荷不胜。文准于元日由粤起行，经沪北上，共图良举。晤教匪遥，先此奉达。孙文。庚。（印）

据《孙文定十三日北上》，载一九二四
年十一月十一日北京《晨报》第二版

致段祺瑞冯玉祥赞共维政局彻底改造电[①]

（一九二四年十一月九日）

赞段、冯联合，共维政局，彻底改造[②]。文老矣，对政治地盘无野心，将来愿赴海外，代政府宣扬德意。并赞成段被推为大元帅[③]。

据《国内专电》，载一九二四年
十一月十日上海《申报》（三）

致齐燮元望着所部将吴佩孚及其新乘
海圻舰一并扣留电

（一九二四年十一月九日）

南京齐抚万先生鉴：闻吴佩孚乘"海圻"舰欲逃江宁，以燃已死之灰。若公

---

① 此电自广州发往天津。

② 此处删一衍字"有"。

③ 冯玉祥推举段祺瑞为中华民国国民军大元帅。

此时仍执迷不悟，与彼同恶，则和平统一无望，而东南祸乱无已，殊深痛惜。若能放下屠刀，则请饬江阴、镇江、乌龙山等处炮台严为防备，俟"海圻"等舰到时，将人船一并扣留，以待国民会议之解决，则公造福国家，与合肥之赞成共和，可以后先辉映矣。幸为图之。孙文。（九日）青。（中华民国十二〔三〕① 年十一月十日已发）

据原件影印件，载谭延闿编：《总理遗墨》第三辑，出版时间不详

复冯玉祥感谢派马伯援迎接并告到沪当可会晤电

（一九二四年十一月十日）

北京冯焕章先生鉴：庚电奉悉。昨电已告行期，承派马君② 敦促，至荷盛谊，到沪当可会晤。孙文。蒸。（印）

据《大元帅复冯玉祥庚电》，载一九二四年十一月十二日《广州民国日报》第三版

致冯玉祥嘉奖铲除复辟祸根电

（一九二四年十一月十一日）

北京冯焕章先生鉴：刊载执事鱼日令前清皇室全体退出旧皇城，自由择居，并将溥仪帝号革除。此举实大快人心，无任佩慰。复辟祸根既除，共和基础自固，可为民国前途贺。孙文。真。

据《大元帅致冯玉祥电》，载一九二四年十一月十二日《广州民国日报》第三版

---

① 此处所署"中华民国十二年"，误。据一九二四年十一月八日《广州民国日报》第三版《专电》载："吴佩孚三日晨在塘沽由'永利'舰改乘'华甲'舰，三日晚由'海圻'、'肇和'、'永翔'护送南驶，一说抵青岛、一说赴海州、一说由吴淞口赴南京、徐州或武汉。"电文中"吴佩孚乘'海圻'舰欲往江宁"，即指此事。故时间应为民国十三年（一九二四）。

② 即马伯援。

致泽村幸夫告北上将顺道访问日本
盼中日两国提携合作电

（一九二四年十一月十二日）①

余此次访问日本，意在赴天津会议之前，先访问在日本之旧友知己，率直交换意见。现今之中国正遭遇即将迈上统一路途之重大时机，究将如何达成此一目的，乃识者必须加以深思考虑之事。今者，中国之问题已非单纯中国一国之问题，实际已成为世界问题而受到重视。余对此一时局深深痛感，无论如何，如不与日本提携合作，则决不可能解决。而此种说法，更不可仅仅成为外交辞令中之中日提携合作。中日两国国民必须在真正了解之下救中国，确立东亚之和平，同时巩固黄色人种之团结，藉以对抗列强不法之压迫。余尚未考虑要求"二十一条"条约之废除与旅顺、大连之收回。余尚有具体之方案。

据泽村幸夫著：《欢迎孙文先生私记》，载《支那》
杂志第二十八卷第八号（东京一九三七年日文版》）

复宋鹤庚等盼急起直追廓清长江余孽电

（一九二四年十一月十三日）

韶州湘军宋总指挥、鲁、谢、吴、陈②各军长鉴：真电悉。文于本日启程北上，诸兄为国宣勤，至为慰念。长江余孽犹存，非有摧陷廓清之功，决无根本解决之望，切盼急起直追，以最短时间先定章贡③，会师武汉，以集大勋。征轺翘望，伫企捷音。孙文。元。（印）

据《大元帅复湘军各将领电》，载一九二四
年十一月十七日《广州民国日报》第三版

---

① 此件标出时间系据《孙中山年谱》（北京，中华书局，一九八〇年版）定。

② 即鲁涤平、谢国光、吴剑学、陈嘉祐。

③ 章水和贡水的并称。亦泛指赣江及其流域。

复冯玉祥等告已抵沪稍迟数日即来津晤教电

（一九二四年十一月十八日）①

北京。国民军总司令部冯焕章、孙禹行、胡励生兄均鉴：在粤迭惠电，无任钦佩。兹已于昨日抵沪，稍迟数日即来津晤教。孙文。

据《各方推段与孙文行止》，载一九二四年十一月二十日北京《晨报》第二版

致涩泽荣一问候电

（日 译 中）

（一九二四年十一月二十日）

契阔多年，恒怀雅度。无闻高节，至慰私衷。特布极举，曷禁神往。一九二四年十一月二十日。

据纪念涩泽青渊财团龙门计编纂：《涩泽荣一传记》资料第三十八卷（一九六一年日文版）译出（金世龙译）

复许世英等告二十二日由沪启程绕道日本赴京电②

（一九二四年十一月二十一日）

哿电颂悉。文订于养日由沪启程，绕道赴京，如届时芝老已入京，当直接抵

---

① 原电未署日期。据《广州民国日报》一九二四年十一月十九日第三版《大元帅安抵上海之电讯》载，孙文乘"春洋丸"于十七日上午抵吴淞口，九时乘小火轮转驳至黄浦滩登岸。今据该电文内"兹已于昨日抵沪"判断，此电当发自十一月十八日。

② 受电人为段祺瑞的代表许世英、军务厅长张少卿、参政陈宦等。

京晤教。孙文。马。（印）

据《孙文昨日抵长崎》，载一九二四年
十一月二十五日北京《晨报》第二版

致犬养毅头山满告今天离开上海赴日本电

（一九二四年十一月二十二日）

今天从上海出发，不日可有拜会的机会。

据头山满：《中国革命与我》，载一九
四一年五月二十二日上海《新中国报》

致涩泽荣一请广布赴日消息
愿与诸贤在神户恳谈电

（日　译　中）

（一九二四年十一月二十三日对方收到）

此次为收拾敝国时局，前往北京，将乘二十二日启航之"上海丸"取道贵
国，愿与诸贤恳谈东亚之大局，阁下如能光临神户，幸甚。并望向朝野贤达广为
传布。孙文于"上海丸"。

据纪念涩泽青渊财团龙门社编纂：《涩
泽荣一传记》资料第三十八卷（一九
六一年日文版）译出（金世龙译）

致奉天国民党总部告二十八日将经朝鲜抵沈阳电[①]

（一九二四年十一月二十七日）

二十八日就道，将乘车经朝鲜达沈阳。

据《关外民党欢迎孙先生》，载一九二四
年十二月十四日上海《民国日报》第二版

致北京有关方面告赴津京行期电

（一九二四年十一月二十九日）

江日到津，五号入京。

据《国内专电》，载一九二四年十
一月三十日上海《申报》（四）

致汪精卫告十二月四日可到津电

（一九二四年十一月三十日）

准十一月三十日坐"北岭丸"自神户出发，计程十二月四日可到津。

据一九二四年十二月一日北京《晨报》

---

① 东北三省人民闻孙文将由朝抵沈，三省民党代表朱霁青从哈尔滨远道来奉，民党总部并得张作霖电命预备花车迎接。孙文旋取道由神户直接赴天津。

致涩泽荣一谢日本朝野之盛意并祝其早日康复电①

（日　译　中）

（一九二四年十二月一日对方收到）

此次拜访贵国，蒙朝野各界之盛意，谨致谢忱。贵体违和，未及奉候，憾甚。惟愿早日康复，更望今后为两国国民经济之联系多方操持。

据涩泽青渊纪念财团龙门社编纂：《涩泽荣一传记》资料第三十八卷，东京，本书刊行会一九六一年日文版（金世龙译）

致梅屋庄吉谢盛情关照电

（日　译　中）

（一九二四年十二月一日对方收到）

逗留贵国期间，感谢诸君盛情关照。今后亚洲民族复兴，切望阁下协力。躬祝贵体健康为祷。孙文。

据日文电报送达纸原件，东京、小坂文乃（梅屋庄吉曾外孙女）家藏（丁贤俊译）

---

① 孙文结束对日访问，十一月三十日自神户乘轮赴天津，致涩泽荣一、梅屋庄吉二电，系过门司所发。

致宫崎龙介祝珍重电

（一九二四年十二月一日）①

见到久违之亲近同志，甚以为欢。谅君必有同感。为大局计，珍重②珍重！

据电报送达纸原件，东京、宫崎蕗
笈（宫崎寅藏孙女）家藏（马燕译）

致宫崎龙介望保重电

（一九二四年十二月一日）

见到亲爱的同志们，真令人高兴！怎么样？你们也有同感吧！为了大局，大家可要好好保重，保重！

据中国宋庆龄基金会研究中心编：《宫崎滔
天家藏——来自日本的中国革命文献》，
北京，人民美术出版社二〇一〇出版

致天津国民党机关告四日晨定可抵天津电

（一九二四年十二月一至三日间）③

三十日已过门司，四日晨定可抵津。

据《津门短讯》，载一九二四年
十二月四日北京《晨报》第三版

---

① 此为电报送达纸上邮戳的日期（大正十三年即一九二四年）。

② 疑原文有漏字，"チンヨウ"应与其后的"チンチョウ"相同，意为"珍重"。

③ 原电未署日期。按孙文于十一月三十日离户，十二月一日到门司，三日渡黑水洋，四日抵天津。该电似在途中发出。今据此酌定为十二月一日至三日间。

致各省等告派同志分赴各地宣传国民
会议之真意望到时接洽电

（一九二四年十二月三日刊载）

　　各省、各公署、各公团、各学校公鉴：文主张召集国民会议，为解决目前中国问题之唯一办法。前已发表宣言，通告全国，惟内地交通不便，每多隔膜，因特派同志分赴各地宣传，俾民众均得了解国民会议之真意。所派同志均给有委任书，到时务期惠予接洽为幸。孙文。

据《中山先生之通电》，载一九二四年
十二月三日上海《民国日报》第三版

复北京中央公园各团体欢迎联合大会等谢
欢迎盛意并告因胃病需在津休养数日电

（一九二四年十二月五日）

　　中央公园各团体欢迎联合大会并转各团体公鉴：接函电。承盛意欢迎，极感。刻以胃病，医劝休养数日，行期届时电闻。特此致谢。孙文。微。

据《中山先生在天津养病》，载一九二四
年十二月十二日上海《民国日报》第三版

致段祺瑞谢派许世英前来欢迎并告
因病须静养三两日电

（一九二四年十二月五日）

　　北京段执政大鉴：昨午抵津，承派许俊人先生代表欢迎，无任感谢。本拟于七日晨入京，藉图快晤。惟因途中受寒，肝胃疼痛，医嘱静养三两日。一俟病愈，即当首途。先此陈谢，诸惟鉴察。孙文。微。

据《孙文卧病天津》，载一九二四年十二月十日北京《晨报》第二版

复北京各团体联合会告病体稍痊当即晋京电

（一九二四年十二月十四日）

北京各团体联合会诸君鉴：辱承电迓，感慰实深。贱恙少痊，即当就道。特复。孙文。寒。（印）

据《孙文暂不来京》，载一九二四年十二月十五日北京《顺天时报》（三）

附：复北京各团体电

北京各团体欢迎大会、学生联合会、国民会议促成会筹备会鉴：辱承电迓，感慰实深。贱疾体小瘳，即当就道。特复。孙文。寒。

据《孙中山复北京各团体电》，据一九二四年十二月十五日天津《大公报》第二张第六版

复段祺瑞告拟派李烈钧回江西斡旋赣局电

（一九二四年十二月十八日）

段执政赐鉴：篠电①敬悉 。查方本仁自去岁迄今，寇粤四次：第一次春间，奉吴佩孚令，约陈炯明东、北江同时进兵，由赣南突至广州郊外江村；第二次夏

---

① 十二月十七日段祺瑞致电孙文，请令北伐粤湘赣各军停止进赣，赣由暂行督办江西军务事宜之方本仁主持。

间，当我军将克惠州之时，复侵入韶州、英德，以牵制我军，使惠州解围；第三次冬间，乘陈军侵入广州近郊，复进兵取南雄、始兴；第四次今年夏秋间，复与陈炯明约期夹攻，进窥南雄。自吴佩孚失败后，始变计引北伐军以逐蔡成勋。当蔡成勋未走，对于北伐军，招之惟恐不来；及其既走，则麾之惟恐不去。北伐军将士积愤于前，复被卖于后，愤慨自在意中。且观方本仁所为，何尝体念国事，拥戴我公？不过因利乘便，以遂其据地自雄，沉机观变之欲而已。但既承谆嘱，自当仰体盛意。只以此次离粤，系只身北上，与公商榷国事，以于粤中军事久已放弃。兹为解决纠纷起见，拟派李协和回赣一行。协和与赣中诸将甚稔。又新到京、津，熟知近状，到赣之后，必能从容斡旋，以副期望也。孙文。巧。

据《孙段电商赣局》，载一九二四年十
二月二十五日上海《民国日报》第二版

复北京学生联合会告赴京行期并申明取消不平等
条约之主张乃爱国国民当有之运动电

（一九二四年十二月二十日刊载）

一星期内准可到京。并请其取消不平等条约之主张，乃中国爱国国民当有之运动，绝非所谓"过激主义"。

据《中山与各方态度》，载一九二四年
十二月二十日上海《民国日报》第三版

致直隶等省区军民长官告派同志分赴
各省区宣传召开国民会议电

（一九二四年十二月二十一日）

直隶、山东、河南、山西、陕西、甘肃、奉天、吉林、黑龙江、西安、张家口、归化、热河各军民长官均鉴：文对于时局，主张以国民会议为解决方法，日前发表宣言，谅已鉴察。兹特选派同志分赴各省、区，向民众宣传。每一省、区约二三人，务使国民咸了然于会议之性质及关系，其宣传范围以此为限，不涉及地方政事、军事。所选派之同志皆有文署名、盖印证书为凭，诸希鉴察是荷。孙文。马。

据《孙先生续派宣传员》，载一九二四年十二月三十一日上海《民国日报》第二版

致郑士琦告派同志赴各省区宣传国民会议电

（一九二四年十二月二十一日）

本宣言如集国民会议之旨，特派同志二三人赴各省区宣传大意，俾众国民了然于国民会议之真相。

据《孙中山派员宣传国民会议》，载一九二四年十二月三十一日长沙《大公报》（三）

复樊钟秀嘉慰孤军转战所向无前并望与
胡景翼合力歼灭吴佩孚残部电

（一九二四年十二月二十三日）

光州探送樊总司令鉴：号电欣悉。我兄孤军转战，所向无前，三月之内，由粤而豫，同时出发诸军，望尘莫及。奇功伟迹，嘉慰何似！惟师行五千里，劳苦万状，廑念实深。文四日抵津，原拟七日入京与执政①商榷收拾时局。忽患肝肿，卧病兼旬，尚须调治数日，始能入京。兹已致电胡励生兄，与兄接洽一切。励生兄义烈过人，必能量力接济。吴逆败逃之余尚据鸡公山，我兄若率所部歼此渠魁，

① 指中华民国临时执政段祺瑞。

以伸公愤，尤所欣盼。特复，问讯起居，并慰问诸将士劳苦。孙文。漾。

据《樊钟秀部已入豫耶》，载一九二四
年十二月二十七日北京《晨报》第二版

复段祺瑞告肝病偶发容俟告痊再入京承教电

（一九二四年十二月二十八日）

北京段执政勋鉴：感电敬悉。远承慰问，至感厚意。文四日抵津，本拟七日入京，早图良晤，肝病偶发，濡滞兼旬，良用惆怅。数日前曾有入京养病之意，嗣因医生劝告，所患已有转机，务须静养。车行摇动于病体未宜，且连日热度升降无定，尤虞冒寒，是以不果。国事未定，固倦倦于心，而病状如此，只能暂屏万虑，从事疗养。容俟告痊，再图承教。专复并谢。孙文。勘。

据《孙中山入京消息之两歧》，载一九二四
年十二月三十日北京《顺天时报》（二）

致段祺瑞告定于三十一日入京电

（一九二四年十二月二十九日）

北京段执政勋鉴：前电谅达。两日以前，所患略减，与医生商酌，决定于三十一日入京。惟养病期内，仍当暂屏一切，以期速愈。知关远注，谨以奉闻。孙文。艳。（二十九日）（印）

据《孙文今日午间来京》，载一九二四
年十二月三十一日北京《晨报》第二版

致谭延闿望与李烈钧部合作电^①

（一九二四年十二月三十一日）

文以平民资格来京，对于军事行动，未便干预。方本仁之人格如何，与赣民之感情如何，自有公论。请执事顺从民意而行之。协和功高望重，现将回赣收拾，宜与之合作。

据《中山对赣局表示》，载一九二五年一月一日上海《民国日报》第四版

复段祺瑞告对善后会议之主张电^②

（一九二五年一月十七日）

段执政赐鉴：东电敬悉。溯自去岁十一月十三日文发广州，曾对于时局发表宣言，主张以国民会议为和平统一之方法，而以预备会议谋国民会议之产生。迨十七日抵上海，二十一日向神户，三十日向天津，途中在各报电闻栏内，获知执事于十一月二十一日发表召集善后会议及国民代表会议之主张，而未得其详。及十二月四日抵天津，为肝病所困，许君世英造访卧榻，出示马电全文及《善后会议条例》，并云："此条例已于国务会议通过。"当时曾就鄙见所及，竭诚相告，想承转达。自是屡思于入京晤对之际，继续抒其衷曲，无如病久未愈，迁延至今。屈指自接东电至今，已逾半月，距善后会议开会之期已近，失今不言，虽欲张皇补苴，亦将无及，故强支病体，罄其所欲言，惟垂察焉。善后会议于诞生国民代表会议之外，尚兼及于财政、军事之整理，其权限自较预备会议为宽，而构成分子，则预备会议所列，人民团体无一得与。夫十四年来会议之开屡矣，其最大者

---

① 当时孙文因方本仁曾四次犯粤，而段祺瑞竟任其为江西督办，并要求撤退谭延闿之入赣军队，孙文认为段祺瑞措置失当，因致电谭延闿谓李烈钧将回赣收拾。

② 此电由孙文口授、汪精卫等执笔，脱稿后经孙文亲自审阅、删改而成。

有六年之督军会议，八年之南北会议，而皆无良果。揆其原因，实由于会议构成分子，皆为政府所指派，而国民对于会议无过问之权，既不能选举代表参列议席，甚至求会议公开而不可。坐是会议与人民漠无关系，人民不得不仍守其漠视国事之故习，而人民利害绝不能于会议中求其表现。且政府所指派之人物，类皆为所谓实力派之代表，其各自之利害情感，杂然互殊，往往苦于无调剂之术，故会议之不能得良果，亦固其所。说者谓会议若不为实力派所左右，恐会议之结果不能实行。文则以为会议之能收效与否，全视实力派能听命于会议与否为断。设以巴黎会议言之，法国福煦将军战时统法国之兵不下四百余万，协约国陆军亦归指挥，英国海克将军统兵三百余万，美国巴星将军统兵二百余万，其实力在国内洵无伦比。然一旦战事平息，释兵归伍，对于和平会议绝无干与。其权限分明如此，故能大有造于国家。由是言之，此次共同反对曹、吴各军，诚为劳苦功高，苟于会议之际，退处无权，将益增其荣誉。谓必欲左右会议，夫岂其然？惟当国是纷扰期间，不能以欧美先进为例，且当国民革命之初步，有赖于武力与民意相结合，故预备会议，以共同反对曹、吴各军及政党与人民团体平等同列，此即求吻合于武力与民意相结合之言也。使预备会议而能实现，则国内智识阶级如教育会、大学校、学生联合会等，生产阶级如实业团体，农、工、商会等，皆得与有军事、政治之实力者相聚于一堂，以共谋国家建设之大计，既可使此会议能表示全民之利害情感，复可导国民于通力合作之途，民治前途必有良果。善后会议所列构成分子，则似偏于实力一方面，而于民意方面未免忽略，恐不能矫往辙、成新治，此鳃鳃之虑所为不安者也。固知于善后会议之后，尚有国民代表会议在；然国民代表会议由善后会议所诞生，则善后会议安可不慎之于始？况其所论议者尚广及军制、财政乎？文筹思再三，敢竭愚诚，为执事告：文不必坚持预备会议名义，但求善后会议能兼纳人民团体代表，如所云现代实业团体、商会、教育会、大学、各省学生联合会，工、商、农会等，其代表由各团体之机关派出，人数宜少，以期得迅速召集。如是则文对于善后会议及《善后会议条例》，当表赞同。至于会议事项，虽可涉及军制、财政，而最后决定之权，不能不让之国民会议。良以民国以民为主人，政府官吏及军人，不过人民之公仆。曹、吴祸国，挟持势力压制人民，诚所谓冠履倒置。今欲改弦更张，则第一着当令人民回复主人之地位，而使一切公仆各尽所能，以为人民服役，然后民国乃得名副其实也。凡此所陈，固以为国家前途计，亦以执事与文久同患难，敢附于知无不言、言无不尽之义，尚祈俯察为幸。孙文。篠。

据《孙先生对善后会议之主张》，载一九二五年一月二十八日上海《民国日报》第一张第三版

致复胡汉民等勉努力破敌电

（一九二五年二月五日）

展堂、组安、汝为、显丞、小泉、慕蘉、仲恺、湘芹、介石、铁城诸兄鉴：大病少苏，闻东江将战，复添系念。望诸兄努力破敌，以安内而立威信于外。引领南望，不尽欲言。文。歌。（印）

据《联军攻东江迭克名城》，载一九二五年二月十四日上海《民国日报》第三版

致犬养毅头山满谢派萱野问疾电

（一九二五年二月十日）

特派萱野氏问疾，至感。由于勇气与自信力，希望战胜病魔，祈释念。

据头山满：《中国革命与我》，载一九四一年五月二十二日上海《新中国报》第三版

致涩泽荣一谢慰问患病电

（日 译 中）

（一九二五年二月十二日对方收到）

得接诚恳之慰问①，谨致厚谊。定奋勇气与信心，期胜病魔，幸望释怀。孙文于奉天。

据纪念涩泽青渊财团龙门社编纂：《涩泽荣一传记》资料第三十八卷（一九六一年日文版）译出（金世龙译）

致李福林命即电令驻顺德军队停出围攻理教乡并查报何故围攻该乡及仇现农会人员电

（一九二五年二月十二日）

河南②李军长鉴：刻据中国国民党农民部长廖仲恺函称："顺法〔德〕理教乡昨日被福军围政〔攻〕。"经已电达在案。今晨据该乡人来报："昨晚业被攻进入乡，焚劫甚惨，乡民流离，请予拯救"等情。并据该乡农会代表霍秀石等面称，"军队攻入该乡时，伤毙会员数人"，"从严惩办"各等情。究竟该军何故围攻理教乡，又何故仇视农会人员？仰该军长即电令顺德驻防军队，先停止军事行动，再呈明核办，勿稍姑纵为要。大元帅。侵。

据《李福林部下偕匪劫乡》，载一九二五年二月十九日上海《民国日报》第六版

---

① 涩泽荣一于一九二五年一月二十八日得悉孙文病重，当即致电委托在北京的中日实业株式会社副总裁高木陆郎代表前往慰问孙文。

② 指广州市珠江南岸。

致胡汉民告粤事重要勿来京电①

（一九二五年二月二十六日）

粤事重要，东江正有捷报，可勿来京。

据《孙先生心脏力颇强》，载一九二五
年三月一日上海《民国日报》第二版

致谢各团体慰问电

（一九二五年二月十七日）

径复者。中山先生病大有转机，日渐康复。荷蒙派员慰问，至深感谢！特嘱奉答，并希释念。顺颂公安。孙行辕秘书处启。

据《各界慰问孙先生》，载一九二五年
二月十九日上海《民国日报》第三版

致杨希闵望着中左两路军进击林虎部电

（一九二五年三月三日）

转绍基总指挥鉴：卧病兼旬，得捷音②胜于良药。右翼深入，击破洪、叶③；须使中、左并进，乘胜击林④。潮、梅可定，鄙怀固慰，亦兄等两年来之志也，望兄图之。慕羹、品爵、济民诸兄均致意。孙文。江。（印）

据《联军直趋潮汕大捷报》，载一九二
五年三月十日上海《民国日报》第三版

---

① 胡汉民因孙文病象转危，拟即入京省视。孙文电告"可勿来京"。
② 指东江联军右翼部队直扑潮汕的捷报。
③ 即洪兆麟、叶举。
④ 即林虎。

附：英文版本

TO FRIENDS IN SINGAPORE

Oct. 31, 1916

General Hwanghsing died this morning. Please inform friends throughout English Dutch Colonies and Rangoon, Bangkok, Saigon.

TO FRIENDS IN AUSTRALIA

Oct. 31, 1916

General Hwanghsing died this morning. Please inform friends throughout Australia, New Zealand.

Sun Yat Sen Sends Regrets To Coolidge

Hong Kong, August 7 (By the Associated Press) —Sun Yat Sen, The South China leader, today cabled President Coolidge his regret at the death of President Harding. His cable stated:

"I deeply deplore the passing of President Harding, whose sympathy and services to China will be long remembered by the Chinese people. In the assumption of the high function of high government of such eminent statesman as yourself, I feel assured that the traditional friendship between America and China will not only be maintained, but will be further extended."

"Sun Yat Sen Sends Regrets To Coolidge", *The Portsmouth Daily Times* (Ohio, U. S. A), August 7, 1923, Page 9.